東海道五十三次地図
0
100km
0
20里
飛驒
美濃
若狭
琵琶湖
近江
野洲川
木曽川
尾張
宮(熱田)
三河
矢作川
三条大橋
大津
石部
水口
土山
鈴鹿峠
四日市
桑名
石薬師
草津
瀬田川
山城
坂下
関
亀山
庄野
七里の渡し
鈴鹿川
鳴海
池鯉鮒(知立)
岡崎
藤川
赤坂
御油
吉田(豊橋)
豊川
浜名湖
白須賀
二川
汐見坂
新居
伊勢湾
三河湾
伊賀
河内
伊勢
大和
志摩
遠

# 東海道五十三次ハンドブック

改訂版

森川昭【著】

三省堂

# はじめに

岡本かの子の『東海道五十三次』に登場する作楽井《さくらい》は、東海道の魅力にとりつかれて妻子をも捨てた人物だが、その彼が宇津ノ谷峠の茶店で、東海道の魅力について「私」に語るところがある。

　この東海道といふものは山や川や海がうまく配置され、そこに宿々がいゝ工合な距離に在って、景色からいっても旅の面白味からいっても滅多に無い道筋だと思ふのですが、しかしそれより自分は五十三次が出来た慶長頃から、つまり二百七十年ばかりの間に幾百万人の通った人間が、旅といふもので嘗《な》める寂しさや幾らかの気散じや、さういったものが街道の土にも松並木にも宿々の家にも浸《し》み込んでゐるものがある。その味が自分たちのやうな、情味に脆《もろ》い性質の人間を痺《しび》らせるのだらうと思ひますよ。

この小説の時代と現代とでは、東海道は大きく変貌しているけれども、東海道の魅力と東海道マニアの心情をこれほど的確に言い当てたことばを他に知らない。

＊　＊　＊

本書の記述は二本立てになっている。「東海道案内」と「海道ばなし」である。

「東海道案内」は、原則として、路傍の物に関する記事を主とし、せいぜい左右数百メートルの範囲にとどめた。歌碑・句碑の類いはなるべく多く翻字した。海道歩きの時間の節約のためであるが、半面読解の楽しみの減じることをおそれる。なお、念のため書きそえると、一里＝三六丁（町）＝約三・九三キロ、一丁（町）＝約一〇九メートルである。

「海道ばなし」は、海道歩きのいわば息ぬき、気楽にお読みいただきたいが、海道や旅についての基礎知識はなるべく多く盛り込むようにした。

本書には、原則としてスナップ写真を掲載しなかった。御自身で楽しみながらお撮《と》りくださいという趣旨である。その代り、江戸時代の文献の図版を多く入れた。江戸時代の東海道の気分を味わっていただくためである。

地図は建設省国土地理院発行五万分の一地形図から作製した。

各宿場の冒頭に掲載した歌川広重画保永堂版『東海道五十三次』の全図と『人物東海道』の藤川の図の使用を許された慶応義塾、『相中留恩記略』の使用を許された福原新一氏、取材の御協力くださった平野雅道氏、本書の編集に御尽力を賜った山田喜美子氏、三省堂の松本裕喜氏に心から御礼申し上げたい。

平成九年四月

森川　昭

# 改訂版の序

旧版の「はじめに」に書いた、岡本かの子の『東海道五十三次』の主人公作楽井の息子は、鉄道関係の会社の技師、つまり新しい時代の人だが、次のように言っている。

こんなに自然の変化も都会や宿村の生活も、名所や旧蹟もうまく配合されている道筋はあまり他にないと思うのです。で、もしこれに手を加えて遺《のこ》すべきものは遺し、新しく加うべき利便はこれを加えたなら、将来、見事な日本の一大観光道筋になろうと思います。

近年の、旧道の整備、町並みの保存、本陣・脇本陣・旅籠などの復元、愛好者団体の活動、各種イベントの開催などを見ると、この技師の予言のとおりになっているようだ。東海道マニアとして嬉しい限りである。

今回もお世話になった山田喜美子、松本裕喜の両氏に御礼申しあげる。

平成十九年五月

森川　昭

目次

## 海道ばなし

著者◎森川《もりかわ》 昭《あきら》
昭和七年（一九三二）神奈川県に生まれる。東京大学大学院博士課程修了。現在、東京大学名誉教授。日本近世文学専攻。著書に『貞門俳諧集』『俳人の書画美術、貞徳・西鶴』『谷木因全集』『卜養狂歌絵巻』『芭蕉全図譜』（共著）『四季のことば』『俳諧とその周辺』『春夏秋冬』などがある。
資料提供◎慶応義塾（歌川広重画『東海道五十三次』保永堂版）
掲載地図◎建設省国土地理院発行五万分一地形図（東京東北部・東京東南部・東京西南部・横浜・藤沢・平塚・小田原・熱海・御殿場・沼津・吉原・清水・静岡・家山・掛川・磐田・浜松・御油・豊橋・豊田・岡崎・名古屋・南部・桑名・四日市・亀山・近江八幡・水口・京都東北部・京都東南部）

## 【東海道案内】

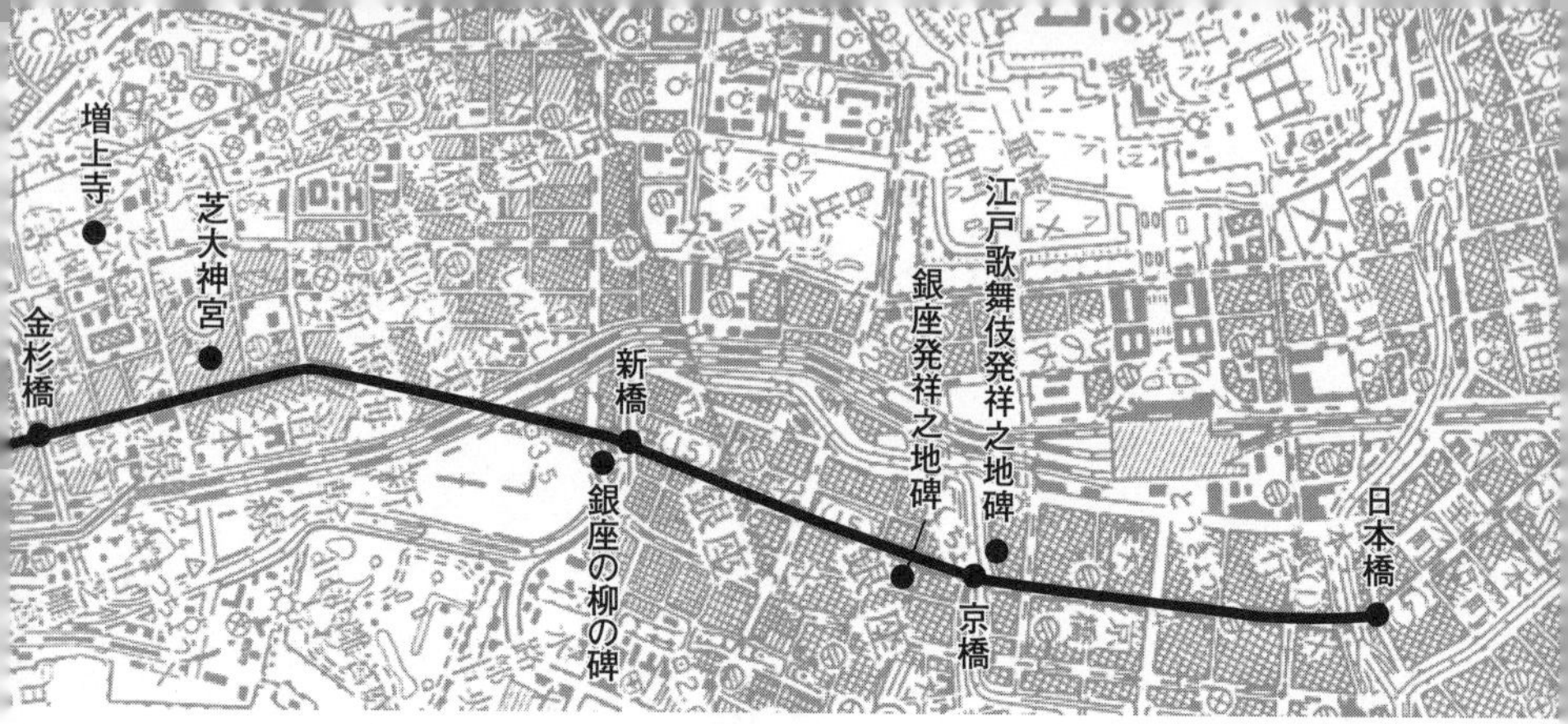


# 日本橋《にほんばし》

▼日本橋。慶長八年（一六〇三）初めて架橋、長さ四三間。今のは明治四四年完成。唐獅子・麒麟・洋灯《ランタン》。橋の真ん中に日本国道路元標。橋手前右にその模造がある。札幌まで一一五六キロ、鹿児島まで一四六九キロ、京都まで五〇三キロ、大阪まで五五〇キロ。橋手前左に乙姫様をかたどった「日本橋魚市場発祥の地」碑があるのは、江戸時代からここに魚市場があったからである。関東大震災後、築地へ移転した。橋を渡り右に高札場跡碑、左の交番前に晒し場があった。▼左側コレド日本橋はもと白木屋《しろきや》呉服店・東急百貨店。裏の広場に名水白木の井戸の碑。日本橋三丁目ディックビル裏に秤座《はかりざ》跡の碑。▼京橋。明治八年石橋になる。その擬宝珠《ぎぼし》欄干の親柱一本が残る。橋名の文字は詩人佐々木支陰の筆。今は高速道路の下。▼煉瓦銀座之碑。同所。明治五年

**日本橋・朝之景**。日本橋を北から南へと旅立つ大名行列の一行。手前の一群は、橋北側の魚市場から仕入れた魚を市中に売りに出る魚屋たちである。

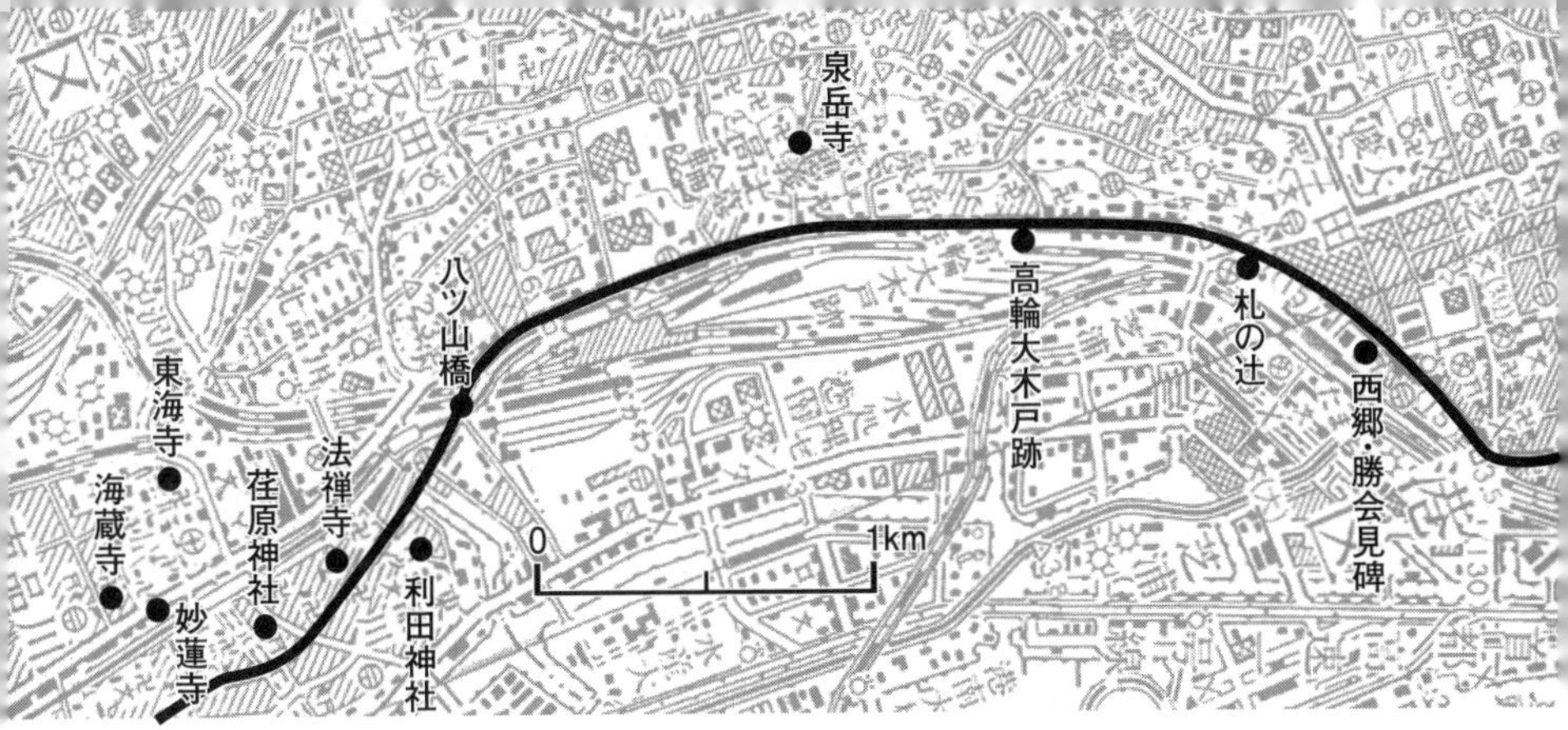


の大火後、煉瓦造りの洋風二階建になる。▼道の反対側に江戸歌舞伎発祥之地碑。中村勘三郎が寛永元年（一六二四）この地で初めて興行した。▼銀座発祥之地碑。二丁目左側オリンピック前。慶長一七年（一六一二）銀貨鋳造役所「銀座」設置。▼銀座の柳の碑。新橋（といっても高速道路の下）を渡り左。西条八十作詞、中山晋平作曲「植ゑてうれしい銀座の柳、江戸の名残りのうすみどり……」。▼その先十字路右角がつくだ煮の玉木屋。左角が天ぷらの橋善で大きなかき揚げ天ぷらが名物であったが廃業。▼その先東新橋で旧道が新幹線と初めて交わる。▼右側芝大門一丁目に「芝神明宮」の標柱。ビルの間に白い鳥居。歌舞伎『神明恵《かみのめぐみ》和合取組《わごうのとりくみ》』（め組の喧嘩）の舞台。品川宿島崎楼でいったん収った、め組辰五郎の子分と相撲取りとの喧嘩が、この境内で再燃する。九月中旬のだらだら祭りに生姜《しょうが》・千木《ちぎ》箱・甘酒を売る。▼その先十字路左に貿易センタービル、右に増上寺・東京タワー。増上

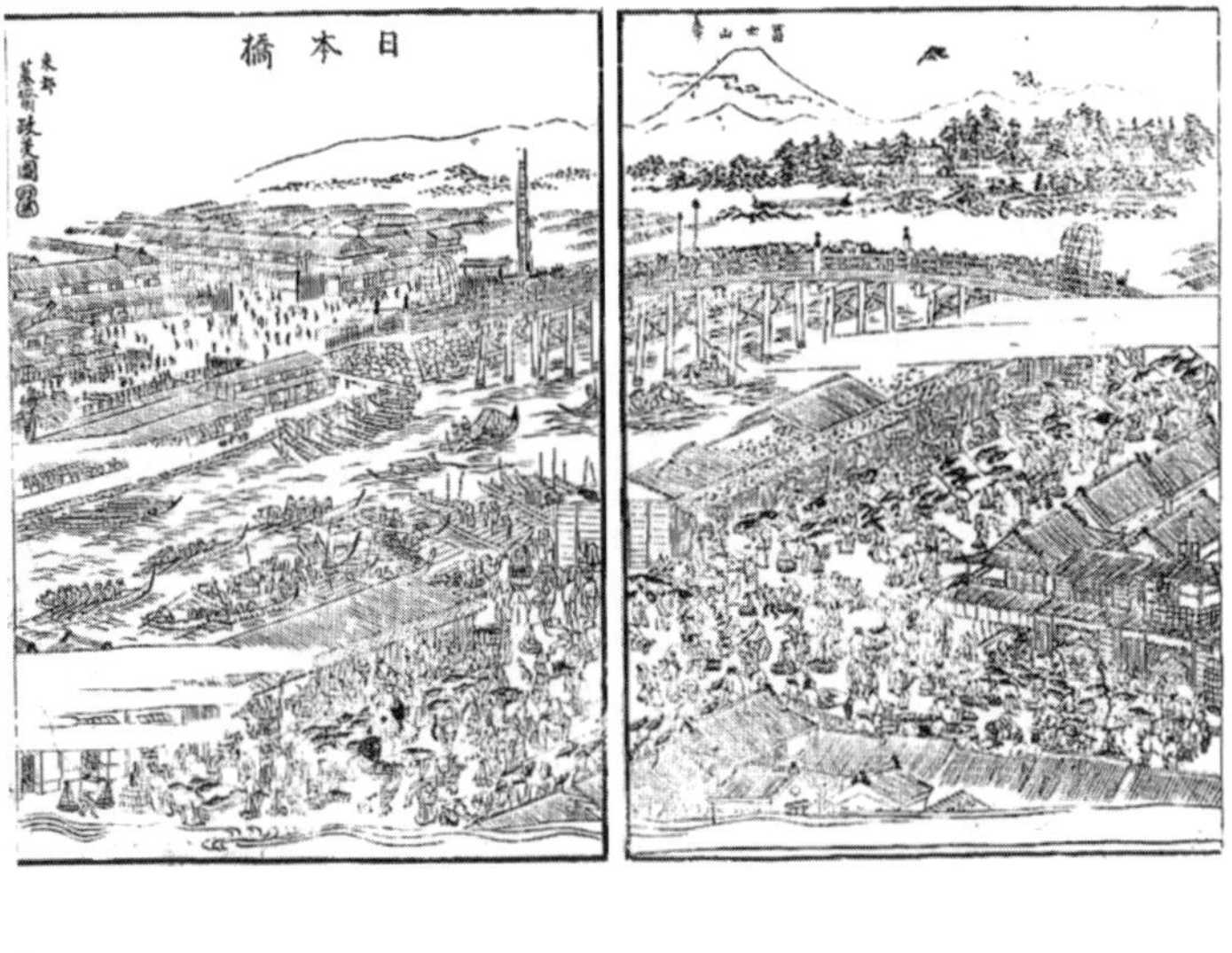

『東海道名所図会』日本橋

寺は歴代将軍菩提所。▼金杉橋《かなすぎばし》。ここまでは江戸市街のうちとされた。今は高速道路下。屋形舟、釣舟が多数つないである。▼左側芝四丁目の三菱自動車前に西郷隆盛・勝海舟会見碑。薩摩藩蔵屋敷で江戸無血開城につき談判。▼前方の陸橋に「札の辻」とある。天和二年（一六八二）までこの辻に大高札があった。▼三田三丁目左側に高輪大木戸跡。宝永七年（一七一〇）江戸入口の警備のため設けられた。今は片側だけだがもとは両側にあった。▼泉岳寺。高輪二丁目右に少し入る。その入口に「やぶそば」があるのは、四十七士が討入り前にそば屋の二階に集まったといわれているので、ちょっと面白い。▼「赤穂義士墓」。義士記念館は年中無休。九時～四時。品川宿まで昔は海沿いの道。安房《あわ》上総《かずさ》まで見えた。

「江戸名所図会」高輪大木戸

# 旅立ち

「お江戸日本橋七つ立ち、初のぼり、行列そろえてあれわいさのさ、こちゃ高輪《たかなわ》夜明けの提灯《ちょうちん》消す、こちゃえ」昔の旅立ちは朝が早い。日本橋を七つ（午前四時頃）に立って、それから二里、高輪に至ってようやく夜が明けかかり、提灯も不要になるというのである。広重保永堂版の一枚目「日本橋・朝之景」は、ようやく曙光のさしそめた東雲《しののめ》の空をバックに、毛槍《けやり》をふり立てた大名行列の一行が、東海道上りの旅の途につくところを描く。同じく保永堂版「関・本陣早立ち」では、本陣の表《おもて》板間《いたのま》には早くも乗輿《じょうよ》が用意されているが、定紋《じょうもん》入りの提灯にはあかあかと灯がともり、背後の木立の上の空はまだ暁闇に包まれている。

　かように朝は早立ちが原則だが、あまりに早すぎると思わぬ危険が待ち伏せしていることもある。浅井了意《りょうい》の『東海道名所記』には「夜ぶかく（朝早く）宿を出でぬれば、山賊《やまだち》・辻切の気づかいあり」と注意している。

　芭蕉の『野ざらし紀行』佐夜の中山の条は次の通りである。

　二十日《はつか》余りの月かすかに見えて、山の根際《ぎわ》いと暗きに、馬上に鞭をたれて、数里いまだ鶏鳴《けいめい》ならず、杜牧《とぼく》が早行《そうこう》の残夢《ざんむ》、佐夜《さよ》の中山に至りて忽ち驚く。

　馬に寝て残夢月遠し茶のけぶり

江戸を立って五日目か六日目の前夜、おそらくは金谷泊りか。そしてこの日の朝お定りの七つ立ちとして、金谷坂を登り、諏訪の原の台地を過ぎ、菊川の立場《たてば》を通り、青木坂を登って、馬の背のような佐夜の中山まで一里半、所要時間一時間半。陰暦二十日余りの月は、今や中天高く半月形に白々とかかっていたはずである。芭蕉が馬上に揺られて行く道の左右、なだらかに落ちこんで行く谷々は、まだ闇の底にある。馬上の半睡からはっと目覚めた芭蕉の目に、有明《ありあけ》の月が中天高く、遠く小さく感じられたのである。

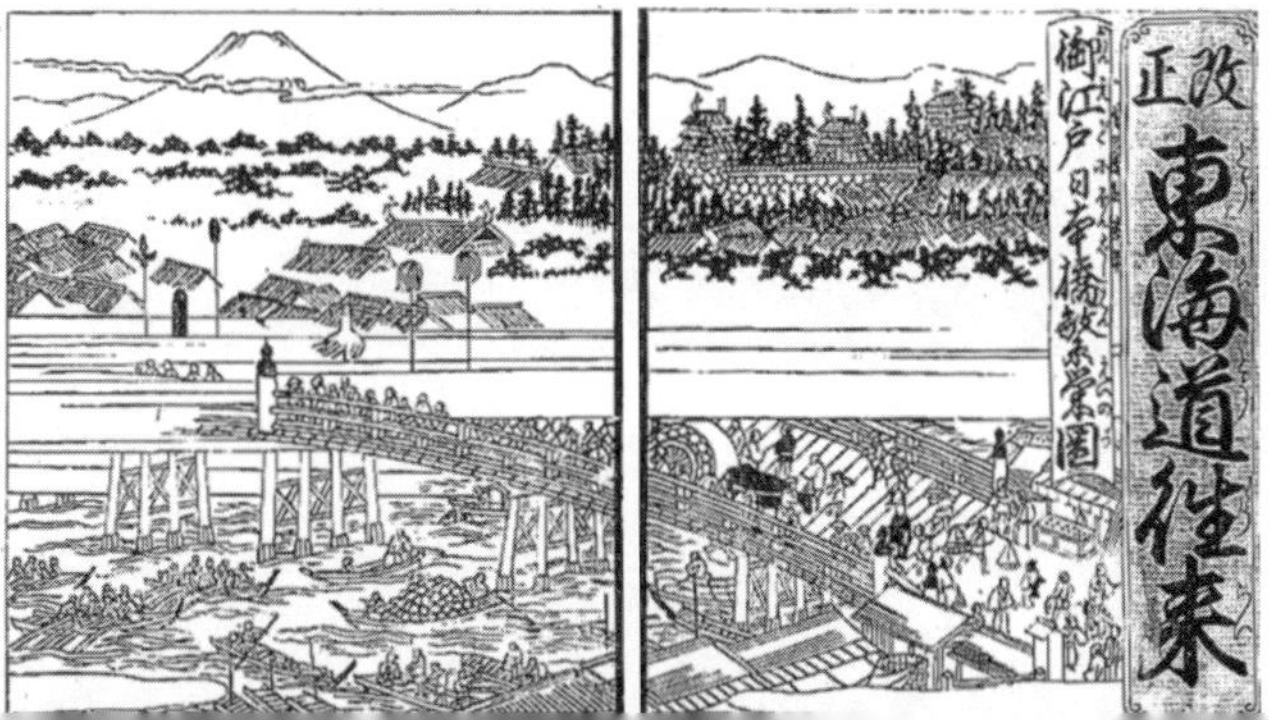


『東海道往来』（海道ばなし❷参照）

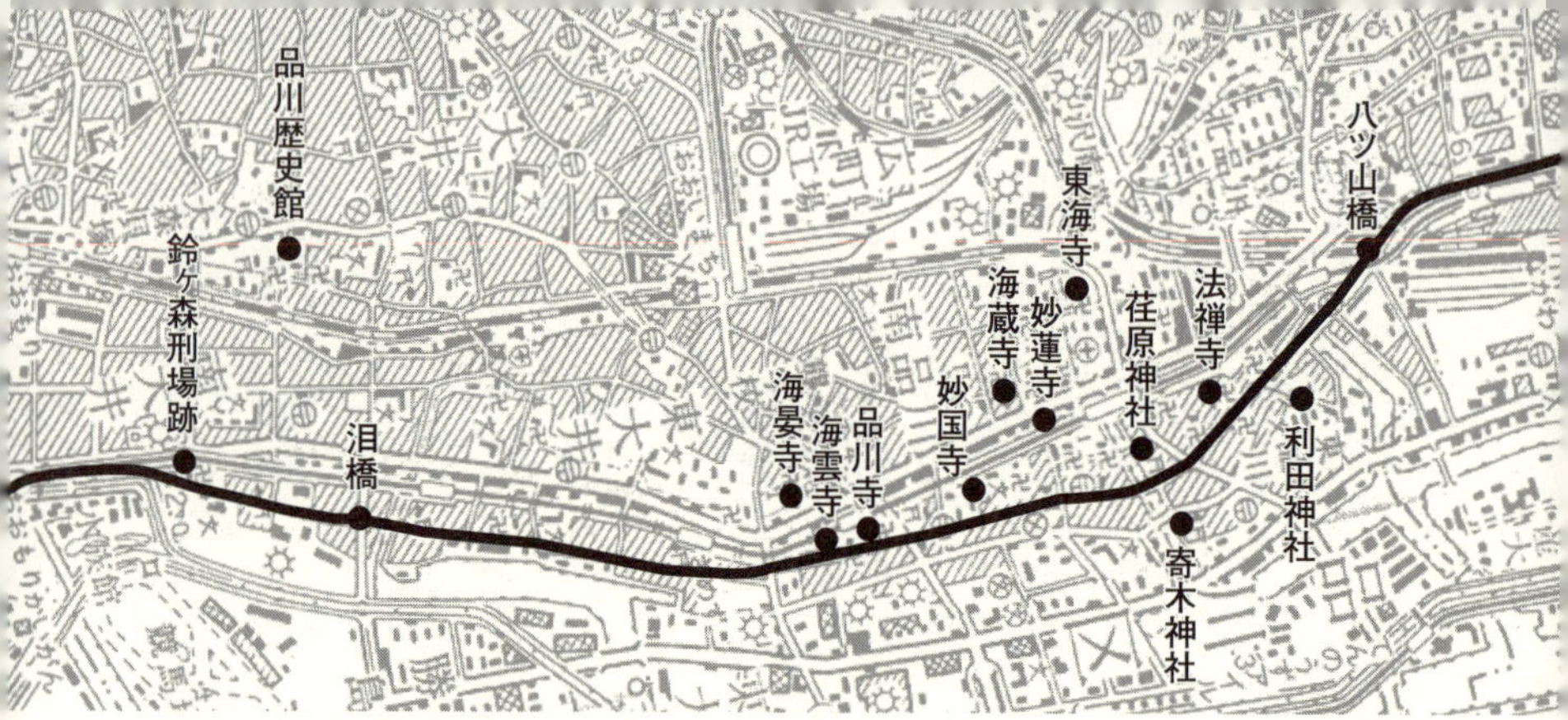


# 品《しな》川《がわ》

▼武蔵国荏原《えばら》郡。江戸から二里、京へ一二三里二丁。▼品川駅からゆるやかな坂、八《や》ツ山《やま》橋を渡ると右に、明治八年石造京橋の親柱、同八ツ山橋の親柱。▼踏切を渡り宿の入口左に問答河岸《もんどうがし》。東海寺を訪れた三代将軍家光が船に乗ろうとして見送りの沢庵和尚に問う「海近くして如何《いかん》か是《これ》東海寺（遠海寺）」、沢庵答えて「大軍を指揮して将軍（小軍）というが如し」。▼問答河岸から左に入り入江沿いに利田《かがた》神社の鯨塚。寛政一〇年（一七九八）品川沖に迷いこんだ鯨、背通り九間一尺、一一代将軍家斉《いえなり》上覧。「江戸に鳴る冥加《みょうが》やたかしなつ鯨 素外《そがい》」。▼土蔵相模《どぞうさがみ》。ホテル相模の名で品川遊廓最後の面影をとどめていたが、今はマンションとコンビニになった。品川歴史館に模型がある。▼法禅寺に御殿山出土の板碑《いたび》。天保飢饉死者の流民 叢《くさむら》塚碑。▼右へ入り新馬場

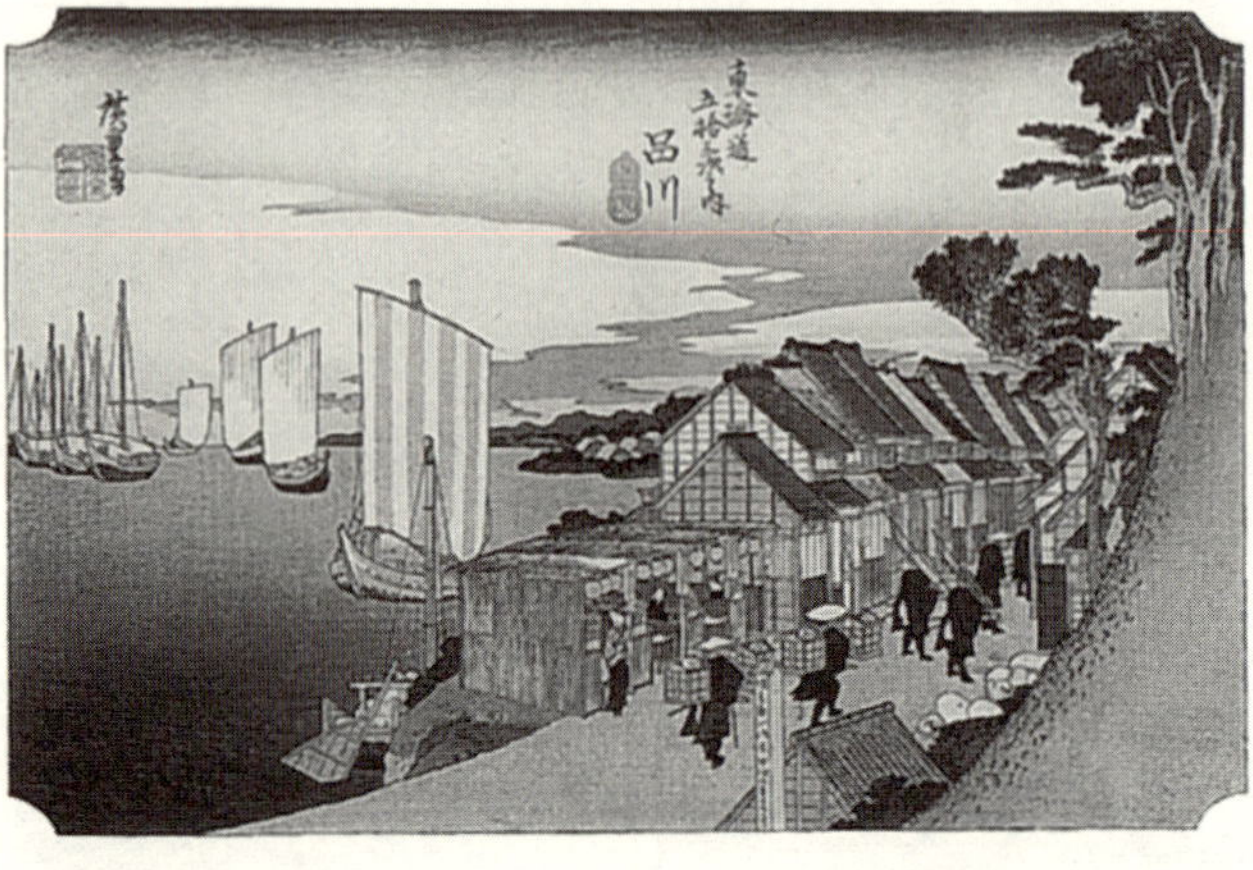


**品川・日之出**。日本橋を七つ立ちした大名行列は日の出頃品川にかかる。その行列の最後尾を描く。棒鼻近くの茶店はもう店をあけている。

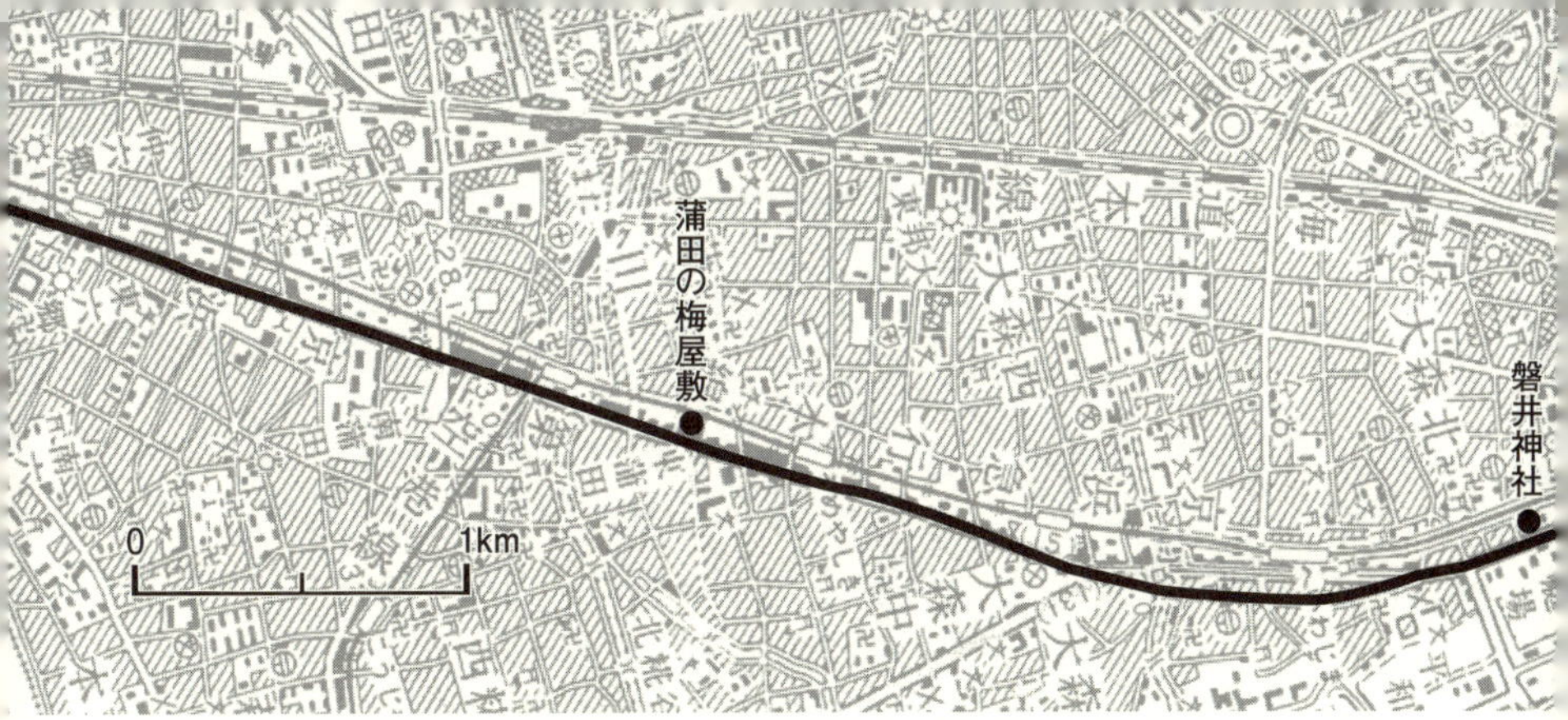


駅先に東海寺。沢庵和尚の墓は巨石。狂歌師半井卜養《なからいぼくよう》墓。▼本陣跡碑のある広場で昭和五六年紙芝居を見た。▼目黒川にかかる品川橋。上流東岸に荏原《えばら》神社。下流東岸の寄木《よりき》神社に正徳二年（一七一二）の浦高札《うらこうさつ》、江戸漁業根元碑。▼海蔵寺。品川に溜牢《ためろう》あり、その獄死者を葬る頭痛塚、二百二十五人塚、津波供養碑等多数。堂内に品川娼妓の霊位大位牌。▼妙蓮寺に丸橋忠弥首塚、薄雲太夫墓。▼妙国寺に四代目芳村伊三郎夫妻（お富与三郎のモデル）墓。桃中軒雲右衛門《とうちゆうけん》墓、釣鐘型のお祭佐七墓、小唄音丸墓、俳優佐田啓二墓。三代将軍御成《おなり》の間。▼品川寺《ほんせんじ》に露座の大地蔵。江戸六地蔵の一番。神田鍋町の鋳物師太田駿河守正儀造。虚子句碑「座について供養の鐘を見上げけり」。▼海雲寺にかまどの守り神千体荒神殿、火消の纏《まとい》の格天井《ごうてんじょう》、九段三業組合や橘右近の納額、広沢虎造大願成就の納額、島崎楼奉納の雲崁《うんが》のガラス絵鶴の図など多数。▼青物横丁駅西南に海晏寺《かいあん》。高台にあり紅葉の名

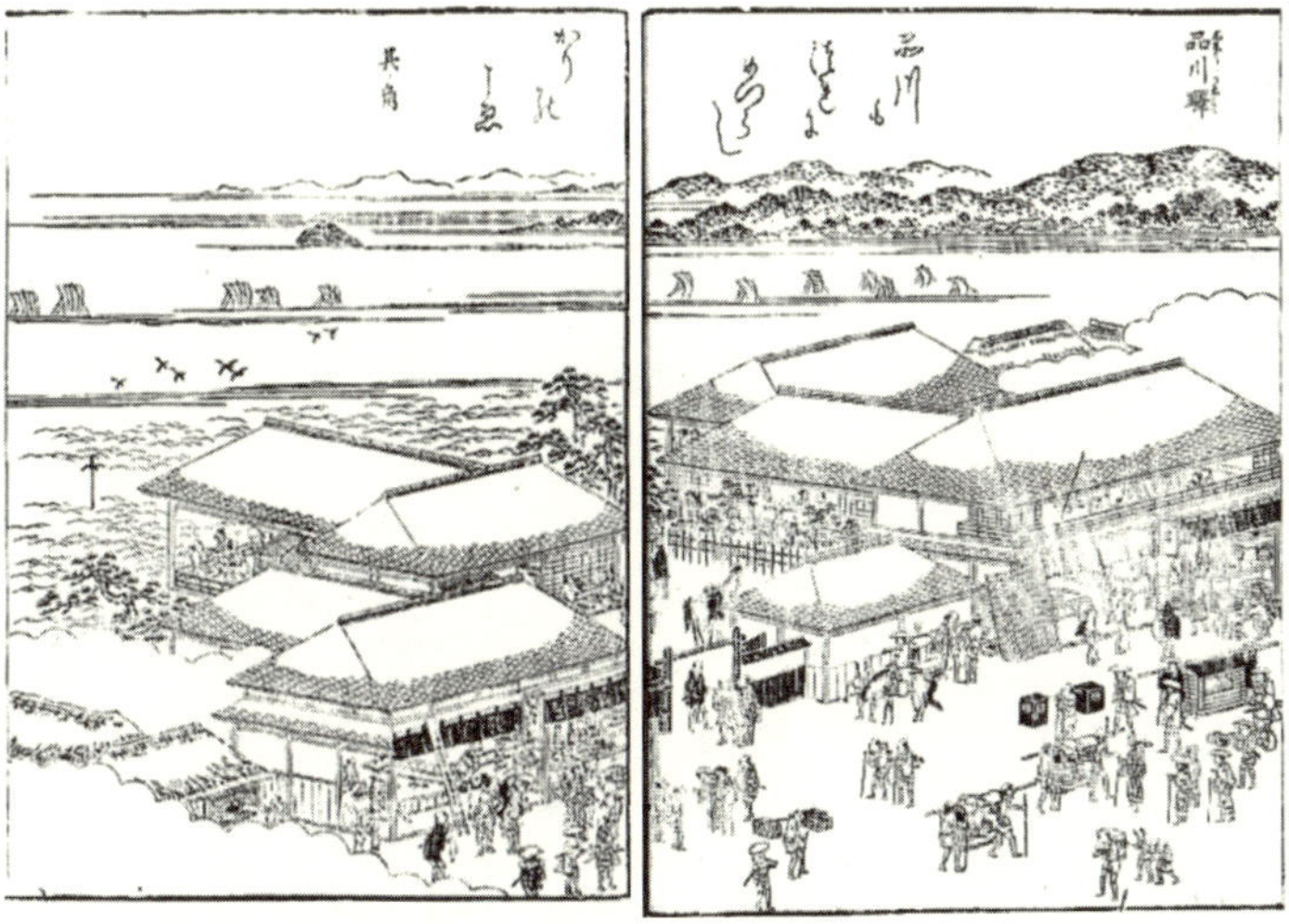
『江戸名所図会』品川駅

『江戸名所図会』品川汐干

所。松平春嶽《しゅんがく》墓、岩倉具視《ともみ》墓、俳人加舎白雄《かやしらお》墓「たち出て芙蓉《ふよう》のしぼむ日に逢《あえ》り」。句碑・詩碑多数。▼浜川橋。一名泪《なみだ》橋。鈴ケ森刑場に引かれる罪人がここで家族と涙の別れ。村松友視『泪橋』の舞台。▼鈴ケ森刑場跡。第一京浜との合流三角地。丸石に丸い穴は火あぶり用の鉄柱、角石に角穴ははりつけ用の木柱を立てた。首洗いの井戸。刑死者は丸橋忠弥、天一坊、白井権八《ごんぱち》、八百屋お七、白木屋お熊など。大きな髭題目《ひげだいもく》碑、歌舞伎『浮世柄《うきよづか》比翼稲妻《ひよくのいなずま》』（通称稲妻草紙・鞘当《さやあて》）鈴ケ森の場では、この碑の前で「お若《わけ》えの、待たっせえやし」と幡随院《ばんずいいん》長兵衛が白井権八に声をかける。ケンペルの紀行に刑場の凄惨な描写がある。▼磐井《いわい》神社に鈴石、烏石《からすいし》、狐筆塚、竹岡先生書学碑、狸筆塚、六十六部供養塔など。▼蒲田の梅屋敷。道中常備薬和中散売薬所の庭園。いまは公園。里程標（復元）「距日本橋三里十八丁、蒲田村山本屋」。梅路・梅志女句碑「しら梅の梢や月の高みくら　松竹は表にうらは海の春」。▼六郷橋手前に渡し跡、旧鉄橋アーチと欄干、止め天神、千年石、万年石。

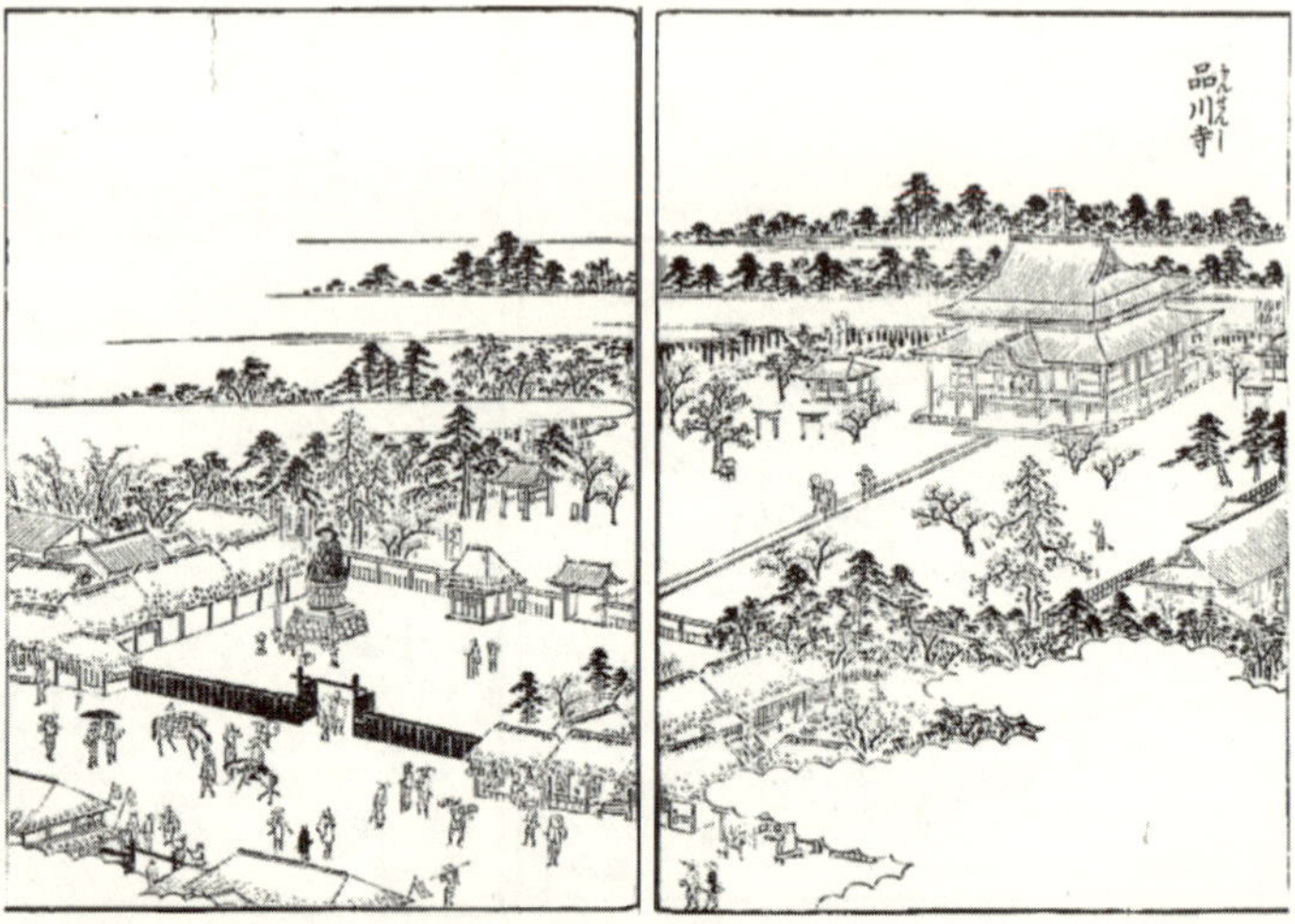

『江戸名所図会』品川寺

## 東海道往来

往来物《おうらいもの》とは、もともとは往復書簡を集めて手習の手本としたもので、習字の練習と共に手紙の文章を学習するものであった。それが広く作文のための短語集や文案・文例集となり、社会常識や実用知識を盛り込んだものになった。『東海道往来』はそんなものの一つで、七五調で調子よく五三宿の宿場名をおり込み、七五の一ブロックごとに尻取り式に書き連ねている。

東海道往来《とうかいどうおうらい》
都路《みやこぢ》は五十余《いそぢあま》りに三つの宿《やど》　時得て咲《さく》や江戸のはな　浪静《なみしづか》なる品川を　頓《やが》てこえ来る河崎の　軒端《のきば》ならぶる神奈川は　はや程谷のほどもなく　くれて戸塚に宿るらん　紫匂ふ藤沢の野もせにつゞく平塚も　元の哀《あわれ》は大磯か　蛙なくなる小田原は　箱根を越《こえ》て伊豆の海　三嶋の里の神垣や　宿《やど》は沼津の菰《まこも》ぐさ　さらでも原のつゆ払ふ　富士の根ちかき吉原と　倶《とも》に語らん蒲原や　休らふ由井のやどなるを　思ひ興津に焼《やく》しほの　後は江尻のあさぼらけ　けふは駿河の国府を行《ゆく》　暮に数ある鞠子とは　わたる岡部の蔦《つた》の道　千とせの松の藤枝と　よしや島田の大井川　わたる思ひは金谷とて　照す光りは日坂に　賑ふ里の掛川と　かけて袋井ふく風の登る見附の八幡とは　浜松がえの年久し　時雨し頃も舞坂を　遠近過《おちこちすぐ》る荒井の磯　袖に波こす白須賀も　本より名のみ二河や　浦ふく風の吉田こそ　おもひ知《しら》れし御油の里　解《とけ》にしはなも赤坂の　野田にやまさる藤川を　岡崎の宿《やど》いかならん　結ぶ池鯉鮒の仮の夢　覚《さむ》る浪間の鳴海がた　たゞ爰許《こゝもと》に熱田の宮　八十氏《やそうじ》わたす桑名の海　道の行衛《ゆくえ》は四日市　誓ひもかたき石薬師　庄野の宿り是《これ》ぞとよ　齢《よわ》ひ久しき亀山と　留《とむ》る人なき関ならし　賤《しづ》が屋並ぶ坂の下　誰《たが》土山に座せしめん　群《むれ》たる露も水口に　濁らぬ末の石部かな　野辺はひとりの草津わけ　実《げに》もまもりの大津とは　はなのにしきの九重《こゝのえ》に　心うきたつみやこぞと　君の寿《ことぶき》祝ひたりけり　かしこ

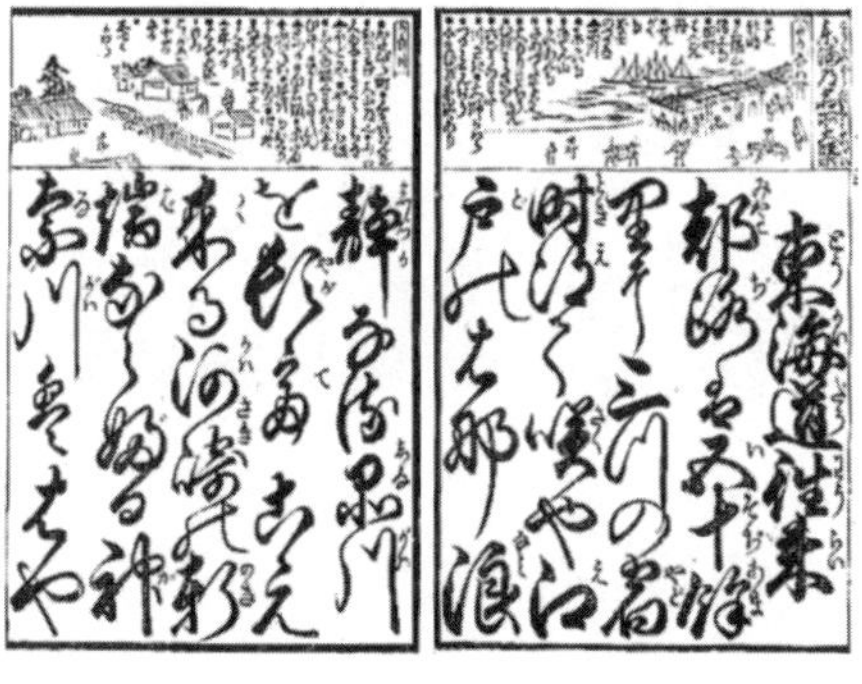

『東海道往来』各ページ上方に絵入り道中記をコンパクトにつめこむ。

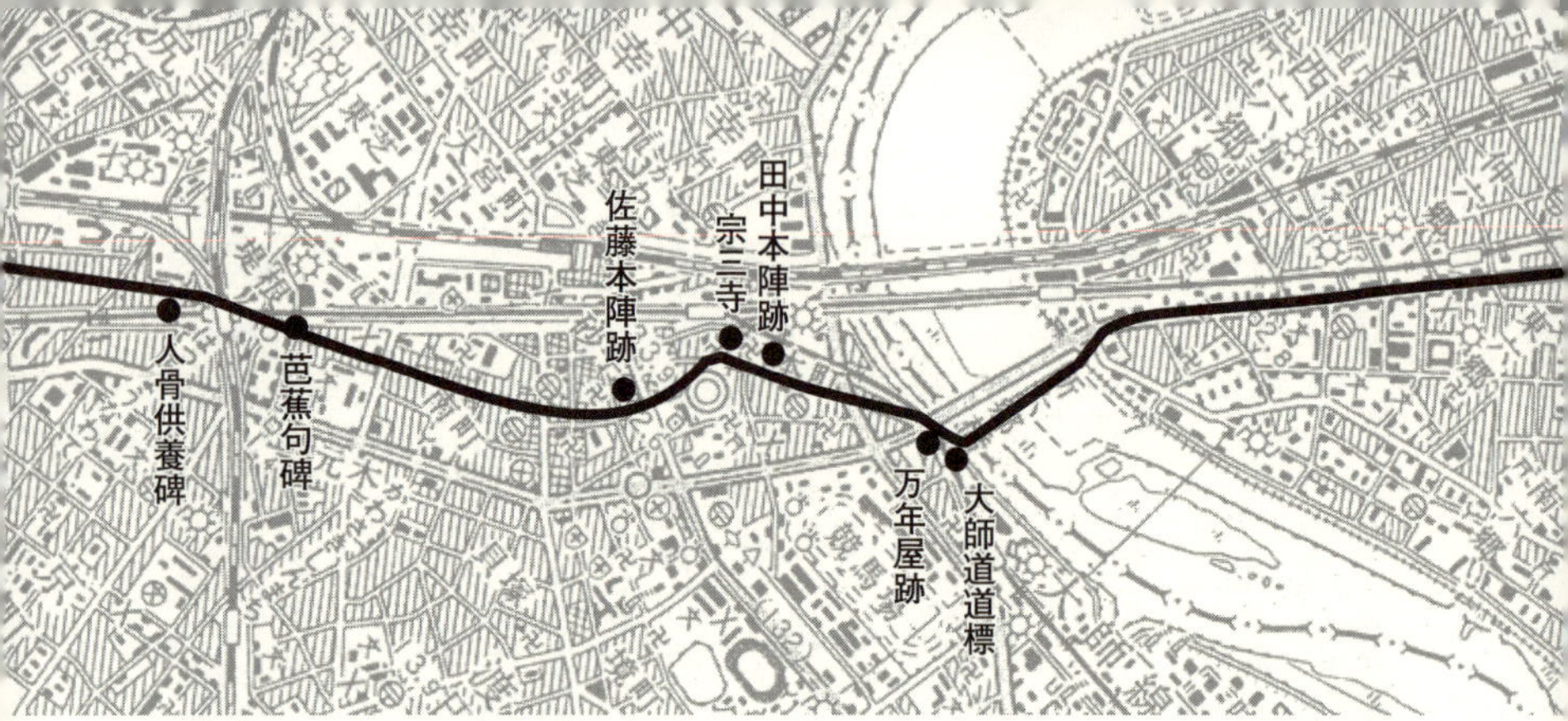


# 川崎《かわさき》

▼武蔵国橘樹《たちばな》郡、江戸から四里半、京へ一二一里二丁。▼六郷橋。六郷川は今の多摩川。船と波のオブジェを乗せた欄干。眺望佳。もと橋があり瀬田、矢作《やはぎ》、吉田と共に東海道の四大橋の一つであったが、洪水に流され、元禄二年（一六八九）以後は船渡しとなった。船賃安政五年（一八五八）で一人一三文。今の二百円ほど。渡船優先で、川を上下する船は上下流一丁の間は帆を下した。▼渡ると川崎宿。今の国道一五号の下辺りに奈良茶飯の万年屋があり、万年横丁から川崎大師まで一八丁の大師道があった。その分岐点にあった「大師河原／災厄消除／従是《これより》弘法大師江之道」の道標は大師境内に現存。▼旧道は国道一五号下をくぐり、斜めに行く。▼右側本町一丁目深瀬医院が田中本陣跡。農政家田中兵庫こと丘隅《きゅうぐ》（休愚とも）はここの主人。のち八代将軍吉宗

**川崎・六郷渡舟。**六郷川の橋は元禄二年に流失し以後舟渡しになった。江戸末期文化元年の舟賃は一二文。富士山の位置からすると向うが川崎側。

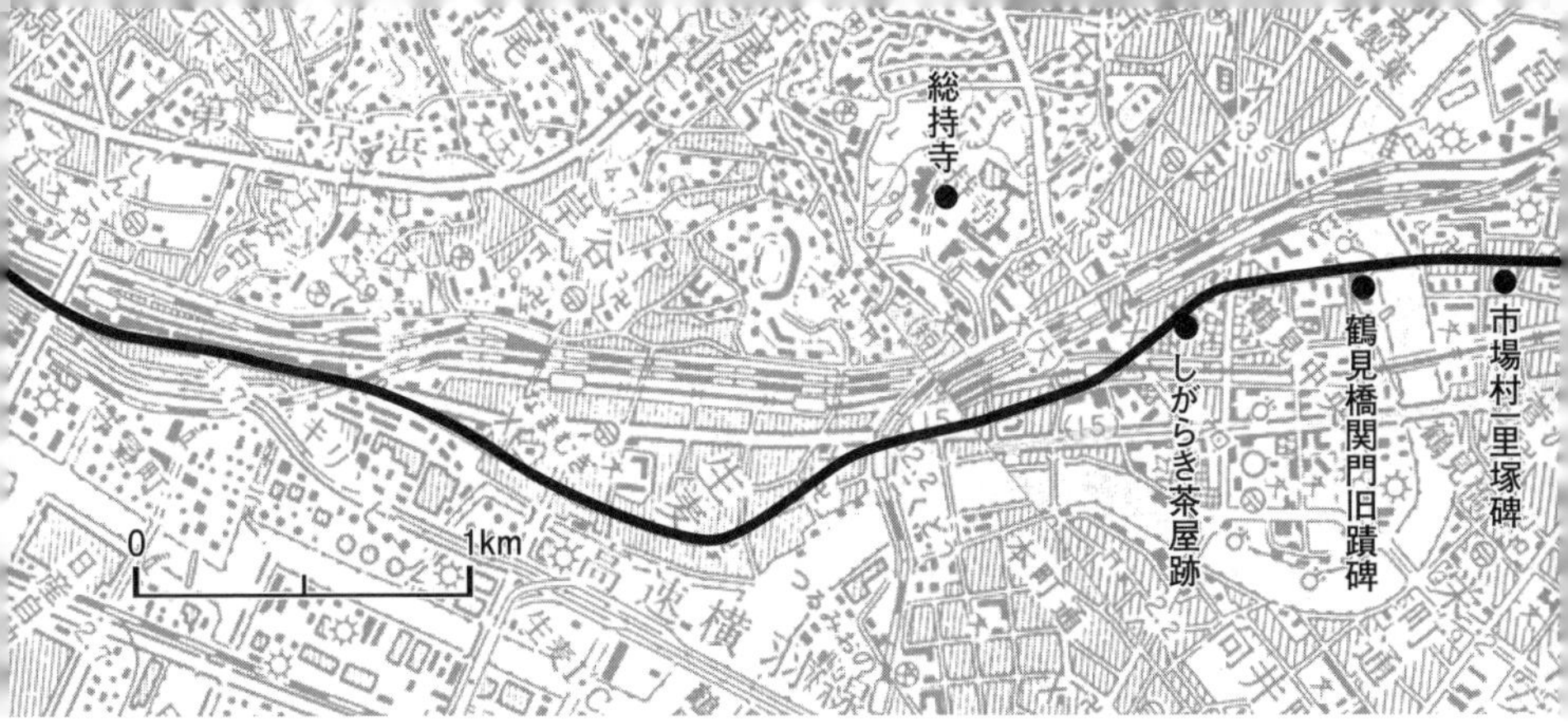


に召され支配勘定格となる。『民間省要《せいよう》』などの著がある。▼右側、砂子一丁目の宗三寺の墓地の最奥に川崎宿貸座敷組合建立の遊女供養碑。▼十字路左角近畿日本ツーリストが問屋場跡、右角メガネサクライが佐藤惣兵衛本陣(中の本陣跡)。▼市役所通りを渡り左角川崎信用金庫先きに佐藤惣之助「青い背広で」碑。惣之助は佐藤惣左衛門本陣家の子孫で「赤城の子守唄」「人生劇場」「新妻鏡」などの作詞者。▼新川通りの信号に「小土呂橋」の標識。かつて新川が流れ石橋小土呂橋が架かる。その親柱二本が保存されている。▼右側馬嶋病院の辺りが川崎宿の南棒鼻。この先から八丁畷《はっちょうなわて》。かつてここ右に芭蕉句碑(後記へ移建)富士講灯籠(右側一本裏通り教安寺門前に移建)があった。▼八丁畷駅手前百《メートル》に芭蕉句碑。(海道ばなし二一六ページ参照)。踏切を渡り左に曲り駅裏に人骨供養碑。江戸時代の災害死者かという。▼市場東中町熊野神社の境内に「朝夕や鶴の餌まきか橋の霜　白

『江戸名所図会』河崎万年屋奈良茶飯

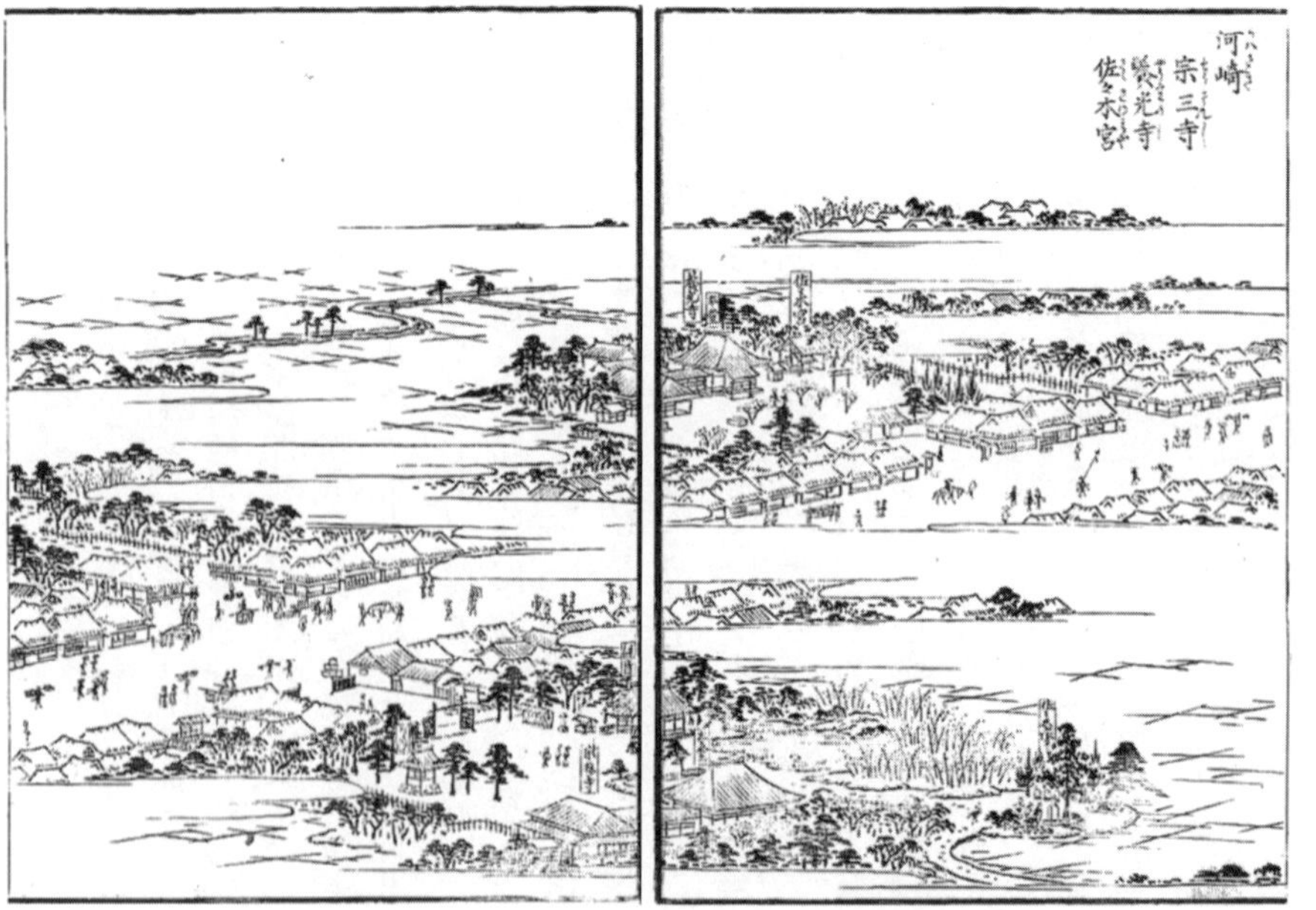


雄／五月雨や鶴脛ひたす橋柱　蓼太《りようた》」句碑。昭和二一年建。▼その先左に市場村一里塚碑。敷地内に稲荷小社および「いちば、し」の碑。百《メートル》先右に庚申塚。小祀ではあるが立派。草鞋多くかかる。▼鶴見川を渡り左側に「鶴見橋関門旧蹟」碑。安政六年（一八五九）横浜開港当時その警備のため、ここと神奈川台に関門が設けられた。▼右側鯉が淵公園に寺尾・小杉道分岐点道標「馬上安全寺尾稲荷道／従《これ》是廿《よりにじゅう》五丁／宝永二乙酉二月初午、寛延三庚午十月再建、文政十一戊子四月再建之」。▼鶴見神社前左側にしがらき茶屋跡。梅干が名物であった。▼鶴見の米饅頭《よねまんじゅう》。近年有志により復活。清月（電話〇四五―五〇一―二八七七）などで売る。▼「覇王樹《さぼてん》茶屋跡」碑。京急鶴見駅少し先右側洋菓子店「ESPLAN」。▼京急・JRの線路北側に総持寺《そうじじ》。曹洞宗大本山。明治三九年能登から移る。大伽藍整然。石原裕次郎の墓もある。近くの東福寺門前に芭蕉句碑「観音の甍《いらか》見やりつ花の雲」、子生山観音道標等古碑

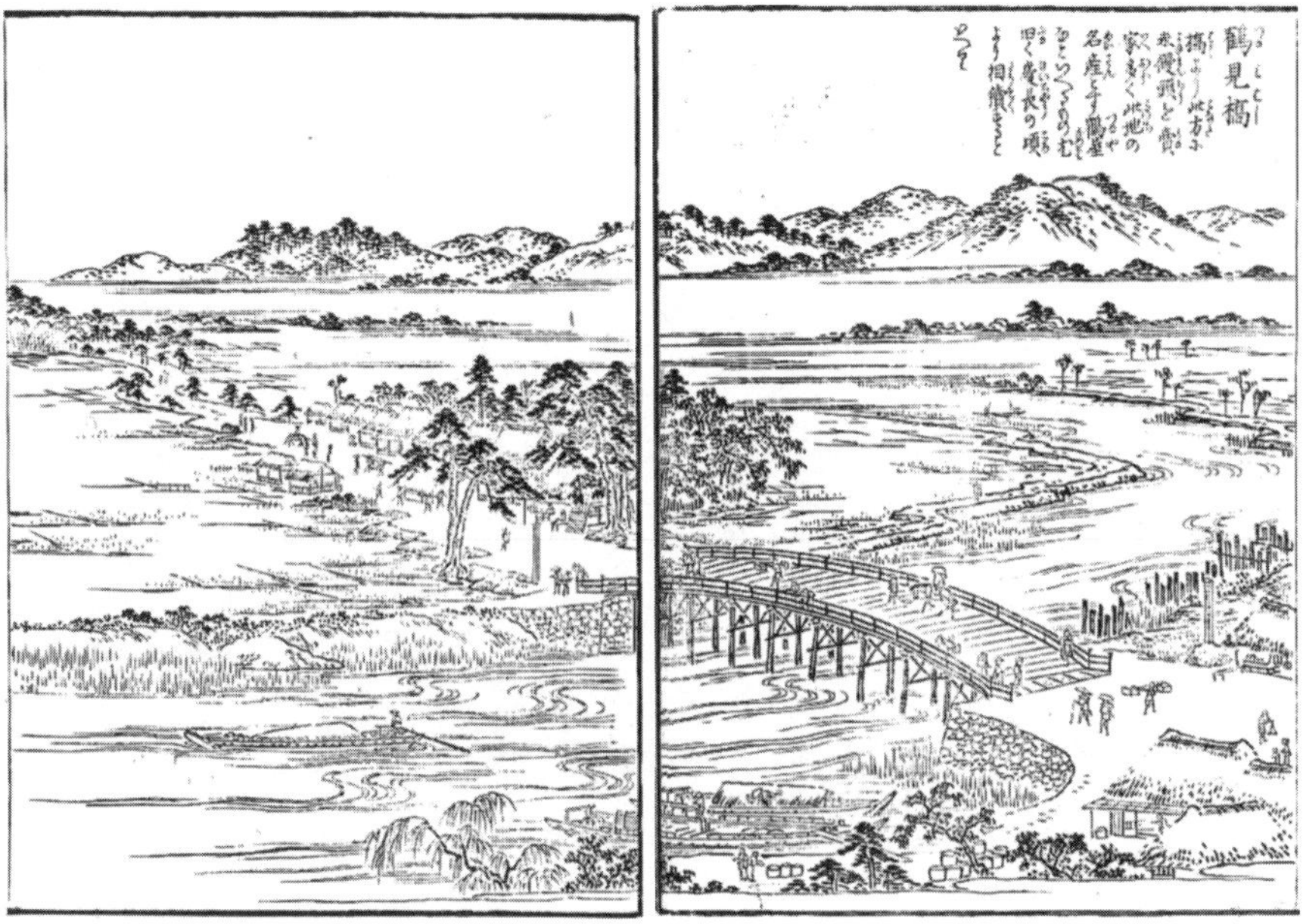


多数。▼生麦四丁目あたり魚屋が多いのは漁師町の名残である。▼国道一五号との合流点に生麦事件碑。文久二年（一八六二）島津侯の供先を切った英人リチャードソンら三人を殺傷。国際紛争になる。銘文は中村敬宇。▼この辺り左手一帯キリンビール工場。瀟洒なレストランもあり、しぼりたてのビールや料理が楽しめる。▼京急子安駅北側に相応寺の地蔵堂。さらに北側国道一号沿い高台の蓮法寺に浦島太郎墓がある。浦島太郎竜宮より帰り親の魂を求めてここに至るという。歌碑「千歳《ちとせ》ふる鶴も及ばぬ亀塚に昔を問へば白幡《しらはた》の峯　慶応二丙寅年二月、武蔵国住太田唯助橘正世」。

右・『江戸名所図会』宗三寺・養光寺・佐々木宮
左・『江戸名所図会』鶴見橋。米饅頭を売る家が多かった。

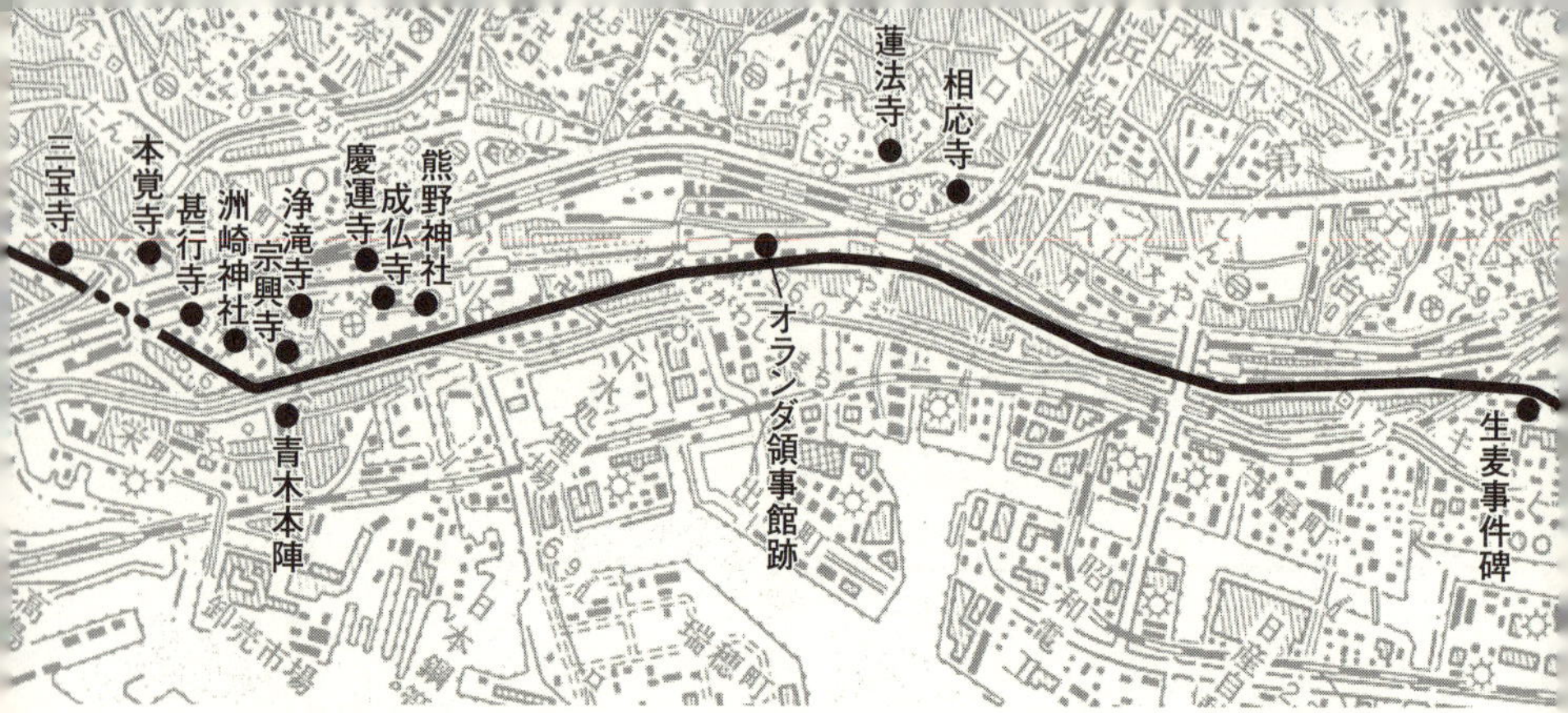


# 神奈川《かながわ》

▼武蔵国橘樹《たちばな》郡。江戸から七里、京へ一一八里半二丁。▼オランダ領事館跡。京急神奈川新町駅前、もと長延寺内。▼仲木戸駅前からの裏通りに歴史の道が整備されていて、その道沿いに、右に金蔵院、左の熊野神社境内に嘉永年間の大狛犬《こまいぬ》一対みごと。神奈川地区センター前に高札場を復元、幅五・七メートル、奥行一・七メートル、高さ三・五メートル。その大きさに驚かされる。▼成仏寺。米国人ヘボン博士宿舎。安政六年（一八五九）来日、宣教と医療に従事し、明治学院を創設、和英辞書を編纂した。本堂左に句碑「一管の帰らざる音月残す十九巣」、作者は出口得三、昭和五三年没七一歳。▼慶運寺《けいうんじ》。山門前に亀の背にみごとな碑「竜宮伝来浦島観世音浦島寺」、その左側面に「唯たのめねがひもつるにかな川の浦島かけてふかきめぐみを」、台座に「文政八乙酉歳十一月吉

**神奈川・台之景。** 宿外れの崖の上の茶店である。膝栗毛に「座敷二階造り、欄干つきの廊下桟など渡して、波打際の景色至ってよし」。向うは本牧。海面は現在は市街地。

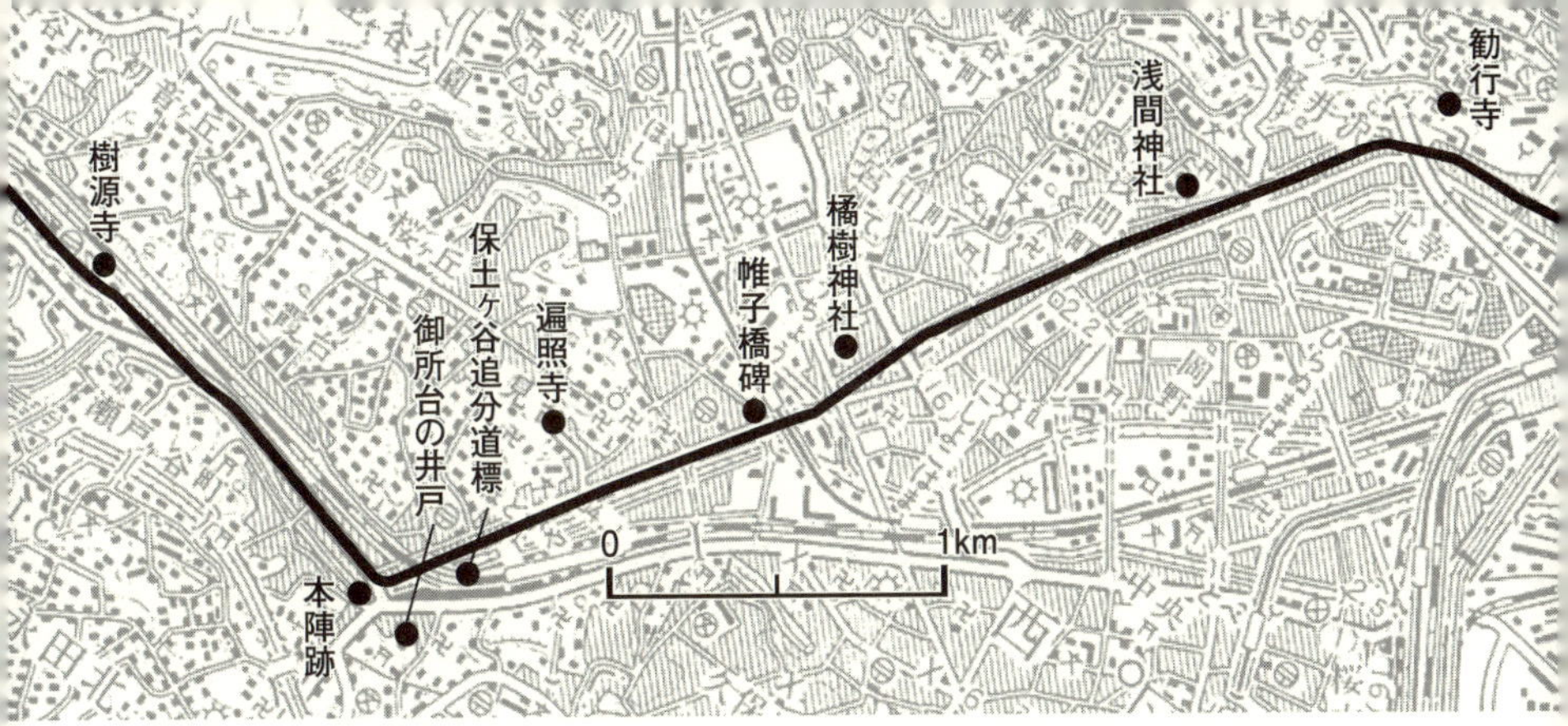


日、江戸大門通大沢宮左衛門再建」。天文一三年（一五四四）連歌師宗牧《そうぼく》来泊。幕末フランス領事館となる。▼滝の橋。橋手前右に神奈川本陣と高札場、渡って左に青木本陣があった。▼橋手前左二百メートルに神奈川台場跡。勝海舟設計の海防砲台、万延元年（一八六〇）完成、砲一四門。石垣残る。▼宗興寺《そうこうじ》。ヘボン博士施療所、駆虫薬セメン円のシモンズ博士、米人宣教師ネビウスの宿舎。門入って右にヘボン博士レリーフ。寺の東側道路わきに神奈川の大井戸。俗称お天気井戸。史跡として整備、今も使用。その奥浄滝寺はイギリス領事館跡。▼宮前商店街。昔の青木町。江戸の端唄に「鶯の身は逆さまに初音屋の、駕立てさせて青木町、ここがのんどのかはかんと、道を急いで梅屋敷」とある。これは其角の句「鶯の身をさかさまに初音哉」に江戸の芝口（今の新橋）にあった有名な駕籠屋の初音屋をいい掛け、その初音屋の駕籠をやとって、今の横浜市磯子区にあった梅の名所杉田へ行く途中、神奈川宿の青木町でひと休みをするというのである。▼商店街中ほど左の老舗「浦志満」に名物亀の甲せんべいがあったが、近年閉店した。商店街中央右に洲崎神社。どっしりとした本殿、歌碑「今もなほをゆるあわきはさと人の名とともに栄えん万代までも」、碑裏に「水戸歌人真楫《まかじ》の和歌」。神木櫶《あわき》は青木町の名の由来となったもの。▼甚行寺《じんぎょうじ》。フランス公使館跡。▼青木橋を渡り右手高台に本覚寺《ほんがくじ》。外国奉行岩瀬肥後守忠震《ただなり》顕彰碑。ここはアメリカ領事館跡で、山門屋根瓦に当時塗られた白ペンキがわずかに残っている。境内に全国塗装業者合同慰霊碑。▼本覚寺門前を左に登ると三宝寺《さんぽうじ》。漢詩人平塚梅花碑。歌僧弁玉墓。眺望佳。さらに登ると高島山公園に明治三年日本最初の鉄道敷設の高島嘉右衛門の「欣望台」碑、明治一〇年建。「弁玉師倭歌《わか》碑」は明治一六年大沼枕山撰、裏面に弁玉の長歌「言霊のさきはふ国は……」。▼三宝寺の下は旧道に面し、一里塚跡がある。その先右に「大綱大神、

金刀《こん》比羅《ぴら》鎮座」の石柱。石段を登ると「金刀比羅講中之碑」、福羽美静篆額、松岡利紀撰文、田原秀哉書。山峰句碑「吹行やひともすゝきも秋のかぜ」。山峰は江戸渋谷宮益の人、和田氏。弘化四年（一八四七）山峰の一周忌に当り本牧の箕輪恵珠らが建てた。▼ここから台町の登り坂になる。広重保永堂版はここを描く。左側茶店の裏はかつてはすぐ海。現在料亭滝川・田中家がその面影をとどめる。土御門泰《つちみかどやす》邦《くに》の『東行話説』に「見渡せば波にきらめく日影こそ春のあたひの千々のかな川」と詠む。▼登り切ると「神奈川台関門跡、袖ケ浦見晴所碑」。関門は東の鶴見関門とともに横浜開港時、外国公館警備の設備。右側の碑は「思ひきや袖ケ浦なみ立ちかへりこゝに旅寝を重ぬべしとは　竹径かく」。▼台坂から下ると陸橋の上台橋。軽井沢は江戸時代からの地名。二重になった高速道路の下右にモダンな勧行《かんぎょう》寺《じ》。門入り左に小さな「天然理心流元祖近藤先生之墓」近藤内蔵助長裕、文化四年（一八〇七）

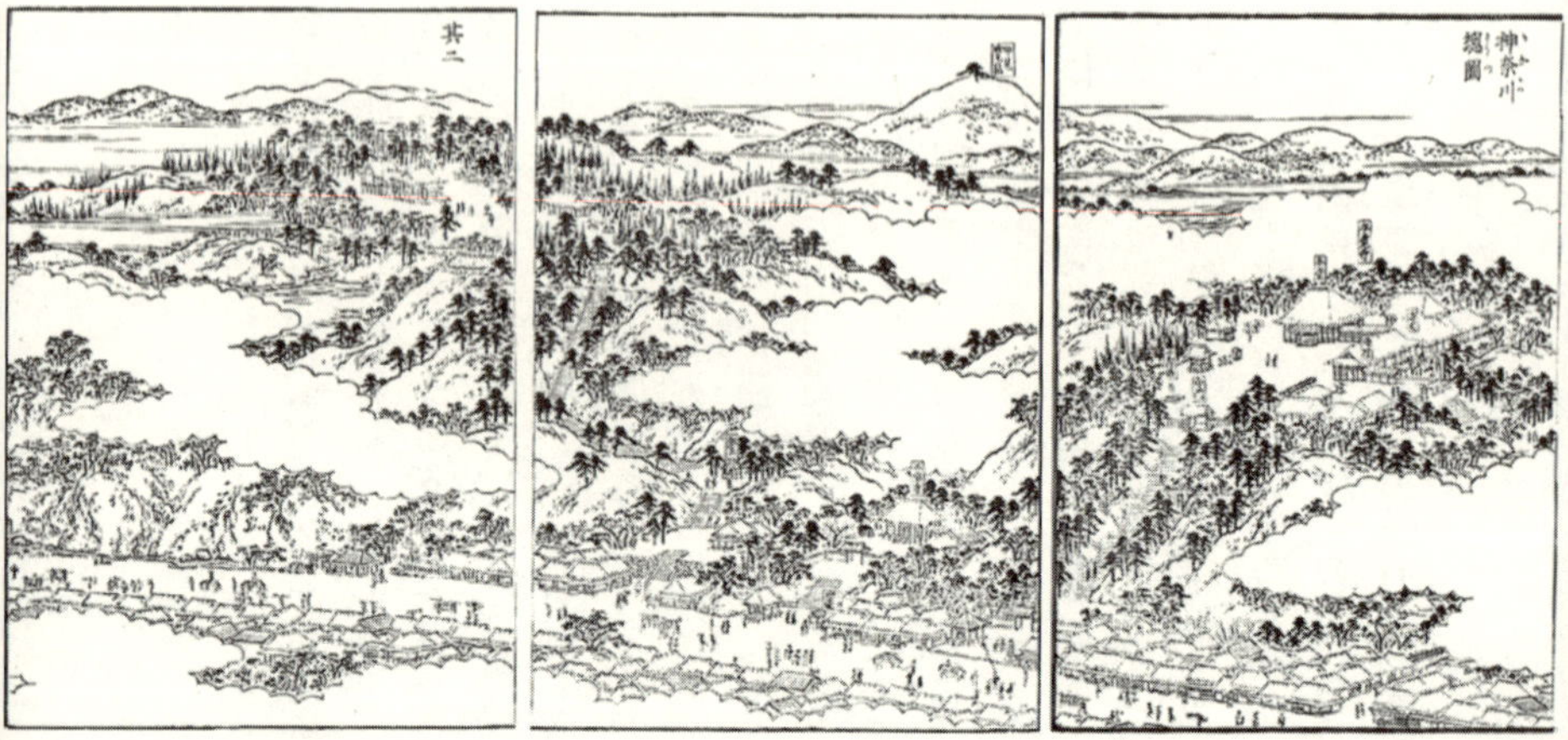

『江戸名所図会』神奈川駅の南芝生浅間神祠、有名な人穴が見える。

没。新選組隊長近藤勇はこの流派四代目。▼浅《せん》間《げん》神社。高台で眺望佳。登り口左の崖に富士の人穴、富士の裾野に通じるという。源頼朝の命で富士の人穴を探検した仁田四郎《にたんのしろう》が抜け出たのがここだという、たのしい伝説もある。実は横穴式古墳。赤い鳥居、三三回富士登山記念碑、「誠愛剣法発祥地」碑。足もとにかわいい子獅子のじゃれつく狛犬は慶応二年（一八六六）建。▼浅間町四丁目から右へ斜めに入る道は、江戸時代初期東海道開設時の旧道、古町橋・天徳院を経て元町ガードに至る。慶安頃（一六四八〜）新道が開かれあとは大山・八王子方面へ行く人が利用するようになった。その旧道をちょっと入ると庚申堂に草履・草鞋《わらじ》・菅笠《すげがさ》・千羽鶴を飾る。足の不自由な人が今でも信仰。▼橘樹《たちばな》神社。狛犬はペリー来航の前年嘉永五年（一八五二）建。本殿後ろ左の小堂に、不動明王一体、青面金剛三体があり、中に寛文九年（一六六九）の古いものもある。

『江戸名所図会』神奈川総図

# 旅支度

旅は身軽でありたい。誰しもそう思う。だが長期の旅、それも未知の土地への旅ともなれば、なかなか思うにまかせない。必要最低限の物は身につけて行かなければならない。芭蕉の『おくのほそ道』本文には、第一日の末尾に次のごとく記す。

瘦骨《そうこつ》の肩にかゝれる物先《まず》くるしむ。只《ただ》身すがらにと出立《いでたち》侍るを、紙子《かみこ》一衣《いちえ》は夜の防ぎ、ゆかた・雨具・墨・筆のたぐひ、あるはさりがたき餞《はなむけ》などしたるは、さすがに打捨《うちすて》がたくて、路次《ろし》の煩《わずらい》となれるこそわりなけれ。

宝暦一三年(一七六三)に刊行された大枝流芳の『雅遊漫録《がゆうまんろく》』巻三には、「旅行雑具」として次の品々を挙げている。

衣帯《キルモノヲビ》、浴衣、手巾、頭巾、包袱《フロシキ》、襪《タビ》、護《キャ》膝《ハン》、枕、紙鋪《シキフスマ》、雨具、坐褥《カゴフトン》、傘、笠、草鞋、金銀、銭、鏇《ゼニザシ》、提秤《ハカリ》、栽刀《コガタナ》、櫛笥《クシハコ》〔櫛・剪刀《ハサミ》・鏡・髪削刀《カミソリ》・鬢油《ビンツケ》・捻紙紐《モトユヒ》〕、紙《カミ》〔連綴紙〕、巾箱本《コボン》、途利《ハットク》、硯匣《スヾリ》、薬籠〔丸散用薬・艾・膏薬・煎薬袋・乾姜〕、火刀《ヒウチ》〔火引《ホクチ》・発燭《ツケギ》〕、火草《ヒナハ》、手燭〔今三徳と云、此土の制有。甚便なり〕、摺畳灯《タヽミチヤウチン》〔此土制也、彼土になし〕、扇、椀、茶碗、茶注《コチヤビン》、浄巾《フキン》、食盒《ベントウ》、箸《ハシ》、匕《サジ》

そのほか携行食品として、茶・白梅・松魚乾《カツヲブ》巴《シ》・乾魚《ヒザカナ》・熬《イリ》胡麻・棘茄味醤《トウガラシミソ》・醤煮豆《ザゼンマメ》・砂糖・寒具《ヒグワシ》・番椒粉《トウガラシノコ》等も挙げているが、これでも「其至要のもの」のみで、「猶《なお》其人によりて増減あるべし」だという。文化七年(一八一〇)に刊行された八隅芦庵の『旅行用心集』の「道中所持すべき品の事」条に挙げるところはやや簡略であるが、あるいは常識的な物は省いたのかも知れない。

一、矢立、扇子、糸針、懐中鏡、日記手帳一冊、櫛并《ならび》に鬢付油《びんつけあぶら》。但しかみそりは泊屋にてかり用ゆべし。又髪ゆひもあれども、只途中又は御関所御城下等通る節びんの

そゝけざる為なり。
一、挑灯、ろうそく、火打道具、懐中付木。是はたばこを呑《のま》ぬ人も懐中すべし。はたご屋のあんどうはきへやすきもの故、不慮に備ふべし。
一、麻綱、是は泊々にて物品をまとひおくに至極よきもの也。
一、印板《いんばん》。是は家内へ其印鑑を残し置、旅先より遣す書状に引合せ、又金銀の為替等に其印を用ゆる為の念なり。
一、此かぎを所持すれば、道中にて重宝なるもの也。

として、胴乱や革袋、それから鉤・麻綱の使用法を示す図（下図参照）を添え、また別に「道中所持すべき薬」一三種として熊胆・奇応丸・返魂丹・五苓散・胡椒・延齢丹・蘇香丹・三黄湯・切もぐさ・備急円・油薬・白竜膏・梅花香をも挙げている。これらすべてを携行したら、いったいどれほどの重さになるであろうか。芭蕉のいう「痩骨」ならずとも、「肩」にめりこむことであろう。

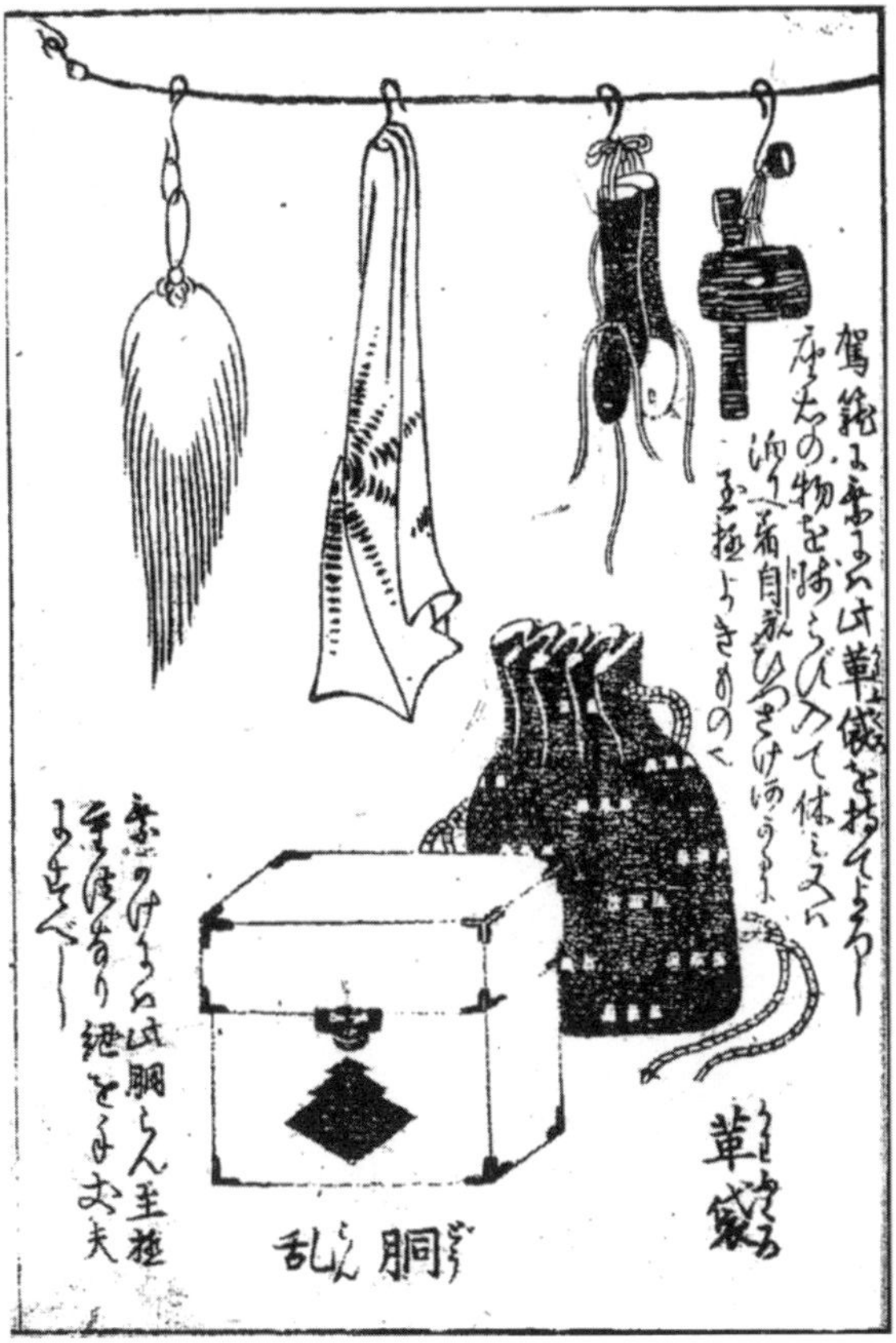

『旅行用心集』携帯に便利な革袋・胴乱とかぎの使用法の図。

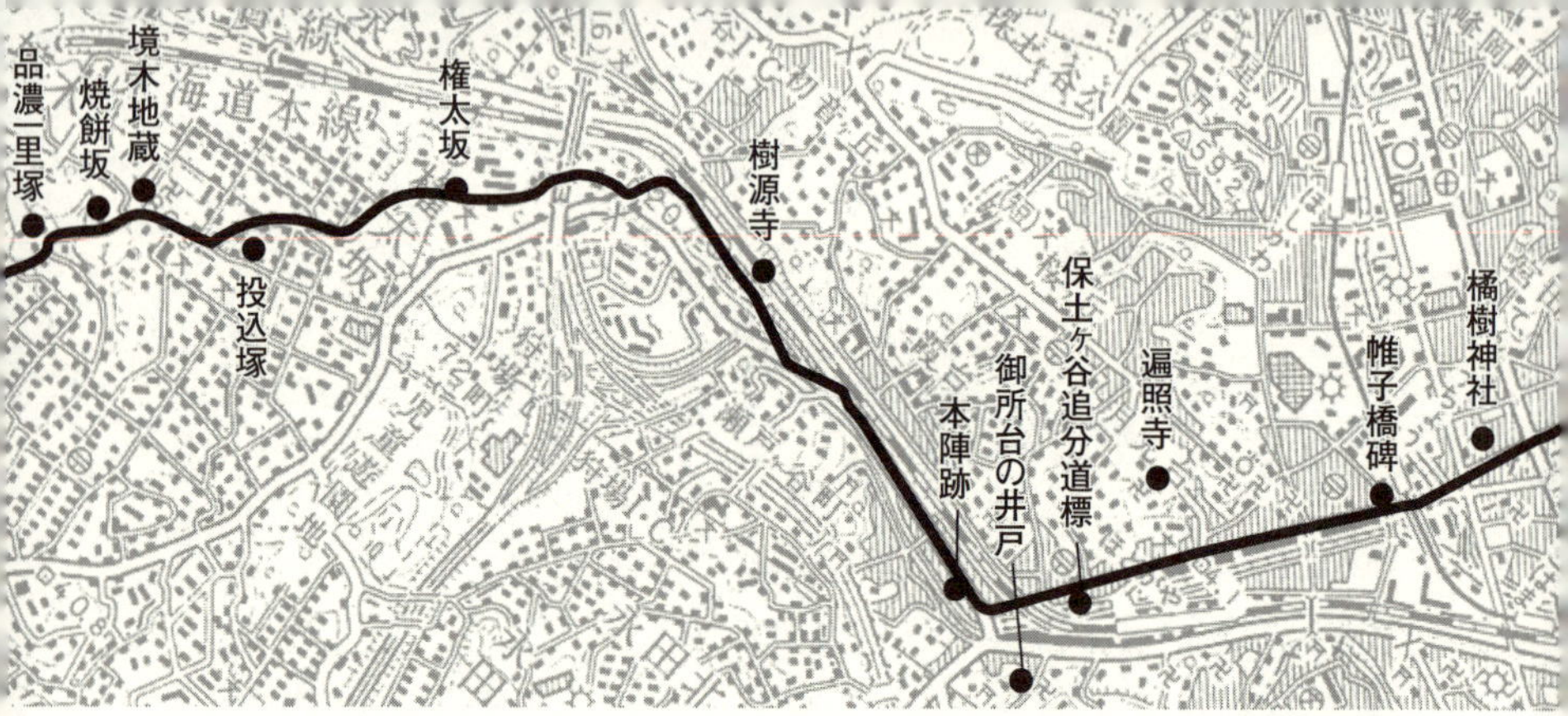


# 保土ケ谷《ほどがや》

▼武蔵国橘樹郡《たちばなぐん》、江戸から八里半、京へ一一七里一一丁。▼旧帷子橋《かたびらばし》趾碑。相鉄線天王町駅前。帷子川は現在は百《メートル》ほど東へ移る。▼遍照寺。江戸の狂歌師朱楽菅江《あけらかんこう》碑、正面「南無阿弥陀仏」、左側「百万の珠数のくりきも磐石のこゝろひとつにたつ供養塔　の庵菅江」。菅江の筆跡の「の」の字は特徴があり有名。その左手に作者不明句碑「さればこそ石に蒲団は着せられず」。▼金沢横町道標。四基あり右から天明三年（一七八三）建「円海山之道」、天和二年（一六八二）建「かなざわ・かまくら道」、文化一一年（一八一四）建「杉田道」（「程ケ谷の枝道曲れ梅の花　其爪」と刻す。其爪は河東《かとう》節《ぶし》三世十寸見《ますみ》蘭洲。俳句は酒井抱一《ほういつ》の門人）、弘化二年（一八四五）建「富岡山芋大明神社の道」。▼この道にちょっと入ってみる。踏切と国道一号を渡り、石難坂《いしなざか》登り口右に、御所台

**保土ケ谷・新町橋**。帷子川に架かる新町橋（帷子橋とも）を渡って宿場に入るところ。橋上の駕籠は供と荷持を連れた通し駕籠。駕籠舁（かごか）きもちゃんと着物を着ている。

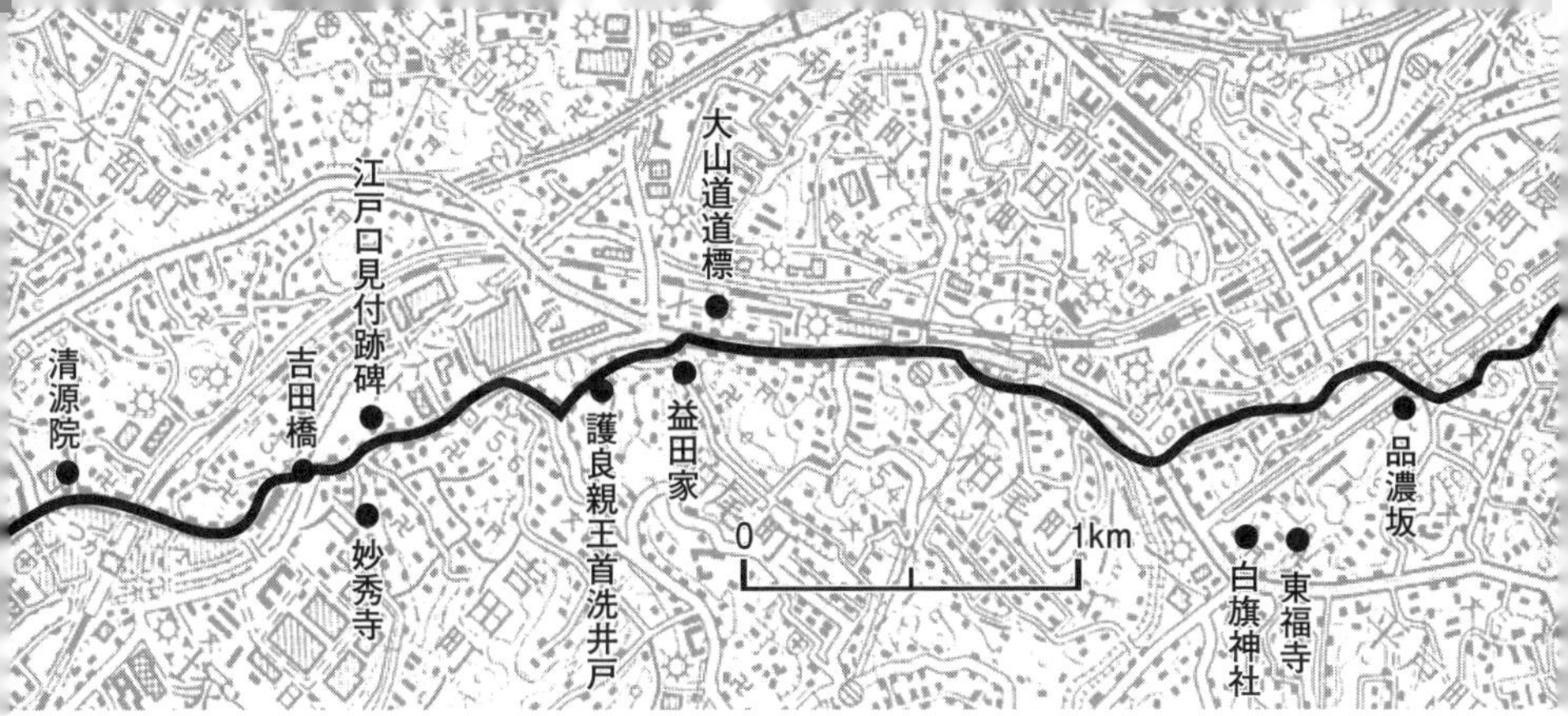


の井戸。北条政子立寄り化粧に用う。四阿《あずまや》を設け井戸側《いどがわ》をつけ小ぢんまりした遺跡。その向い側に御所台地蔵、前に元禄一〇年(一六九七)碑銘の地蔵。坂を登ると北向地蔵、はるかに梅の名所杉田（磯子区）や金沢八景に通じる。

▼元に戻り、JRの踏切を渡り突当りに古い門をのこす本陣軽部《かるべ》家。陸橋左下に「湯殿山月山羽黒山供養塔」。右旧道に入り樹源寺に明治の新史劇『歌舞伎物語』の作者山崎紫紅墓。

▼権太坂は長大な坂。横須賀道路をまたぐ。昔旅人が土地の人に坂の名を問うたところ、耳の遠い老人が自分の名を聞かれたと思い「へイ権太と申しますだあ」と答えたのが坂の名の由来。池波正太郎『雲霧仁左衛門』では一味の者がここにつなぎの茶店を開いている。

▼境木《さかいぎ》中学校に突当り左に百《メートル》寄り道すると投込塚《なげこみづか》。権太坂での行倒れなどを葬る。近年人骨出土、後記の東福寺に埋葬。▼境木地蔵手前右に、名物牡丹餅《ぼたもち》屋の子孫若林家。境木地蔵は武蔵と相模の国境。その先のうす

『江戸名所図会』帷子川

『江戸名所図会』境木。武蔵・相模の国境。左が江戸方面、右が京方面。

暗い坂が焼餅坂。下って登り坂に品濃《しなの》一里塚。左右一対の原形をよく保つ。その先は幅の狭いのどかな道。▼その道が下りになるのが品濃坂、環状二号線を陸橋で渡る。遠くに丹沢・大山・箱根・富士、近くに高層マンション群。▼旧道から外れるが東福寺に前記投込塚出土の人骨を納めた「無量光仏」碑。その隣りに源頼朝を祭る白旗神社。オカッパ頭のかわいい狛犬《こまいぬ》。▼大山道道標。戸塚区柏尾町。右に少し入る。小堂の中に、不動明王を乗せた独特の道標「是より大山道」、正徳五年（一七一五）建。他に寛文一〇年（一六七〇）、延宝八年（一六八〇）等の道標多数。▼三差路手前左にわらぶき屋根の旧家益田家。モチの巨木。旧道は左の道。▼護良《もりなが》親王首洗井戸。秋元眼科医院前「史蹟の小径」碑から入り二丁。南北朝後醍醐天皇の皇子。鎌倉に幽閉され足利直義に殺される。側女《そばめ》が首を盗み出しここに至る。斎藤与三郎歌碑「みしるしを洗ひし井戸とつたへきく杉はかれても名はのこるらん」。

# 戸塚《とつか》

▼相模国鎌倉郡。江戸から一〇里半、京へ一一五里二丁。東海道一日目は戸塚泊が普通。▼ブリヂストン横浜工場先右、VOLKS前に江戸方見付跡碑。ここからが戸塚の宿場。▼柏尾川に架かる吉田橋。手前左へ鎌倉道。保永堂版はここを描く。「こめや」とある所は今は民家。画中に「左りかまくら道」とある道標は、近くの妙秀寺に保存「(上半分欠)くらみち」、延宝二年（一六七四）建。他に遠嶺神社境内に保存のものは「是より左加まくら道」宝暦四年（一七五四）建。▼清源院。「当山開基清源院殿尊体火葬之霊迹也」碑。徳川家康の愛妾お万の方の火葬跡。芭蕉句碑「世の人の見つけぬ花や軒の栗」。『おくのほそ道』須賀川での句だが、清源院句碑の傍らにもと栗の大木ありしに因んで、戸塚の俳人盈稲舎《えいとうしゃ》露繡《ろしゅう》建立。心中の碑「井にうかぶ番《つが》ひの果や秋の蝶」

**戸塚・元町別道**。宿の東入口吉田橋である。橋の手前に「左りかまくら道」の道標が見える。鎌倉まで二里。茶店「こめや」の軒先に多数の講札が下がる。講の指定茶店である。

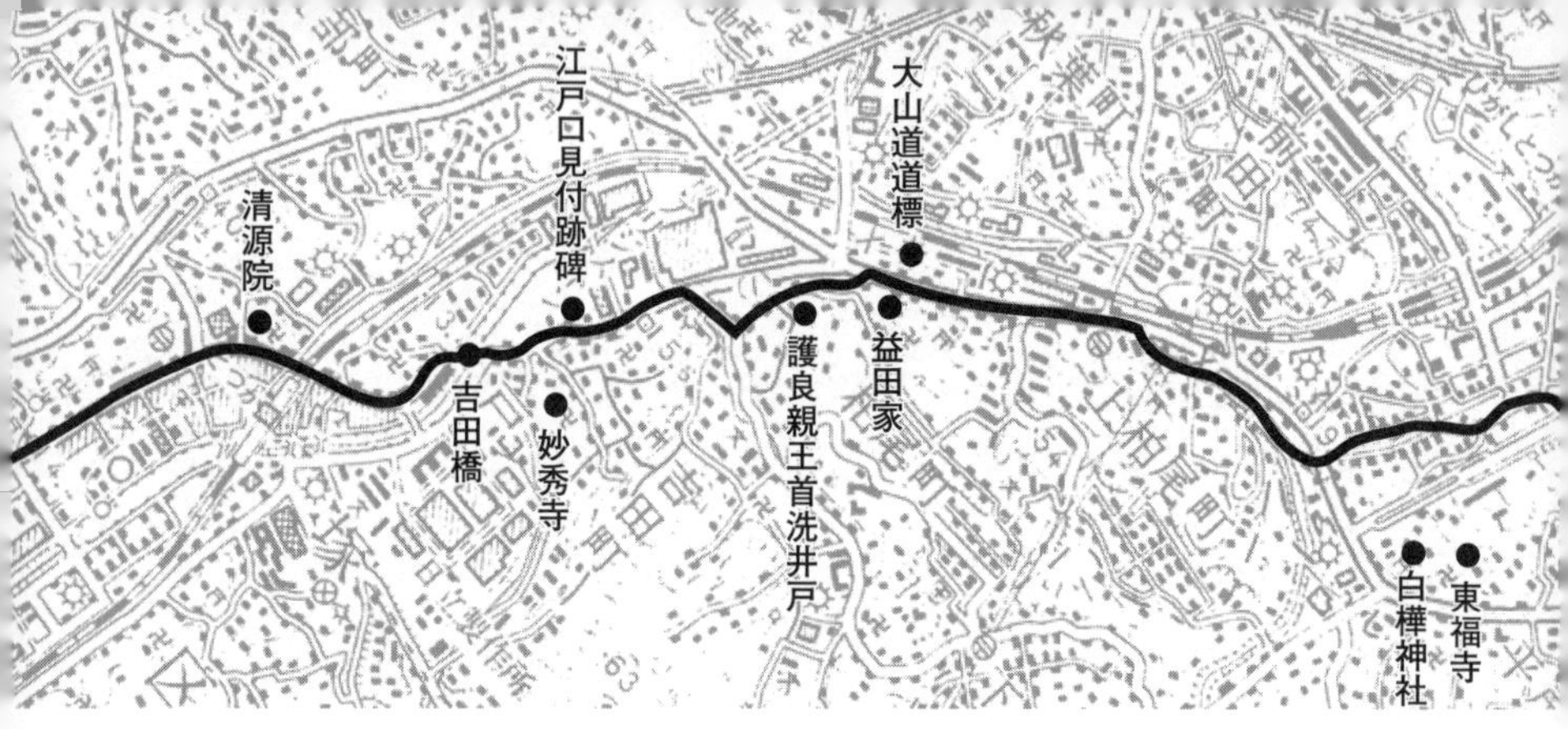


が珍しい。文久三年（一八六三）八月二日戸塚三丁目大島屋亦三郎の伜清三郎一九歳と一丁目伊勢屋清左衛門抱え女郎ヤマ一六歳が院内の井戸で心中。他に徳本上人名号塔、朝日嶽の墓など。▼富塚《とつか》八幡。源頼義・義家父子の建立。▼大坂。戸塚の坂とも。長大な坂。川柳に「佐野の馬戸塚の坂で二度ころび」。佐野は謡曲「鉢の木」の主人公佐野源左衛門。〃いざ鎌倉〃とかけつけるが、貧乏のため栄養不良の馬がこの坂で息切れしたであろうという川柳作者の想像である。坂の途中右第六天宮境内に「藤行翁之碑」。もと伊勢の人、長谷川氏。信仰心篤く、文政一一年（一八二八）「たゞたのめ神も仏も真心にするが甲斐あるけふの旅立」の辞世を詠み死す。その先右に庚申塔など古碑群。八基も並ぶ。中に元禄四年（一六九一）、同八年などの銘記あり。ぽつんと一つだけ離れて馬頭観世音。坂を登りきると分岐点。左が旧道。松など樹木が多い。▼陸橋二つ過ぎエネオス・ガソリン・スタンドの先

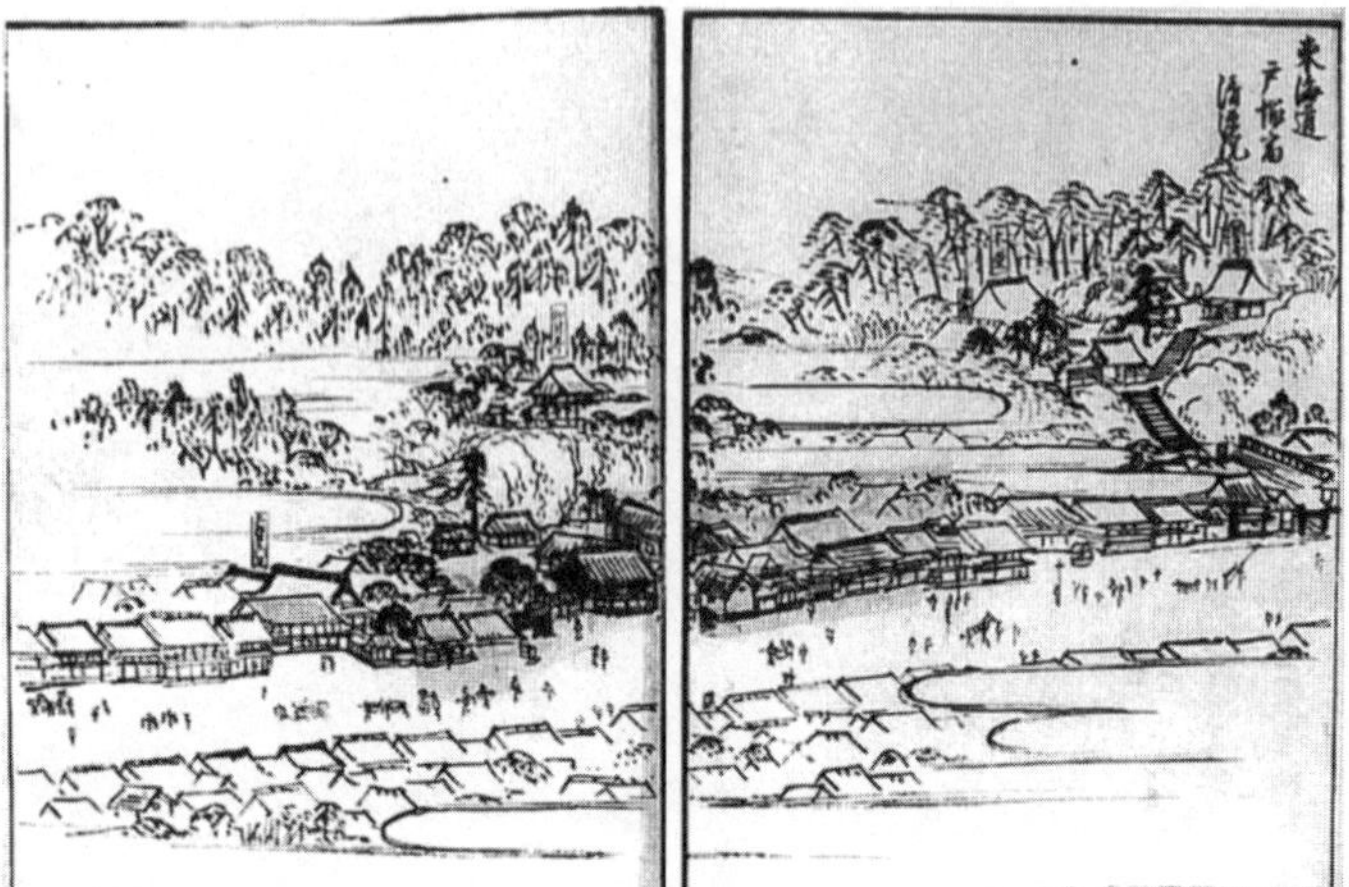

『相中留恩記略』戸塚宿

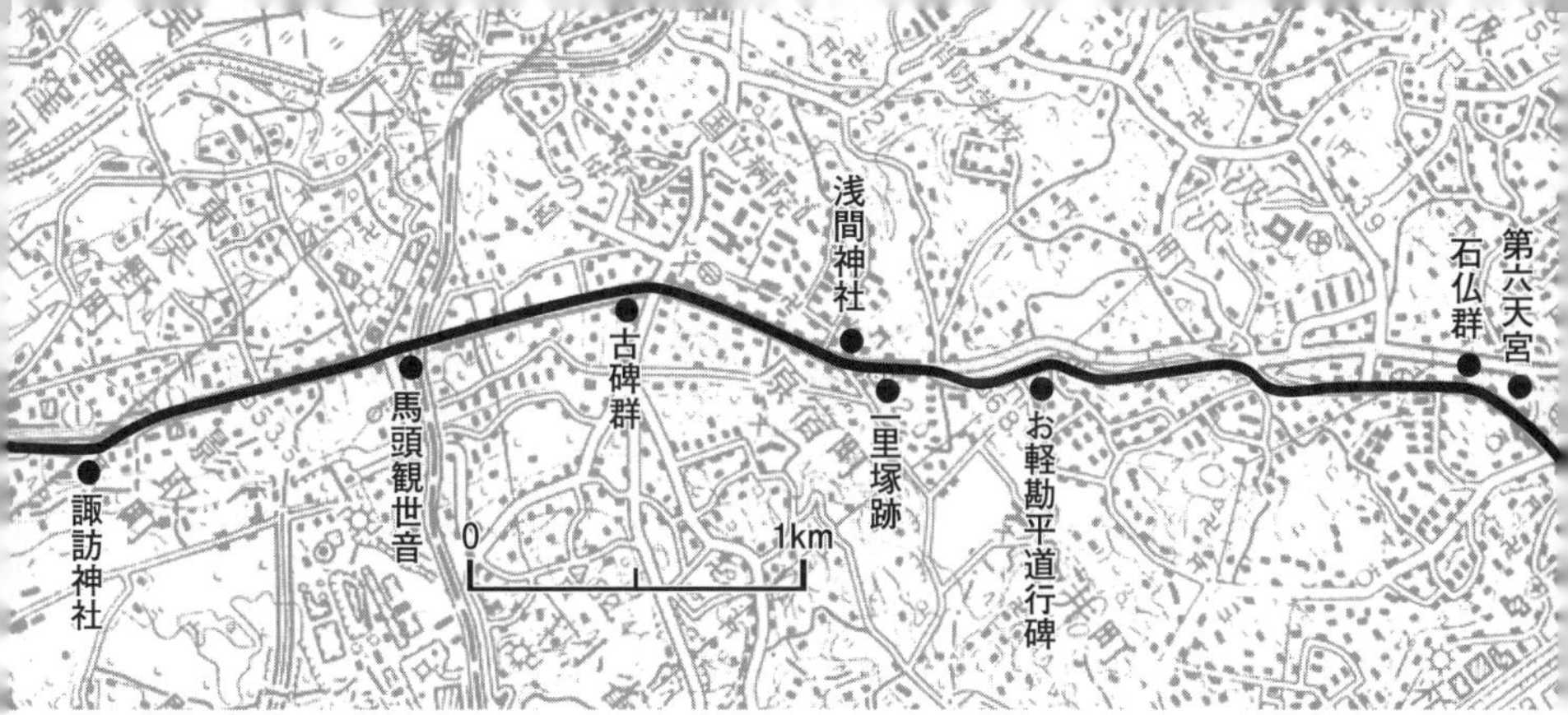


左「お軽勘平《かるかんぺい》戸塚山中道行《みちゆき》の場」碑。昭和四六年建。『仮名手本忠臣蔵』四段目、塩谷判官《えんやはんがん》の家臣早野勘平と腰元お軽が、お軽の在所への道行。清元『道行旅路花聟《たびじのはなむこ》』（通称「落人《おちゅうど》」）「（勘平）鎌倉を出てやう〳〵と、こゝは戸塚の山中、石高道《いしだかみち》で足は痛みはせぬかや。（お軽）なんのそれよりはまだ行先が思はれて。（勘平）さうであらう。しかし昼は人目を憚る故。（お軽）幸ひこゝの松陰で。（勘平）暫しがうちの足休め。（お軽）ほんにそれがよいわいの」。この付近左右の眺め、今もやや山中の趣きあり。広重の行書・隷書二版この辺りの景を描く。▼原宿の一里塚。わずかに一里山の俗称のみ残る。右に安永五年（一七七六）の鳥居、長い参道と古い社殿の浅間神社。左に原宿の道祖神碑群。中に出羽三山秩父西国坂東供養塔に「東かまくら、南藤沢、西大山、北□、岩根沢日月寺先達一伍坊」、文化八年（一八一一）建。▼影取町の馬頭観世音、諏訪神社。この辺りの池に大蛇が住み、旅人の影を呑むという。

『相中留恩記略』戸塚宿つづき

# 見送り・出迎え

昨今旅の見送り・出迎えはまことに簡略になった。外国旅行でさえ、玄関先で「行ってきます」「行ってらっしゃい」である。交通手段が安全かつスピーディになり、また旅そのものが頻繁になったせいであろう。昔の旅は危険も多く、水盃を交《かわ》しての旅立ちだった。したがって、旅立ちには別れを惜しんで送り、帰るとなれば喜んで迎えに出た。江戸から東海道の旅ならば、品川までの送り迎えが普通であった。大田南畝《なんぽ》が大坂銅座へ出張を命ぜられた『改元紀行』の旅の場合、旅立ちの日はあいにくの雨であったにもかかわらず、門人知友は品川の品川寺《ほんせんじ》前まで送り、向いの鍵屋でまず別れの盃をあげ、一部の人は大森まで送り、ここでまた一杯やり、だんだん少なくはなったが、なお何人かは江戸から四里の六郷川の渡しまで見送り、またまた一杯やった。そのあと南畝は駕籠の中でぐっすり寝込んでしまった。

元禄七年（一六九四）五月一一日、芭蕉は少年次郎兵衛を伴って西上の旅に出た。この年春芭蕉は知人宛ての手紙の中で「百とせの半《なかば》に一歩を踏出して（五一歳になって）、浅漬《あさづけ》の歯にしみわたり、雑煮《ぞうに》の餅のおもしろく覚え候こそ、年の名残も近付《ちかづき》候にやとこそおもひしられ侍れ」と老衰の自覚をもらしていた。おそらく、送る人送られる人ともに、口には出さずとも、永の別れの思いが胸をよぎったことであろう。江戸から二里の品川に至ってもなお名残は尽きず、さらに二里半川崎宿の西の外れ、八丁畷《はっちょうなわて》に至って、ようやく袂を分かった。その時の芭蕉の留別句「麦の穂をたよりにつかむ別《わかれ》かな」の句碑は今京浜急行八丁畷駅前の路傍に建っている。文政一三年（一八三〇）俳人一種が師の梅室に染筆を乞うて建てたものである。

この時、曽良は最近とみに体力の衰えた師芭蕉と頼りない初旅の少年次郎兵衛を気づかい、さらに二泊して、箱根の関所まで送った。雨も

『金草鞋』伊勢の御師の手代が太々講一行を新茶屋で出迎えるところ。

よいの関所を越え、一丁ほど行くと道は右に曲るので、そこで芭蕉たちの姿は見えなくなる。それを見送ってから曽良は一人江戸への帰路についた。「ふつと来て関より帰る五月雨」はその時の吟である。曽良はふっとと思い立って、あしかけ三日箱根の関所まで見送ったわけで、その距離は実に二四里二八丁になる。

京都の場合、大津まで三里はあたりまえであった。『伊勢参宮名所図会』には、大津の東の外れ、石場の「酒迎《さかむか》え」の景が描かれている。右の方から旅帰りの主従男女六人の一行が姿を見せると、出迎えの人たちは笠や扇を振って手の舞い足の踏むところを知らずといったありさまで、うち一人は湖岸に座敷を張り出した料理茶屋へ一行の到着を知らせにかけこんでいる。

もう一例、伊勢街道の場合、十返舎一九の『金草鞋《かねのわらじ》』を見ると、伊勢の御師の手代が、伊勢から二里の新茶屋まで太々講《だいだいこう》の一行を迎えに出、小腰をかがめて「これは〳〵、おはやうおつきでござります」とお愛想を言っている（右ページ下の絵）。この手代の右の男の自惚《うぬぼ》れぶりが面白いから、その科白《せりふ》を書いてみよう。「太々講の幟《のぼり》を持って行く者に、気のきいた顔はないものじやといふが、おればかりはそうでもないかして、女がどれも見返り見返りして行くから、なんでもこの幟は外《ほか》の者には持たせまい。おればかり持つて行かう。時に暑い暑い。この汗をちつとふきたいものじや」。

『伊勢参宮名所図会』石場の酒迎

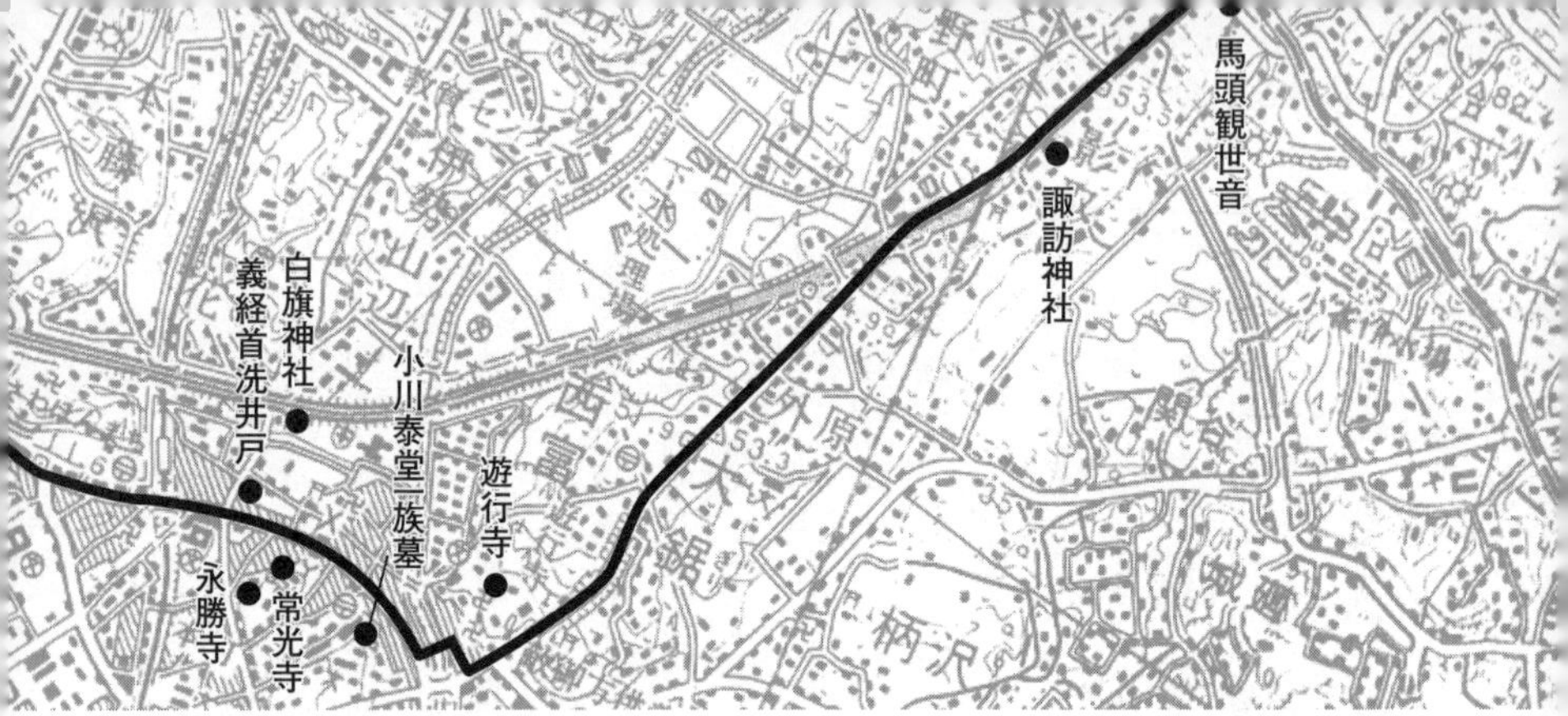


# 藤《ふじ》沢《さわ》

▼相模国高座郡、江戸から一二里一二丁、京へ一一三里八丁。▼遊行寺《ゆぎょうじ》坂は緑の中の大きな坂である。左に諏訪神社、右に遊行寺東門を見て、坂を下り切り、藤沢橋の手前を左に入るのが鎌倉道である。本道は右側飯島薬局の脇を入り、遊行寺正面へ出て、遊行寺橋を渡る。俗に一丁三曲りという。▼遊行寺は藤《とう》沢山《たくさん》清浄光寺《しょうじょうこうじ》の俗称である。日本三大黒門の一つという大きな冠木門《かぶきもん》を入りすぐ左、貞松院墓地に板割浅太郎墓「洞雲院弥阿列成《れつじょう》和尚位」。国定忠次の子分、信州野沢の金台寺で列外和尚に入門、のち当寺に来、三五歳で貞松院住職、明治一三年当寺焼亡の際勧進に活躍、明治二六年没七〇歳。ゆるやかないろは坂を登り切ると、正面に堂々たる本堂、その前右に一遍上人像がある。広く突き出た額、行脚布教に痩せたお姿である。本堂左の清浄

**藤沢・遊行寺**。遊行寺橋の手前を左へ行くのが東海道。鳥居は江の島弁天の一の鳥居。弁天の御利益で出世した杉山検校の縁で座頭四人を描く。大木刀を担ぐのは大山詣の一行。

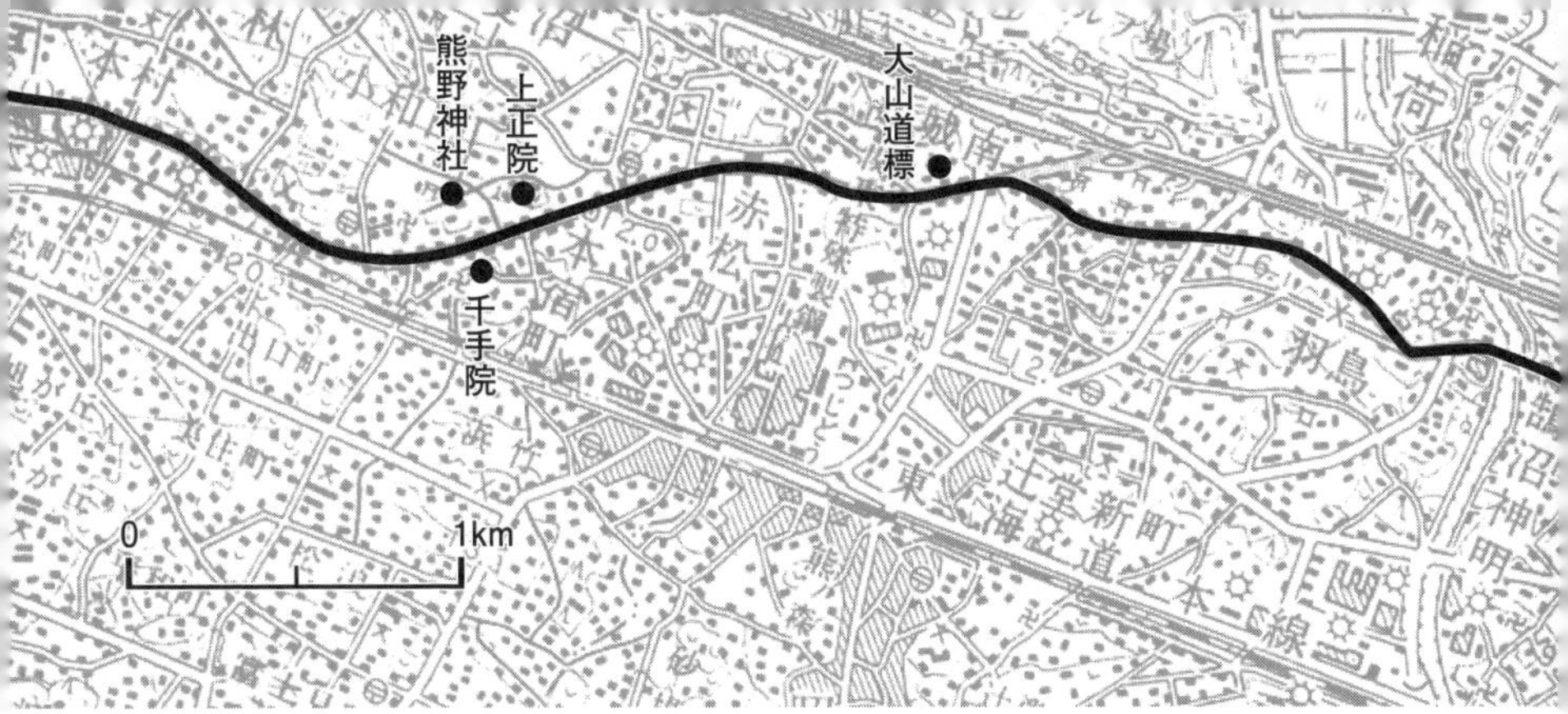


光寺梵鐘は延文元年（一三五六）鋳造。その左に川田順の一遍讃歌長歌碑「糞掃衣《ふんぞうえ》すその短くくるぶしも臑《すね》もあらはに……」。昭和五三建。藤沢生まれ牧水門の歌人高橋俊人歌碑「感傷も今宵はよろし開山忌あがなひてもつ葡萄の房を」。遊行寺坂際東門脇に「敵御方《てきみかた》供養碑」。応永二三年（一四一六）上杉禅秀の乱における両軍の死者を当時一五世尊恵が葬う。本堂右手奥長生院《ちょうしょういん》に小栗判官《おぐりはんがん》旧跡。小栗判官と照手姫《てるてひめ》の物語はさまざまの筋で伝えられるが、『鎌倉大草紙』によれば、小栗判官と十人の家来が藤沢の盗賊横山大膳の家に泊り毒酒を盛られるが、判官を慕う姫の機知で遊行寺に逃れ太空上人に助けられ、熊野の温泉で治療全快、のちに大膳を討ち、照手姫と結ばれる。判官の死後姫は尼となり長生院に住んだともいう。小栗堂の本尊左右に閻魔《えんま》王と小栗判官像。小栗堂裏に小栗判官と十勇士および照手姫の墓、連馬句碑「内に居て筆の杖つく雪見かな」享和元年（一八〇一）建。昔は寺の老女が

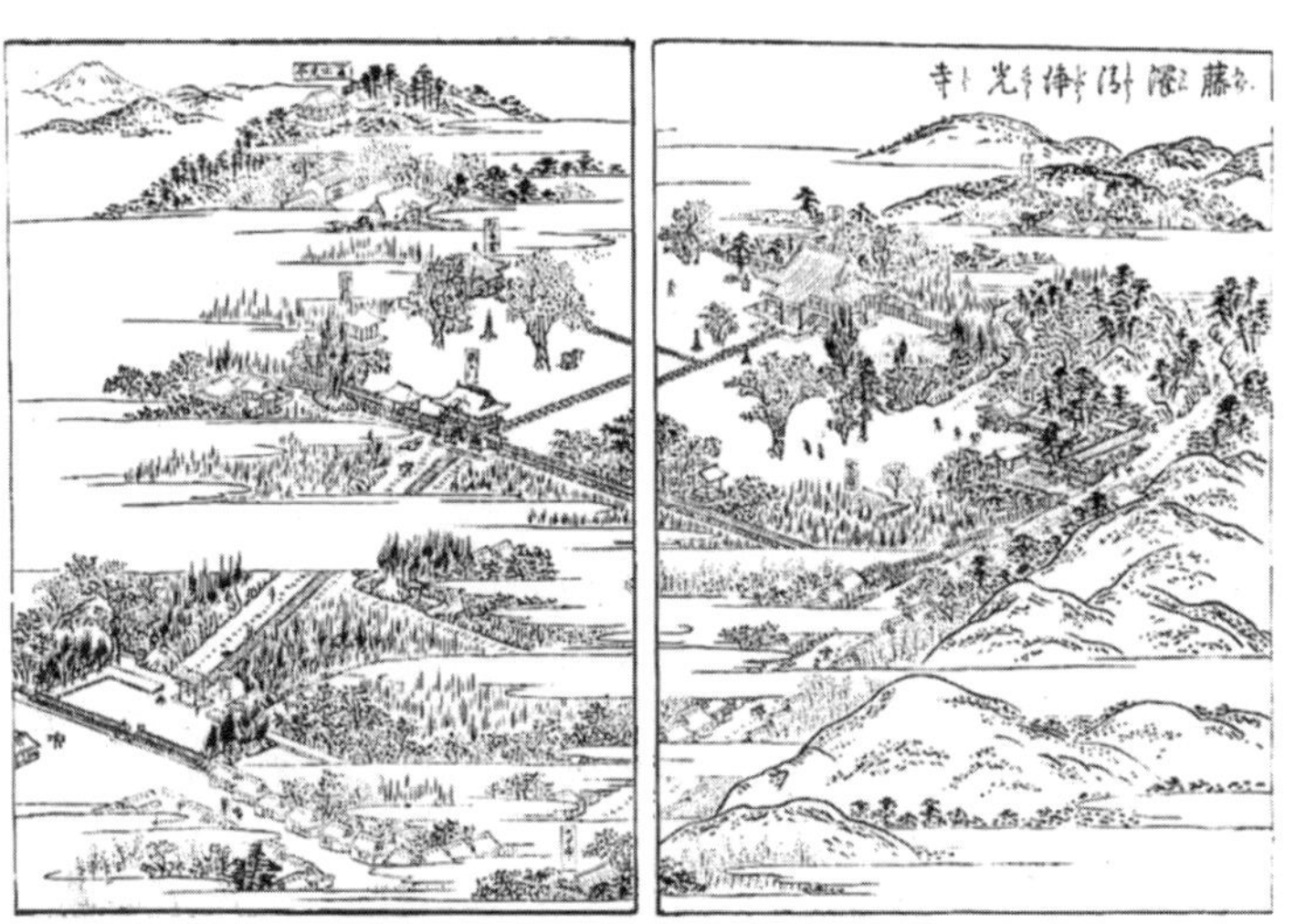
『東海道名所図会』藤沢清浄光寺

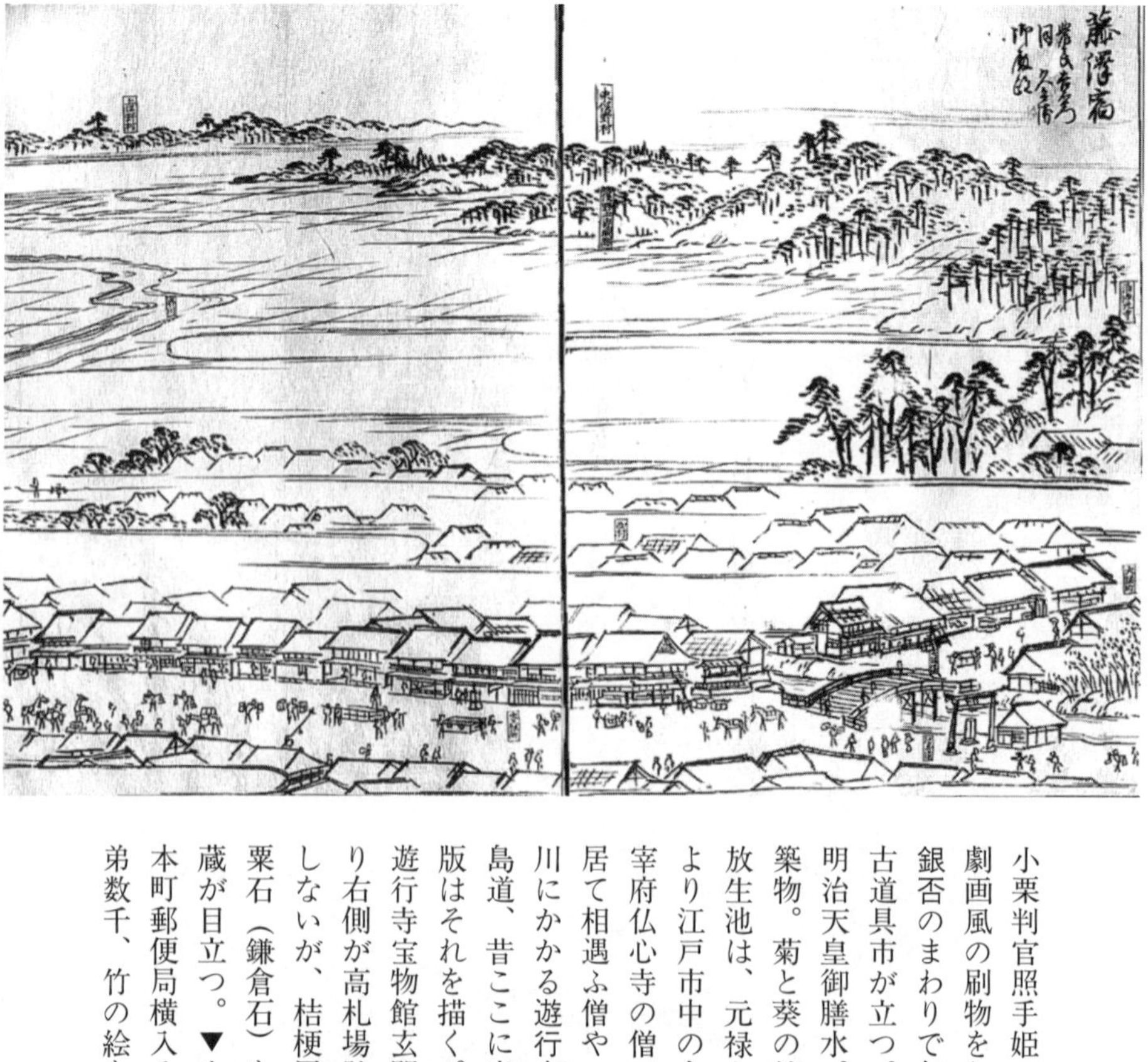


小栗判官照手姫の絵解きをしてくれた。今は劇画風の刷物をわけてくれる。本堂の前庭大銀杏のまわりで毎月第一日曜と第四土曜日に古道具市が立つ。その大銀杏脇の宝物館前に明治天皇御膳水。中雀門は当寺現存最古の建築物。菊と葵の紋がある。中雀門を入り右の放生池は、元禄七年（一六九四）幕府のお触れにより江戸市中の金魚銀魚を放つ。池の前に太宰府仏心寺の僧で虚子門の静雲句碑「生きて居て相遇ふ僧や一遍忌」。▼寺を出て門前の境川にかかる遊行寺橋を渡り左へ行くのが江の島道、昔ここに青銅の大鳥居が立ち、保永堂版はそれを描く。大鳥居の礎石一対が前記の遊行寺宝物館玄関前にある。▼遊行寺橋を渡り右側が高札場跡。藤沢宿はさほど旧態を存しないが、桔梗屋洋紙店の白壁造り土蔵や、栗石（鎌倉石）を用いた石造り土蔵など、土蔵が目立つ。▼大窪詩仏《しぶつ》・小川泰堂《たいどう》一族墓。本町郵便局横入る。詩仏は江戸の漢詩人、門弟数千、竹の絵をよくし、泰堂の妻の父。天

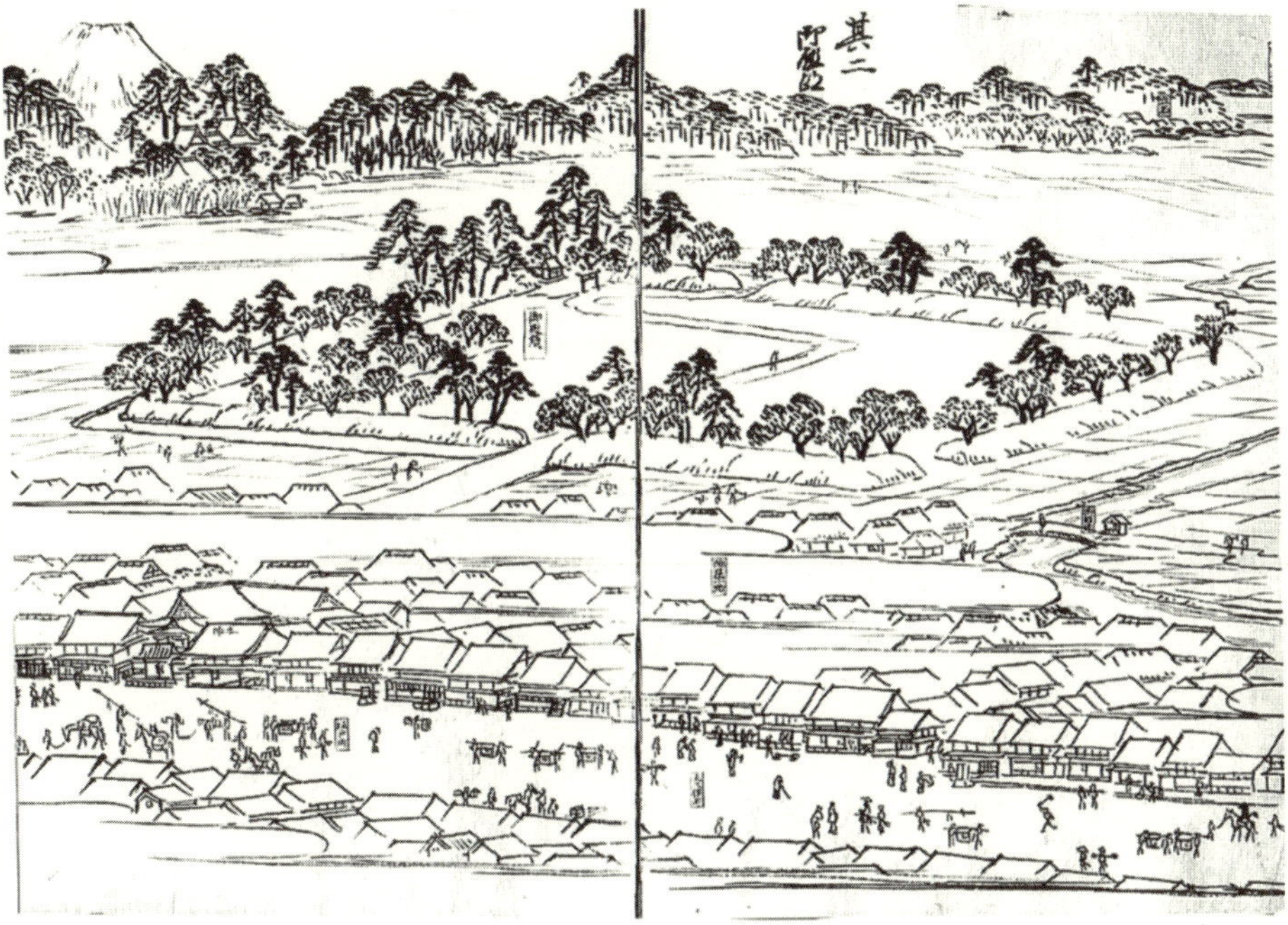


保八年（一八三七）没七一歳。泰堂は仁医、経世家。この敷地に芳信一実法師（芳本左兵衛。文久二年（一八六二）没）富士詠歌碑「ふたつなき慈悲のをしへは日の光雲吹きはらふみねの雲風」。水鏡堂好々翁句碑「玉のはるよごれた水はなかりけり」明治二年建。▼本町交番向いを入ると常光寺。快庵作阿弥陀如来。カヤの巨木。野口米次郎墓。江戸初期慶安の頃の女侠客今井かめ女の墓。弁慶首塚。庚申塔。▼永勝寺。本町四丁目藤沢市農協横入り百《メートル》。山門入りすぐ左手に遊女墓碑群。旅籠屋小松屋源蔵墓をはじめ、小松屋抱えの飯盛女三九人の墓がある。江戸後期宝暦～享和頃のものが多く、出身地は伊豆・駿河・遠江・伊勢の者もあり、年齢は二〇歳未満という。▼藤沢本町パークホームズ横入るとタブの大木の下の暗い所に源義経首洗井戸。深さ二《メートル》ほどの丸井戸で格子で覆う。片瀬浜に捨てられた義経の首が境川を溯り漂着したのを里人が洗い浄めた。▼その義経を祭るのが白旗《しらはた》神社。

（三〇〜三一ページ）『相中留恩記略』藤沢宿。背後の御殿跡とはかつて将軍宿泊のための御殿が造られたところ。

石段途中に弁慶松、義経松。石段下の道標「ゑのしま道／一切衆生／二世安楽」はすばらしい。境内藤棚下に芭蕉句碑「草臥て宿かる頃や藤の花」、句は『笈の小文』旅中大和八木での作。裏面に以足句「東路や華にうづまる鈴の音」文化二年（一八〇五）建。▼小田急陸橋を渡ると右に古風なかざり屋、戸袋の銅製風神雷神は力作。引地橋を渡り右養命寺に重文の運慶作薬師如来像。▼大山道道標。四谷のバイパス合流点向いの右側、小堂中にみごとな不動明王を載せた延宝四年（一六七六）道標「大山道」、安永四年（一七七五）の鐘、堂前に万治四年（一六六一）建、天保六年（一八三五）再建の「是より右大山みち」、小さな万治四年建「右大山道」。大山道にちょっと入ると天狗の面を掲げた石鳥居。大山まで六里。▼その先右二ツ谷稲荷境内に寛文一〇年（一六七〇）の庚申供養塔。その先信号機に「大山街道入口」の文字。入口に「奉巡礼西国坂東秩父供養塔、あふり山（阿夫利山。大山のこと）わけいる道にしをり置つゆのことのはしるしとぞなれ」碑。その先ばらばらと松並木。

# 旅の心得

八隅芦庵《やすみろあん》の『旅行用心集』は、「道中用心六十一ケ条」はもちろん、全編これ道中心得百科事典といった趣きを呈する。いまそれはしばらく措き、文学作品に例を求めるならば、まず浅井了意の『東海道名所記』の主人公楽阿弥は、「国々をめぐり」歩いた旅のベテランであるが、道連れになった初心の男に向って、旅の心得を次のように説いている。

旅には第一薬をたしなみ煩ひをふせぐを肝要とす。菓《くだもの》・冷水むさとしたる食物をつゝしむべし。夏旅の霍乱《かくらん》はおほくは食傷よりおこるなり。あやしき人に道づれして、ひとつ宿にとまりて、荷物をすり替へられ、寝たるあひだにとりにげにあふ事あり。夜ぶかく宿を出でぬれば、山だち辻切の気づかひあり。宿につきては家の勝手閑道《うらみち》の要害見をくべし。座敷の壁に物をよせかけてをくべからず。畳のおちこみてやはらかなる所あれば、畳をあげてこれをみよ。蚊帳の内ならば、かたわきに立より、壁にそふて臥すべし。夜盗《よとう》入てつり手をきりをしつゝむ時の用心なり。宵にねたる所をば、わきへ替へて寝なをれ。太刀かたなは柄口《つかぐち》をわが身にそへてをくべし。遊女にたはれて金銀をぬすまるゝな。たとひよぶとも心ゆるすな。さて、道中第一の用心には、堪忍にまさる事なし。船頭・馬かた・牛遣《くるまづかい》などは、口がましくこと葉いやしうわがままなる者なれば、是にまけじとする時は、かならず大事のもとひとなる。今銭二三文をたかくつかへば、万事はやくとゝのふなり。扇笠きんちやくもたかき所にをくべからず。わすれやすきものなり。旅飯銭《はたごせん》は宵に渡すべからず。朝だつ時にわたすべし。銭をかふには金銀を手ばなし人をたのみてつかはしぬれば、あしき銀にすりかへらるゝ事あり。しるしをみせて銭をとりよせ、

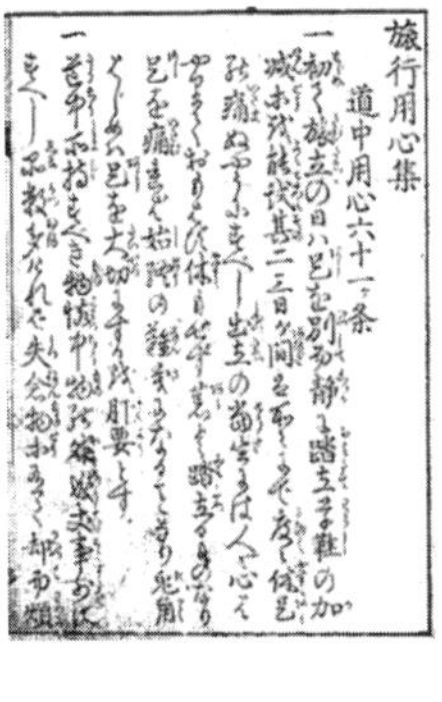
旅行用心集
道中用心六十一ヶ条

『旅行用心集』道中用心六十一か条

其後にわたすべし。道の右左に神や仏の堂社あらば、手をあわせ心に念じてとをるべし。まもりの神となり給ふ也。

最後は神頼みになって心細いが、こんな用心を必要とする旅が、いったい楽しいものであったかどうか。芭蕉の同時代そして同じ俳人の中の旅行第一人者は、大淀三千風《おおよどみちかぜ》であろう。本州最北端から九州にまで及ぶ旅の記録『日本行脚《あんぎゃ》文集』の初めのところに、「行脚の覚悟として自戒自慎の誓語して首にかけし条目」として次の九条が掲げてある。楽阿弥の言が旅の用心を説いたものとすれば、これは旅する者の覚悟というほうがふさわしい。

一、不借身命《ふしやくしんみよう》を思ひ定め、今日切の境界、無常迅速夢幻泡影忘るまじき事。

一、色欲身欲名《みよう》聞欲を可レ離《はなるべき》事、付 憍慢心可レ慎《つつしむべき》事。

一、五戒勿論也。但し飲《ヲン》酒・妄語の二戒は事によるべし。他《ヒト》の為善《ヨキ》事には、偽《いつわり》も可なるべき事。

一、山賊追剝等に逢《アハ》ば裸にて渡すべし。若《モシ》殺害《セッガイ》にをよばゞ首をのべて待つべし。死して敵《カタキ》を取るまじき事。付 四寸の小刀《サスガ》の外刃《ハモノ》を持間敷事《もつまじきこと》。

一、衣食居《イショクヰ》は天道にまかすべし。当季の会衣《グワイヱ》は可レ捨《すつべき》事。

一、船賃・木ちん・茶代《シロ》少しもねぎるまじき事。

一、中途にて乞凶《コッケウ》(乞丐または乞匃か)・非人に慈悲を加ふべし。かつ病人には所持の薬可レ与《あたふべき》事。

一、文筆所望なきに書くまじき事。但し望む人あらば貴賤を不撰《エラバズ》、一言も否《イヤ》といふ詞出す間敷也《まじきなり》。自作の外、他作の文法書間敷《かくまじき》事《こと》。

一、一足も馬駕《カゴ》にのるまじき事。但し不レ及《およばざる》山上の道は折によるべし。

右の九ケ条仏神に誓ひ心戒を定《さだむ》るもの也。若此《もしこの》意趣《いしゅ》を破る心ざし出でば、即歩《ソクホ》に立帰るべし。

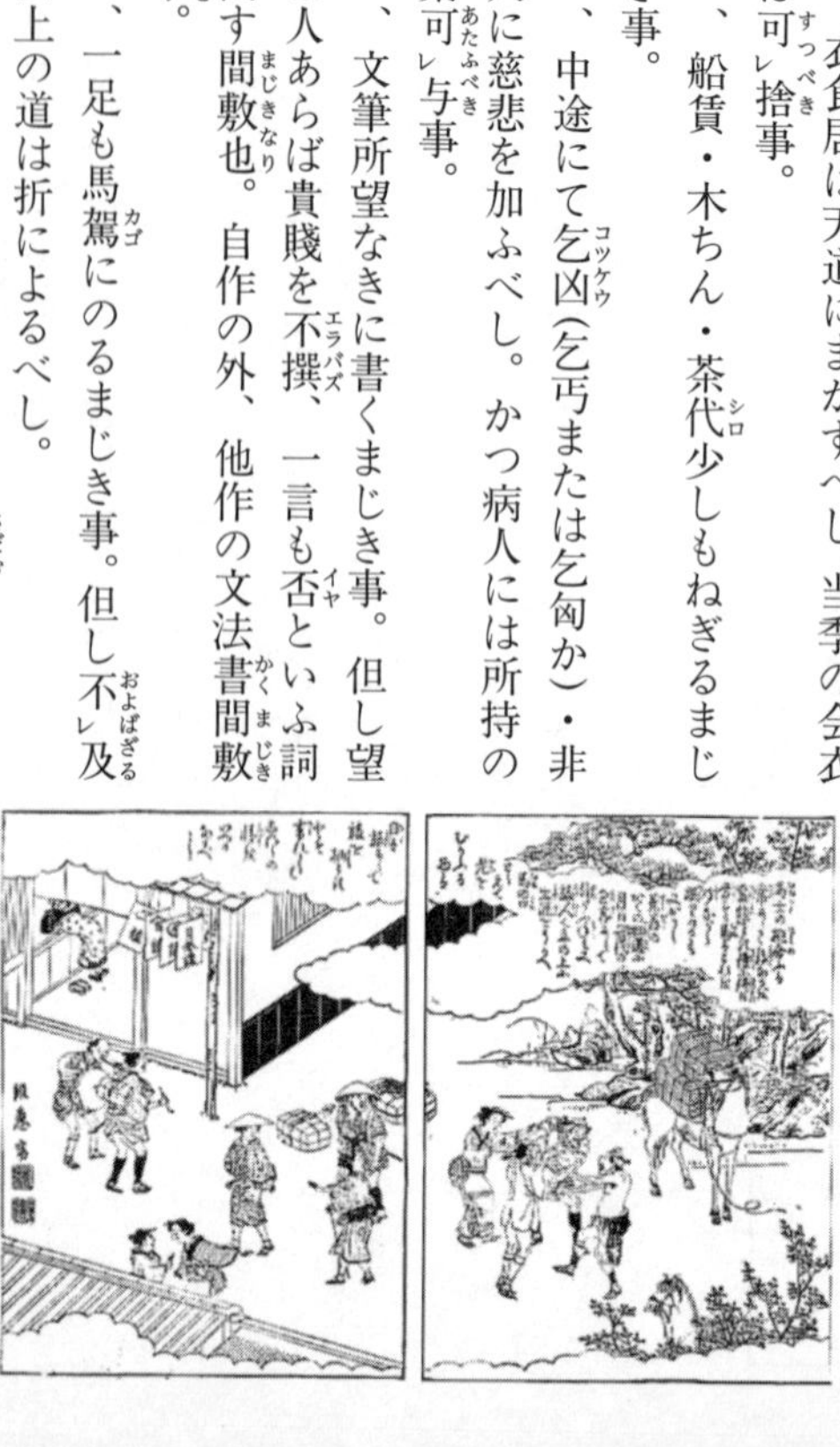

『東海道名所図会』坂下。右上方の書きこみに、馬方が喧嘩をするのは常態であって、静かなのが変態だと警抜に評している。

三千風の九ケ条は、芭蕉の言説・行動のあれこれと相互るものがある。芭蕉の第一紀行『野ざらし紀行』の伊勢の条に「腰間に寸鉄をおびず、襟に一嚢《いちのう》をかけて、手に十八の珠を携ふ」といっているのは、三千風の条目の第四条「四寸の小刀の外刃は持間敷事《もつまじきこと》」と似ている。また『三冊子《さんぞうし》』によれば、芭蕉は、

駕をかるに価を人のいふごとくに毎《いつ》も成し侍るなり　(わすれみづ)

つまり決して値切らなかったという。『三冊子』のその前後の文脈は、駕籠によって旅のくるしみを助けられる、自分の身分分際からすれば、駕籠などに乗るべきではない。いわば乞食行脚の身である者がこのような恩恵を受けるのはありがたいことだ、だから言い値で払ったのだ、ということになる。それは三千風の「一足も馬駕にのるまじき事」や「船賃・木ちん・茶代少しもねぎるまじき事」に相通ずる旅の覚悟と読める。だがまた芭蕉は、『東海道名所記』の吉田の条に、

もどり馬には馬かたどものりつれて、よごれ草鞋《わらうづ》にて歩《かち》よりゆく人のかしらをふみてうちとをる。京もゐなかもみなかくのごとし。慮外者の第一なり。

と記された、馬方雲助の傍若無人ぶりを、自らの体験を通じて熟知していたはずで、伊勢の杖《つえ》衝坂《つきざか》ののぼりでは、「荷鞍《にくら》うちかへりて馬から落ち」、馬子に「まさなの乗りてや」、下手くそな乗り手め、と怒られたこともあるくらいだから、『三冊子』に記すところは、楽阿弥の言う、いわば旅の知恵であったかも知れないのである。

『おくのほそ道』の旅中、山刀伐峠《なたぎりとうげ》を越えたあと、案内の若者から、この山路の不用心を聞かされた芭蕉は、「跡《あと》に聞きてさへ、胸とゞろくのみなり」と言っているが、実のところは、「山賊追剝等に逢ば裸にて渡す」くらいの覚悟はできていたのかも知れないのである。

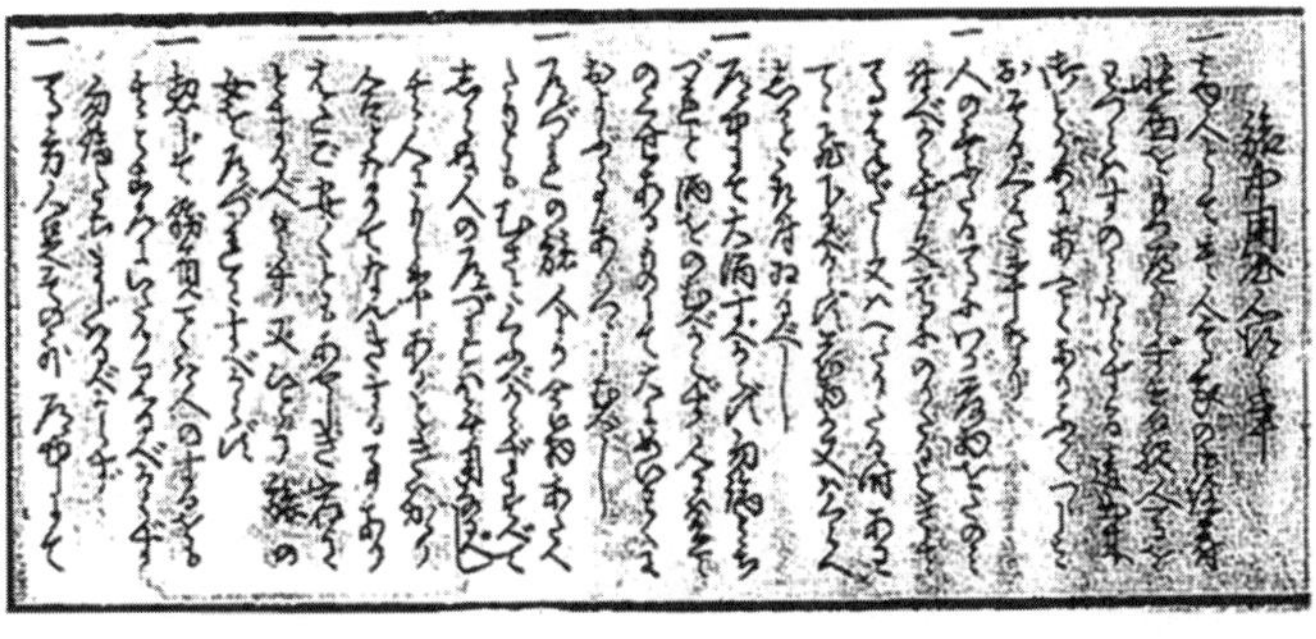
『浪花講定宿帳』旅中用心心得之事

# 平塚《ひらつか》

▼相模国大住郡、江戸から一五里三〇丁、京へ一〇九里半八丁。▼便宜上茅ケ崎から記す。茅ケ崎に入り松並木所々残る。右小和田の上正寺に江戸寛永寺から移建の大灯籠。熊野神社に道祖神・庚申供養塔。左側代官町の千手院に閻魔堂《えんまどう》。右側本村の海前寺に大灯籠三基。茅ケ崎駅入口手前左の立派な一里塚に松・榎・桜各二本。江戸から一四里。▼左側警察署先の円蔵寺に水師営のナツメの木、二百三高地血染めの岩、乃木将軍像、同将軍筆の忠魂碑。▼その先右に第六天神社。▼少し下り坂、左に入りJR線路の南側の西運寺に白浪五人男の一人南郷力丸《りきまる》の墓。五人男のうち日本駄右衛門と力丸は実在の人物。▼元の入口に戻りその先右へカーブする所が南湖《なんこ》の左富士。上りの海道で左に富士山が見えるのはここと吉原のみ。鳥井戸橋を渡って左に「南湖

**平塚・縄手道。**平塚西の棒鼻から高麗寺山を望む。橋は花水橋。右のとがった山は大山(阿夫利山)。間に白雪の富士山が見える。

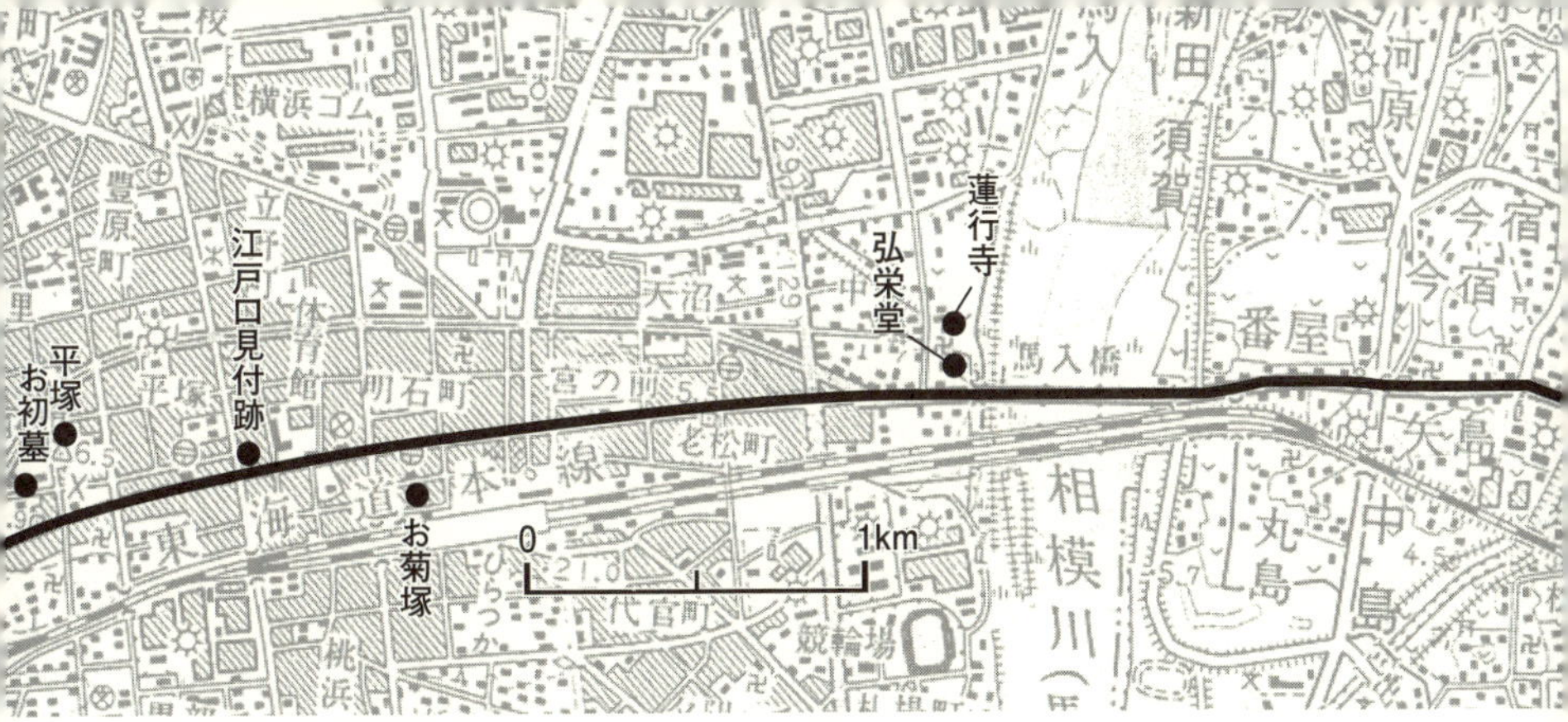


の左富士之碑」。▼その向いの赤い鳥居は鶴峯八幡宮参道入口。そこに「弁慶塚、片葉の芦と左富士名所」碑。弁慶塚はこのすぐ裏にあった。▼旧相模川橋脚。小出川手前左側。関東大震災時に水田が隆起し鎌倉時代の旧橋脚出現、池を造り水漬けにして保存。柱の直径二尺余、三列に並び、橋の幅七メートル。建久九年（一一九八）この橋供養（完成式）に出席した源頼朝が落馬、それが原因で死亡。長大な漢詩の碑「湘江古橋行」は沼田頼輔作、地元の書家水越咲七《みずこしさくしち》（茅村）書。裏面に「田の面にいでし相模のはし柱むかしわたりし人のしのばゆ　瓶堂《へいどう》」。▼馬入川《ばにゅうがわ》。いま相模川。船渡し、一人一二文。右手に大山、前方に高麗山・富士山・箱根、左に川口。渡って右角の菓子屋弘栄堂《こうえいどう》にちょんまげ最中と力餅。力餅は裏隣りの蓮光寺の持ち上げ地蔵に因む。同寺境内に中谷興瑞句碑「切籠《きりこ》貼る沙弥《しゃみ》の幾何学《きかがく》面白や」。▼お菊塚。『番町皿屋敷』の主人公お菊の墓。駅近くの紅谷町公園の一画、塚の上

『東海道風景図会』平塚。馬入川（相模川）渡し場から大山を遠望する図。

に古い自然石「お菊塚」、せんだん、松。お菊は平塚宿役人真壁源右衛門の娘。江戸の旗本青山主膳方で行儀見習中、主人愛蔵の皿を破損斬り殺された。遺骸は長櫃《ながびつ》詰めにして馬入川の渡し場で父源右衛門に渡された。父は娘を葬り「ものいはぬ晴れ着姿やすみれ草」と詠み、センダンの木を植えた。▼市民センター前に「平塚見付之碑」ここから平塚宿。脇本陣・高札場・本陣・東組問屋場・西組問屋場などの各標示。バイパス合流点に「従是《これより》東海道平塚宿」碑。保永堂版にここの傍示杭《ぼうじぐい》を描く。▼山門前に「七面大明神」碑のある要法寺西側に「平塚の碑」。桓武天皇曽孫平真砂子が東国へ向う途中死去葬る。「平塚」の地名の由来。▼その西側墓地入ると「義女松田たつ女彰忠碑」。歌舞伎『加々見山　旧　錦絵《かがみやまこきようのにしきえ》』の登場人物お初のこと。自分の仕える中老尾上《おのえ》の仇岩藤《いわふじ》を討つ。昭和一〇年お初の一六六回忌に七代目の松田久太郎らが建立。

安政五年の道中記

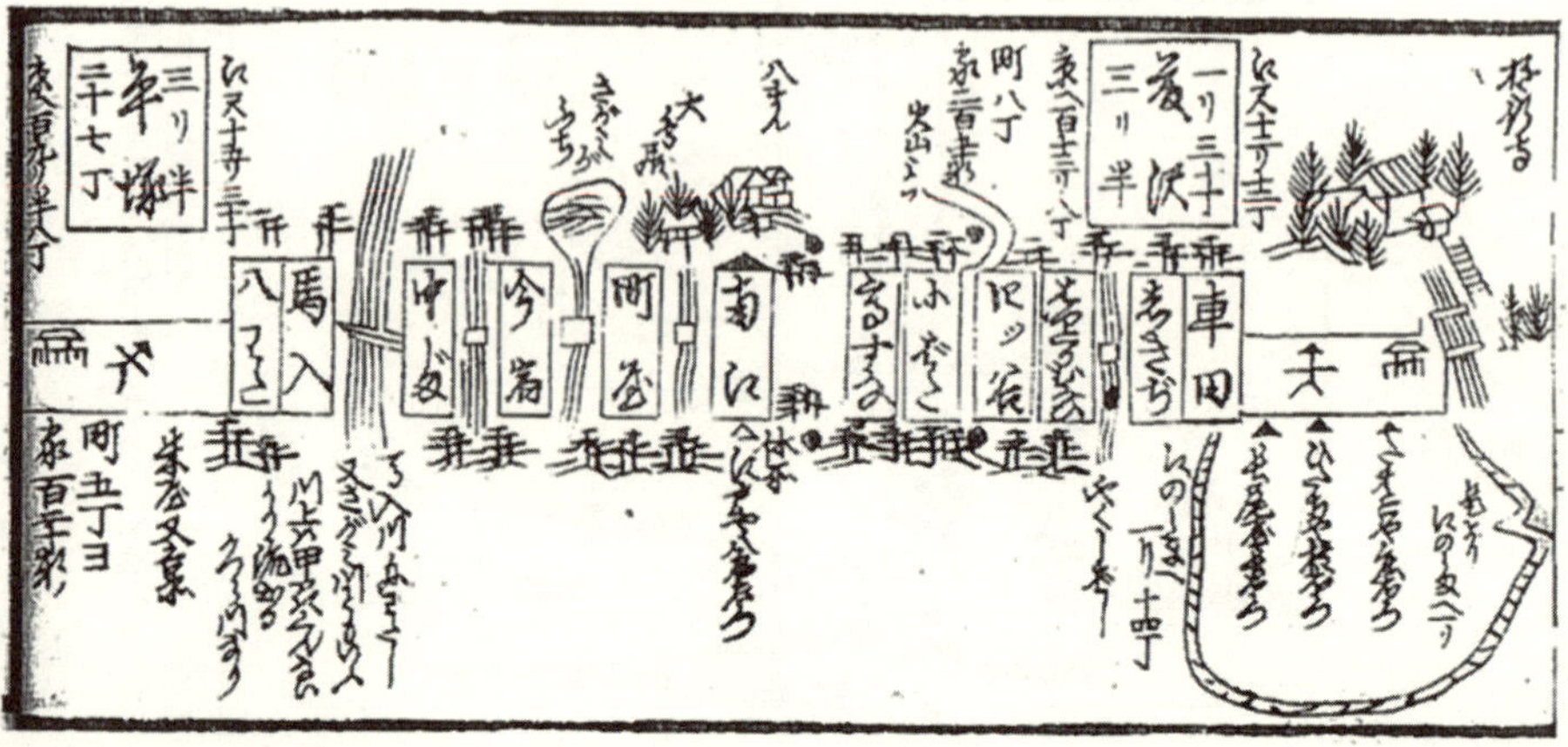

# 大磯《おおいそ》

▼相模国淘綾《ゆるぎ》郡、江戸から一六里二〇丁、京へ一〇九里。平塚から二七丁。これは宿場間の距離としては御油《ごゆ》・赤坂一六丁に次ぐ短距離。▼金目川《かなめがわ》にかかる花水橋《はなみずばし》。下流に撫子原《なでしこはら》・唐ケ《もろこしが》原《はら》(今はトウガハラ)の地名。平安朝の『更級日記《さらしなにっき》』の筆者の少女も「もろこしが原」に「やまと撫子」が咲くのをおもしろがっている。橋手前左に「大磯八景の一花水橋の夕照、高麗山に入るかと見えし夕日影花水橋にはえて残れり　義之」昭和一二年建。▼高来《たかく》神社。高麗神社とも。一対の狛犬《こまいぬ》が立派。境内にナギの木、ニッケイの巨木。参道右の慶覚院に千手観音。句碑「菫《すみれ》さく千手の誓左右なく」。▼化粧坂《けわいざか》。大きな松と榎の並木。左に曽我十郎の恋人虎御前《とらごぜん》の化粧井戸。JR線路手前右に「大磯八景の一化粧坂の夜雨、雨の夜は静けかりけり化粧坂松の雫の音ばかりし

**大磯・虎ケ雨**。東の棒鼻から宿場を描く。五月二八日は曽我兄弟討入りの日で、曽我十郎の愛人虎御前の涙が雨となって降るという。

て　義之」昭和一二年建。▼延台寺《えんだいじ》。入口左に庵木爪《いおりもっこう》の紋と「曽我兄弟霊像、十郎祐成身代り、虎御石《とらごいし》」碑。虎石は法虎庵曽我堂に安置され、拝観可。有料。長さ二尺三、四寸、細長く偏平で滑らか。美男ならば持ち上げられるという。境内に虎御前祈願の龍神、虎女供養塔、虎池弁天御神石、大磯宿遊女之墓四基、古市告天子句碑「ふるさとはこゝろの襞《ひだ》に落葉して」昭和四四年没、四五年建。▼右側に「大磯宿川島本陣旧蹟」碑。▼地福寺《じふくじ》。右側少し入る。島崎藤村・静子夫妻の墓。藤村は昭和一八年当地で没。みごとな梅の老巨木群。隣りはエリザベスサンダースホーム。▼菓子屋新杵《しんきね》。明治二四年創業。金文字の題字は巖谷一六《いわやいちろく》筆。虎子饅頭・西行饅頭はそれぞれ一つ一二〇円と一三〇円。▼左側三角形の場所に「新島襄《にいじまじょう》先生終焉之地」碑。同志社大学創設者、明治二三年当地百足《むかで》屋旅館で没。その先左「井上」のカマボコ・ハンペン、とりわけサツマアゲは絶品。予約したほうがよい。電話〇四六三‐六一‐〇一三三。▼鴫立沢《しぎたつさわ》。西行「心なき身にもあはれは知られけり鴫《しぎ》立つ沢の秋の夕暮」で名高い。元禄年中大淀三千風《みちかぜ》が鴫立庵を再興。西行をまつる円位堂《えんいどう》、江戸吉原から寄進の法虎堂《ほうこどう》、鴫立庵。古雅な三千風筆「しぎたつさわ」碑以下「大磯八景の一鴫立沢の秋月、さやけくも古りし石文照すなり鴫立沢の秋の夜の月　敬之」など数十の石碑群。▼その先東海道屈指の松並木。過ぎて左に滄浪閣《そうろうかく》。伊藤博文の別荘。裏の松林から相模湾眺望佳。▼一キロ先血洗川の切通橋を渡り、切通し途中から右に切れ城山公園前を左に入ると西長院《さいちょういん》。身代地蔵《みがわりじぞう》、一名化け地蔵。頸部と胸部に継ぎ目。辻切に遭った旅人の身代りとなる。▼二宮町に入り塩海橋手前を右に五百《メートル》入れば徳富蘇峰記念館。二宮駅前を過ぎて立派な松並木。弟橘媛《おとたちばなひめ》の櫛を祭る吾妻《あづま》神社鳥居を右に見て右に梅沢旧道に入り、藤巻寺（等覚院）に藤の古木・古鐘（寛永八年造）。旧道出口火の見櫓下に道祖神・天社神

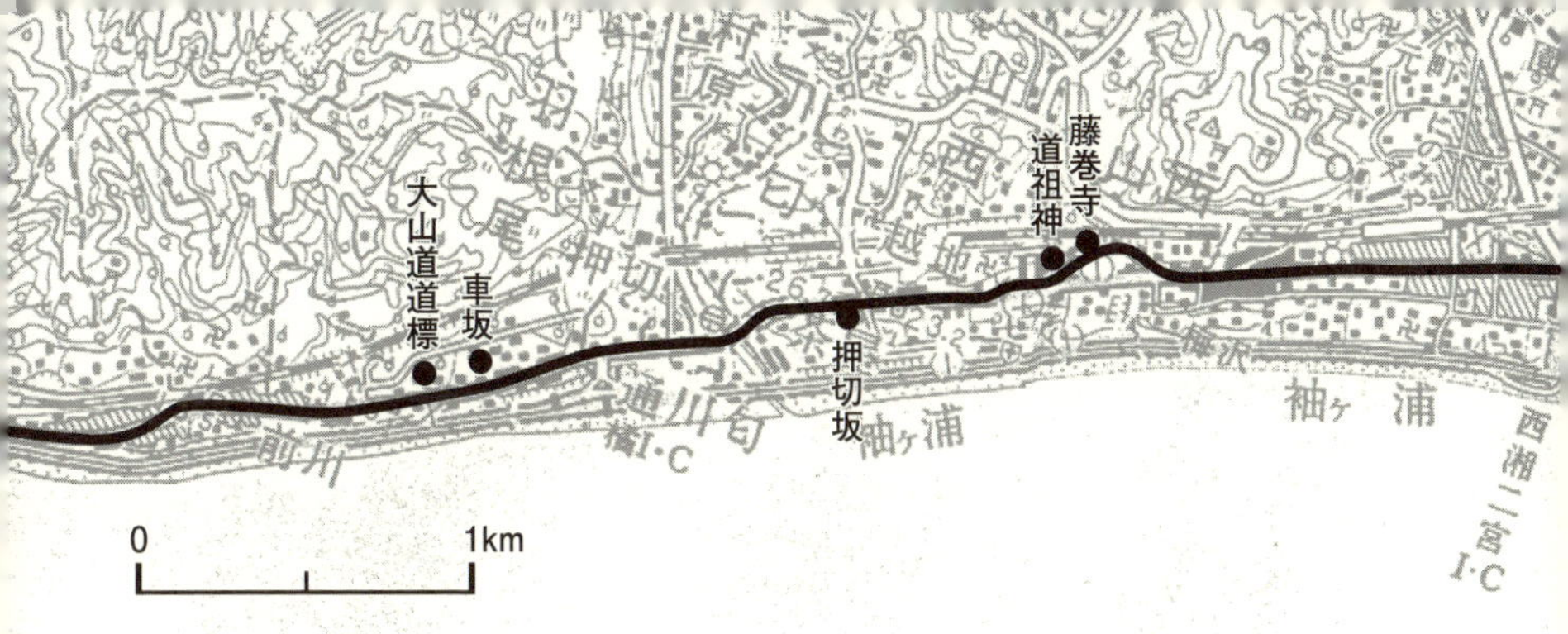


碑。▼二宮町川匂《かわわ》陸橋の手前を左に入る旧道は押切坂急坂。途中に宝暦二年（一七五二）の双体石仏風の碑。▼中村橋を渡りゆるやかな坂を登ると海が見えて車坂の下り。右に太田道《どう》灌《かん》「鳴る神の声もしきりに車坂 轟《とどろか》し降る夕立の空」、実朝《さねとも》「浜辺なる前の川瀬を行く水の早くも今日の暮れにけるかな」、阿仏尼「浦路行くこころぼそさを浪間より出でて知らする有明の月」。▼その先右八百屋さん脇に彩色の不動明王を乗せたみごとな大山道道標。その背後に秋葉山灯籠。▼国府津《こうづ》駅前を過ぎ左側に御勧堂《おすすめどう》碑。親鸞《しんらん》上人草庵跡。その先右に親鸞上人七ケ年旧蹟真楽寺。▼森戸川の親木橋を渡ると前方に松並木。小八幡に「弘法大師筆蹟利剣名号安置」の三宝寺。▼酒匂《さかわ》に松並木数十本。正面に二子山見える。左に「ヤル気不動」。右に日蓮上人一宿の法船寺。連歌橋《れんがばし》を渡ると酒匂川。正面に箱根連山、富士山、眺望絶佳。

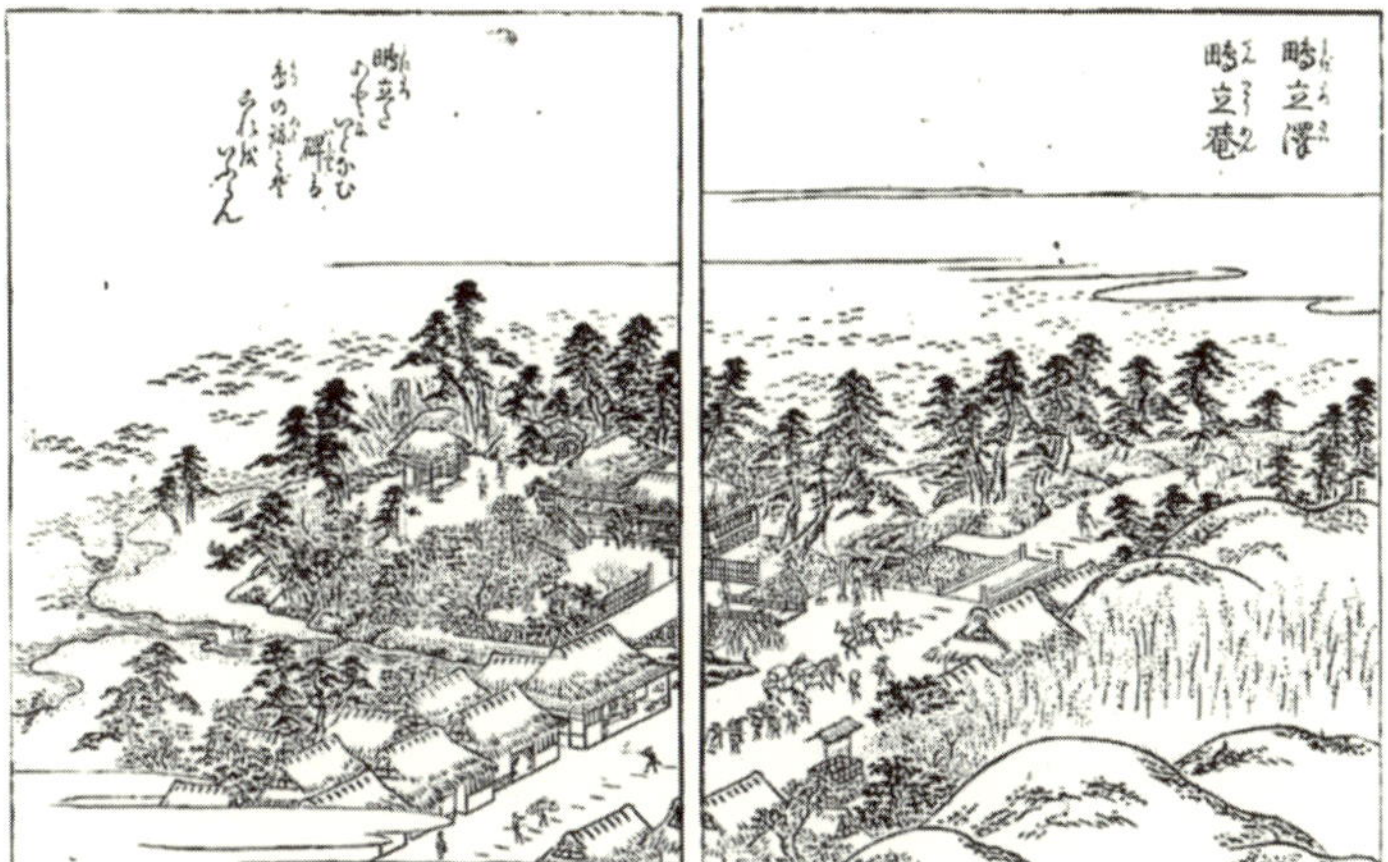


『東海道名所図会』鴫立沢鴫立庵。書き入れの和歌は「鴫立（しぎたっ）たあとにいとなむ碑（いしぶみ）は鳥の跡とぞこれをいふらん」。

# 往来手形と関所手形

江戸時代の庶民の旅には、往来手形と関所手形が必要であった。手形はまた切手ともいった。往来手形は檀那寺から発行された、身分証明書ともいうべきもので、旅中通して携帯した。だから帰宅後そのまま保存されて、今日まで子孫の家に伝来していることがある。次のもそんな一例である。

往来

一、甲州巨摩郡古市場村　大久保綱助

右之者当寺檀那に紛無レ之《まぎれこれなく》候。此度志願に付、薩州霧島江為二参詣一《さんけいのため》相越候。所々無二異儀一《いぎなく》御通可レ被レ成《なさるべく》候。万一病死等之節者《は》、其所作法之通、御取計《おとりはからい》可レ被レ成《なさるべく》候。於二当寺一《とうじにおいて》支（障）無レ之《これなく》候。仍而《よって》一札如レ件《くだんのごとし》。

文政十二年丑二月　　妙玄寺

諸所御改役人衆中　　役寮（印）

旅行者の住所・氏名を記し、この者が妙玄寺の檀家であることを保証し、旅の目的が薩摩国の霧島神社への参詣であることを明らかにし、万一病死したらその土地のしきたり通り処置してくれるよう依頼している。ついでにいえば、大久保綱助の旅の真の目的は長崎における医学修業であったが、表向きはあたりさわりのない神社参詣としたのであった。

関所手形は、町方《まちかた》なら大家《おおや》、村方《むらかた》なら名主《なぬし》から発行され、関所を通る際に提出され、関所に収納された。次は加藤利之氏著『箱根関所物語』に掲載されている写真の例である。

差上申一札之事

一、此者三人

右は伊勢参宮仕《つかまつり》候に付、其御関所無二相違一《そういなく》御《おん》通《とおし》被レ遊《あそばされ》可レ被レ下《くださるべく》候。為二後日一《ごじつのため》差上申手形一札仍《よって》如レ件《くだんのごとし》。

慶応三卯年十二月廿一日

本多左内知行所

箱根　　相州高座郡深谷村

名主藤左衛門（印）

御関所

御役人衆中様

関所手形は武士とか庶民とか身分の上下を問わず必要とされ、また女性の場合は特にこまかい規定があった。そのほか、鉄砲を輸送する場合とか、囚人、乱心者、負傷者、死骸など特殊な場合にも、所定の手形を提出した。

弥次さん喜多さんは、ふだん不義理をしている檀那寺へ百文奮発して往来手形をもらい、大家へはたまりたまった借金を支払ってやっと関所手形を受取り、無事箱根の関所を越した喜びを、

春風の手形をあげて君が代の戸ざさぬ関をこ
ゆるめでたさ

の一首に詠み、箱根の宿で祝盃を挙げている。

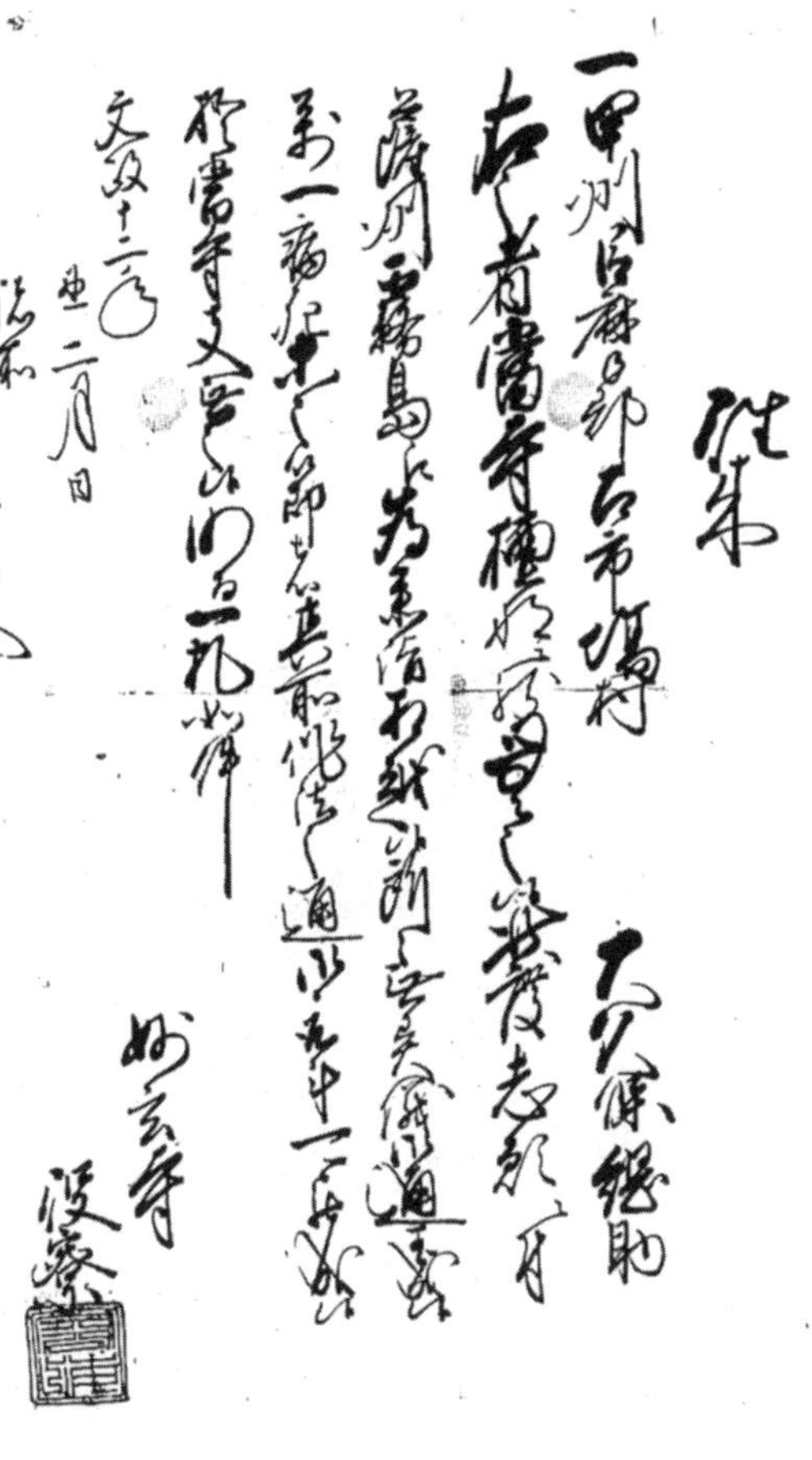

甲州市場村妙玄寺発行大久保綱助往来手形

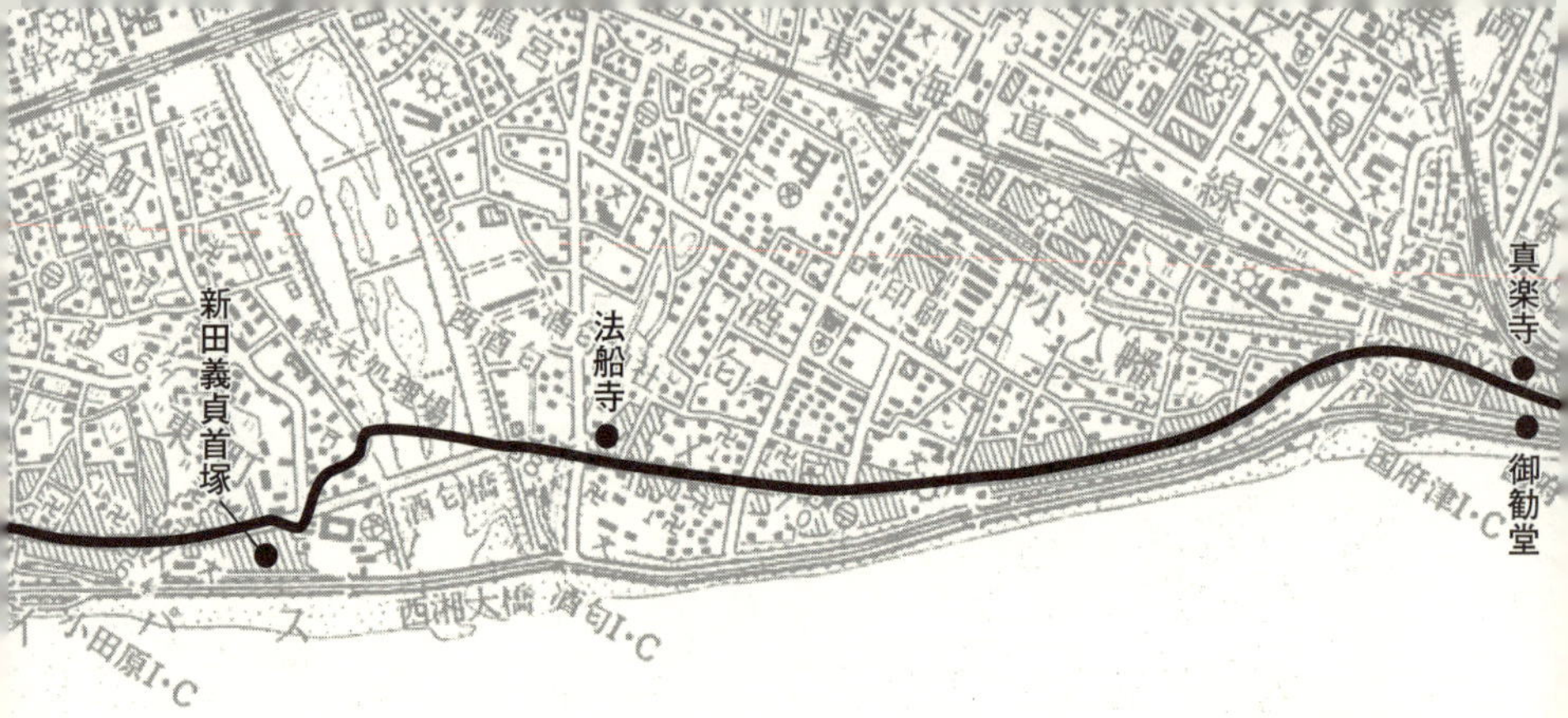


# 小田原《おだわら》

▼相模国足柄下郡。大久保加賀守《かがのかみ》一一万三一二九石の城下町。江戸から二〇里二〇丁。京へ一〇五里。上り二泊目の宿場。▼酒匂川《さかわがわ》、かち渡し、一〇月から二月は橋あり。渡ると八幡宮の森、水神・新田神社を併せ祭る。▼新田義貞公首塚。東町四丁目。東高校前十字路渡り、計量検定所わき入る。石垣の中に宝篋《ほうきょう》印塔《いんとう》、小五輪二〇余。義貞越前で戦死、足利尊氏これを梟首《きょうしゅ》、義貞の臣宇都宮泰藤これを奪い、上州新田へ赴く途中ここで病に倒れ首を葬る。▼山王橋渡り右山王神社に男根石、星月夜の井戸（昼間大空の星映る）、富士山碑、林羅山星月夜の詩碑「乱峯掩蔽広寒宮、石隕自天暗似霰、若把衆星比灯火、箱根山眼百千籠」寛永元年（一六二四）四月四日作。▼浜町二丁目陸橋右に江戸口見付跡。小丘に小社と古松一本。▼新宿バス停前五差路を左に入

**小田原・酒匂川**。酒匂川東岸から箱根山・小田原城を望む。酒匂川は三〜九月が歩渡し、一〇〜二月が仮橋になる。南畝の『改元紀行』二月二八日条に「土橋三つあり」と記す。

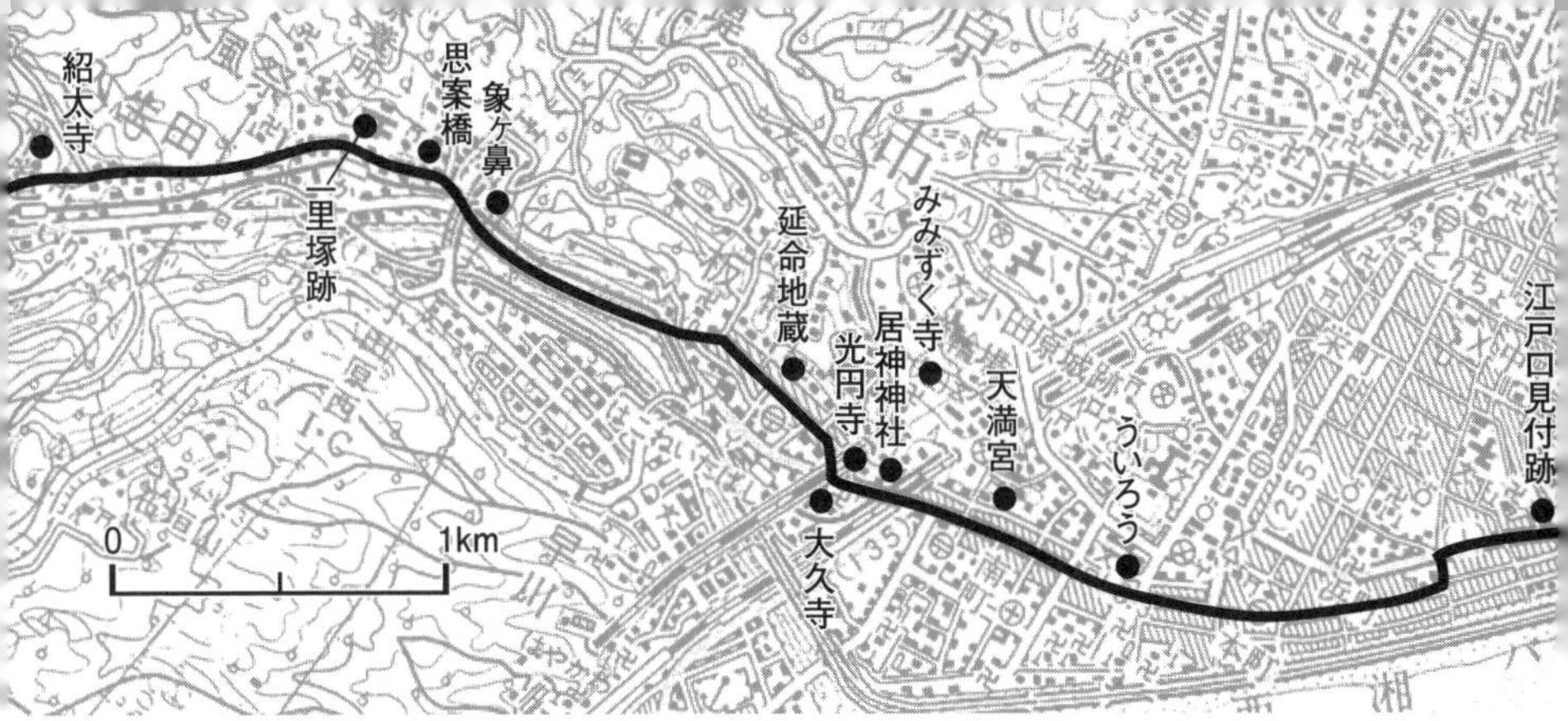


る。鍋町碑、万町《よろっちょう》碑、高梨町碑、宮前町碑、駅前通りと合して本町碑、中宿町碑。かまぼこ屋多し。本町旧脇本陣の古清水旅館はじめ旅館多し。▼右側にういろう。歌舞伎十八番の『外郎売《ういろううり》』で有名。先祖は中国元《げん》朝の陳氏で、外郎はその官名。一四世紀に来朝帰化、室町幕府・小田原北条氏に医を以て仕える。看板の霊薬が透頂香《とうちんこう》外郎。仁丹のような丸薬。他に自家接待用の菓子をもういろうといった。明治以後市販。戦災で焼失した八棟《やつむね》造りが最近復元された。まるでお城のようである。▼向いの小西薬局も古い造りの家。▼欄干町碑、筋違橋町碑、山角《さんかく》町碑。南町一丁目右側に天満宮。石段登り海見える。桃李園軽人狂歌碑「月はさす花はいたゞく酒宴を雪より外につもりてはなし」。芭蕉句碑「うめがか《(香)》にのつと日のでる山路かな」文政三年(一八二〇)建。▼東海道本線ガードくぐり右に入る道入口に「みみづく幼稚園」の看板。数百メートル登るとみみづく寺。北原白秋「赤い鳥小鳥」詩碑。白秋

『東海道名所図会』小田原外郎。屋根は八棟造り。

大正七～一五年ここに住み童謡多く作る。▼左側大久寺《だいきゅうじ》に小田原城主大久保氏代々の墓。右側居神《いがみ》神社に鎌倉末期の古碑群。同じく右に光円寺、大イチョウ・クスノキ、宏道流挿花の「岩下清香先生之碑」。寺の角《かど》が小田原宿の上方口《かみがたぐち》見付跡。旧道は右に入る。▼新幹線ガードくぐると板橋。静かな道の右側に延命子育地蔵尊。堂々たる本堂、巨大な大黒天、境内に一刀流六代横田常右衛門豊房・七代石坂四郎治政宣の墓、維新東征官軍戦死者一三名の函嶺《かんれい》戦死者の墓。▼風祭《かざまつり》に入る踏切右に日蓮旧蹟象ケ鼻。日蓮身延山へ往来の途次、この踏切右百《メートル》の巨岩象ケ鼻より故郷安房を望み、亡き父母をしのぶ。今小堂に石像三体。▼風祭に入り左に小碑「行こか板橋、もどろか箱根、此々《ここ》が思案の涙橋し」。向いの鈴木新治さんの建立。板橋から箱根に嫁いだ女性が、婚家のつらさにこの思案橋で涙にくれる。右側に一里塚跡。石囲いの台地に石の小祀と五輪塔・地蔵。▼入生田《いりゅうだ》に長興山紹太《しょうたい》寺。長い杉並木の参道、左にかやぶきの寺、入口に「松樹王」碑、もと巨松あり。「長興山」の扁額は隠元筆。参道右の「浄士墓」は山崎合戦の慰霊碑。名木しだれ桜、開山鉄牛墓、稲葉一族墓。名木しだれ桜は「長興山の桜」として名高く、常緑樹の中のただ一本の桜に数万人の人が押しよせる。▼国道合流点に「山崎ノ古戦場」碑。東征官軍に対し伊庭《いば》八郎ら幕府に殉ずる浪士の戦い。

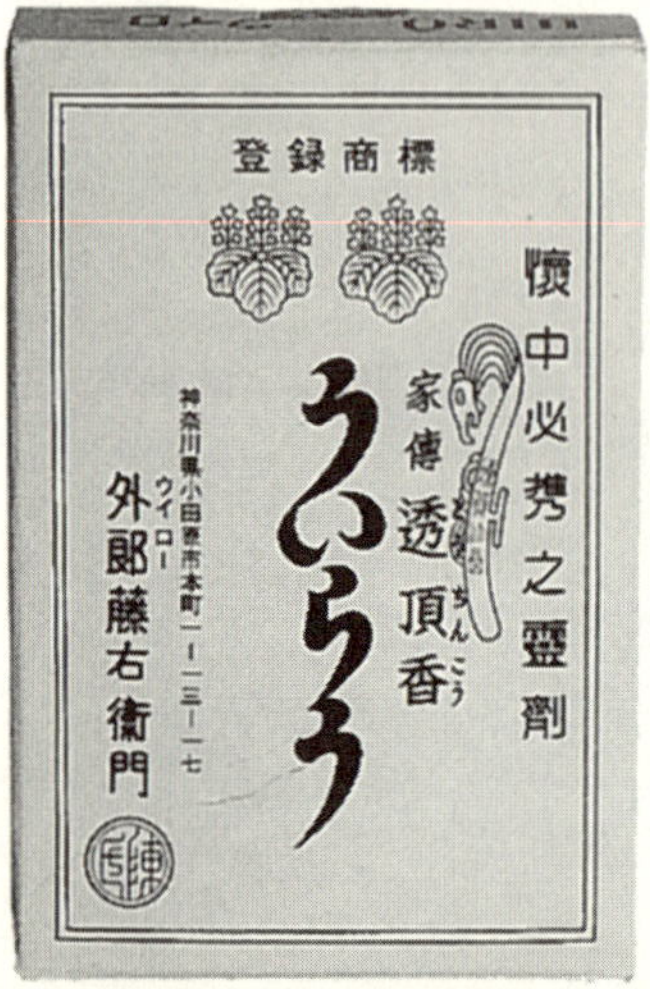

小田原外郎の道中必携薬透頂香ういろう

# 満月印東海道

ちょっとした工夫で、海道歩きの楽しみが倍加する。各地の名菓の袋・チラシ、あるいは箸袋の収集などいろいろありそうだ。私は、切手マニアのいわゆる満月印切手を集めてみた。五〇円以上の切手ならどこの局でも捺《お》してくれる。海道沿いの郵便局はたいてい特定局だから、家庭的でみな親切だ。坂下手前の沓掛の郵便局では赤ちゃんを背負った奥さんが一人で応待してくれた。のどかであった。たいていの局は暑いときはクーラーがきき、冷水器があるから、一息いれるにもよいし、雑談の中から思いがけぬ知識を得たりする。しかし、休日はもちろんだめだし、目ざす局にたどり着いてみると五時をまわっていたりして、五十三次全部を揃えるのはなかなか大変だ。そこがまた面白い。

満月印切手。小さな切手に局名・日付・時刻が入るようにする。

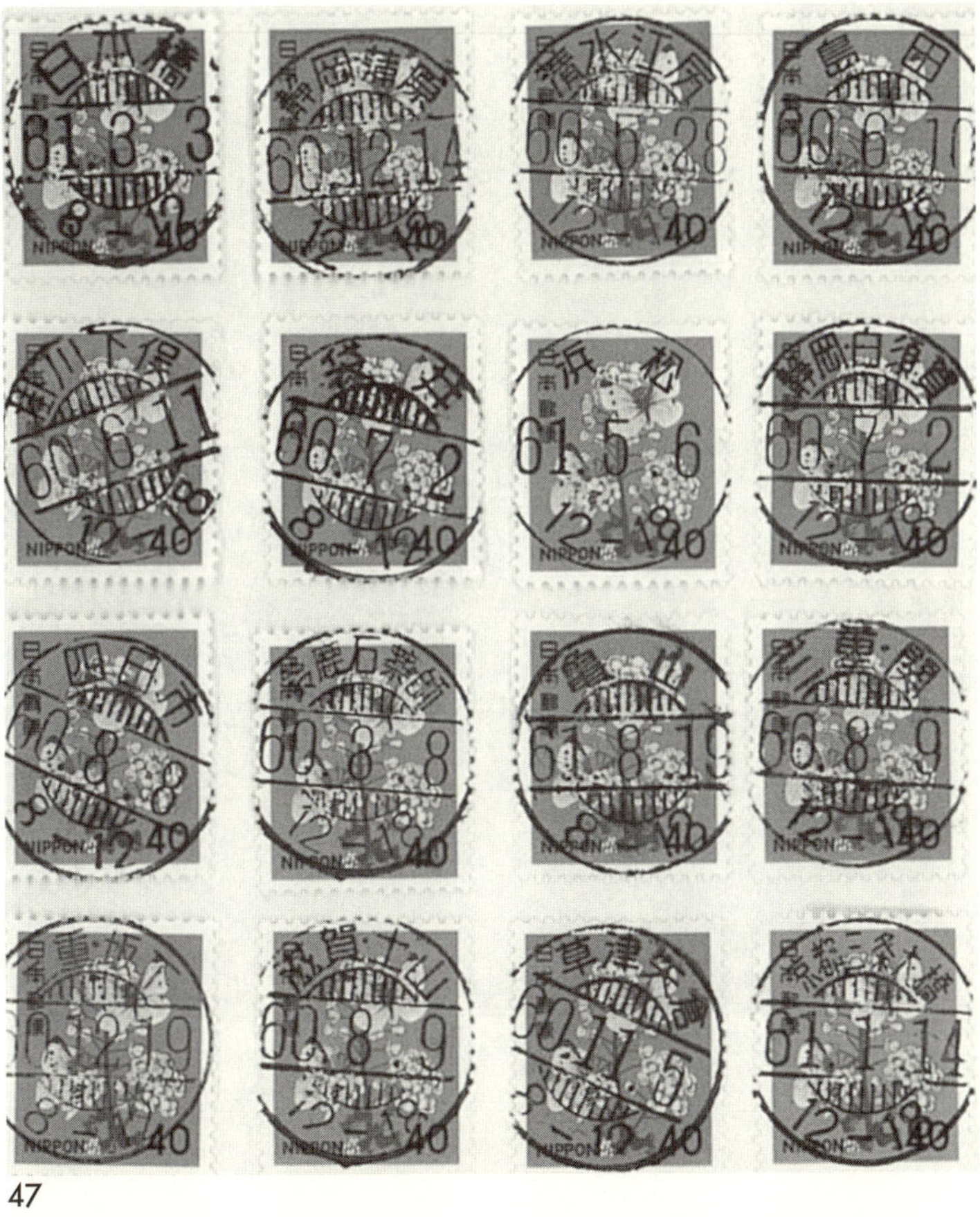

# 箱《はこ》根《ね》 上り

▼三枚橋を渡ると湯本。右に早雲寺《そううんじ》。旧道沿い山門の扁額「金湯山」は朝鮮国雪峰筆。境内に当地で没した室町時代の連歌師《れんがし》宗祇《そうぎ》句碑「世にふるは更にしぐれのやどりかな」。わらぶきの鐘楼わきに「山上宗二《やまのうえそうじ》追善碑」。利休高弟の茶人、天正一八年（一五九〇）秀吉により処刑。秋人《あきんど》歌碑「あかときと啼くひぐらしにさきがけて天に流らふ勤行蟬のこゑ」。小波《さざなみ》の大震災追悼句碑「山百合も香焚き顔の頸《うなじ》かな」。東征官軍と当地で戦った「遊撃隊戦死士墓」。小田原北条氏五代の墓。宗祇の墓。宗祇の墓前で剃髪した江戸の俳人稲津祇空《いなつぎくう》の墓。▼左側に曽我兄弟遺跡正眼寺《しょうげんじ》。巨大な石地蔵。起雲閣。そのわきに曽我五郎鏃突石《やじりつきいし》（槍突石とも）。他に芭蕉句碑「やまぢきて何やらゆかしすみれ草」。句碑「落馬して歌よむ公卿《くげ》や兎がり　鎮山、かざす手の下や長閑《のどか》な伊豆

**箱根・湖水図**。箱根の急峻を越える大名行列。湖水の向う重畳たる山々の上に白雪の富士山。中央の山は箱根の急峻を象徴的に描いたものでどの山と特定できないが、強いて言えば文庫山かという。

の海　亀盃、山里や時は過てもはつ松魚《がつお》　霧山」、大正一五年建。「桜木卯兵翁碑」は地元の仁医。曽我兄弟供養塔。裏手高台に曽我堂、江戸の豪商冬木屋初代直次の妻しな寄進。傍らに句碑「時鳥《ほととぎす》曽我堂かけて湯坂より　喜寿蒼梧山人、山に来て住むこそよけれ紅葉の賀傘寿芳如」。▼右側に二二番目の一里塚跡。やがて右に下り最初の石畳道に入る。石造の馬の飲水桶。箱根観音の上で元の道と合流。▼観音橋の左手に旧道の石橋見える。▼長い葛原坂を登り堀木橋を渡り金ぴかの天聖院手前右に入る道に「躄《いざり》勝五郎之碑」があったのが、今は見当らない。飯沼勝五郎足疾《そくしつ》に悩みここに小屋掛けして兄の仇佐藤郷助を待ち、慶長四年(一五九九)本望成就。浄瑠璃『箱根《はこね》霊験《れいげん》躄《いざりの》仇討《あだうち》』に「此処《ここ》らあたりは山家《やまが》ゆえ、紅葉のあるに雪が降る」と初花の科白《せりふ》。二之戸橋先右に「初花《はつはな》ノ瀑《たき》」碑。勝五郎の妻初花、対岸中腹の滝で水垢離《みずごり》をとる。須雲川左側鎖雲寺《さうんじ》に初花・勝五郎の墓、初花堂の中に地蔵と古

『東海道名所図会』箱根湯元挽物屋。伊豆屋の店頭である。

い女人の像。▼須雲川橋手前左に「女転《ころば》シ坂登り一町余」碑。橋を渡り右に「弘法大師」碑。女転シ坂は乗馬の女性が転落しての名。その坂途中右に箱根大天狗神社、赤い鳥居に極彩色の仏像。「割石坂登り一町余」碑右に入ると石畳道。元の道に合流左手に「箱根旧街道」標柱を左に入り、木橋を渡ると杉林の中に石畳道、「大沢坂登り三町余」碑。▼畑宿《はたじゅく》。見付跡。茗荷屋《みょうがや》本陣跡。寄木細工の店多し。畑の茶屋で寄木細工を実演。石畳道に入って一里塚、左右一対がきれいに復元された。前に芹沢光治良《せりざわこうじろう》歌碑「箱根路や往時をもとめ登りしに未来の展《ひら》けてたのしかりけり」。▼樫木《かしのき》坂《ざか》、猿滑坂、追込坂。新道いろは坂と絡み合いつつ登る。笈平《おいだいら》は親鸞《しんらん》上人が弟子性信房と訣別の地、「やむ子をばあづけてかへる旅の空こゝろはこゝにのこしこそすれ」。箱根旧街道資料館。甘酒茶屋。赤穂義士神崎与五郎の逸話。丑五郎《うしごろう》馬繋ぎの榧《かや》、「やむ子をば」歌碑など。▼その先五百メートルに石畳道。入ると最大

の急坂に巨大な「変更石」、秀吉小田原攻めのとき九頭竜弁才天のお告げにより引き返す。この前七間余が天ケ石坂。最高点右に「箱根七里は馬でも越すがこすに越されぬ大井川」碑。下りは権現坂、湖水見える。▼権現坂を下り切り陸橋を渡った先に二碑が並ぶ。一はケンペル・バーニー顕彰碑、昭和六一年建。二はバーニーが建てた碑、大正一一年建。ケンペルはドイツ人、元禄四、五年オランダ使節に加わり東海道を往来、箱根の自然につき記述。バーニーは箱根に別荘を持ち箱根を愛したイギリス人貿易商。箱根町の有志が毎年四月二日に碑前でケンペル・バーニー祭を挙行している。▼元箱根湖畔に身代り地蔵、賽《さい》の河原、鬱蒼たる杉並木。

右・『東海道名所図会』箱根七湯のうち塔ノ沢。湯治客のため軍書講釈もある。
左・『東海道名所図会』箱根。以下三ページつづき。右が京都方面。

# 箱根《はこね》 下り

▼相模国足柄下郡。江戸から二四里二八丁、京へ一〇〇里二八丁。▼関所。小田原城主の管轄。通過には手形つまり身分証明書が必要。出女《でおんな》を厳しくとりしまる。平成一九年に、江戸口・京口の千人溜《せんにんだまり》・御門、湖側の大番所、山側の足軽番所、山の上の遠見《とうみ》番所まで、完全に復元された。箱根関所は、資料館・番所共通で入場料五〇〇円。▼木戸を出て百《メートル》で右折すると、宿場の中心。今は遊覧船・バスの発着場がある。旅籠はふやの跡という箱根ホテルの前に楓並木の名残の大楓一本がある。▼宿外れ左側に「関白道」碑。小田原攻めの秀吉が開いた道。そこを右に入り左側に赤い鳥居の駒形神社。その先左折するのが旧道。入口に芦川の石仏・石塔群。大小一二基、「西国順礼三世安楽供養塔／宝暦八年三嶋町講中」のごときが多い。▼そこから向坂の石畳

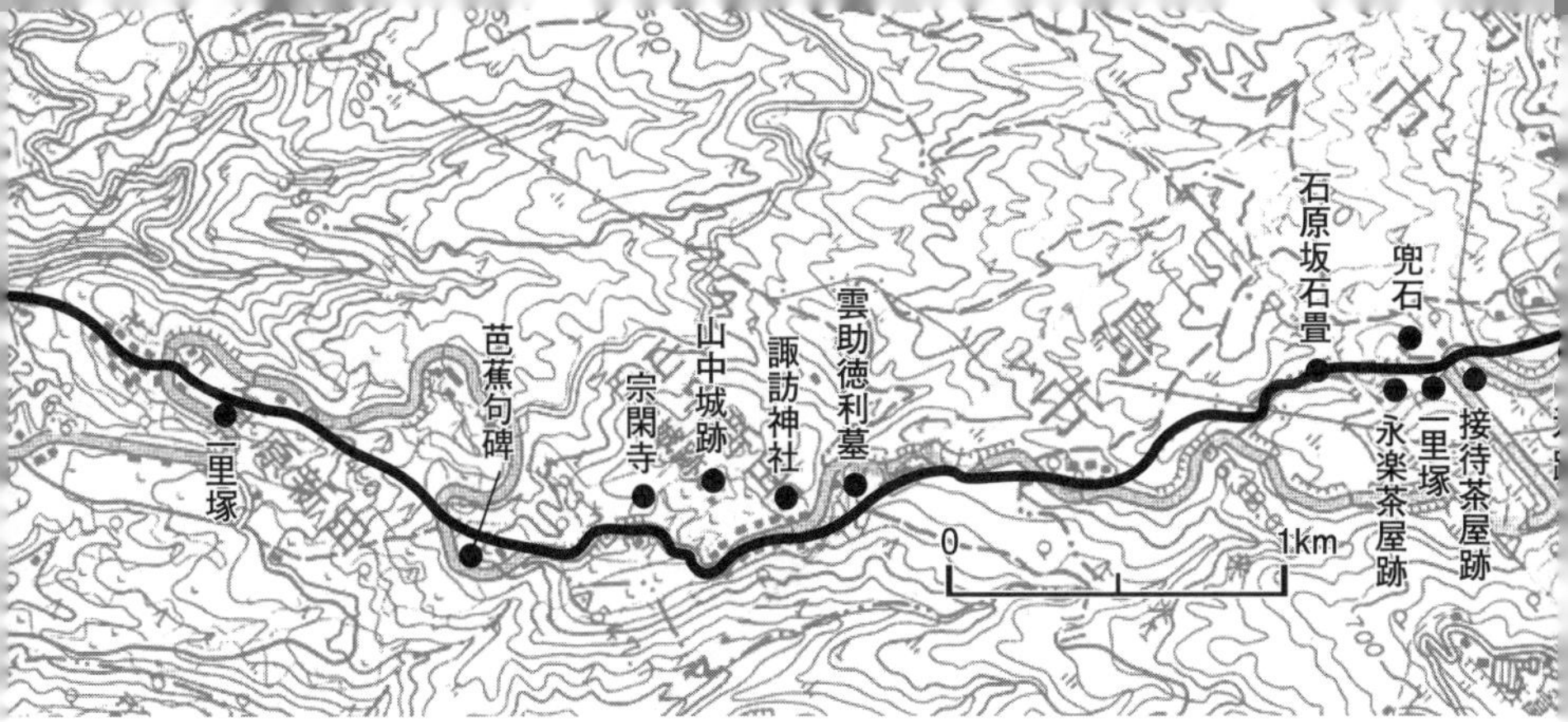


四、五百メートルはみごと。▼国道一号に出て左百メートル、「箱根くらかけゴルフ場入口」を百メートル登ると箱根峠、旧道最高点。富士山・芦ノ湖見え、眺望絶佳。相模と伊豆の国境、今は神奈川と静岡の県境。あとはひたすら三島まで下り坂。甲石坂・石原坂（石割坂）・上長坂・下長坂・時雨坂・法華坂（題目坂）・愛宕坂など。▼峠から三百メートル「芦ノ湖カントリークラブ／芦の湖高原別荘地」看板を右に入り三百メートル、右手にゴルフ場が見えてくるその左側に「三島宿11km」の標柱。そこから細い道が分かれる。▼入るとすぐ右にかわいい庚申供養塔、その反対側へ一〇メートル入ると井上靖「北斗闌干」碑。伊豆方面を眺望。▼旧道を進むと左側に小碑「函南町指定史跡・兜《かぶと》石《いし》跡」。兜石の実物は現在は接待茶屋跡の先に移す。▼国道へアピンカーブの内側に「旧跡せつたい茶屋」碑。文政頃、江戸日本橋呉服町の綿糸問屋中村有隣の浄財で接待茶屋を設け、人に一椀の粥、牛馬に一桶の煮麦を施す。国

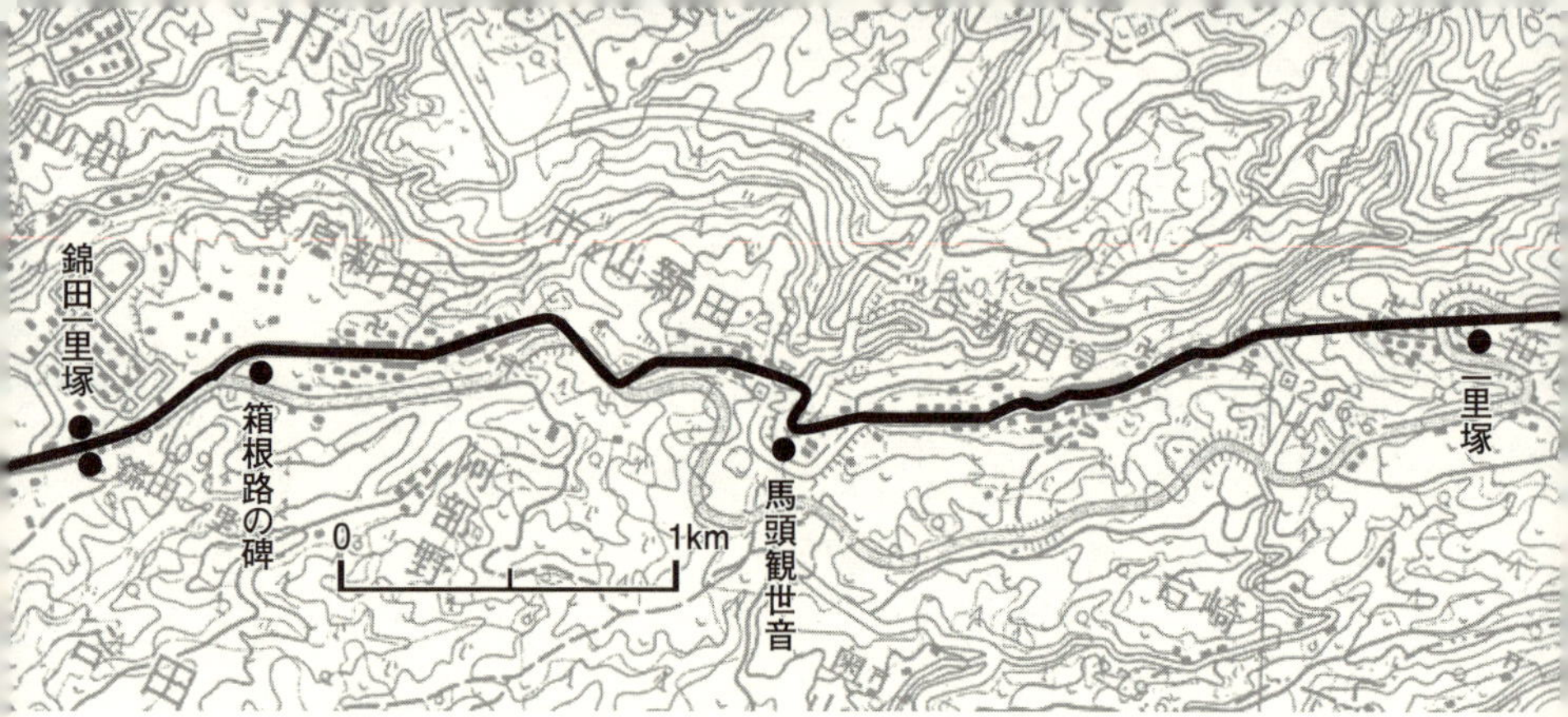


道を渡り左側に一里塚、楓の木生える。▼つづいて巨大な「徳川有徳公遺跡」。有徳公は八代将軍吉宗。ここの茶屋で休み永楽銭を賜り、以後永楽屋と称す。宮ノ下の割烹鈴木源内の出資で昭和一〇年建。▼右側の巨石「兜石」は前述の場所から移転。小田原攻めの秀吉が路傍の小石に腰かけ兜をこの大石に置く。石そのものも兜の形。▼石原坂（石割坂）は石畳よく残る。左右の篠笹は煙管《きせる》の羅宇《らう》に最適。左に明治天皇小休止碑、その先右巨石の下の石に「南無阿弥陀仏／宗閑寺」と古雅な文字を刻む。▼石原坂は民家の庭に出る。左に折れて国道を渡り、ガードレール内側を百メートル、左に標識あり、入ると林の中に石畳つづく。その末端に徳利と盃の形を浮彫にした雲助徳利の墓。酒好きだった雲助の墓である。▼国道に出て左に六字名号碑等三基。右に諏訪神社・山中城跡。宗閑寺に山中城で戦死の秀吉・小田原方将士の墓。その先右に地蔵堂、左に岱崎《たいざき》出丸跡。▼谷田《やた》台崎食堂富士見平（下り道唯一の飲食店。日曜定休）前に芭蕉句碑「霧しぐれ富士を見ぬ日ぞ面白き」。▼笹原新田左側に一里塚。こんもりした旧態をよく残す。前に「森の谺《こだま》を背に此の径をゆく、次なる道に出会うために　大岡信」碑。笹原外れの急坂は下長坂（こわめし坂）。▼ホテル箱根路の先右側に頭に馬の顔のある馬頭観世音。▼坂公民館の一帯は法善寺跡。法華坂（題目坂）下り口左に弥次郎兵衛の狂歌「あしかがのぶしやうのたてしなにめで、しちめんどうといふべかりける」碑。▼坂を下り右に「出征馬記念碑」。右に法善寺。足利尊氏建立の七面堂前にあった灯籠がある。塚原左に普門庵石碑群。▼バイパス合流点に万霊等供養碑と巨大な「箱根路」碑。昭和四三年建。初音原の松並木に錦田《にしきだ》の一里塚。一対みごとに残る。右は松と榎、左は榎。「日ゝうらゝ歩ゝ道場の一里塚　龍心鏡《りゅうしんきょう》」碑。▼並木外れに「箱根八里の馬子唄消へて今は大根を造る歌　深水」碑。右に「備前繁の墓」。愛宕坂が最後の急坂。

# 六代目菊五郎と箱根甘酒茶屋

亡くなった円生《えんしょう》の人情噺「佐々木政談」のマクラに「祖師は日蓮に奪われ、大師は弘法に奪われ、名奉行は大岡越前守に奪われる」とあるが、その伝で言えば、「六代目は菊五郎に奪われ」ということになろう。名優六代目菊五郎はなかなかの新しがりやで、野球もやればカメラにも凝っていた。昭和初年その六代目が箱根に遊んで、忠臣蔵にもゆかりのある甘酒茶屋を訪ね、その時撮影した写真を、後日甘酒茶屋に郵送した。一枚は店先の旧道全体をヨシズで覆い、木製の長椅子に二人の男が腰かけているスナップで、画面左側の棒に「馬喰ひの丑五郎馬繋《つなぎ》し杭」の文字が見える。他の一枚は室内から逆光の窓と窓外を写したもので、破れ放題の障子と吊りランプが見え、右下端に「菊五郎作」の署名がある。さらに包装紙が保存され、その上書には「神奈川県箱根山旧街道、名所神崎与五郎憩し茶屋、甘酒茶屋御中、呈進写真在中。東京市芝区西久保城山町十、尾上菊五郎、七月廿五日」と達筆に記され、「普通小包」の印があった。「あった」というのは、昭和四八年秋、同店が火災の難にあい、その時写真・包装紙すべてが灰となってしまったからである。同店は翌四九年早々みごとに再建され、以前にも増す繁昌ぶりを見せ、東海道マニアを喜ばせている。私は焼失の前年偶然にもその写真を撮影させてもらっていた。復興後同店の店内に飾られているその写真は、私のフィルムから再現されたのであった。

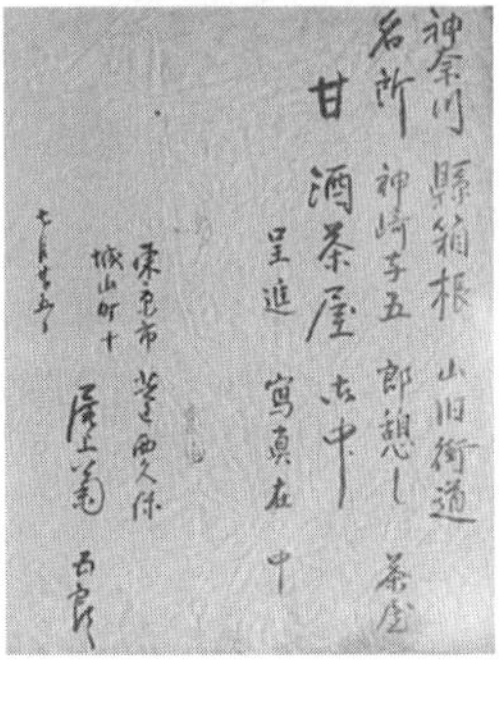


六代目尾上菊五郎撮影の甘酒茶屋の写真と包装紙。

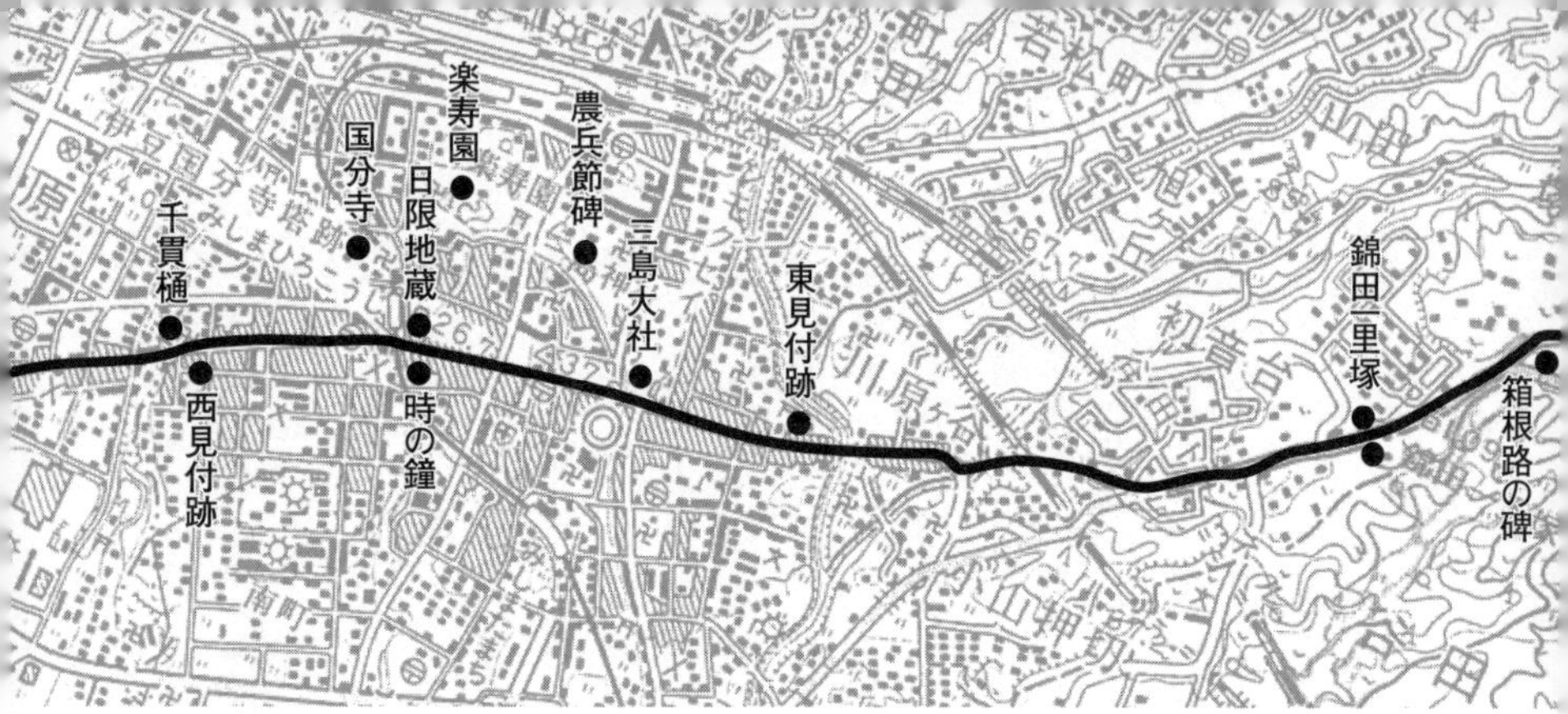


# 三島《みしま》

▼駿河国駿東郡、江戸から二八里二〇丁、京へ九七里。▼大場川の新町橋を渡ると東見付跡。▼三島大社。保永堂版は朝霧の鳥居前を描く。境内は広大清潔、神鶏が遊ぶ。二重の神門、舞殿、本殿、芸能殿、神馬社、一〇里四方に香る樹齢千年のモクセイ。境内伊豆魂《いずたま》神社に芭蕉句碑「どむみりとあふちや雨の花曇」、元禄七年（一六九四）五月最後の旅での句。樗《おうち》は一名センダン、句碑傍らに稀に見る巨木が何本もある。「源頼朝旗揚げの碑」、治承四年（一一八〇）八月一七日頼朝当社に戦勝を祈願、八牧判官兼隆を夜討。ケンペルが「人に馴れたたくさんのウナギやその他の魚がいた」と記した池の傍らに若山牧水歌碑「のずゐなる三島の町のあげ花火月夜の空に散りて消ゆなり」、牧水は沼津住。▼白滝公園に農兵節碑《のうへいぶし》。表に「富士の白雪朝日に溶《と》ける、三島女郎衆の

三島・朝霧。三島神社の鳥居前を箱根の登りに向う山駕籠と乗掛馬。左手の霧の中に順礼たちが濃淡の影を見せる。

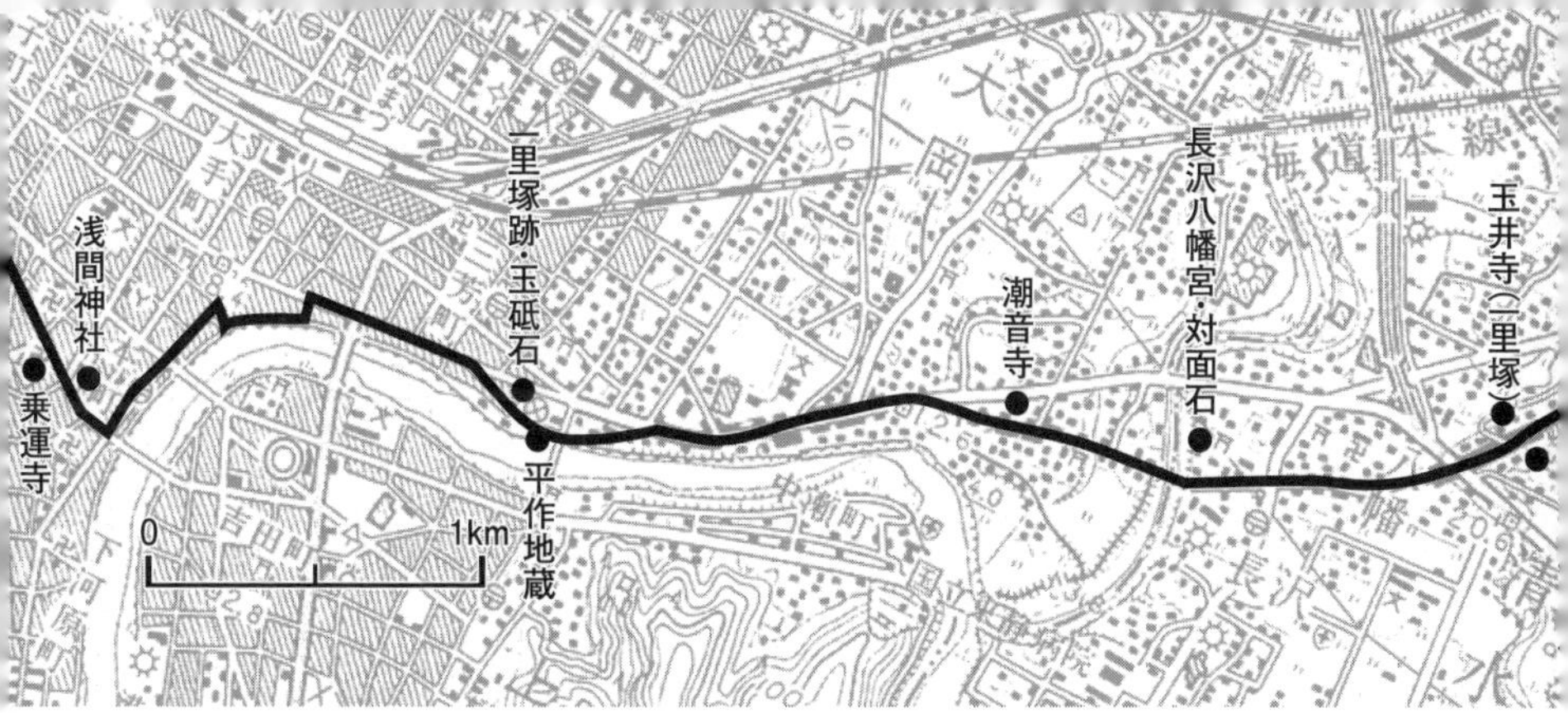


化粧水」、昭和七年建。幕末横浜野毛山下で行なわれた洋式軍事教練を見て作られた歌が、明治になり三島の花柳界で歌詞を変えて歌われた。▼近くの有料公園楽寿園に富士の白雪のとけた水が湧く。大岡博歌碑「浪の秀《ほ》に裾洗はせて大き月ゆらりゆらりと遊ぶがごとし」、子息の詩人大岡信筆。▼時の鐘。広小路町、伊豆箱根鉄道踏切手前左側三石神社前。昭和三〇年すぎまでは朝夕六時についた。神社玉垣に「三島料芸二業組合」の文字。▼時の鐘隣りのうなぎ屋「桜家《さくらや》」は風情がある。三島にはうなぎ屋が多い。▼時の鐘向い側に日限《ひぎり》地蔵尊。山門入り右側に芭蕉関係二碑。右が「芭蕉老翁墓」、左が「いざともに穂麦くらはん草枕　はせを」。この句は貞享二年(一六八五)熱田での作。伊豆国蛭《ひる》が小島(現在三島の南韮山町)に寄寓していた門人路通《ろつう》に与えた句。踏切を渡り右に伊豆国国分寺跡。▼三島宿西の出口に「千貫樋《せんがんどい》及西見付址」碑。秋葉神社小祠。すぐ先の低地が境川で伊豆と駿

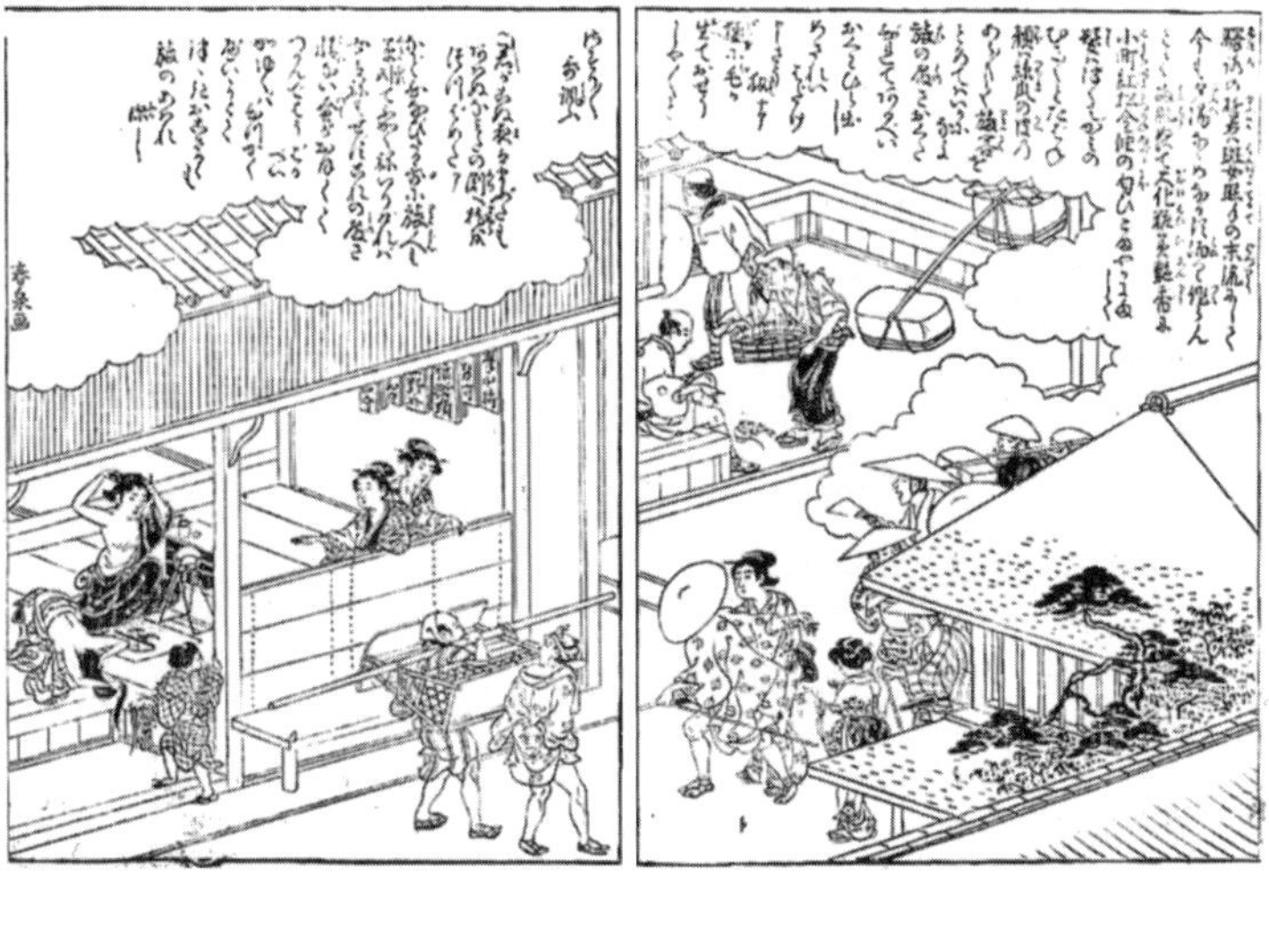

『東海道名所図会』三島の遊女。「君がこぬ夜はまぶたもあはぬなみだの淵へ枕をつっぱめた」と歌うという。

河の国境。右手を見ると境川に橋のように架かる水路、これが千貫樋。天文二四年（一五五五）北条氏康が築いたもの。豊富な伊豆小浜池の水を隣国駿河のかんがい用水として送るための水道橋であった。千貫とは水の料金あるいは樋の建設費が銭千貫であったからとも、また銭千貫の値打ちがあると賛美した言葉ともいう。今は石造りで幅約一間。▼一里塚。清水町伏見。左が宝池《ほうち》寺内、新造。右が玉井寺内、原形。▼頼朝・義経対面石。長沢八幡宮本殿左手竹垣の中に向い合う大小二つの石。治承四年（一一八〇）頼朝挙兵の報に、義経奥州よりかけつけこの石に腰かけ涙の対面。▼その先松ばらばらと残り、黄瀬川《きせがわ》にさしかかる。

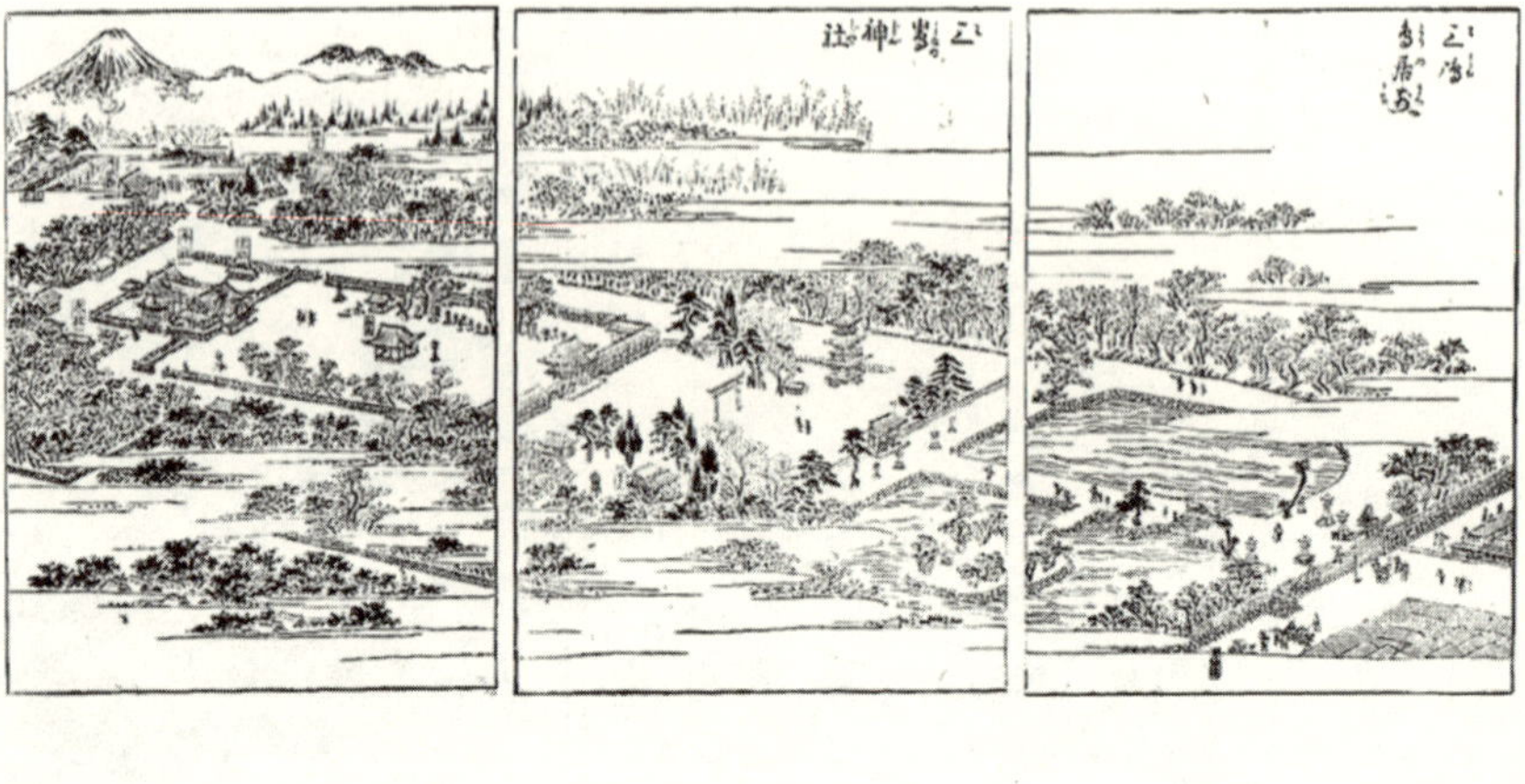
「東海道名所図会」三島神社

# 沼津《ぬまづ》

▼駿河国駿東郡、江戸から三〇里二丁、京へ九五里半。▼黄瀬川を渡り沼津市に入ると右に潮音寺。入口に「亀鶴観世音菩薩」碑。亀鶴は頼朝の催した富士の巻狩の際に曽我兄弟討入の夜、王藤内《おうとうない》と床を同じうしていた海道一の遊君。「亀鶴之石碑」は元禄一〇年(一六九七)開眼供養のため建立。古い灯籠一対。手水鉢《ちょうずばち》は寛文六年(一六六六)銘。本尊は行基作にして亀鶴の守り本尊。▼平作地蔵。旧道と並行する狩野《かの》川の黒瀬橋橋詰め土手下。大谷石造りの小祀。一対の花立に「平作茶屋」。近松半二『伊賀越道中双六《いがごえどうちゅうすごろく》』沼津の段、沼津の老いた雲助平作は、二歳で手放した我が子十兵衛に二六年ぶりで再会するが、今は敵味方の立場にあり、平作は命を捨てて仇沢井股五郎の在所を教え「親子一世の逢初《あいぞ》めの、逢納《あいおさ》め」に観客の涙をさそう。通称「もろこし地蔵」。▼

**沼津・黄昏図**。狩野川沿いの道を宿へ急ぐ順礼母子と金毘羅詣りの後姿を描く。狩野川の位置からすると東から西を見た図のはずで、黄昏に満月が西に見えるのはおかしい。

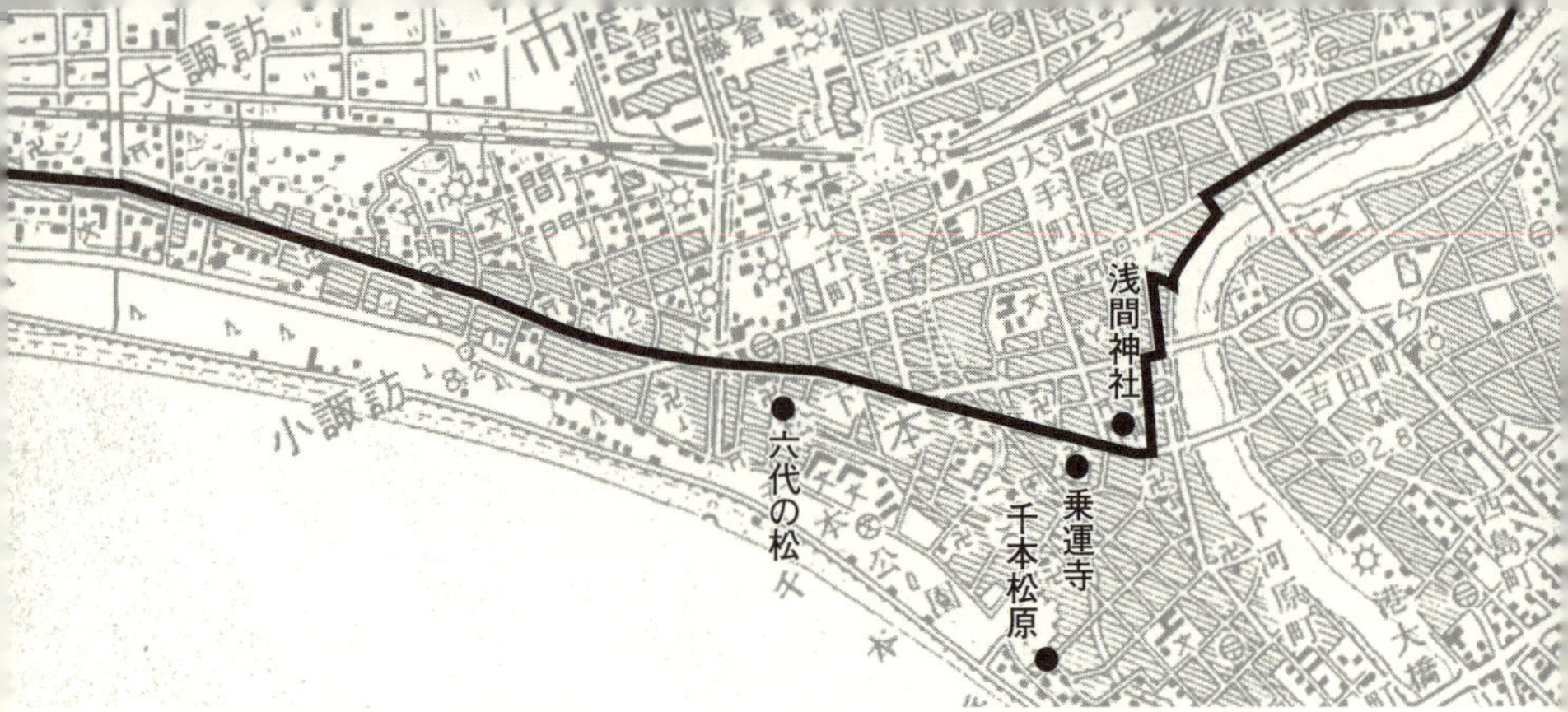


その百メートル先に玉砥石《たまといし》。千二、三百年前、玉類を磨くのに用いた砥石。▼国道一号線に合流バス停「三枚橋《さんまいばし》」先の志太町陸橋さきの鈴木製あん所角を川廓《かわくるわ》通りに入り、駅前通りに合流、御成橋からの十字路右に曲り、次の十字路を左に曲り、上本町が宿場の中心、永代橋からの十字路を右に曲る。▼右手浅間神社に鸚鵡石《おうむいし》の写真。▼その筋向いの乗運寺に若山牧水・喜志子夫妻墓。宮崎生まれの牧水は晩年九年間を当地で過ごし、昭和三年没。墓前左に「聞きゐつつたのしくもあるか松風の今は夢ともうつゝともきこゆ　牧水」、右に「古里の赤石山のましろ雪わがゐる春のうみべより見ゆ　喜志子」。▼その前を南に行くと千本松原。増誉《ぞうよ》上人像「一本植えてはなむあみだ、二本植えてはなむあみだ」碑。武田勝頼が北条氏と千本松原で対戦した時、伏兵の危険を避けるため松を残らず切り倒した。そのために苦しむ農民・漁民を見て増誉上人が一本ずつお経を唱えながら松を植え千本松原

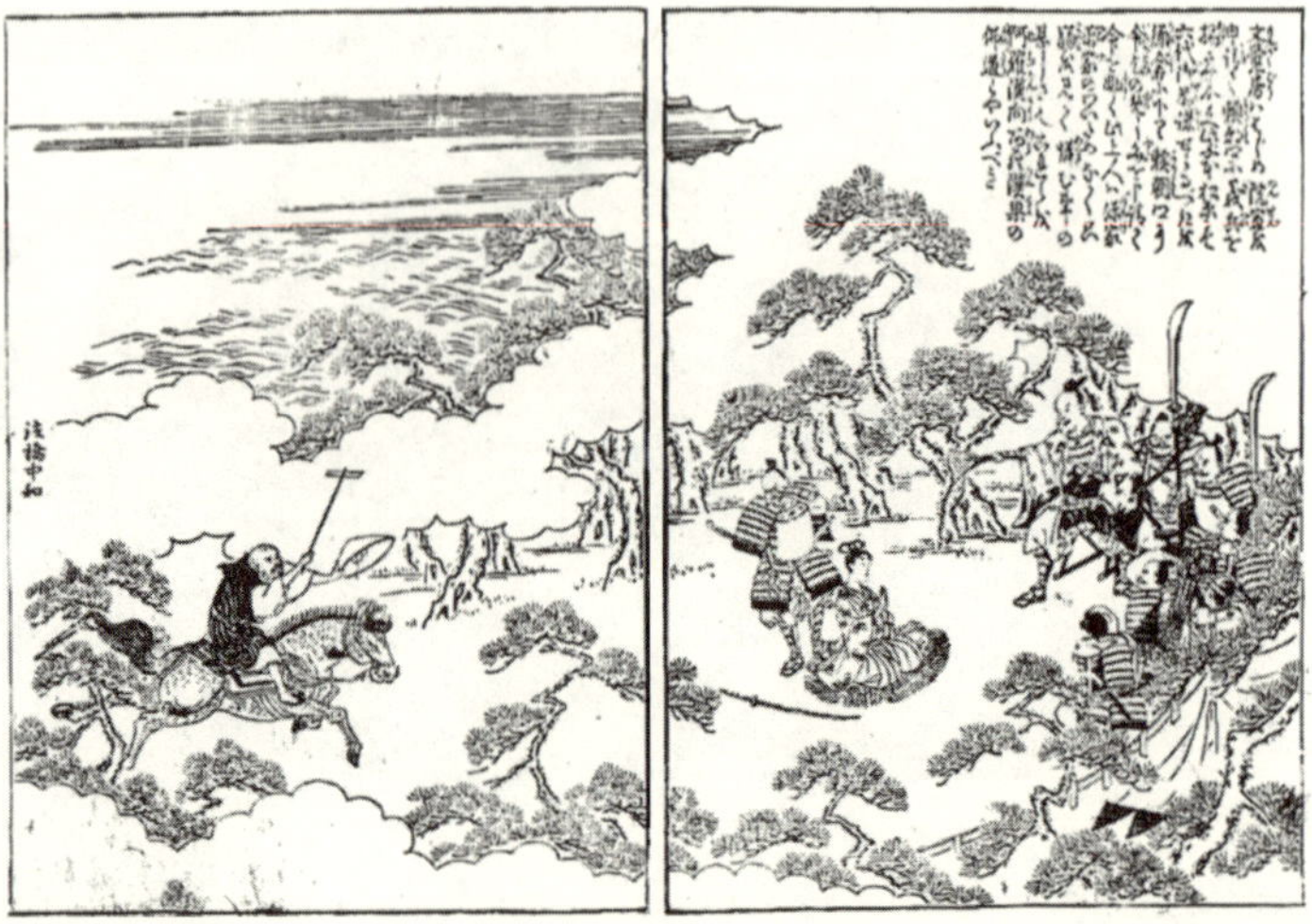

「東海道名所図会」六代御前、文覚の命乞いにより救われる。

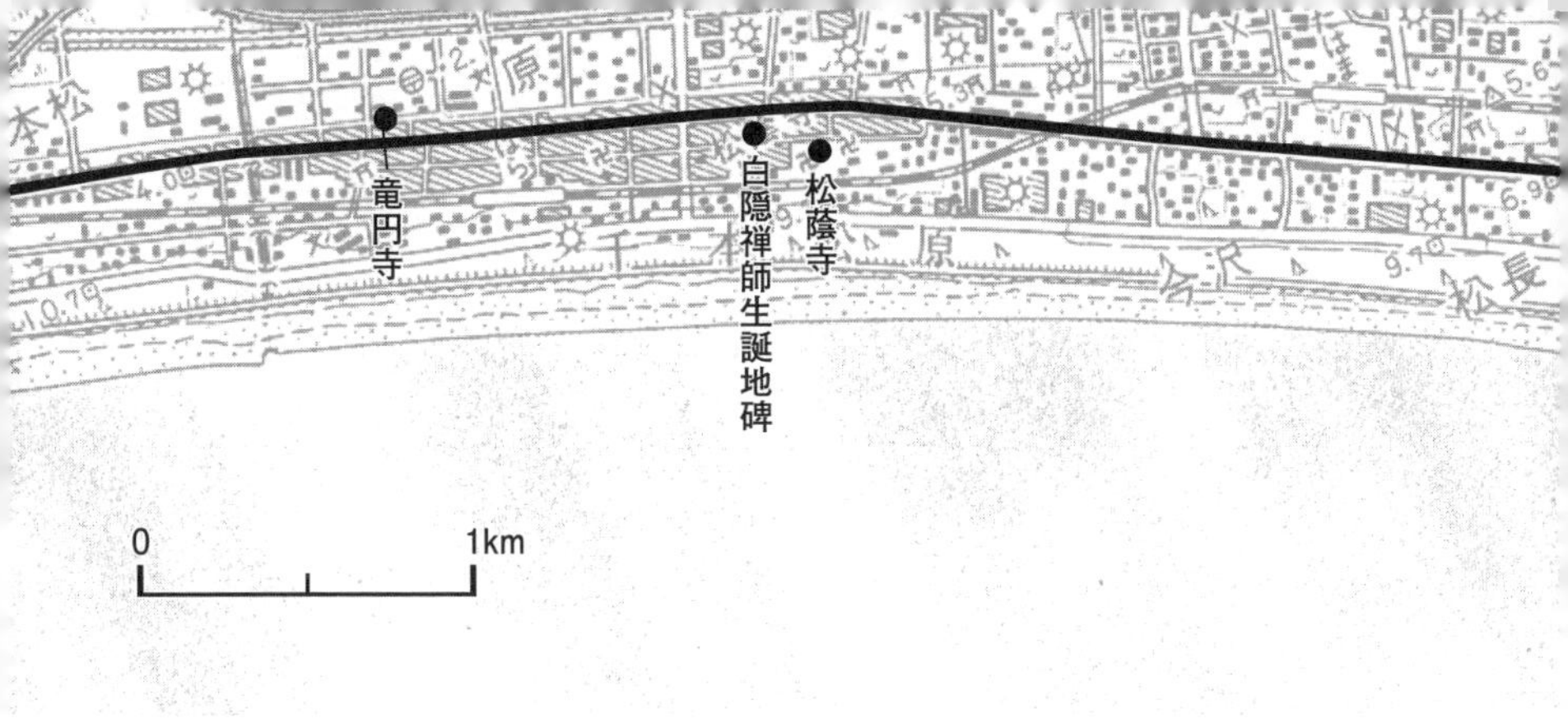


を再生させた。角田竹冷《かくたちくれい》句碑「時は弥生瓢《ひさご》枕に鼾《いびき》かな」。竹冷は富士市生まれ、沼津の商家に奉公、のち政治家、俳人。大正八年没。東大図書館竹冷文庫はその旧蔵俳書。観海学人漢詩碑。地元の漢詩人、教育者。昭和一五年没。若山牧水歌碑「幾山河こえさりゆかば寂しさのはてなむ国ぞけふも旅ゆく」。井上靖文学碑「千個の海のかけらが　千本の松の間に挟まっていた　少年の日　私は毎日　それを一つずつ　食べて育った」。井上靖は旧制沼津中学出身。北条・武田合戦の戦死者の首塚。ちょっと離れるが若山牧水記念館。▼六代《ろくだい》の松。東間門陸橋少し先左「六代松是より南一丁半」の石柱。明治一九年建。そこを入り東間門町の妙伝寺墓域に接する一画。延慶本『平家物語』によれば、平維盛《これもり》の子六代御前はここで斬られる。覚一本『平家物語』では、あわやというところを文覚《もんがく》に助けられる。天保一二年（一八四二）の「六代松碑」（漢文）は沼津医員駒留正隆撰。馬門道人碑。

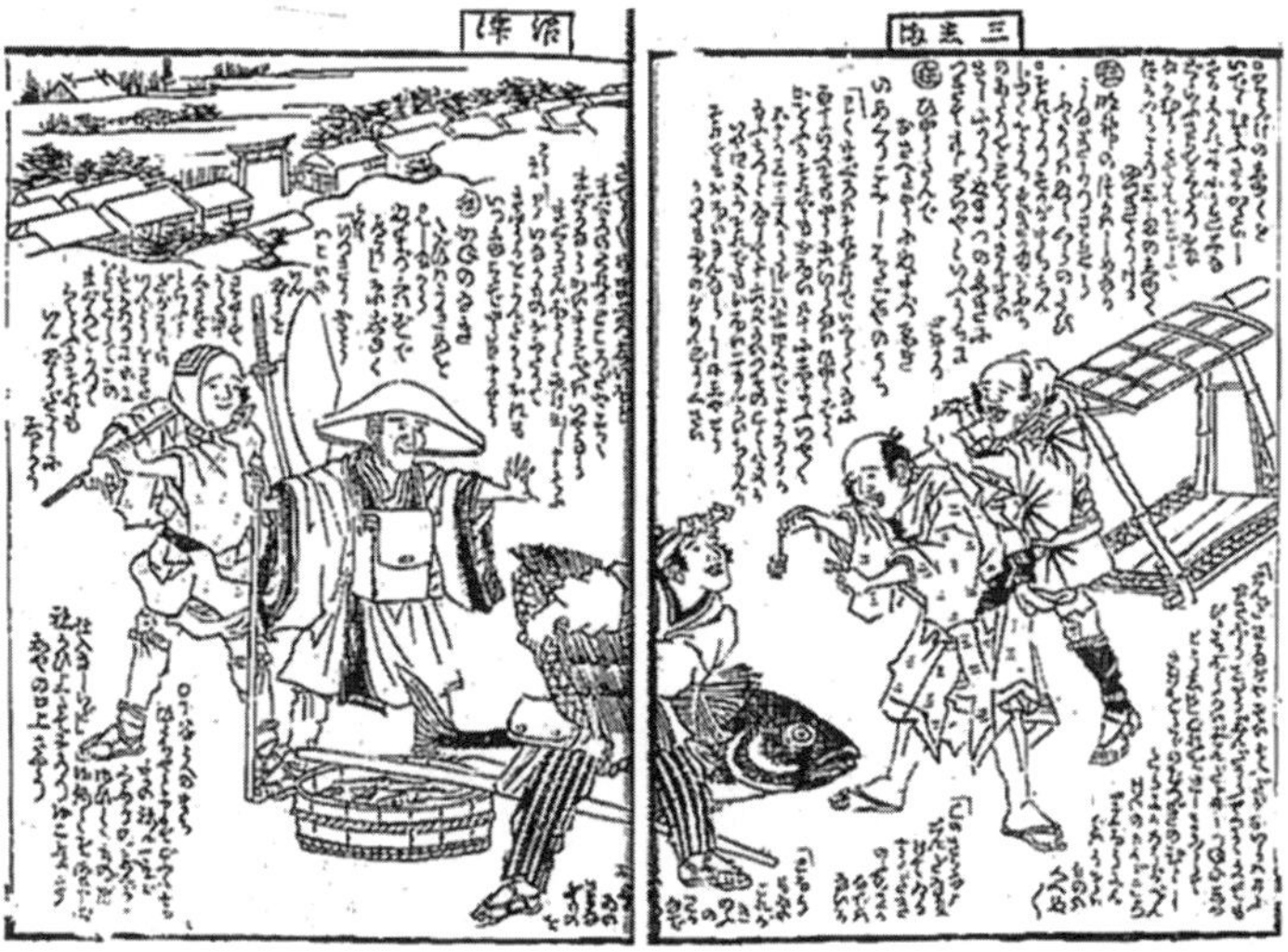
『金草鞋』沼津で魚屋をからかう主人公たち。

# 関所

東海道には箱根と新居《あらい》に厳重な関所があった。入り鉄砲に出女《でおんな》といって、江戸方面からの女性と、江戸に向かう鉄砲を特に厳しく取り締った。関所破りは磔《はりつけ》の重罪である。加藤利之氏著『箱根関所物語』によると、箱根の関所破りは五件六人が知られるだけだそうで、意外に少ないような気がする。ただ未遂事件は一八件もある。面白いのは、未遂事件を藪入《やぶい》りといって、道に迷って本道からはずれたとして処理していることである。にせ手形で通ろうとしたり、遠見番所のある山側の柵のところで捕まっても、藪入りですましている。「法の運用は人次第ですね」と加藤さんに申し上げたら、「いや、関所役人は自分の責任問題になるような面倒を避けたのでしょう」と笑って話された。

新居の関所も厳しさで知られていた。讃岐国丸亀藩士の娘二二歳の井上通女《つうじょ》の一行が新居の

「東海道駅路の鈴」舞坂からの船は新居の関所前に着く。

関所にさしかかった。藩から発行された手形を差し出したところ、通行を拒否された。「小女」と書くべきところをただ「女」とだけ書いたという、書式上のミスのためであった。しかたなく藩の大坂屋敷まで使者を立てて、手形の書き換えを依頼した。使者が戻って来るまであしかけ七日も、新居の宿にむなしく滞在したのであった。

享保五年（一七二〇）三月二日箱根の関所を通った武女《たけじょ》は、山峡に厳重な釘貫門《くぎぬきもん》が設けられ、武具がいかめしく飾られているのを見て、胸がつぶれ手足がふるえたといい、また顔をかくす笠や扇も取り上げられたので、化粧をしていない顔にぼさぼさの髪がかかり、どんなにか見苦しいことだろうと、女性らしく冷汗を流している。

こんなに厳しい関所ではあるが、私たちから見るとまことに不可解な一面もある。安政二年（一八五五）七月一八日、後に幕末の志士として活躍することになる清川八郎は赤坂の宿に泊った。母を伴っての旅であった。母は一種のぬけ参りで手形を所持していなかった。翌一九日、新居の関は女人にうるさいというので、御油から脇街道の下街道（姫街道）に入った。しかし、この街道にも気賀《きが》の関所があるので、三ケ日から舟をやとって呉松まで渡った。足もとを見た船頭に金一歩《ぶ》もふっかけられ、結局銭一貫文《ぜにいっかんもん》で折り合ったが、これではまるで関所破りである。

下山弘氏著『遊女の江戸』にこんな話が出ている。長崎勤番《きんばん》の武士の若党である惣之助と新三郎は、長崎で馴染んだ遊女二人を連れて、新居の関では清蔵という男の手引きで沖合いを船で渡り、箱根の関所では、宿屋の主人の入れ知恵で強羅温泉へ用足しに行くという名目で通過したという。その気になれば、関所をぬける方法はいくらでもあったものらしい。もっとも、この一件は後に露顕して、惣之助は死罪、新三郎は入牢中死亡した。女たちは、無知で関所手形も関所破りも知らなかった、すべては男たちが仕向けたことである、という判断で、比較的軽い処分ですんだという。

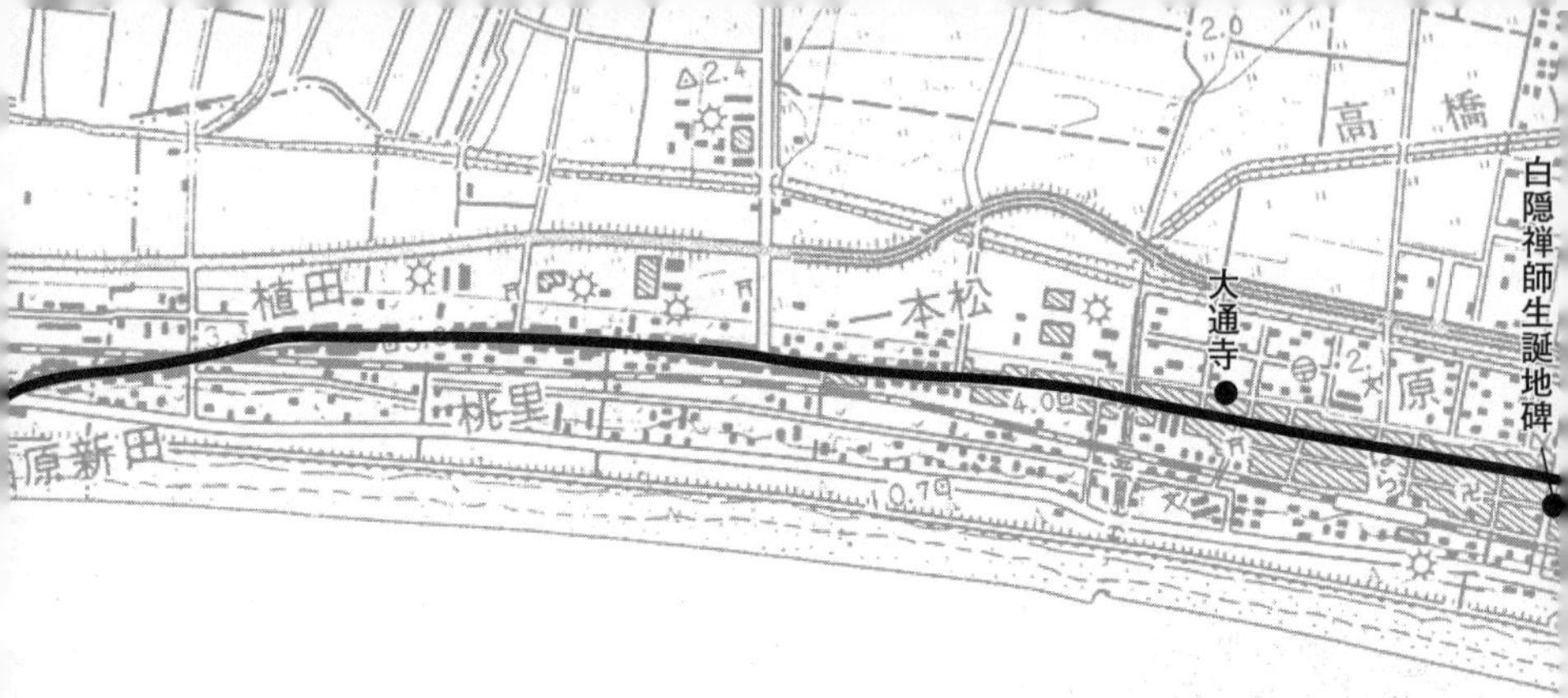


# 原《はら》

▼駿河国駿東郡、江戸へ三一里二〇丁、京へ九四里。▼松蔭寺《しょういんじ》。白隠禅師旧跡。白隠は当地長沢氏の子。一五歳の時松蔭寺で得度。京へ上り修行、のち臨済中興の祖と称された有名な禅僧だが、また禅画を能《よ》くし、好んで釈迦・観音・達磨などを描いた。明和五年（一七六八）没、八四歳。境内の巨松擂鉢松《すりばちまつ》は岡山藩主池田継政より贈られた備前焼の擂鉢を、台風で裂けた松にかぶせたところ、そのまま育ったという。本堂左手奥に禅師の墓がある。▼白隠禅師《はくいんぜんじ》誕生地碑。松蔭寺先五〇《メートル》左側。俗に「駿河には過ぎたるものが二つあり。富士のお山に原の白隠」。江戸の俳人大島蓼太は禅師に面会して「涼しさや富士と和尚と田子《たご》浦《うら》」と詠んだ。▼東田子浦駅あたり左側間近の海岸が田子の浦。松の防風林と防潮堤、東は千本松原、西は三保松原を望み、北正面に

**原・朝之富士**。愛鷹山の向うに右（東）半分を赤く染める富士山。富士山の南正面なので山容を大きく枠からはみ出して描く。鶴のいる辺りは浮島ケ原の湿地帯。

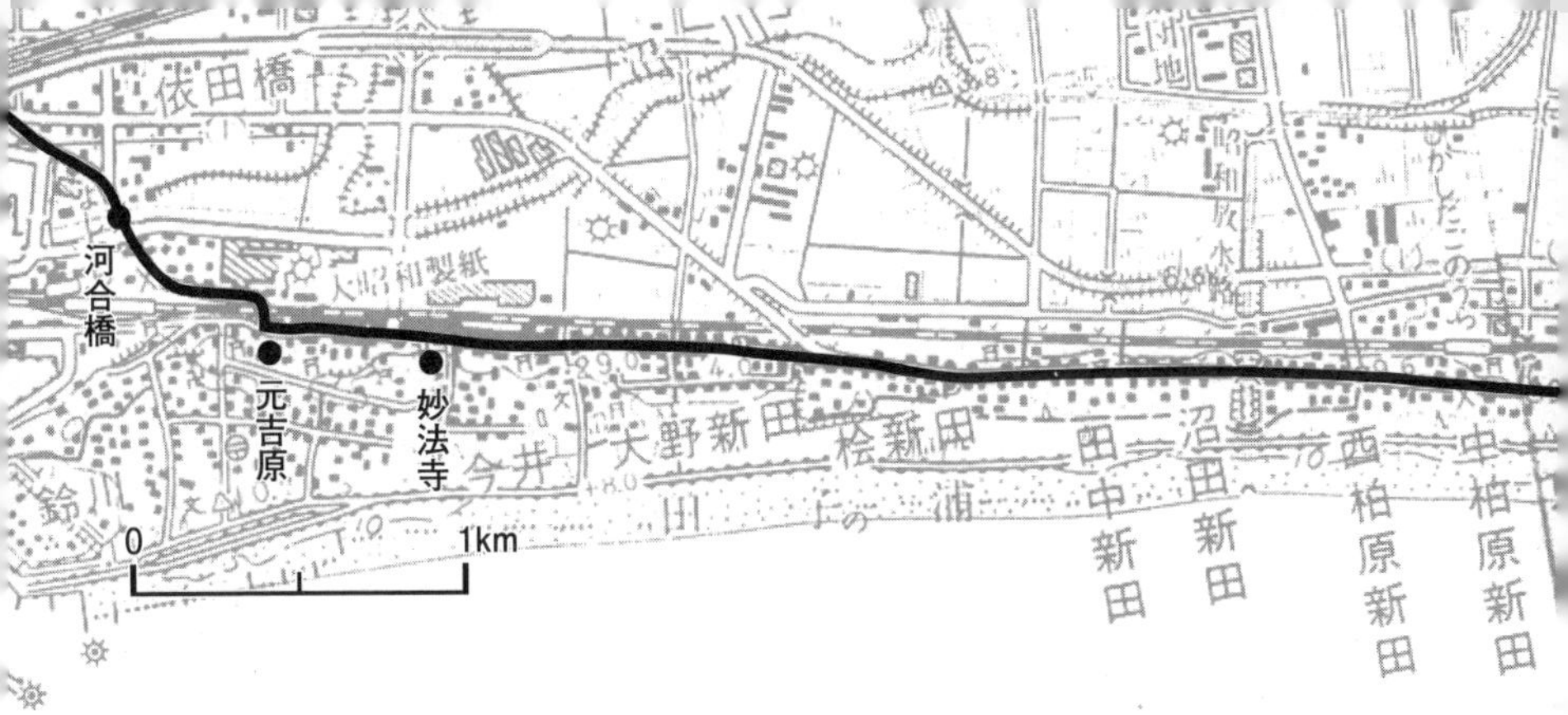


富士山、広重の三版すべて、原の図は富士山を画面からはみ出すように大きく描く。山部赤人「田子の浦ゆうち出でて見れば真白にそ富士の高嶺《たかね》に雪は降りける」。もっとも、『万葉集』に詠まれた田子の浦は、薩埵《さった》峠の辺りの海をさすというのが本当らしい。▼この辺り右手家並の後ろ一帯の湿地が歌枕の浮島ケ原。今はほとんどが耕地・宅地化した。▼柏原町右側に立円寺。昭和五四年台風二〇号のため遭難、死者二名を出したインドネシア船ゲラティック号記念碑。▼富士市毘沙門《びしゃもん》町の妙法寺。高台にあり新幹線車窓からもエキゾチックな毘沙門堂が望まれる。石の鳥居、原色の竜をあしらった手洗、中国風の七福神、不思議な雰囲気の寺である。旧正月七・八・九日が大祭でダルマ市の名で賑う。境内からパルプ工場のタワーと富士山の構図が面白い。▼元吉原。吉原宿ははじめはここ今井東町・今井本町あたりにあったが寛永一六年(一六三九)の大津波で壊滅し、北方約二キロの左富士の

『東海道名所図会』原駅松蔭寺白隠和尚古蹟。

『東海道名所記』原の名物うなぎ屋。蒲焼の形がうなぎをぶつ切りにして横刺しにしてある。

先きへ移った。ルートもそれまではJR吉原駅南から田子の浦港を舟で渡り、前田・柳島・五貫島を通り富士川に出たという。寛永の大津波以後ルートが大きく北に迂回することになったのである。▼上流に大昭和製紙のパルプ工場の煙突が林立する沼川の河合橋は、『吾嬬路記《あづまじのき》』に「川合橋、此河下を三保といふ。生贄《いけにえ》の謡《うたい》に作りし所なり」。謡曲「生贄」は今は上演されないが、娘を連れた旅人が、その娘が生贄のクジにあたり悲しむところへ、富士権現の使い日《ひ》の御子《みこ》が現われて、親子ともに助かるという筋。▼この日の御子は謡曲「富士山」にも後シテとして登場するが、後ツレとして天女の姿のかぐや姫もあらわれ、天女の舞いを舞う。文学史をさかのぼると、鎌倉時代初期の『海道記』にはあのかぐや姫の話がこの地の伝承として語られている。今それにちなむ遺跡が富士市比奈《ひな》の竹採《たけとり》公園にある。

# 吉原《よしわら》

▼駿河国富士郡、江戸から三四里半八丁、京へ九〇里三〇丁。今は富士市。吉原宿は江戸初頭は元吉原にあったが、寛永一六年(一六三九)の大津波で壊滅し約二キロ北方の左富士あたりへ移った。さらにその四一年後の延宝八年(一六八〇)再び大津波で壊滅し、翌天和元年(一六八一)に現在の富士市中心街へと移った。▼吉原の左富士。左富士神社前から一丁ほどの間、上りの道中ここだけが富士山を左方に見るというのだが、実は茅ケ崎の南湖にも左富士があった。『袖玉道中記大成』の原の条に「この所より吉原まで砂地にて馬に乗りてよし」とあるが、広重保永堂版でも馬に乗った旅人が大きくカーブする左富士の松並木を行く。▼富士依田橋郵便局前に立派な馬頭観世音、そばに髭題目碑。▼その先分岐点を旧道は左へ平家越橋(旧名、新橋)を渡って進む。そ

**吉原・左富士**。上りの道中左側に富士山を見るのはここ吉原手前と茅ケ崎南湖のみ。いわゆる三宝荒神の乗り方で一頭の馬に三人が乗っている。馬は藁沓をはいている。

の橋の手前右に平家越碑《へいけごえ》と道標三基。この辺り一帯は『平家物語』の富士川合戦の条で、平家の軍勢を驚かせ潰走させた水鳥の飛び立った沼の跡という。▼橋を渡り左側依田原町の菓子屋「左富士」店内に、大正七年撮影のみごとな左富士の写真を飾っていたが、今は廃業。御主人の話ではここを軌道馬車が走っていたという。▼岳南鉄道踏切を越し吉原二丁目あたりがかつての宿場の中心。今は近代的な商店街。旧道は左手静岡銀行手前を左に曲り、妙禅寺前を右に曲って進む。▼潤井川《うるいがわ》の富安橋を渡り左側に「御宝灯流失之跡」碑。あと平坦単調な道が続き平垣《へいがき》本町の金正寺に「旅人守り本尊霊場、うすさま明王・子安地蔵尊合祭」の標示。山門入り本堂わきに美しい厄除観音。▼左側平垣町公会堂わきに「札の辻跡」碑。御影石の台石に「札の辻のいわれ。実相寺は約八百余年の昔、久安元年鳥羽法皇勅願の寺で（中略）四十九院五百の僧坊が甍を並べ（中略）実相寺は方一里と称せられ、

右・明暦元年の道中記。左・元禄一四年頃の道中記。吉原宿の移動により宿間距離が変る。

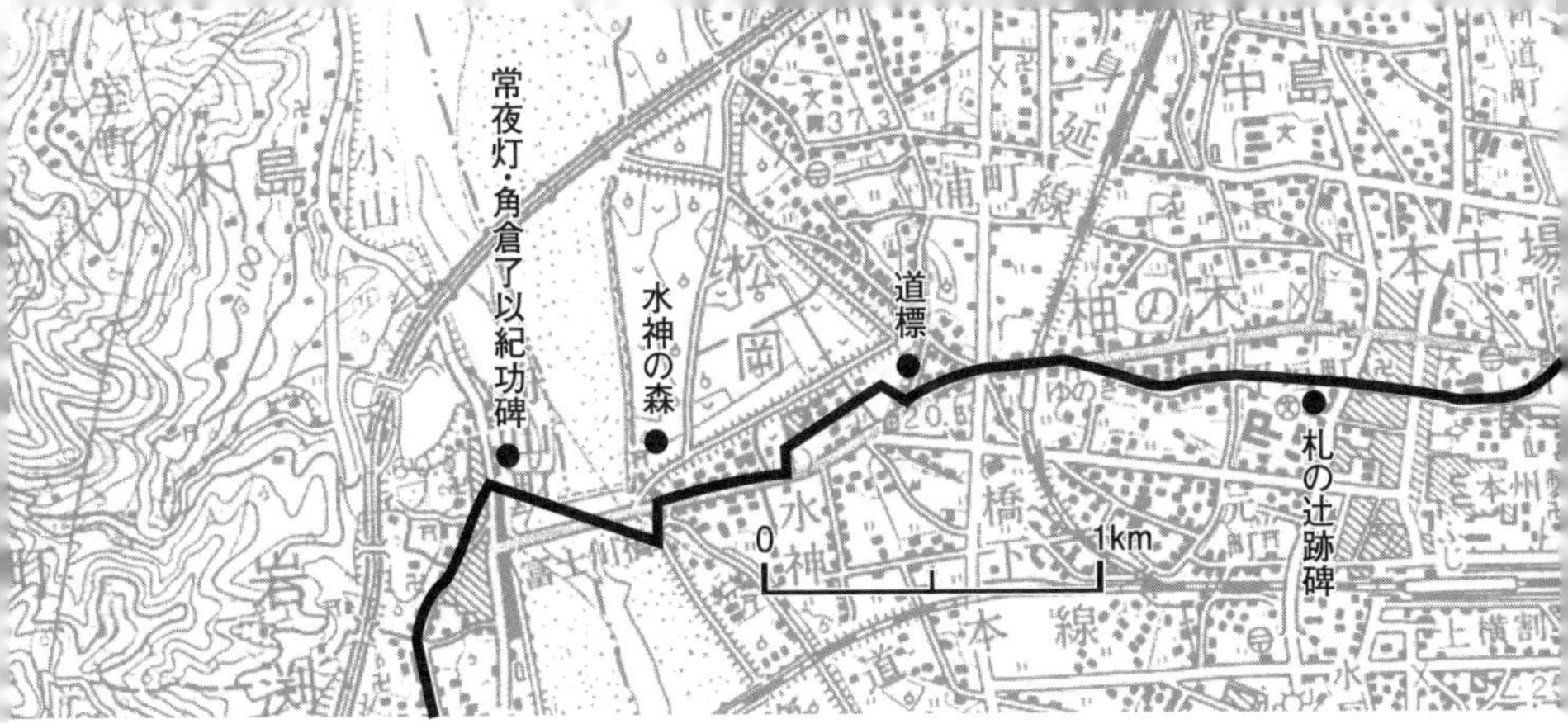


南は今の平垣札の辻まで及んでいたという。文学博士金田一京助先生監修。昭和五十年八月吉日。平垣有志一同」。寺はいま北西約二キロ岩本にある。▼四丁河原分岐点に二基の道標。一は「左東海道」。他は二重の笠を持つ灯籠型「秋葉山、慶応元乙丑年五月吉日」。ともに古雅。これから蒲原にかけて秋葉山灯籠が多い。▼松岡水神社。富士川東岸の岩盤上。昔は川筋定まらず、時には川中の島になった。境内に「富士山道」道標、文政三年（一八二〇）両船場の碑、帰郷堤の碑。▼富士川。海道第一の急流。『東海道名所記』に「この川は海道第一の早川なり。舟に乗りて渡るに、渡し守力を出して棹をさし、櫓を押して出す。岸の上より見れば、あはやこの舟水底へづぶりと沈みけるよと思へど、さもなくて、漕ぎ行く。舟の中にある人は目まひ肝きゆる心地して、腹は背につき手を握りて、やうやう岸に着く」と記す。芭蕉はこの川原で捨子の泣くのを見て「猿を聞く人捨子に秋の風いかに」と詠んだ。

『東海道名所図会』富士川。急流を渡る舟。右は水神森。左は岩淵。書き入れの句は「つく〳〵と水見て立《たて》りけさの秋　駿府 文母」。

# 大矢五郎右衛門の旅

神奈川県愛甲郡愛川町田代の酒造家大矢邦明さんの四代前の五郎右衛門なる人が、嘉永五年(一八五二)に、伊勢参宮を手始めに、諸国を旅した。その折りの日記帳が同家に大切に保存されている。内容は金銭の出納に関するものがほとんどで、それだけに文学的な紀行などからは窺えない旅の実際が知られて面白い。途中二回本道から外れているが、四日市の西、日永の追分までの分を書きぬいてみる。通貨の換算はキリよく、金一両=銀六〇匁=銭四〇〇〇文=米一石=六万円とした。実際にはもう少し高いかと思う。

一月七日出発、約六里南下(あるいは舟か)、平塚で昼食六四文(九六〇円)、小田原中松屋仙蔵泊、宿賃二〇〇文(三〇〇〇円)、この日の行程約一五里。

一月八日、箱根関所まで駕籠、駕籠賃金二朱と二四八文(一万一二二〇円)、酒手《チップ》一四四文(二一六〇円)、立場《たてば》茶屋三二文(四八〇円)、三島大和屋善蔵泊二〇〇文、行程八里。

一月九日、吉原甲州屋で昼食六〇文(九〇〇円)、富士川の船賃二四文(三六〇円)、蒲原もこうや(木爪屋)泊二〇〇文、行程一〇里。

一月一〇日、江尻で昼食八〇文(一二〇〇円)、府中よろづや泊二〇〇文、七里六丁。

一月一一日、久能山参詣、安倍川肩車《かたくま》二九文(四三五円)、岡部で昼食六四文(九六〇円)、大井川肩車一六四文(二四六〇円)、金谷まつ屋泊二〇〇文、行程八里一九丁プラス久能山参詣。

一月一二日、掛川よこすか屋で昼食八〇文(一二〇〇円)、ここから秋葉道に入り、森するがや泊二〇〇文。この日金二朱を銭に両替。

一月一三日、子ならやすのぐち屋で昼食七二文(一〇八〇円)、戸倉大の屋泊二〇〇文、この日駕籠賃金二朱(七五〇〇円)。

一月一四日、くま村音羽屋で昼食七二文(一〇八〇円)、さい川舟賃一二文(一八〇円)、酢

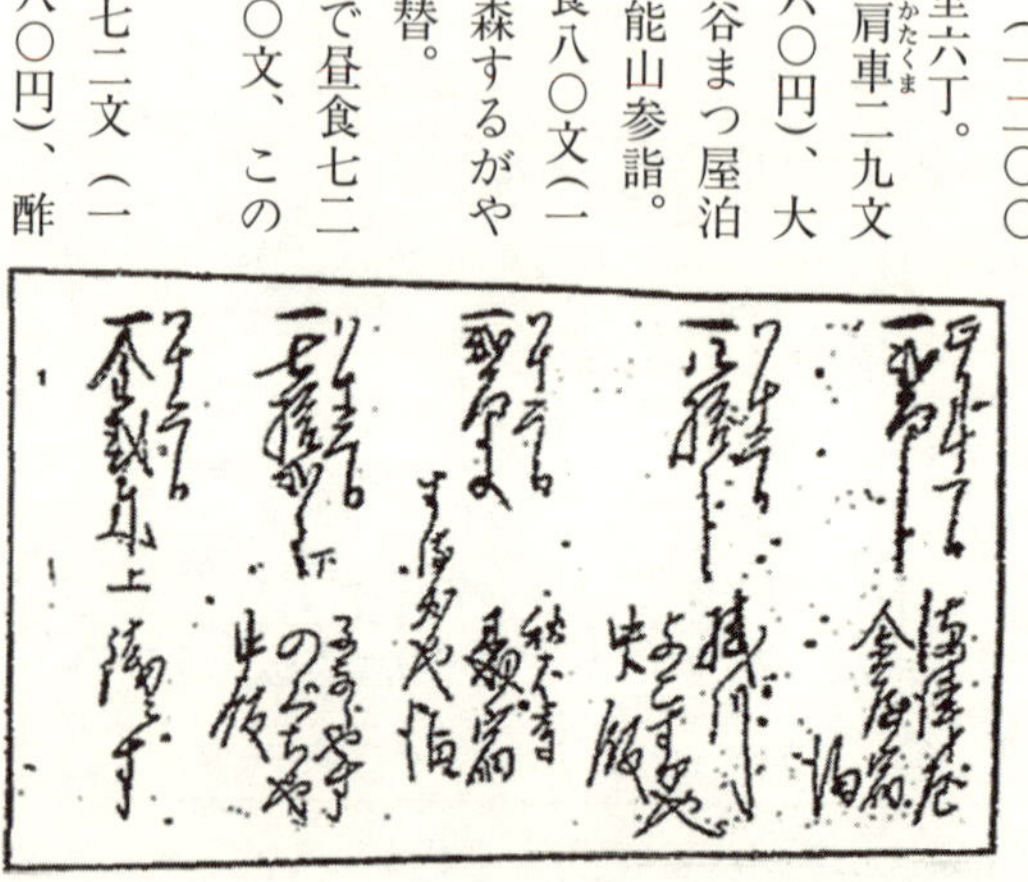

『大矢五郎右衛門旅日記』道中の諸経費等を簡潔に記す。一泊料金はすべて二〇〇文。

山吉田屋泊二〇〇文。

一月一五日、滝川舟賃五文(七五円)、門屋町せうせん亭で昼食七二文(一〇八〇円)、馬駄賃一〇〇文（一五〇〇円）、新城柏屋泊二〇〇文、五里二七丁。

一月一六日、豊川稲荷参詣、御油で昼食七二文(一〇八〇円)、岡崎浜田屋泊二〇〇文。八里七丁。

一月一七日、鳴海ぜに屋で昼食八〇文（一二〇〇円)、熱田神宮参詣、名古屋の桑名屋泊二〇〇文、一〇里六丁。この日金一分《いちぶ》を銭に両替する。

一月一八日、名古屋より津島まで馬、駄賃二四八文（三七二〇円)、酒手一六文（二四〇円)、甚目寺・津島天王参詣、佐屋ふじ屋で昼食一一六文（一七四〇円)、桑名まで船賃金額不明、桑名いづみ屋泊二二〇文（三三〇〇円)。

一月一九日、日永《ひなが》の追分で昼食六四文（九六〇円)、ここから伊勢路に入り、上野よろづ屋源四郎泊二〇〇文。


以下参宮後、奈良・高野山・大坂・姫路・四国善通寺・京都・中山道経由・信州善光寺・日光・江戸を経て帰宅したのは、閏二月七日であったらしい。あしかけ六一日間の旅であった。この大矢五郎右衛門たちの旅はずいぶん大がかりなように見えるが、このコースは一つのパターンになっていたようで、他にも似た例がいくつも見られる。

道中の支出の中には次のようなものもある。伊勢で万金丹が金二朱（七五〇〇円)、竜田川・大和川の橋銭つまり渡橋料が各二文（三〇円)、吉野川橋銭八文(一二〇円)、大坂でキセル三本が三七八文(五六七〇円)、柳行李一つ四四八文(六七二〇円)、芝居一幕三四文(五一〇円)、大坂の案内賃が九人で二四八文(三七二〇円)、丸亀船中ふとん代一枚五〇文(七五〇円)、姫路で財布金二朱と三〇〇文(一万二〇〇〇円)、革足袋銀一三匁五分(一万三五〇〇円)、脇差柄袋二〇〇文（三〇〇〇円)、たばこ入れ二〇〇文（三〇〇〇円)、善光寺で手拭九〇文（一三五〇円)。

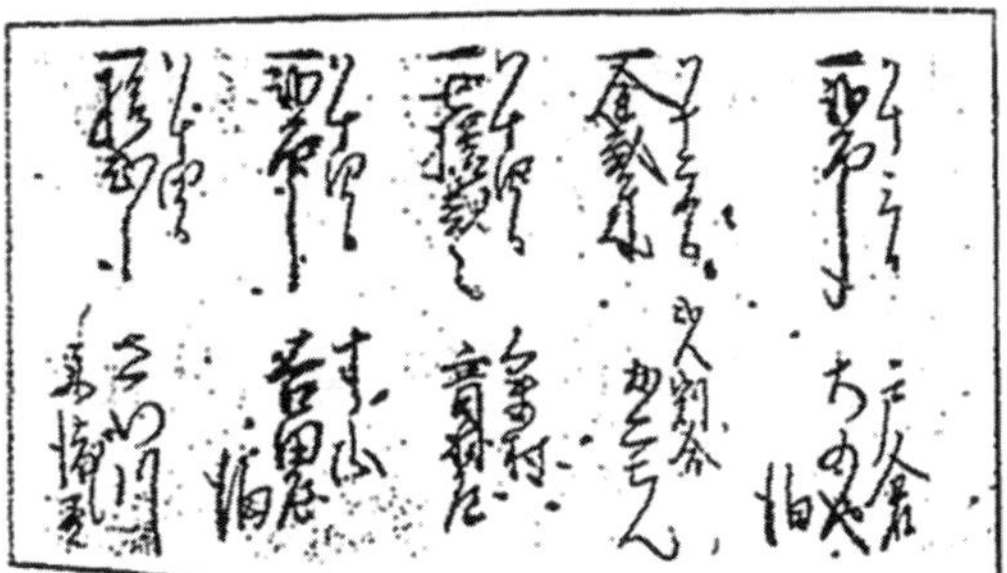

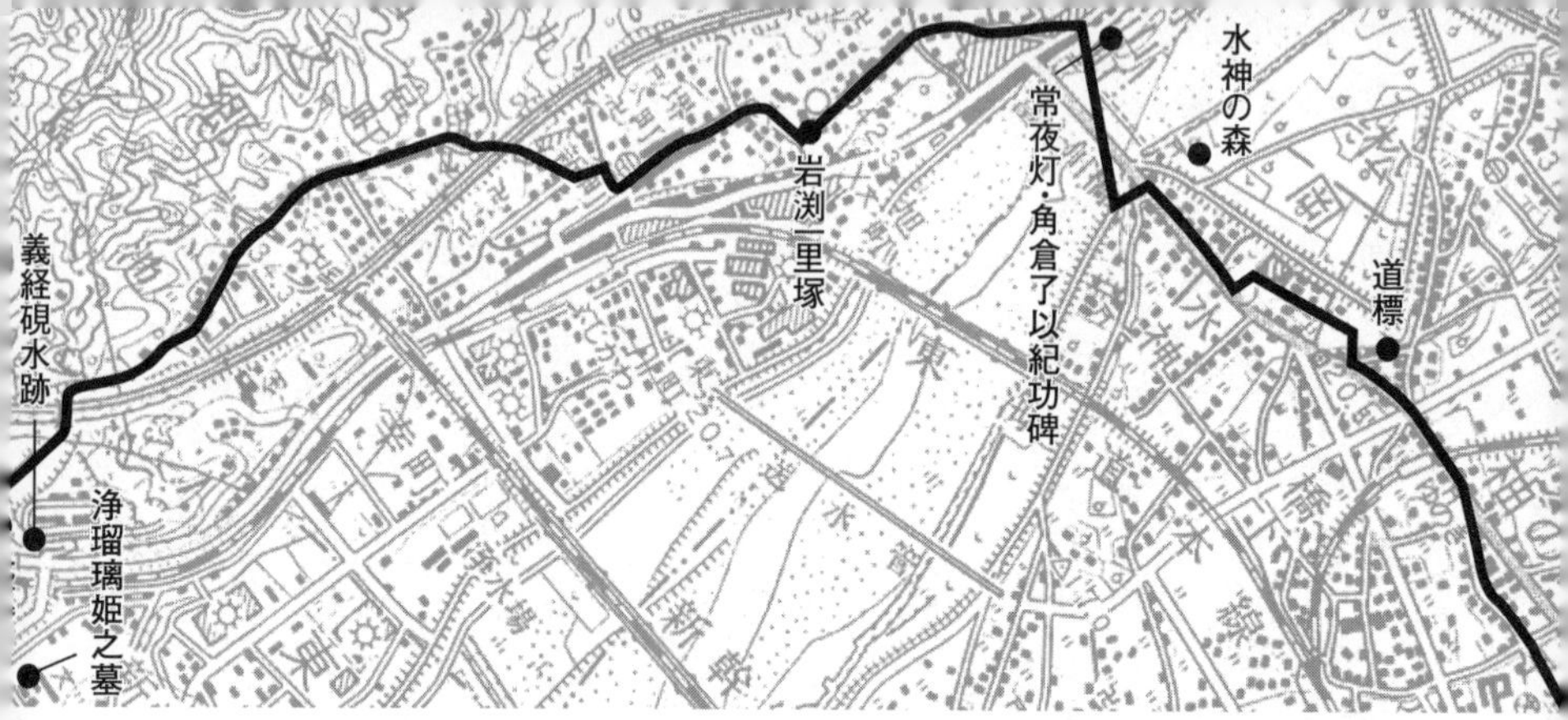


# 蒲原《かんばら》

▼駿河国庵原《いはら》郡、江戸から三七里半、京へ八八里二丁。▼富士川橋を渡り少し上流の土手に、渡船上り場常夜灯（文政一三建）と富士川舟運角倉了以《すみのくらりょうい》紀功碑（昭和一二建）。旧道は家の間の階段を登り、河岸段丘上の細道で、右へ行けば身延道、左へ行くのが東海道。▼右側光栄寺の石段下に道標。身延へ三里とある。▼右側武州本郷の毛利藤左衛門が享保一六年(一七三一)に建。▼右側黒塀越しに巨大な槇《まき》の木が見えるのは通称西本陣の常盤《ときわ》家《け》。▼岩淵の一里塚。左右一対の原形をよく保つ点、海道随一。ことに右側榎の大木がみごと。旧道は右へ曲る。▼右側に防災倉庫のある手前十字路を右に入る（真っ直ぐに行くルートもあった）。中之郷で東名高速をくぐり、右が野田山実相院。旧道は左へ行く。新幹線手前「左蒲原、右行き止まり」標識を右へ行き、新幹線を小トンネ

**蒲原・夜之雪**。蒲原ではこんな大雪は降らないとか、宿場の中にこんな地形はないとかの指摘もある。画家の想像力の生んだ名作である。

ルでくぐる。静かな道を行き、東名高速を渡る。坂を下り蒲原宿に出る。▼ちょっと脇道にそれるが左（東）へ百《メートル》国道脇に源義経硯水碑、髭題目碑、小五輪塔群。承安四年（一一七四）義経東下の途次、蒲原木之内神社に稲荷大神を勧請《かんじょう》、神文棟札《しんもんむなふだ》を記すため、当所の湧水を汲む。享保五年（一七二〇）『庚《こう》子《し》道《みち》の記《き》』の著者武女《たけじょ》は「義経の硯の水」を見ている。この前を通り先ほどの防災倉庫へ至るルートもあった。▼もっと外れるが、蒲原中学校正門に浄瑠璃姫之墓。和歌三首を刻む。うち前面のは「かたりつぎいひつぎ来つゝ今になほいくその人の袖ぬらすらん　貴儀」。他に「六本松古跡碑」。三河矢作《やはぎ》の長者の娘浄瑠璃姫が義経を恋い慕いみちのくへ下る途中、ここの南方吹上の浜に至り疲れ死す。里人これを憐れんで葬り、塚の印に六本の松を植えるという。▼宿場にもどり、入口に一里塚跡。その先右側山腹を少し登ると蒲原城主北条新三郎墓。永禄一二年（一五六九）武田信玄に攻められ自刃。▼諏訪神社前に「東木戸跡」標石。古いコンクリート造りの諏訪橋を渡る。日本軽金属工場への巨大な導水管が四本、直角に旧道の橋の下を横切る。▼夜の雪・蒲原宿碑。左側少し入る。保永堂版蒲原夜の雪の絵を銅版レリーフにして石にはめ込む。昭和三五年建。画中の格子づくりの家もあちこち残り静かな家並。

本町左側に本陣跡。黒板塀や門など風格がある。▼広い国道一号に出てからも古い家がぽつぽつある。

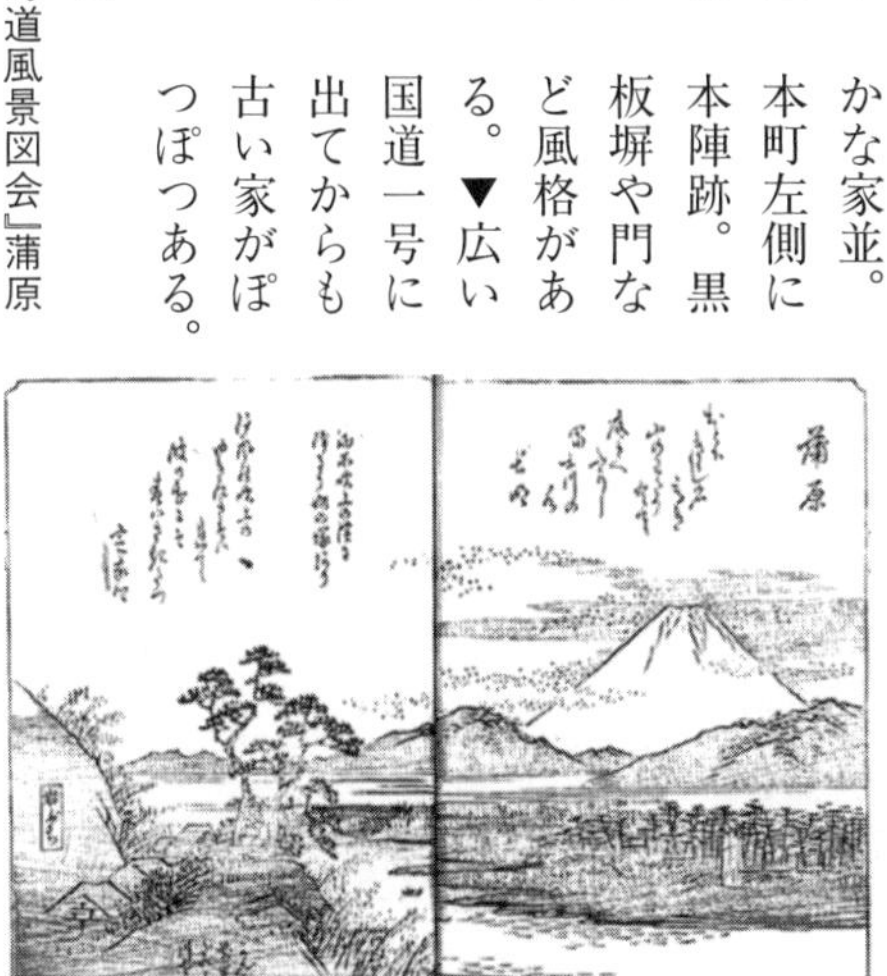

『東海道風景図会』蒲原

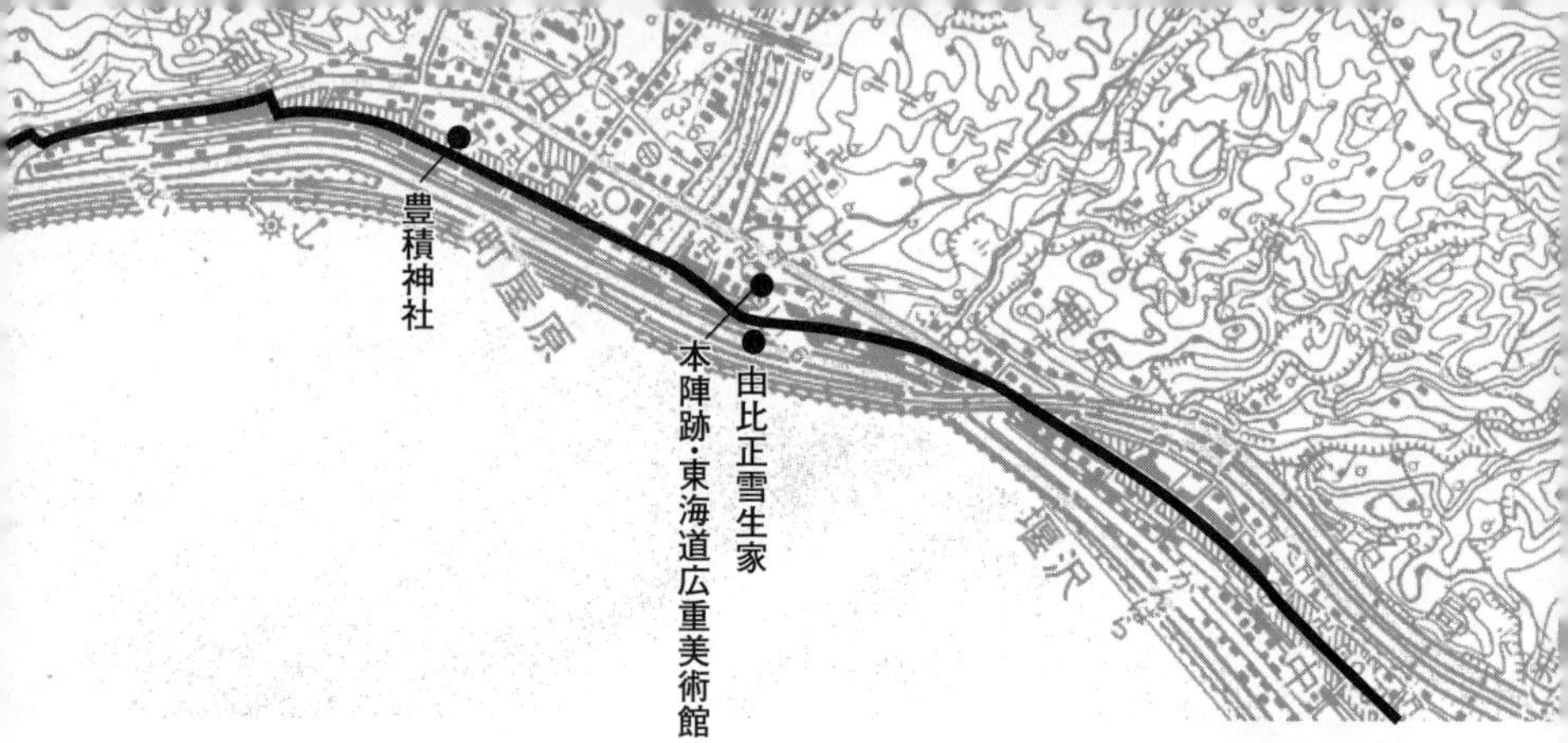


# 由比《ゆい》

▼駿河国庵原《いはら》郡、江戸から三八里半、京へ八七里。由井とも書く。▼蒲原駅前を過ぎ東名をくぐり、旧道は左へ入る。▼本陣跡。かつては一六間四方に枝を張る名松が有名だったが枯死、今日は立派な東海道広重美術館ができた。▼その向い側に由比正雪生家。軍学者で幕府転覆を企てた慶安の変の主謀者。慶安四年(一六五一)七月二六日府中で自害。辞世「秋はたゞ馴れしよにさへもの憂きにながき門出の心とゞむな」。この地の出身で代々紺屋《こうや》を営む。現在はみやげ物を商うが「正雪紺屋」の暖簾《のれん》がさがり、中の土間に藍瓶《あいがめ》が一六個整然と並ぶ。▼左に「おもしろ宿場館」「ゆい桜えび館」。右に井筒屋。▼その先右側松風堂に正雪最中《もなか》。菊水に「正雪」の二文字。▼由比町は海と山に挟まれ古風な町並。シラス干し、桜えびなどを産し活気がある。▼JR線路に

**由井・薩埵嶺。**今日薩埵峠を歩き東を望めば左上の部分にかなりの誇張はあるものの、ほぼこの通りの構図を堪能することができる。

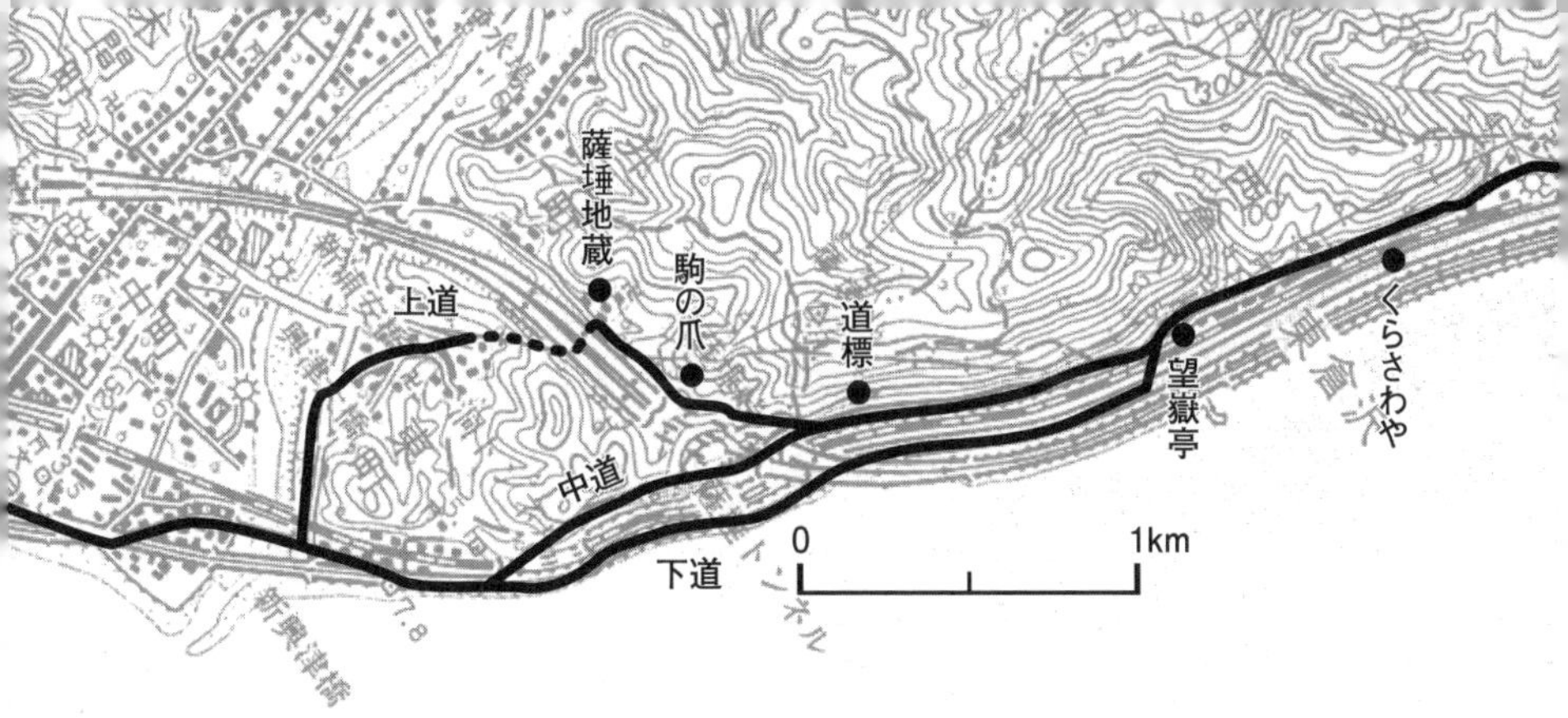


並行する手前を右に入り、すぐ左に折れて路地を百メートル、国道一号線に入り二百メートル、寺尾陸橋を右に入るのが旧道。▼倉沢に入る手前左側に、「松原・立合台地」標示。茶屋跡。眺望絶佳。▼倉沢のさざえ。食いしん坊のお公家さん土御門泰邦《つちみかどやすくに》の『東行話説』に「今始めて薩埵《さった》の薩埵たる、栄螺《さざえ》の栄螺たる事を知れり。五つまで食ひたれども足れりとせず」と絶讃、意地汚くも「貝の尻を探り見れども、ごとごとと汁のみ鳴りて身はあらず」と品切れを残念がった。現在くらさわや（電話〇五四三-七五-二四五四）が営業、さざえ、あわび、それに桜えびのかき揚げがおすすめ。▼望嶽亭藤屋《ぼうがくていふじや》。薩埵峠の登り口。戦後松永宝蔵・さだよ御夫妻が継承維持されたが共に故人となられた。広重の隷書版に描かれた茶店。江戸中期の俳人大江丸や完来の柱掛、山岡鉄舟の短銃が伝来。宝蔵さんには『東海道は日本晴』の著もある。▼薩埵峠。ルートは三つ。『吾嬬路記《あづまじのき》』に「ここに下道・中道・上道とて三筋あり。

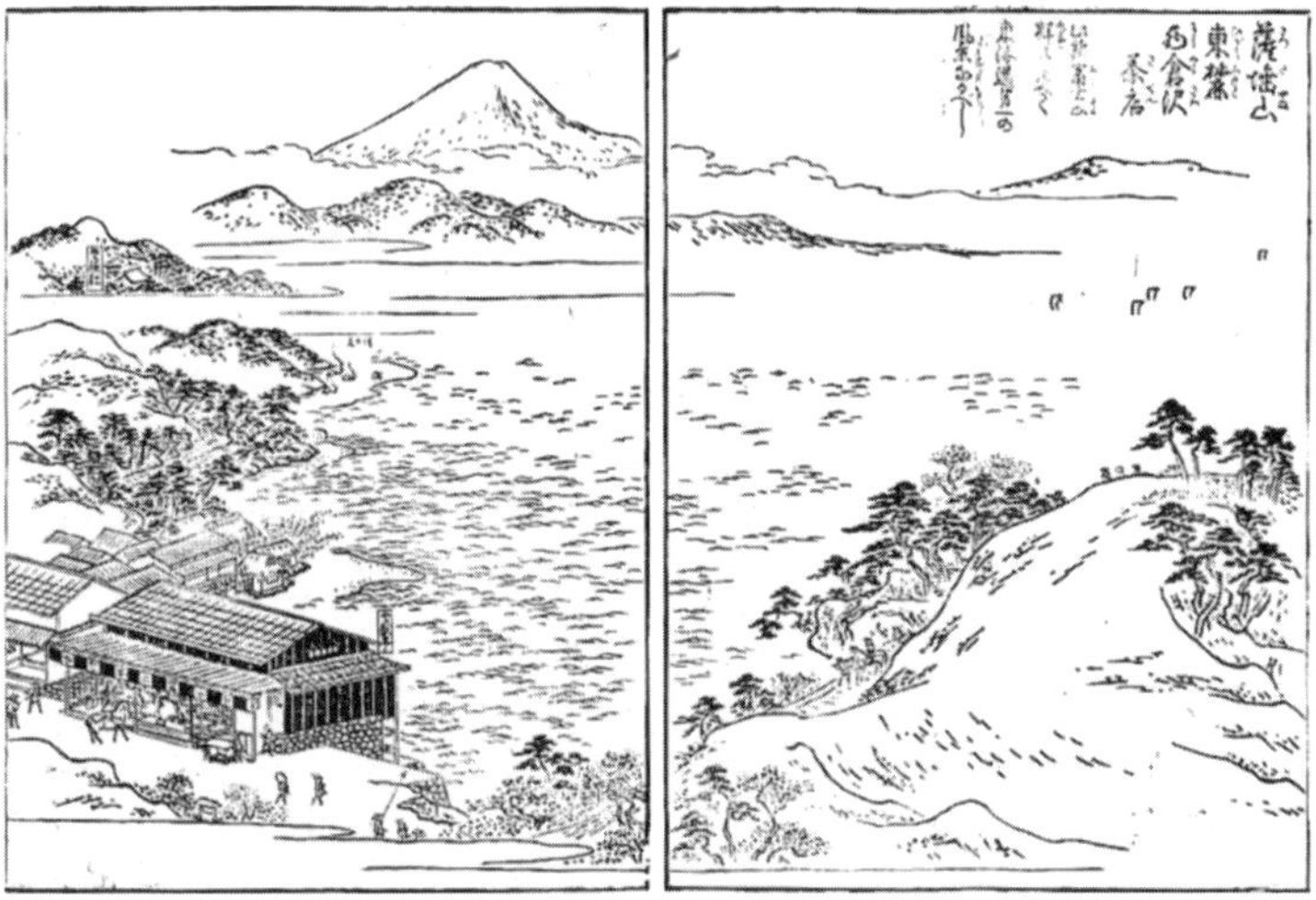

『東海道名所図会』薩埵峠東麓の茶店望嶽亭

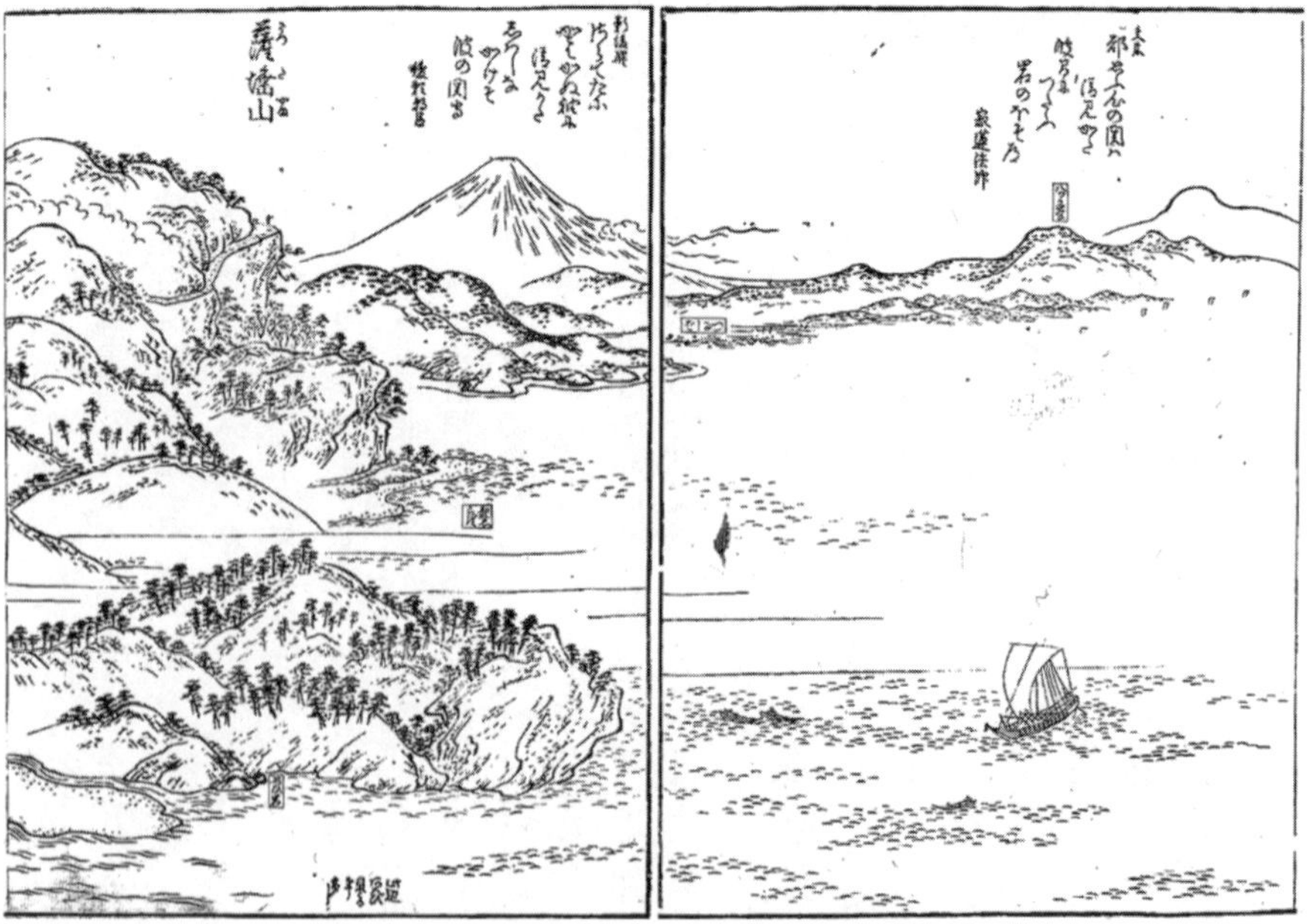


下道は親不知《おやしらず》子不知《こしらず》とて海道《うみみち》の岩間を通る難所なり。今も潮干たる時は人馬通る。中道は明暦元年（一六五五）朝鮮の信使来りし時始て開く。上道は近年ひらく」。望嶽亭前を左に下りるのが下道。中・上道は望嶽亭前から登りにかかる。ビワとミカンの畑の中の快適な道、見晴台に道標二基。一基は「さつたちぞうみち、延享元甲子年六月吉日」、他一基は二つに折れ「さつ／たぢぞう道」。その先左の駐車場から左に入るのが中道で最も普通のルート。山の神跡標示、古戦場跡を経て、ケンペルが「螺旋《らせん》階段」と形容した急坂を下る。ここまで、東海道本線、国道一号線、東名を眼下に、駿河湾を見おろし、富士、三保を眺望。海道随一。上道には日本武尊《やまとたけるのみこと》遺跡の駒の爪、薩埵地蔵。三ルートとも興津川手前で合流。

『東海道名所図会』薩埵峠。海沿いの下道（親知らず子知らず）、山の中腹の中道が見える。

# 白魚

白魚は才磨《さいまろ》「笹折りて白魚の絶《た》え絶《だ》え青し」、芭蕉「藻にすだく(群れ集まる)白魚やとらば消えぬべき」、来山「白魚やさながら動く水の色」などと詠まれる、あえかな魚である。全国の沿岸多くはみなこれを産する。芭蕉は貞享元年(一六八四)冬『野ざらし紀行』の旅の途次、暁闇の桑名の浜に出て、「曙や白魚白きこと一寸《いっすん》」と詠んだ。いま桑名の揖斐《いび》川に望む眺望の地、浜の地蔵にその句碑がある。このように風雅人に賞でられる繊細な魚も、かの食いしん坊公家土御門泰邦にかかるとかたなしである。朝廷から幕府への公用の旅だから、一行が桑名に着くと、本陣から土地の名産とて蛤・白魚が献上されたが、「白魚は我嫌《きらう》物なれば、さながら鰌《どじょう》の幽霊かとぞ思ふ」。ドジョウの幽霊とは言い得て妙ではある。幕末に江戸を訪れ『江戸参府紀行』をのこしたドイツ人医師シーボルトはさすがに自然科学者だから、各地で動植物の標本を集め、経度や緯度を測定し、富士山の高さから、箱根では気圧まで観測している。何かの事情で一か所に滞在したりすると、普通ならいらいらするところだが、研究の時間ができたと、かえって喜んでいる。ときには明け方まで研究に没頭することさえある。その彼にしてもこの白魚は奇妙な魚であったらしい。一八二六年(文政九年)三月一一日、白須賀から新居に至る、雲母《うんも》が金色に輝く美しい海岸で、ウ・カモメ・ウミネコや二、三の貝類を観察した。そして奇妙な物を見た。「クラゲに似て輝き、同じような物質からなる透き通った小さな魚が、波に洗われ、粘液のようにかたまっているのに一フィートほど飛び上がるのを見て、われわれは不思議に思った。この魚の名はシラウオまたはカイサンヨウという。私は口のほかに腮《えら》を見つけることができなかったが、おそらく眼と神経系統はあるようである」。

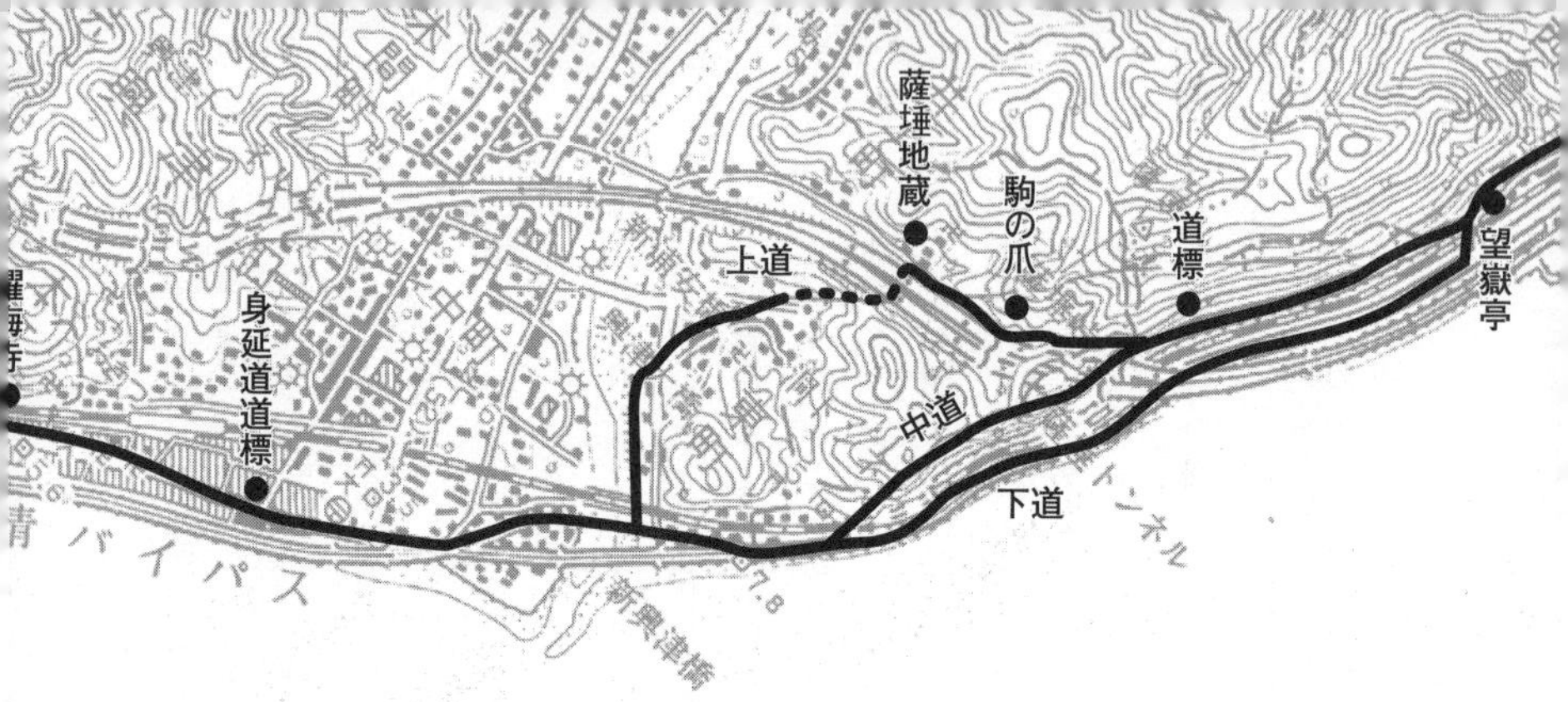


# 興津《おきつ》

▼駿河国庵原郡《いはら》、江戸から四〇里三〇丁、京へ八四里半六丁。▼興津川。人足渡し。水の深さで賃銭を決める。天和三年（一六八三）の定めで、太股まで一二文、横帯まで二四文、脇まで四二文、四尺五寸以上は川止め。▼身延《みのぶ》道入口。興津中町陸橋先き右側。数基の碑。中に元禄六年（一六九三）の各地への里程を刻んだ碑や、深草元政の漢詩を刻んだ碑もある。身延まで三里。▼本陣趾碑。古い家も稀にあるが道幅広くからっとした感じ。▼右側線路先に耀海寺《ようかいじ》。大伴大江丸建立の身延道道標。身延道入口から移建。他に池田立堂筆塚。▼左側の菓子屋潮屋に小粒な宮様まんじゅう。その先左側にスタットラーの名著『日本の宿』に「夢のような静かな古い宿」とある水口屋《みなくちや》。昭和六〇年春閉業。今は鈴与研修センター。▼右手に高く古来有名な清見寺《せいけんじ》。山門・仏

興津・興津川。宿の手前の興津川を歩渡りする力士の一行。駕籠も四人で担ぐ。一〇月下旬から三月五日までは仮橋が作られた。

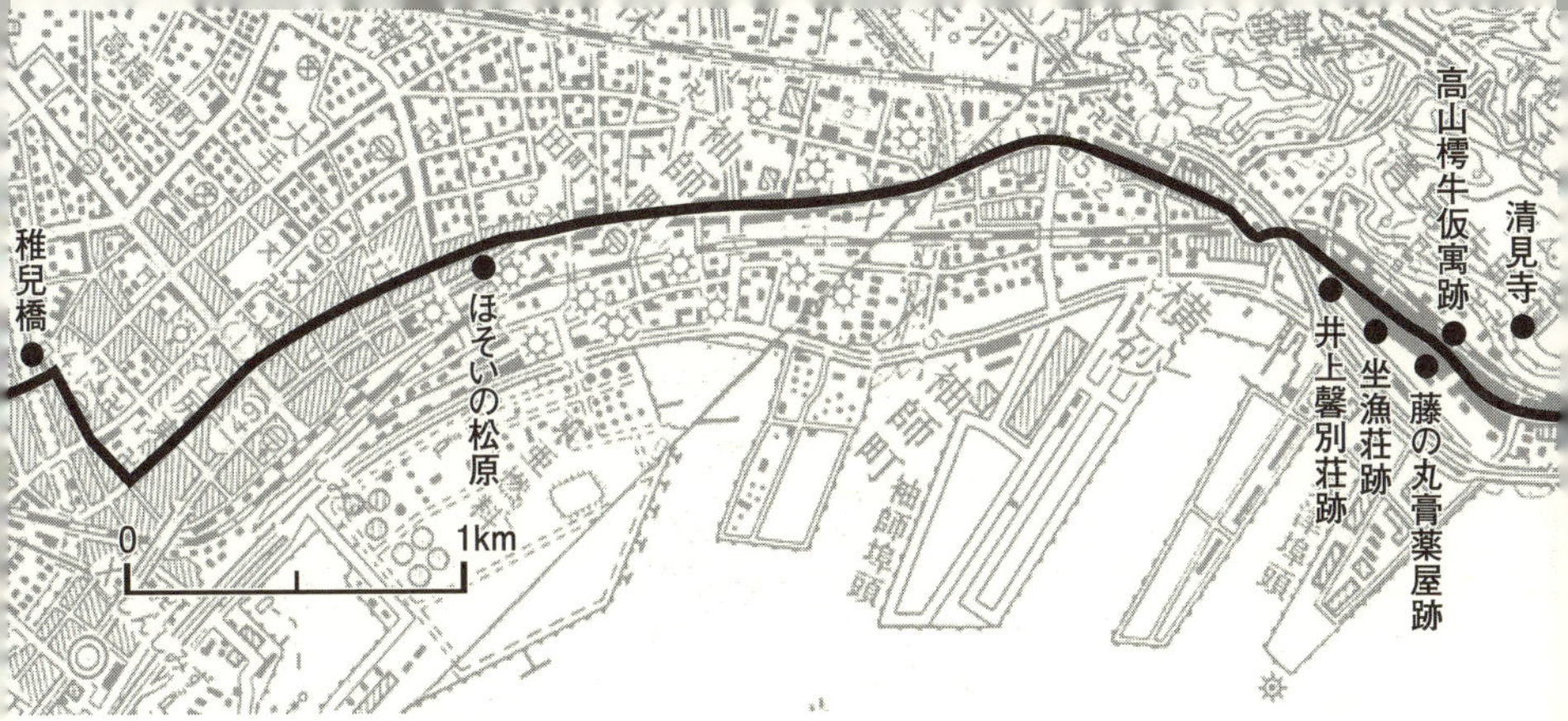


殿・大方丈・鐘楼など偉容。堂内に朝鮮使節団詩文額。裏に名勝指定の庭園。池の石橋はもと芭蕉句碑「東西《ひがしにし》あはれさひとつ秋の風」。このさびしい句のために宿場がさびれたとて、裏返して橋にした。表の庭に家康接木の臥竜梅《がりようばい》、与謝野晶子歌碑「竜臥して法《のり》の教へを聞くほどに梅花の開く身となりにけり」。高山樗牛《ちよぎゆう》「清見寺鐘声文」碑「鐘の音はわがおもひを追うて幾度かひびきぬ……」。榎本武《たけ》揚《あき》筆咸臨丸《かんりんまる》乗組員殉難碑「食人食者死人之事」(人ノ食ヲ食《は》ム者ハ人ノ事ニ死ス)、明治元年清水港で官軍と戦った幕府軍艦咸臨丸の戦死者の慰霊。大野万木《ばんぼく》句碑「秋晴や三保の松原一文字に」、なるほど三保松原はたしかに横一文字に見えるが今は林立するビルのため寸断。甲州青羊居士辞世句碑「白雲に我も入る夜やほとゝぎす」。江戸の碑。左手奥斜面に五百羅漢群像、島崎藤村『桜の実の熟する時』にも登場。▼清見寺参道下に「高山樗牛仮寓之処」碑。大正八年建。▼その向い辺りに藤の丸膏《こう》

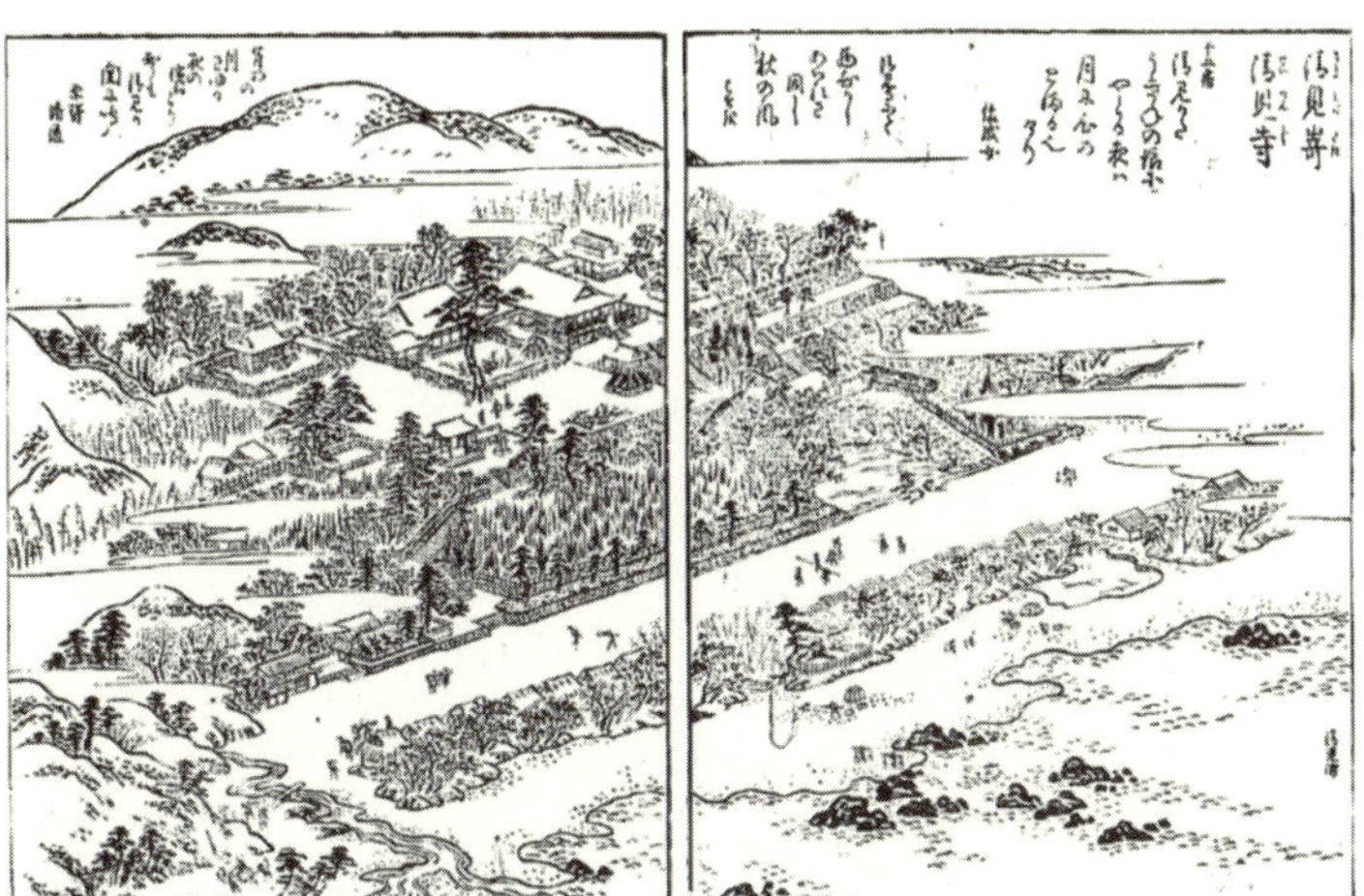
『東海道名所図会』清見寺

薬《やく》屋があった。ケンペルの紀行に「村の街道に沿ってたくさん並ぶ家の中に、九軒か一〇軒の立派な店構えの家があり、その前に一〇歳から一二歳までの二、三人の少年たちが、きれいに着飾り化粧して、きちんと一列に並んで座っていたことである。彼らは婦人の姿をし、銭を払えば、神にそむくいやらしいやり方で、通りすがりの好色家の思いのままになった」。つまり売子の少年たちが男色《なんしょく》の対象ともなることで有名であった。▼その先左側に明治～昭和の政治家西園寺公望《さいおんじきんもち》の別荘坐漁荘の跡。建物は明治村へ移築、今は西園寺公記念・興津清見寺町公民館。坐漁荘址碑。陶庵（公望）漢詩碑「静夜有佳光、間堂乃独息、念身幸無恨、志気方自得、楽哉何所憂、所憂非我力」。富安風生句碑「無為といふこと千金や春の宵」。▼その先百《メートル》左側公園が明治の元勲井上馨《かおる》別荘跡。中央に脇息《きょうそく》にもたれる和服姿の銅像、右に子爵杉孫七郎の漢詩碑、左に男爵渋沢栄一の長文の碑。

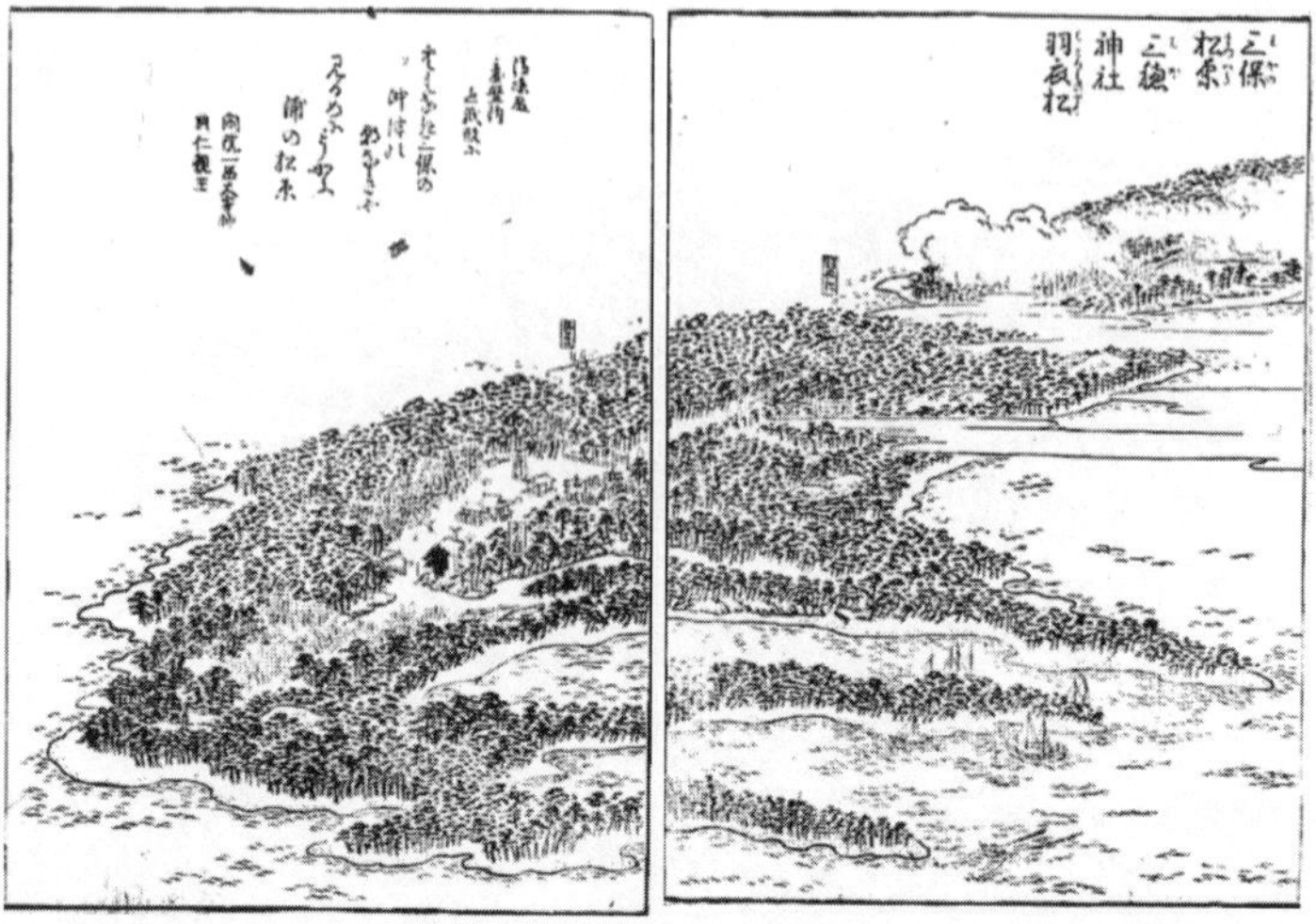

『東海道名所図会』三保松原・三穂神社・羽衣松。

# 三代目尾上菊五郎の墓

三代目菊五郎は何役でもできぬことなしという名優で、とりわけ和事《わごと》と実事《じつごと》を得意とし、江戸っ子の粋な男に扮することに妙を得た。弘化四年（一八四七）七月市村座「尾上梅寿一代噺」を最後に菊五郎を退《ひ》いてから、菊屋万年・大川橋蔵と名乗り、嘉永元年（一八四八）大坂の舞台を勤め、翌二年発病、江戸への帰途、閏《うるう》四月二四日掛川中町の捻金屋《ねじかねや》方で没した。六六歳。墓は紺屋町の広楽寺にあったが、今は寺ごと中央二丁目に移った。自然石に「栄松院菊宝梅寿墓」、台石に「音羽屋」。寺入口右に明治二九年尾上松助以下が建てた追悼碑があり、「三代目尾上菊五郎梅寿翁之墓、此奥にあり、因《ちなみ》によりて晋永機《しんえいき》書」と刻む。この人は度々東海道を往来したせいか東海道と縁が深い。文政一〇年（一八二七）六月四世鶴屋南北作『独道中《ひとりたび》五十三駅《ごじゅうさんつぎ》』は、五十三次を舞台に敵討と怪談で脚色したもので、白井権八・日本駄右衛門や重《しげ》の井《い》から弥次・喜多まで登場するというものすごい芝居だが、その五幕目「沼津の村芝居」は三代目菊五郎と七代目団十郎をあてこんで書かれている。一陽斎豊国の浮世絵「役者見立・東海道五十三駅」（嘉永五〜六年）は、東海道五十三次に古今の名優の当り芸を配したシリーズ物だが、三代目菊五郎は「一代噺」でも好評を博した猫石の精を描いた「岡崎の猫」を当てられている。

国貞画「東海道五十三次」の内嶋田大井川の場。市川団十郎の江戸平実は藤川水右衛門、尾上菊五郎の日本駄右衛門。（文政一〇年河原崎座上演「独道中五十三駅」より）

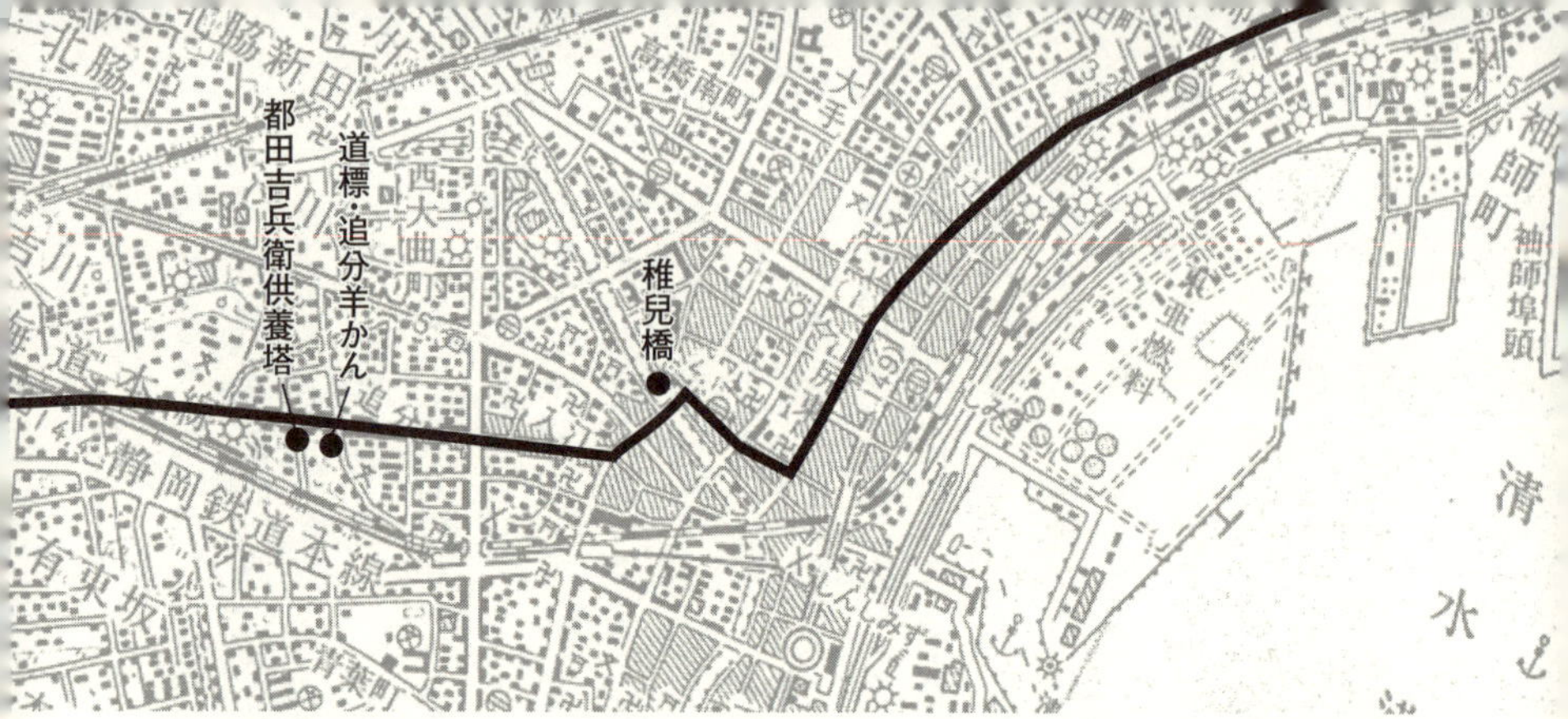


# 江尻《えじり》

▼駿河国有度《うと》郡、江戸より四一里半一七丁、京へ八三里二一丁。いま静岡市清水区。▼井上馨別荘あとからしばらく旧道、延命地蔵前で国道一号に合流、あと見るべき物なく、わずかに庵原川《いはらがわ》前後に古松一本ずつ、ほそいの松原標識の分岐点を右に入る。松並木は戦時中に伐採、一本もなし。前方にJRの緑色の鉄橋が見えてくる。その手前十字路を右折、にぎやかな清水銀座が宿場の中心。そこを抜け魚町稲荷神社手前を左折すると巴川に架かる稚児橋《ちごばし》。親柱に河童《かっぱ》の像を飾る。慶長一二年(一六〇七)に架橋、江尻橋と名づけ渡り初めの日、突然川中から橋の上へ童子(河童《かっぱ》)が現われ入江方面へ消えたのに因み、童子橋・稚児橋となる。橋を渡って右に船高札場跡。▼百《メートル》先Y字路を右に入り一キロ、左側に赤いみごとな大暖簾《のれん》の追分羊かん。清水区追

**江尻・三保遠望。**江尻から清水港、三保の松原、愛鷹山を望む図。

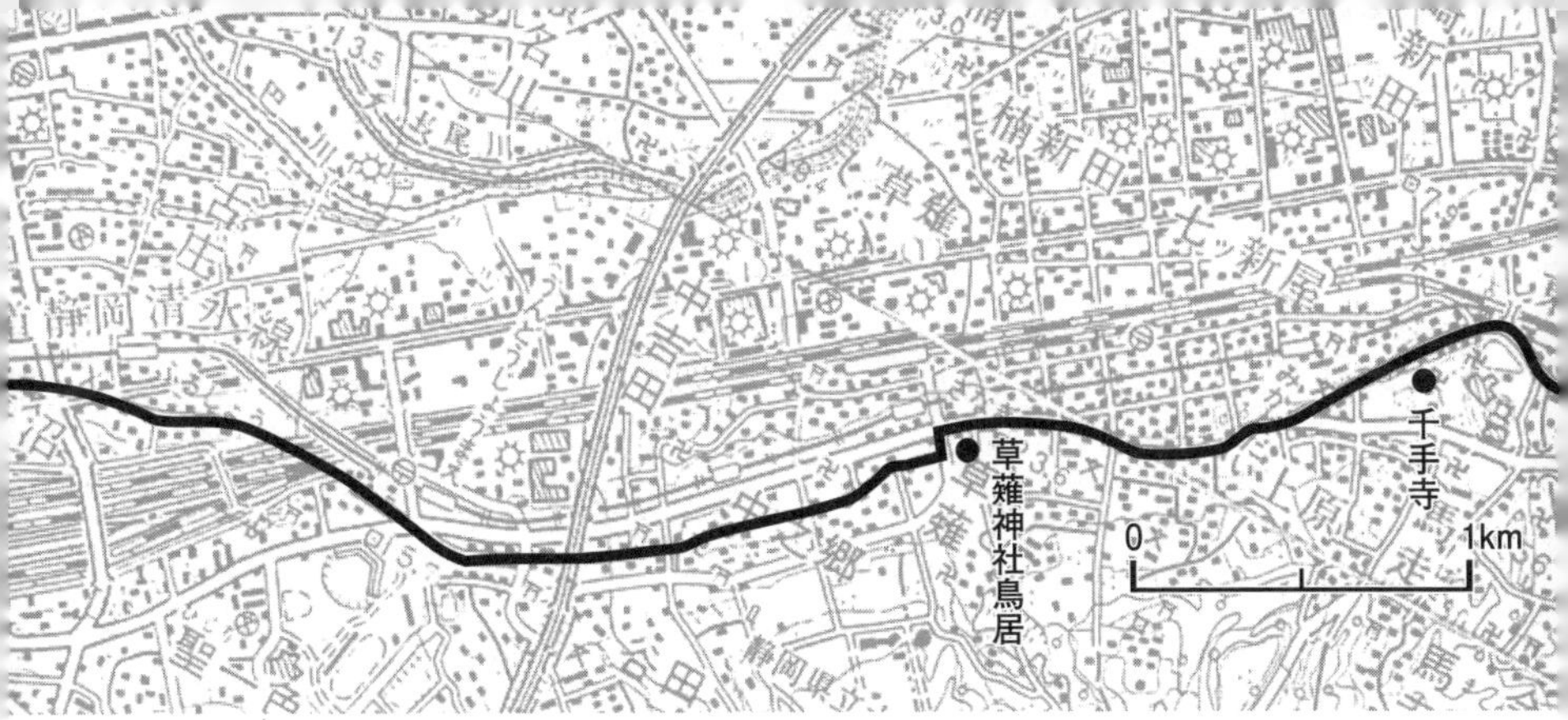


分二―一三―二一（電話〇五四三‐六六‐三三五七）。竹の皮に包んだ蒸し羊かんで素朴な野趣に富む。古風な建物、店内の造りも昔風で、客は土間、店の人は上り框《がまち》の畳に座って応対する。当代が一五代目の老舗である。▼追分羊かん手前左に入る角に、みごとな追分道標。正面に「是よりしみづ道」、左側に「南無妙法蓮華経」、背面に「七面大明神守護」。清水港・久能山方面への分岐点。▼二百メートル先右延寿院に室町時代建立の不動堂。その先左に都田一家諸精霊供養塔。広沢虎造の浪曲で知られた、森の石松を殺した都田（浪曲では都鳥）吉兵衛一家を、清水次郎長一家が襲う。昭和三八年建。▼狐ケ崎。ここから左へ久能山道が分岐する。▼静鉄狐ケ崎駅前をすぎてやがて左側に古い歴史のある上原子安地蔵堂。つづいて十七夜山千手寺。境内に上田五千石句碑「柚子湯出て慈母観音の如く立つ」、北原白秋作狐音頭碑「狐十七ヨウ、千手の寺は、ぼん〱、こよひ願あけ、もちの月」、自由律俳人安斎桜磈子《あんざいおうかいし》句碑「父ひとり母ひとり住むのみ梅咲き朝朝の観音さま」。▼広い道路に合流してしばらく行くと左に草薙《くさなぎ》神社大鳥居。ここから一キロ余入ると日本武尊《やまとたけるのみこと》ゆかりの草薙神社が蒼古として建つ。▼東名をくぐり静鉄県総合運動場駅前の十字路を右に曲り、踏切を渡らず左に進むと、JR線路際に「旧東海道記念碑」がある。その前を右に一〇メートル、北村地下道でJRをくぐる。

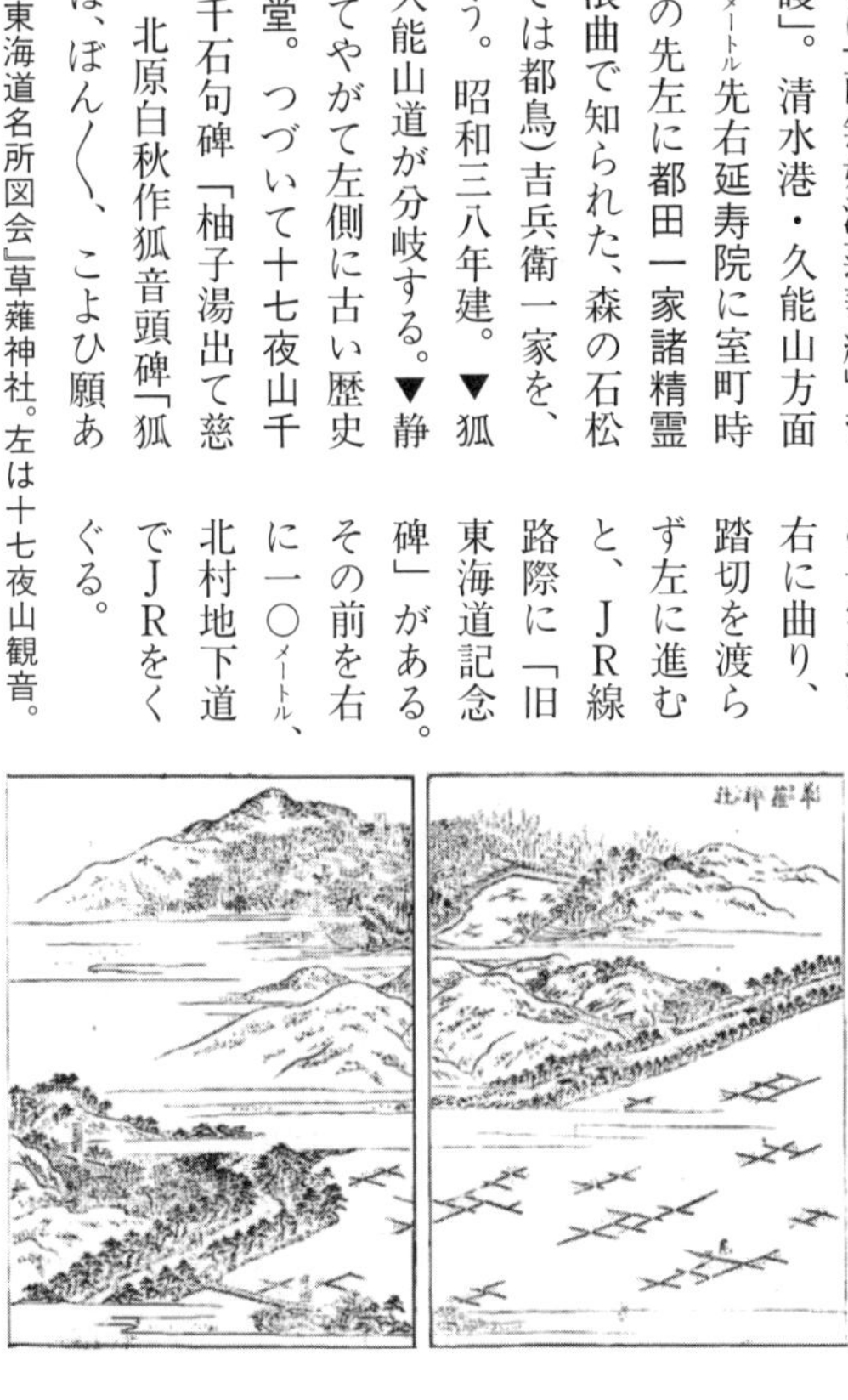

『東海道名所図会』草薙神社。左は十七夜山観音。

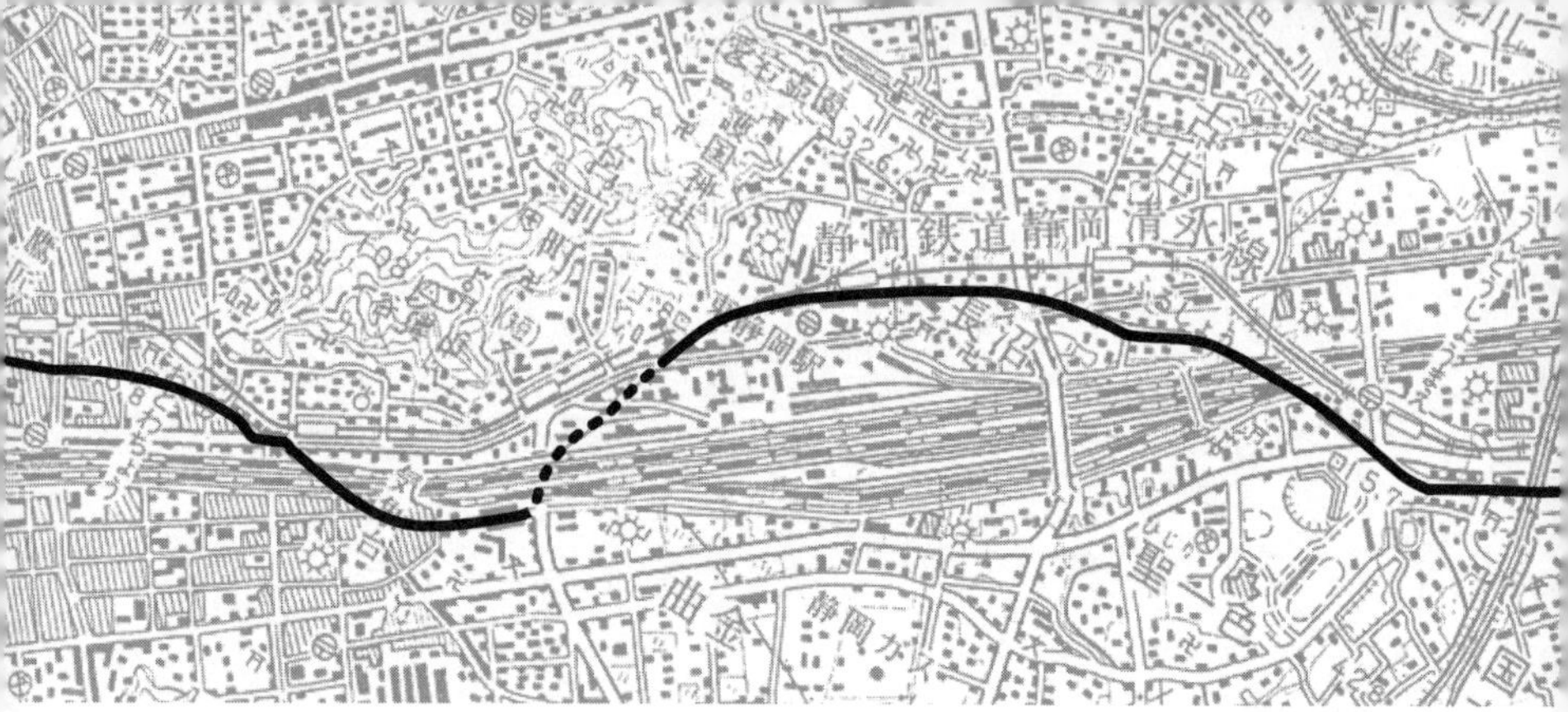


# 府中《ふちゅう》

▼駿河国安倍《あべ》郡、江戸から四四里二六丁、京へ八〇里半一二丁。いま静岡市。▼北村地下道をくぐって、旧道は国道一号を三度、JRを二度横切り府中宿に入って行く。そのうち静鉄長沼駅前を過ぎて国道一号を斜断した先はJRのため通れない。国道一号を二百メートル先の柚木信号で左折しJRをくぐり最初に交差する道が旧道。▼ケンペルの感想「この土地（府中）の少年たちは礼儀正しく、教育が行届いているように思われた。われわれはよその地方では、後ろから大声で〝唐人、バイ、バイ〟と呼ぶのをよく聞いたのだが、ここではそういう声が聞えなかったからである」。なお『東海道中膝栗毛』の作者十返舎一九《じっぺんしゃいっく》は、明和二年（一七六五）当地の下級武士の子として生まれる。▼駿府《すんぷ》城・徳川家康隠居の城。今駿府《すんぷ》公園。「歩兵第三十四聯隊址」碑。同聯隊

**府中・安倍川**。山の位置からすると右が東。輦台、肩車の渡り方が見られる。文化元年の料金は三二文。向うの馬も三人がかりで慎重である。

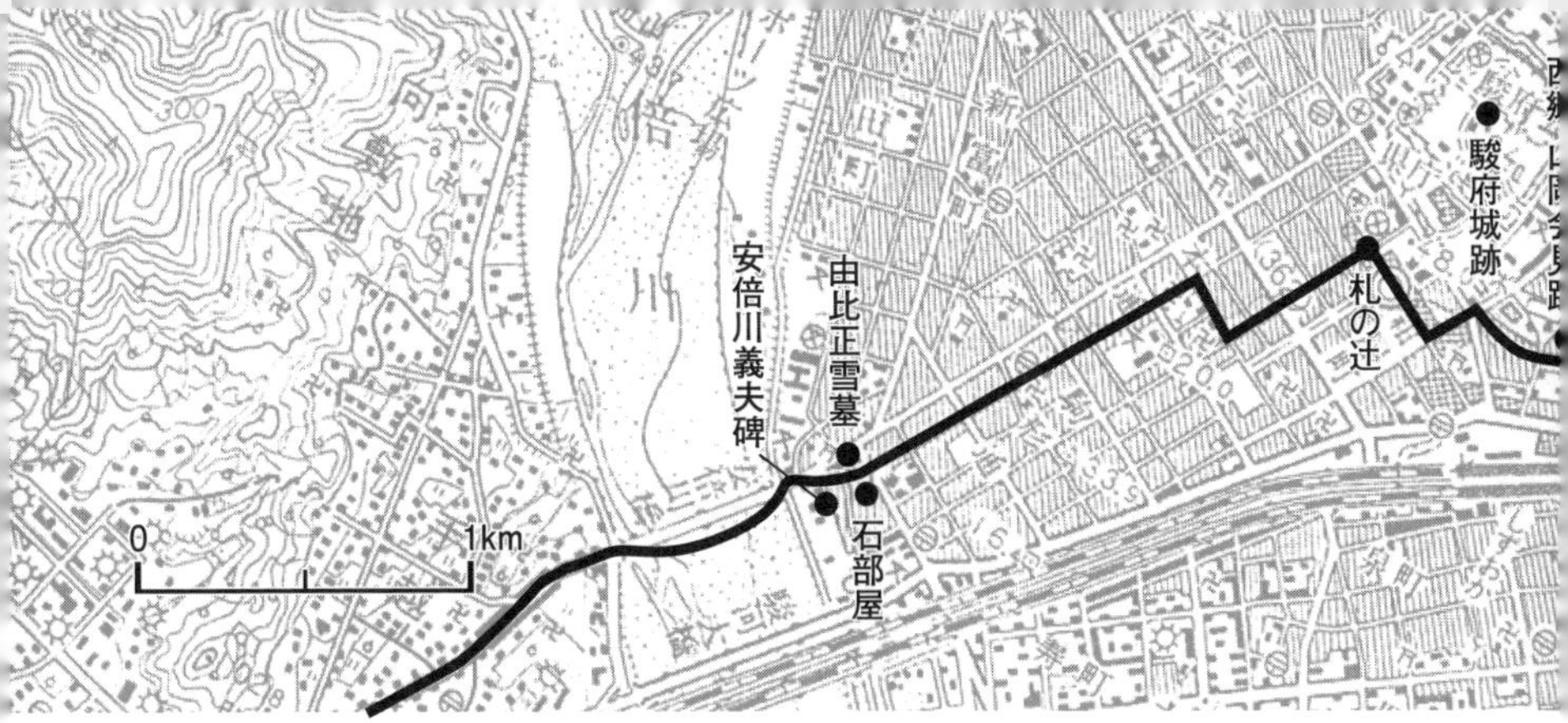


長橋中佐の歌「遼陽城頭夜は闌《た》けて……」の碑。▼西郷山岡会見之史跡碑。官軍に追われ前記望嶽亭を脱出した山岡鉄舟は舟で清水次郎長を訪ね、次郎長の案内で駿府へ行き、慶応四年（一八六八）三月九日東征軍参謀西郷隆盛と松崎屋弥兵衛宅で江戸無血開城につき会談した。その松崎屋弥兵衛宅跡は、現在、ペガサートビル。この一件を素材にしたのが真山青果の名作『慶喜命乞《けいきいのちごい》』。▼呉服町通りに入り県庁正面の札の辻を左に折れ、昭和通りを越し七間町の右側のゴールサッカーショップ角を右折し、新通《しんとおり》に出る。その途中右側の辺りが由比正雪が捕手《とりて》に囲まれ自殺した旅籠「梅屋」のあと。▼北方一キロ余の浅間神社《せんげんじんじゃ》は『吾《あ》嬬路記《づまじのき》』に「当社宮造り美麗なる大社なり。日本にて神社の美麗なる事日光を第一とし浅間を第二とすといふ」。今もその通り美しい。能の大成者世阿弥の父観阿弥は至徳元年（一三八四）五月四日能楽を奉納し同一九日ここで没す。五二歳。▼その後ろが歌枕の賤機山《しずはたやま》。

『東海道名所図会』安倍川。馬・駕籠の人は力士。

藤原兼実「今朝見れば霞の衣織りかけてしづはた山に春は来にけり」。▼新通《しんとおり》より南、ちょっとわかりにくいが、駒形通五丁目の稲荷境内に「静岡双街《そうがい》紀念之碑」。弥次さん喜多さんも遊んだ府中の遊廓二丁町のあと。▼新通を進み安倍川橋手前道路三角地に「由比正雪公之墓址」の巨碑。「秋はたゞなれし世にさへ物うきを永き門出のこゝろとゞむな　辞世慶安四年辛卯七月廿六日」と刻む。江戸の丸橋忠弥と呼応して幕府転覆を企てたが事前に発覚、府中の宿で捕手に囲まれ自決。世に慶安の変という。▼左側に「安倍川義夫《ぎふ》碑」。旅人の忘れた小判入り財布を届けた川越人足が謝礼を固辞した美談。▼名物安倍川餅屋が何軒かあり、中で石部屋《せきべや》が有名で、繁昌している。コシアン五個黄粉《きなこ》五個計一〇個に白砂糖をかけた甘いのと、餅九個をワサビ醤油で食べる辛いのがある。店内に「酒もやめ女もたつたと女房だまして石部屋のあべ川　南都雄二」など有名人の色紙・短冊多数。▼安倍川は人足渡し。橋上から上流にぽっくり見える島が舟山。その上流左に分岐するのが藁科《わらしな》川。静岡西高校の校舎のかげに少し見える島が歌枕の木枯森《こがらしのもり》。三キロ余の距離を訪ねてみると天明七年（一七八七）本居宣長《もとおりのりなが》の「木枯森碑」ほか歌碑・漢詩碑多数。▼安倍川橋を渡ると手越《てごし》。中世には池田・橋本と並ぶ海道中有数の宿場。『平家物語』で鎌倉に護送された平重衡《たいらのしげひら》に尽した千手《せんじゅ》の前はこの地の長者の娘。▼井原西鶴の地誌『一目玉鉾《ひとめたまぼこ》』に「手越の長者の跡とて酒屋してあり」とあるが、その酒屋の井戸が手越の仙酒「君盃《くんぱい》」の造酒家市川屋に最近まであった。▼その先に松少しのこる。

# 富士山

富士山が東海道の白眉《はくび》たること、古今ともに変わらない。旅人は皆関心を示し、詩歌も多い。ケンペルは吉原からコンパスにより五度東に傾き直線距離六里の結果を得、シーボルトは富士川東岸で六分儀により高さ八度四四分と測定した。山部赤人は「天地《あめつち》の　分《わか》れし時ゆ　神《かむ》さびて　高く貴《とうと》き　駿河《するが》なる　富士の高嶺《たかね》を　天《あま》の原《はら》　振《ふ》り放《さ》け見れば　渡る日の　影《かげ》も隠《かく》らひ照る月の　光も見えず　白雲《しらくも》も　い行きはばかり　時じくぞ　雪は降りける　語り継《つ》ぎ　言ひ継ぎ行かむ　富士の高嶺は／反歌／田子《たご》の浦ゆうち出《い》でて見れば　ま白《しろ》にそ　富士の高嶺に雪は降りける」の長歌反歌を詠み、平安の『伊勢物語』には京都の比叡山を二〇ほど積み上げたようだといって「時知らぬ山は富士の嶺《ね》いつとてか鹿の子まだらに雪の降るらん」と詠む。中世の西行「風になびくふじの煙の空に消えてゆくへも知らぬわが思ひかな」。中世にはまた富士見の紀行が多く書かれた。江戸時代の和歌に村田春海「心あてに見し白雲はふもとにて思はぬ空にはるる富士の嶺《ね》」、俳諧発句に信徳《しんとく》「富士にそうて三月七日八日かな」、鬼貫《おにつら》「によつぽりと秋の空なる富士の山」、芭蕉「雲霧の暫時《ざんじ》百景を尽くしけり」「一尾根はしぐるる雲か富士の雪」、蕪村「富士一つ埋み残して若葉かな」、一茶「菜の花のとつぱづれなりふじの山」「夕富士に尻を並べてなく蛙」「蜻蛉《とんぼう》やはつたと睨《にら》む富士の山」、士朗「今日も見え今日も見えけり富士の山」。狂歌に信海「三国の山の中でも富士は伽羅《きやら》ぢやあの空焼《そらだ》きの煙見るにも」、貞柳「不尽《ふじ》の山夢に見るこそ果報なれ路銀もいらずくたびれもせず」、よみ人知らず「おふじさん雲の衣をぬがしやんせ雪のはだえが見たうござんす」。石川丈山の詩句「白扇　倒《サカシマ》ニ懸ル東海ノ天」も名高い。近代の短歌に夕暮「富士が嶺《ね》のそのとがり秀《ほ》はあかあかと朝あけにけり群山《むらやま》の上に」。

『東海道名所図会』富士山。左下に吉原宿、右下に左富士が見える。

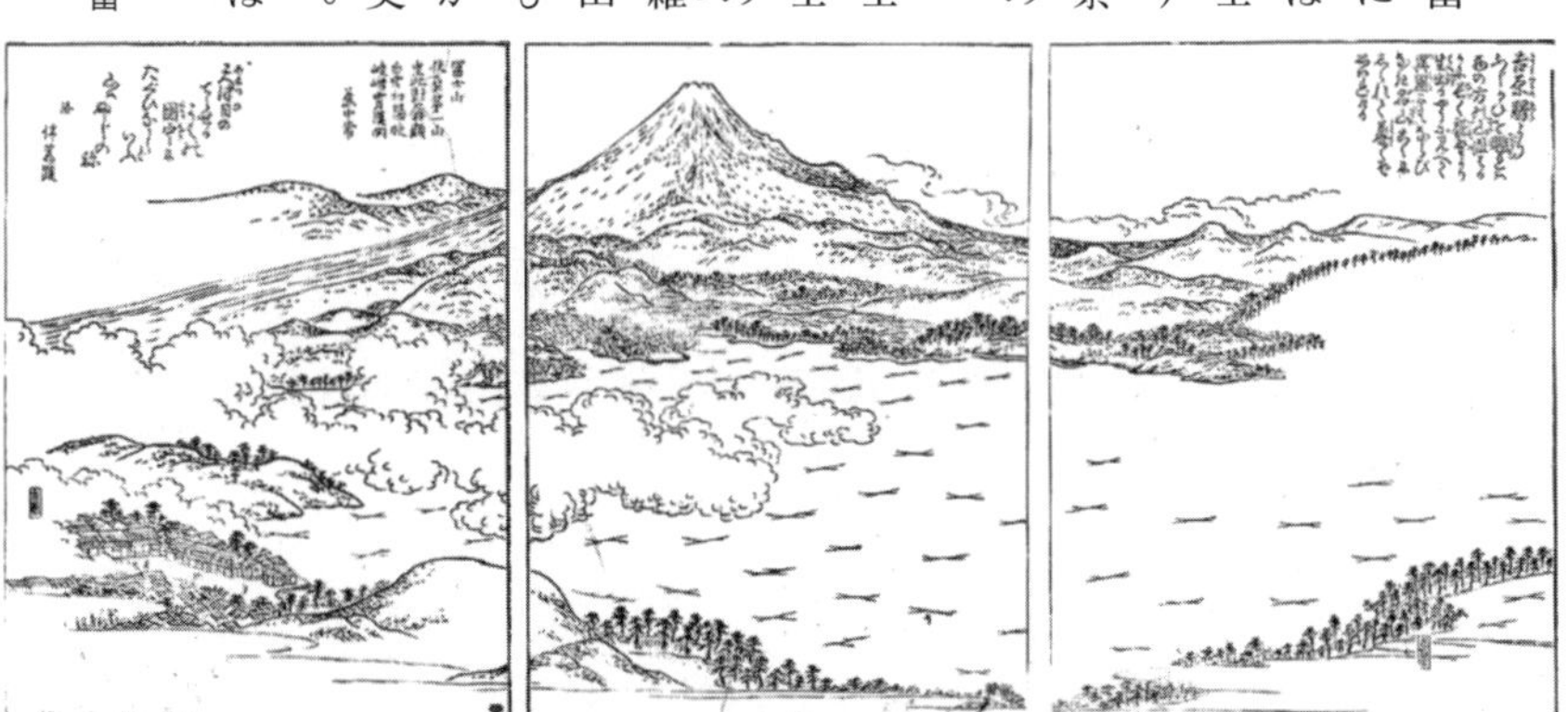

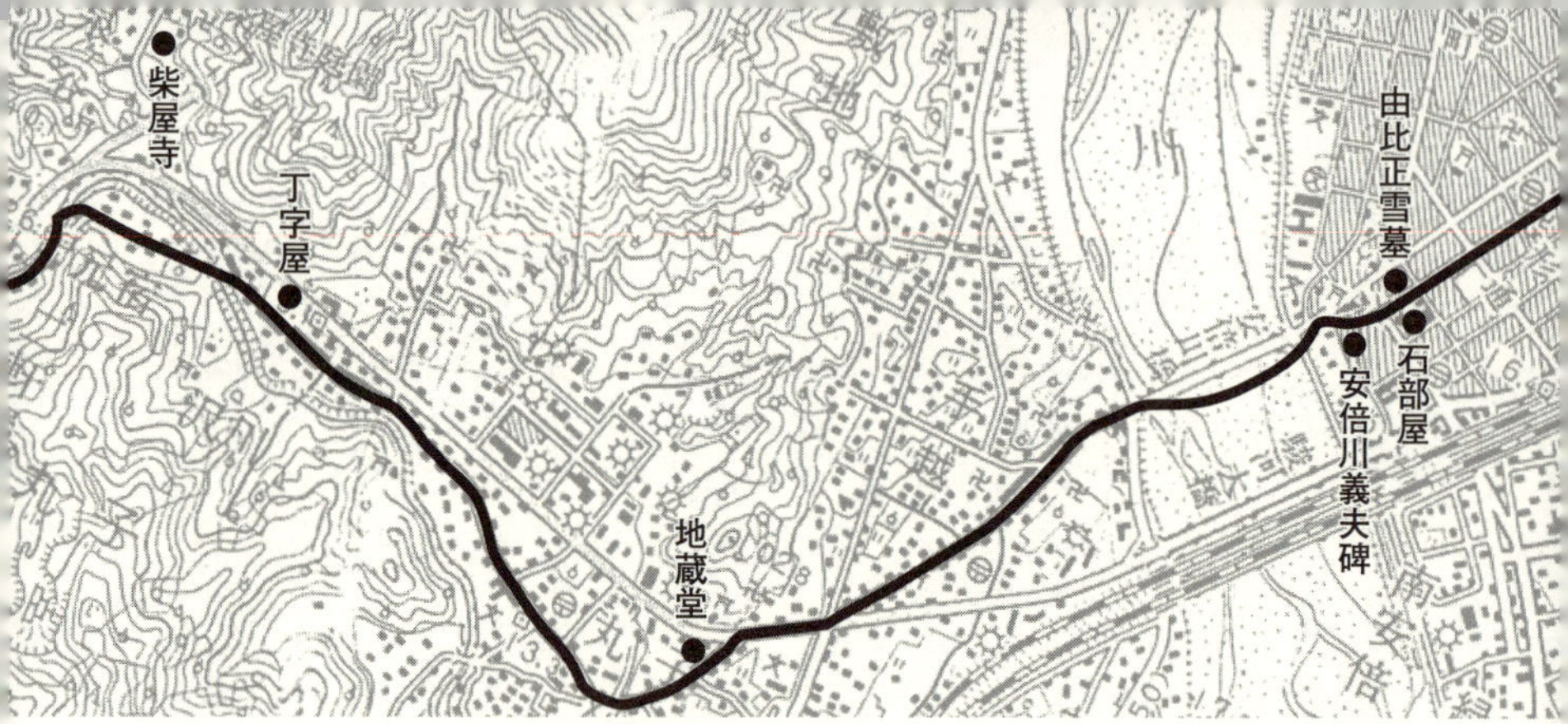


# 丸《まり》子《こ》

▼駿河国安倍郡、江戸から四六里八丁、京へ七九里一二丁。鞠子とも書く。▼手越から国道一号に合流三百《メートル》、左に斜めに切れ込み丸子になる。右側に古い地蔵堂。檳榔樹《びんろうじゅ》の大木、一里塚跡などを見て宿場に入る。名物とろろ汁は丁字《ちょうじ》屋《や》が有名。昭和四六年丸子の大《おお》鑪《だたら》から移築した茅葺《かやぶ》きの家は広重保永堂版に似通う。入口右に芭蕉句碑「梅わかな丸子の宿のとろゝ汁」。元禄四年（一六九一）春、大津の荷物問屋で門人の乙州《おとくに》が江戸へ下るのに餞別として贈った句。東海道の道中には梅の花が咲き、宿の食膳には若菜が出され、丸子の宿では名物のとろろ汁を召し上ったりして、よい旅をして下さいの意。丁字屋ではメニューのうち最も簡単なのがよい。とろろ汁・味噌汁・お新香・麦御飯で一人前一四四〇円（電話〇五四-二五八-一〇六六）。土御門《つちみかど》泰邦《やすくに》の『東行話説』

**鞠子・名物茶店**。名ぶつとろゝ汁、御茶漬、酒さかな、御ちや漬け、の文字が見える。中央の木を梅の花とすれば芭蕉の「梅若菜丸子の宿のとろろ汁」をきかしたものか。二人の客は一見弥次・喜多風。

には「名高きとろゝ汁とはいかなるものぞと、取寄《とりよせ》て見れば、山薬《やまのいも》はこの山の名産と見えて、いかにも色白く、青海苔も近き浦よりかづき上げたりとおぼしくて、色も香もうるはし。梅若菜に並べたるも理《ことわ》りなり。ただうらむらくは、味噌の悪しきに鼻も開きがたく、舌も縮みて、そら音《ね》をはかる咽《のど》の関もこれは許さぬばかりなり」と褒貶《ほうへん》相半ばしている。▼旧道は店の前の丸子橋を渡るのだが、渡らずまっすぐ四百メートル行けば柴屋寺《さいおくじ》である。丸子橋のたもとに細川幽斎狂歌碑「人数《にんず》にはたれをするがの丸子川けわたす波は音ばかりして」。天正一八年（一五九〇）小田原陣旅中の作。道の向い側に馬頭観世音と「連歌師宗□従是三丁余　柴屋□」碑。さて柴屋寺は柴屋軒宗長《そうちょう》の住居跡。宗長は室町時代の代表的連《れん》歌師《がし》で、連歌を宗祇に、禅を一休に学び、今川氏に仕えた。岡本かの子の小説『東海道五十三次』に「寺と茶室を折衷《せっちゅう》したやうな家」と書かれた本堂に茶室と水屋、宗祇・宗長・今川氏親の像、宗祇・宗長・頓阿《とんな》・後水尾院・幽斎・義政・一休などの遺品多数。東に吐月峰《とげっぽう》、西に天柱山、南に丸子富士を見る。外に宗長の墓、江戸の狂歌堂真顔《まがお》の狂歌碑「すさまじや柳の髪の白髪《しらが》ぬく鏡と見ゆる冬の夜の月」、真顔門人柴崎直古《なおこ》の碑「詠酒小長歌　鮭見れば酒しおもほゆ鱒みればまして忍ばゆ鱒に鮭に升呑《ますのみ》をして酒に遊ばな。」宗長の句に「幾若葉はやしはじめの園の竹」と詠まれたみごとな竹林の竹を材料に、有名な「吐月峰」の焼印のある灰吹《はいふき》をはじめ竹細工を置く売店がある。▼旧道へもどり大鑪《おおだたら》の誓願寺に豊臣家の忠臣片桐且元《かつもと》夫妻の墓。大坂夏の陣の前、秀頼の申し開きのため駿府に下り、大坂城落城後ここで没す。モリアオガエルの生息地としても有名。▼宇津ノ谷トンネル手前二キロ左側に長源寺。国学者野沢昌樹墓。辞世「心ひくほどしなき身は梓弓かへらぬ旅の道もまよはず」。

# 宿場の人たち

ある時蒲原を歩いていたら、旧本陣の黒板塀に蒲原宿場絵図がはり出してあった。街道沿いの一軒一軒に名前と職業が書き入れてあって、当時の宿場の様子が彷彿としてきて、私は時のたつのを忘れた。その後東海道蒲原宿の会が作られた「蒲原宿絵図—商売職業調帳」を入手した。文久二年（一八四五）幕末のものである。以下東の木戸から西の木戸までおよそ三六〇軒の職業だけ書き出してみよう。（専業と兼業は区別し、例えば「往来稼業」と「船乗・往来稼業」は別に出す）

茶店、木品賄、日傭、酒・餅菓子、往来稼業、餅菓子屋、用水見回、味噌・醤油・組頭、酒小売り、米屋・油絞り、出茶屋、代馬持、湯屋、米屋、青物売り、質屋、砂糖・豆腐、代馬持・木商売、屋根葺日傭、按摩、紺屋・木品（名主）、馬持、屋根葺、御状箱夫、餅売り・わらじ、飴菓子、油屋・米屋・百姓代、米・荒物、塗師、わらじ売り、畳屋、飴菓子・わらじ、酒造・酒屋・小間物、往来稼業・湯屋、大工、馬持ち・醤油・菓子、肴商、米屋・小間物、縫針・馬宿、指物屋、馬差・豆腐、歩行世話人、肴売り、ぞうり、目薬売り・宿（旅籠）、宿・張付役、鍛冶屋、宿、髪結、人足差・宿、脇本陣、宿・茶店、木銭宿、太物・小間物、酒・煙草屋・宿、小間物・荒物・醤油出店、茶店・代馬持、宿・銭屋、年寄役、宿・百姓代、本陣、米屋・宿（年寄役）、縫針、木挽、たばこ屋、飴菓子売り、仕立屋、馬持・馬差、塩売り、小間物・たび、塩売・果物、桶屋、宿・紺屋、酒造り・小間物、飴菓子売り、船乗り、船持・米屋、豆腐屋、早飛脚、醤油・油・ぞうり、附木屋、漁師、米油・漁師・人足差、船乗り・往来稼業、船持・漁師、船大工、船持・肴売り、青物売り、米屋・とうふ、水菓子売り、硯屋、油・小間物・組頭、薬、左官。

名主、年寄役、組頭、本陣、脇本陣、問屋場、

帳付役、人足差、馬差、歩行世話人など行政や宿場業務の役職、宿（旅籠）、木銭宿（木賃宿）、馬宿といった宿泊施設、茶店（菓子屋とあわせ約三〇軒）、わらじ屋、往来稼業（人足。六七人）、御状箱持、早飛脚なども宿場には不可欠である。縫針屋が二軒あるのも不用意な旅人には必要だったからであろう。按摩が一人きり（他に針医が一人いるが）なのは宿泊者の需要に応えられたかちょっと心細く思われる。面白いのは湯屋が七軒（他に西木戸外に三軒）もあることで、薪が大切な当時、旅籠屋以外は内湯は少なかったのであろう。後家（未亡人）が一三人もいるが湯屋三人、飴菓子・わらじ二人、飴菓子売り二人、縫針・馬宿、宿、飴菓子、肴売り、茶店、水菓子売り各一人とけなげに生きている。弥次さん・喜多さんはゴマノハイにやられて無一文になり、蒲原では宿外れの木賃宿に泊っているが、この絵図の西の木戸外一七軒目の北側に「善四郎後家」の営む木銭宿がたしかにある。

『伊勢参宮名所図会』大津追分。馬や駕籠さまざまな旅人が行きかい、大津絵の店や茶店が軒を連ねている。

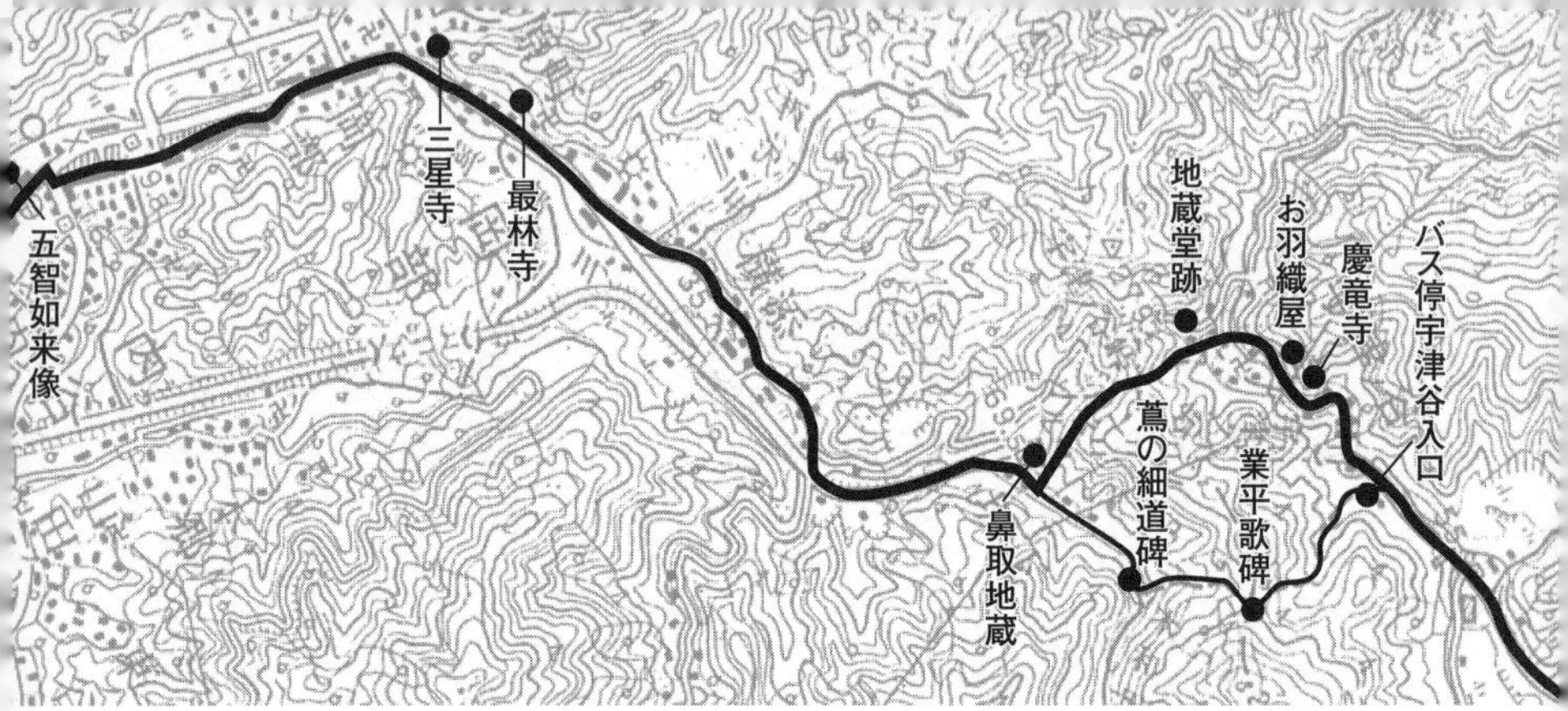


# 岡《おか》部《べ》

▼駿河国志田郡、江戸から四八里八丁、京へ七七里二丁。▼宇津《うつ》ノ谷《や》峠。峠のど真ん中をぶち抜いた新宇津之谷トンネルと平成七年完成の新トンネルが並行し、それを中心に、向って左に古代のルート蔦の細道、右に江戸時代の官道があり、さらに赤レンガの明治のトンネル（西出口近くに水溜りあり）と昭和のトンネル（車通行可能）がある。蔦の細道は平成トンネルの手前五〇メートルを左に入る。『伊勢物語』の「駿河なる宇津の山辺のうつつにもゆめにも人にあはぬなりけり」はあまりにも名高く頂上にその歌碑がある。晴れた日には富士山が見える。頂上から東側は樹林、西側斜面は茶畑で西麓に「蔦の細道」碑。▼江戸の官道。宇津ノ谷の家並は往時の面影を留める。家ごとに屋号の木札を下げ景観の保存に努めている。右手裏側の慶竜寺（延命地蔵）

**岡部・宇都之山。**下りて行く左側の道ばたを川が流れるとなると、峠もよほど麓に近い辺りである。

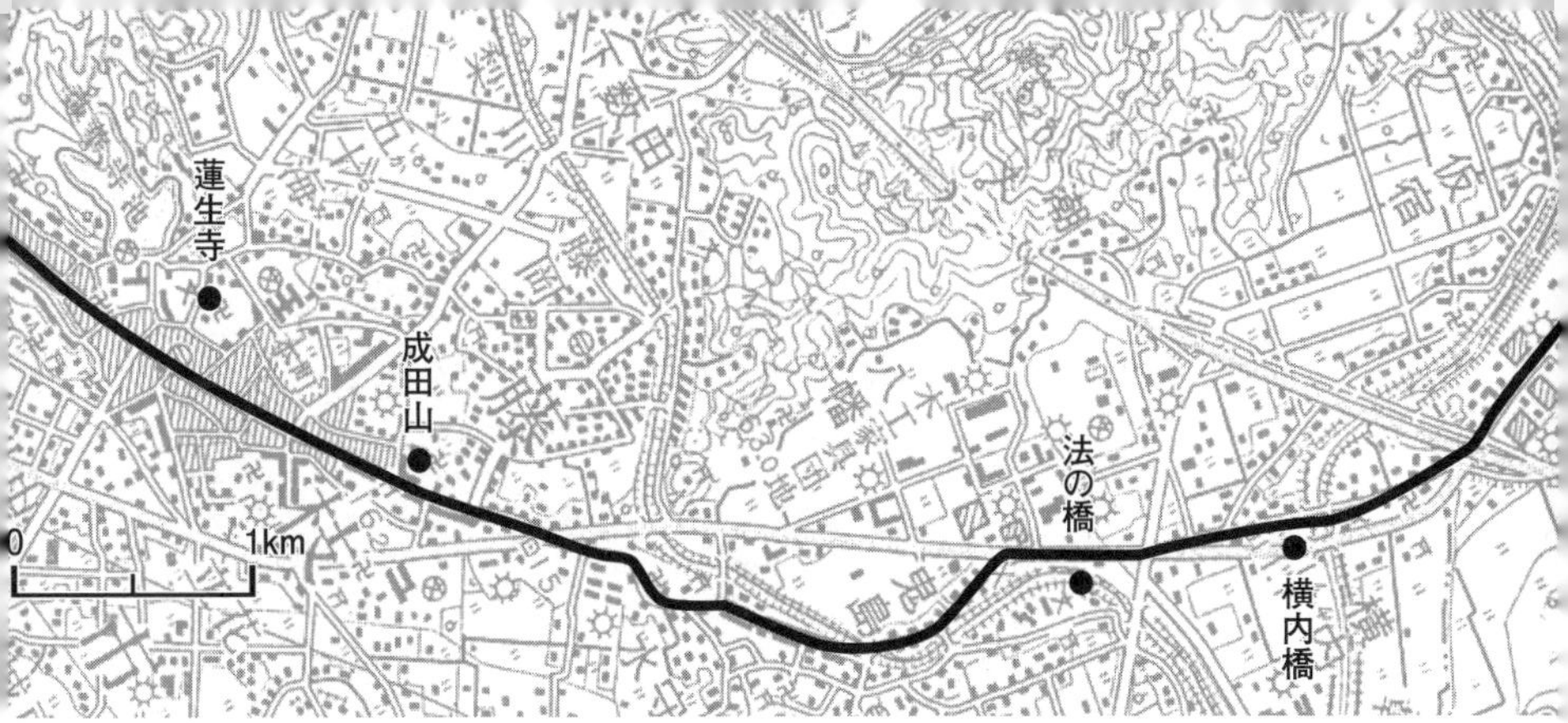


に入って右に許六句碑「十団子《とおだご》も小粒になりぬ秋の風」。名物十団子は室町時代の『宗長手記』に「一杓子に十づゝ、必ずめろうなどに掬はせ興じ」とあり食用であったが、江戸時代には小粒で数珠状の災難除《よ》けまじないになった。家ごとに売ったが今は八月二三、二四日の地蔵盆に慶竜寺で売る。五ミリほどの団子を一〇粒麻糸に通しそれを九連道芝の葉にくくりつける。▼旧道右側に秀吉ゆかりのお羽織屋。秀吉が小田原攻めのとき立寄り主人石川忠左衛門の忠心をほめて胴服《どうぶく》（陣羽織の一種）をぬいで与えた。その他家康の呉須《ごす》の茶碗や古文書を展示する。有料。▼山道にかかると左側に馬頭観世音、右側にお弘法さん、続いて右側に雁山《がんざん》墓、享保一五年（一七三〇）六月建。雁山は俳人山口黒露の初号。海道の路傍にあるのが不思議。▼頂上に近く昼なお暗い辺り、しかも倒木をまたいで右に五《メートル》も入った所に延命地蔵跡の礎石。近代になって麓の慶竜寺に移る。ここが河竹黙阿弥作『蔦《つた》

『東海道名所図会』宇津山蔦の細道。手前に官道、向うに蔦の細道。峠の西側である。

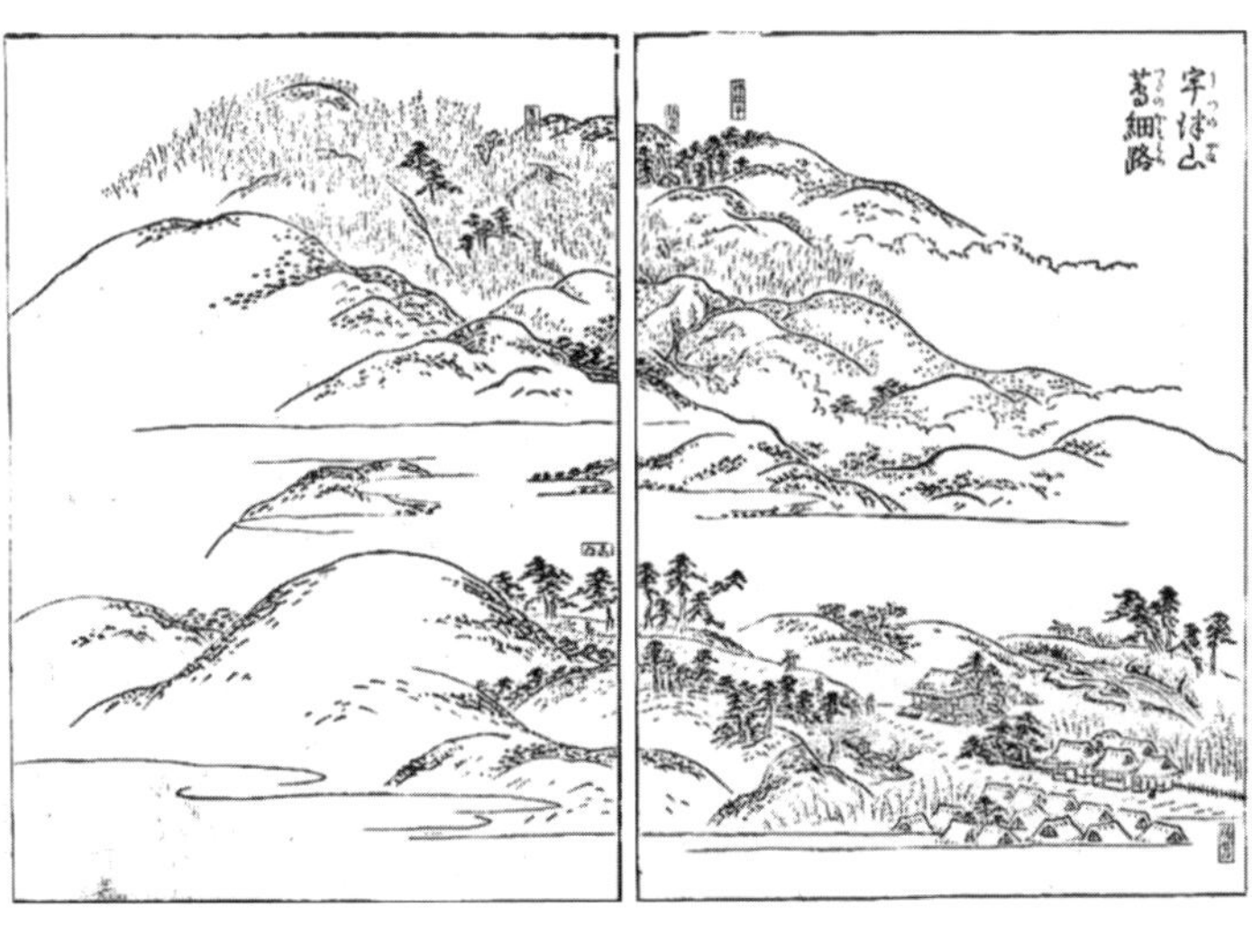

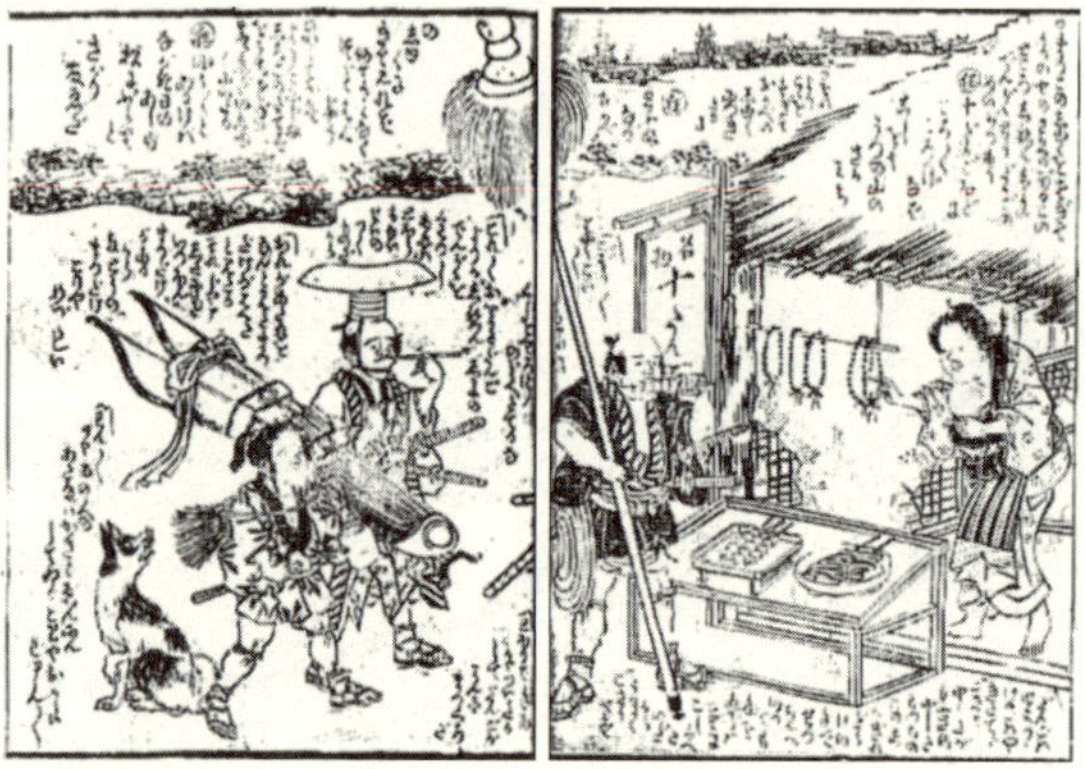

『金草鞋』名物十団子。小粒なまじないのものと、大きな串団子、それに田楽も売っている。

紅葉宇都谷峠《もみじうつのやとうげ》』の文弥殺しの舞台。主家尾花家のために百両の才覚に上京したが不首尾に終って江戸へ帰る伊丹屋十兵衛と、姉おきくが吉原に身を売って調えてくれた百両を身につけて上京する盲目の文弥と、それを狙う胡麻の蝿の提婆《だいば》の仁三《にさ》とが、丸子宿の旅籠藤屋に泊り合わせ、仁三は文弥の金を取ろうとして失敗する。十兵衛は文弥に懇請されて宇都谷峠まで送ってやるが急に文弥の持つ金が欲しくなり殺してしまう。それを仁三に見られ、とどのつまり、鈴ケ森で仁三を殺す。▼頂上白ペンキ塗り角柱に前掲の許六句。明るい下り道になり、左側に馬頭観世音や髭題目碑。麓の鼻取地蔵境内の蘿径記《らけいき》の碑は駿府の代官羽倉簡堂撰、市川米菴《べいあん》書、文政一三年(一八三〇)建。▼峠を下り横添、川原町と進み右側石段上に十石坂観音堂。「西行あんぢぶつ、せんざゑもんくわんをん、西行山最林寺」の碑。「西行法師六百五十年忌……」の文政八年(一八二五)の碑。▼その先右に西行笠掛松。小高い山が西行山。頂上の笠掛松は近年枯死。その根元に西住墓。麓の西行山三星寺にも西住墓の笠石。西住は西行の弟子。西行を慕ってここまで来て死ぬ。辞世「西へ行く雨夜の月やあみだ笠影を岡部の松に残して」。▼ひっそりとした宿場の旧道から国道一号に出ると向う側裏側に立派な五智如来像。これから先所々に松並木がばらばらのこる。

現在の十団子

# 海道を往来する首

東海道には首にかかわる伝承が多い。平安中期関東に威を振るった平将門は、天慶三年(九四〇)下総の猿島《さしま》で敗死、江戸の神田明神に祭られるなど民間信仰が篤いが、その首塚が、なんと掛川にあり、地名も十九首《じゅうくしょう》という。文治五年(一一八九)奥州高館《たかだち》の露と消えた義経の首は、鎌倉に送られ首実検の後、片瀬の浜に捨てられ、境川を逆流して漂着したのを、里人が拾い上げ洗い浄めたのが、藤沢の義経首洗井であるとも、河原に捨てられた首が金の亀に救い上げられたともいい、その義経を祭ったのが藤沢の白旗神社。建武元年(一三三五)鎌倉に幽閉され殺された護良親《もりながしん》王《のう》の首は、側女《そばめ》によって盗み出され、戸塚の東の外れに首洗井がある。延元三年(一三三八)越前藤島に敗死した新田義貞の首は、家臣の手で運ばれ、ついに酒匂川《さかわ》西岸に埋められた。江戸時代中頃東海道筋を荒しまわった盗賊の首領日本左衛門こと浜島庄兵衛は、延享四年(一七四七)京都で自首、江戸へ護送されて処刑、首は生国《しょうごく》見付でさらされ、さらに愛人によって金谷に運ばれた。維新の動乱期、新選組隊長として勤皇の志士に恐れられた近藤勇は、江戸で処刑後京都へ送られ、同志によって盗み出されて、再び藤川の外れ法蔵寺まで運ばれた。通計一七二里、これが最長記録である。

法蔵寺の近藤勇首塚。一四六ページ参照。

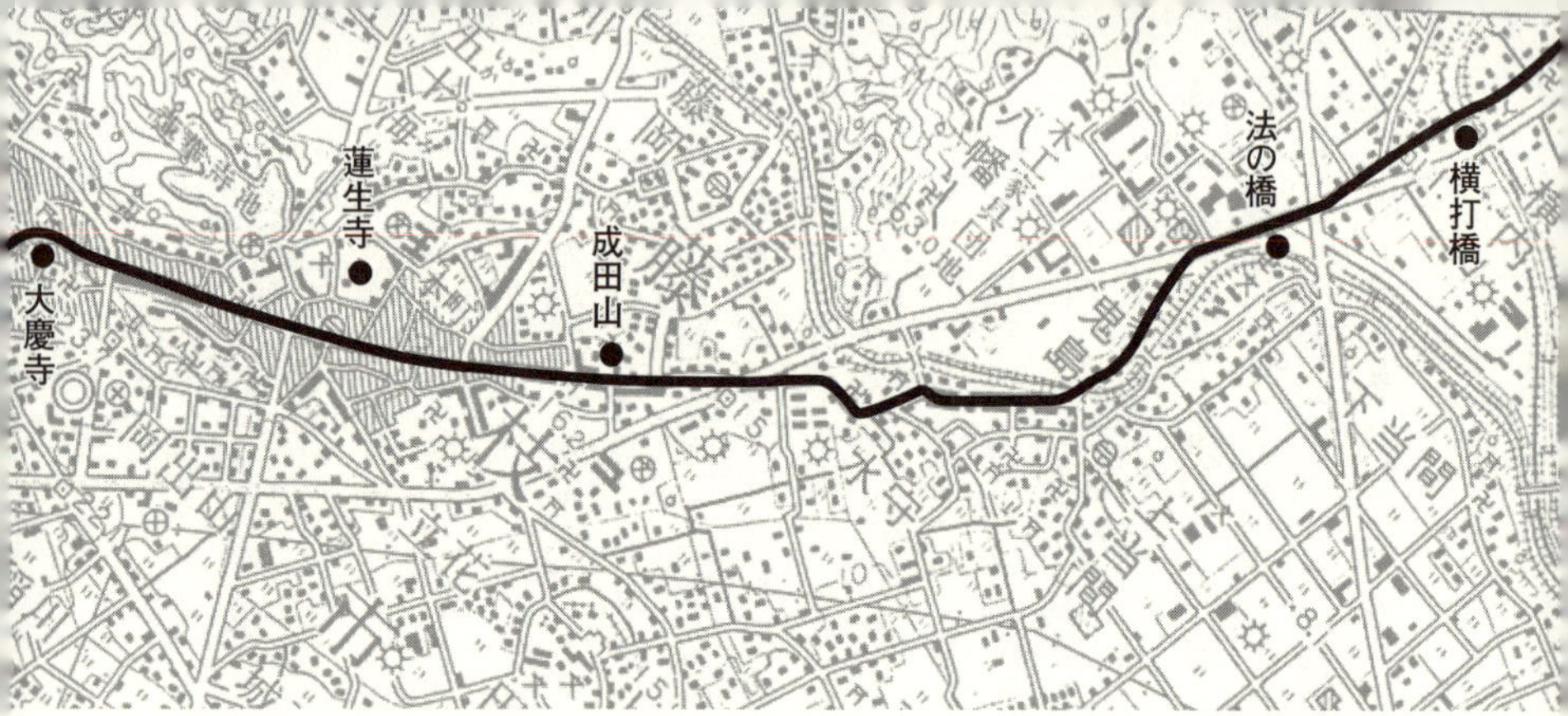


# 藤《ふじ》枝《えだ》

▼駿河国益頭《ましず》郡、江戸から五〇里一丁、京へ七五里一九丁。▼昔の岩村・田中両藩の藩境法の川に架かる法《のり》の橋、葉梨川に架かる八幡橋を渡り、右側須賀神社に根回り一五・二メートル、高さ二三・七メートルの大楠。国道一号を渡ると旧宿場に入る。往時の面影はない。▼本町四丁目右側に成田山。県下唯一の成田山。建長年間後嵯峨上皇の子宗尊《むねたか》親王が六代将軍となるため鎌倉へ下る途中、御所車の左輪が破損、その修理のため休息されたので、左車《さぐるま》山《さん》休息寺と称し、地名も左車という。▼本町一丁目右側に蓮生寺《れんしょうじ》。門前の碑に「熊谷入道古跡」「親鸞上人旧跡」また「建久六年(一一九五)秋熊谷直実《なおざね》入道蓮生坊ガ、当地ノ福井長者宅ニテ十念ヲ質ニ入レ、一貫匁ヲ借リ、翌年春コレヲ返済セラレシ因縁ニヨリ、長者夫妻仏門ニ入リ、屋敷ヲ念仏道場トス。貞永二年

**藤枝・人馬継立**。人足も馬も原則として宿場から宿場までで、宿の問屋場でリレーされる。その交代の風景である。帳付が張面片手にてきぱきと指示している。荷主は武士らしい。

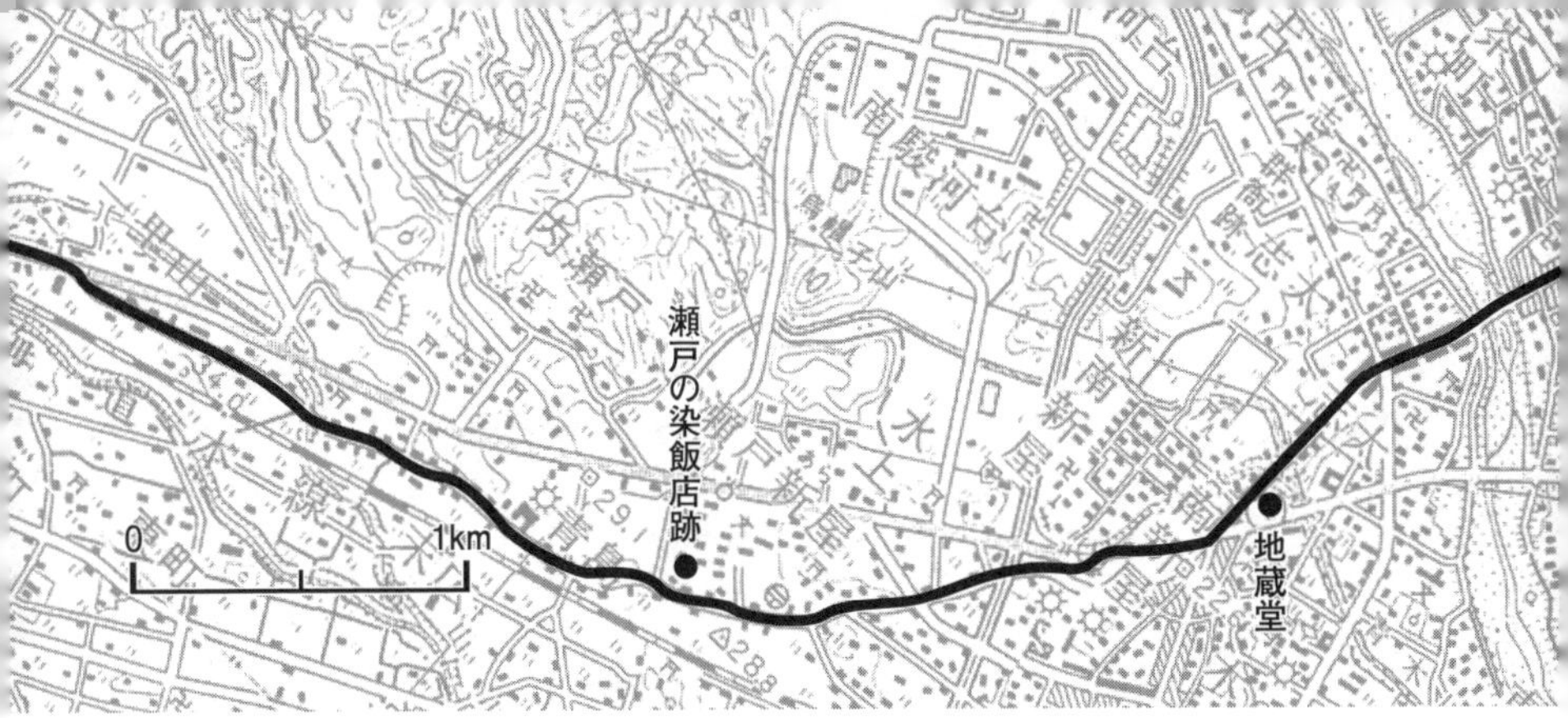


（一二三三）親鸞聖人帰洛ノ時御宿泊、長者ノ子御第子トナリ蓮順ト名告《の》ル。……」。十念とは「南無阿弥陀仏」を一〇回唱えること。▼藤枝四丁目左側の大慶寺に天然記念物のみごとな巨松「久遠の松」。宝物殿もある。▼瀬戸川を渡り市中を抜けて新屋の追分に地蔵堂（鏡池堂六地蔵尊）。一石に四体または六体の地蔵を刻す。▼その先青島の名物が瀬戸の染飯《そめいい》。『東海道名所図会』に「瀬戸村の茶店に売るなり。強飯《こわいい》を山梔子《くちなし》にて染めて、それを摺りつぶし、小判形《なり》に薄く干し乾かして売るなり」。下青島の石野モータースもその店の跡で壺形に「名物瀬戸御染飯」の版木《はんぎ》を伝える。最近この図案が復活した。藤枝駅前の喜久屋（藤枝市駅前一―六―一九、電話〇五四―六四一―〇六六八）から染飯のおにぎり二個を竹皮で包み前記版木の絵の包み紙で包んで売り出された。鮮やかな黄色が美しく好評。▼その先にばらばら松並木がのこる。

右・『東海道名所図会』名物瀬戸御染飯
左・喜久屋製染飯の包み紙

# 島田《しまだ》

▼駿河国志田郡、江戸から五二里九丁、京へ七三里一一丁。▼宿場の中心に昔日の面影はない。▼如舟・芭蕉連句碑。市内静岡銀行前。すなわち塚本如舟《じょしゅう》邸跡前。芭蕉自筆を模刻「やはらかにたけよことしの手作麦　如舟／田植と、もにたびの朝起　はせを(芭蕉)／元禄七(年)五月雨に降《ふり》こめられて、あるじのもてなしに心うごきて、聊《いささか》筆とる事になん」。如舟は大井川の川庄屋をつとめ、俳諧を嗜《たしな》んだ。芭蕉は以前元禄四年(一六九一)初冬江戸へ下る時にも如舟邸に泊って「宿かりて名をなのらする時雨かな」と詠んでいるが、このたび元禄七年五月は次郎兵衛少年を連れての旅、増水川止めのため四泊した。在江戸の門人曽良宛ての手紙の中で芭蕉は「拙者も精気を養ひ、幸ひの水に出合ひ候。次郎兵衛少し草臥付《くたびれつき》申し候ところ、三日休み候につき達

**島田・大井川駿岸**。駿岸は駿河側の岸の意。対岸は遠江になる。大量の荷や、渡河待ちの人の中に槍や弓が見えるから、大名行列が渡るところであろう。

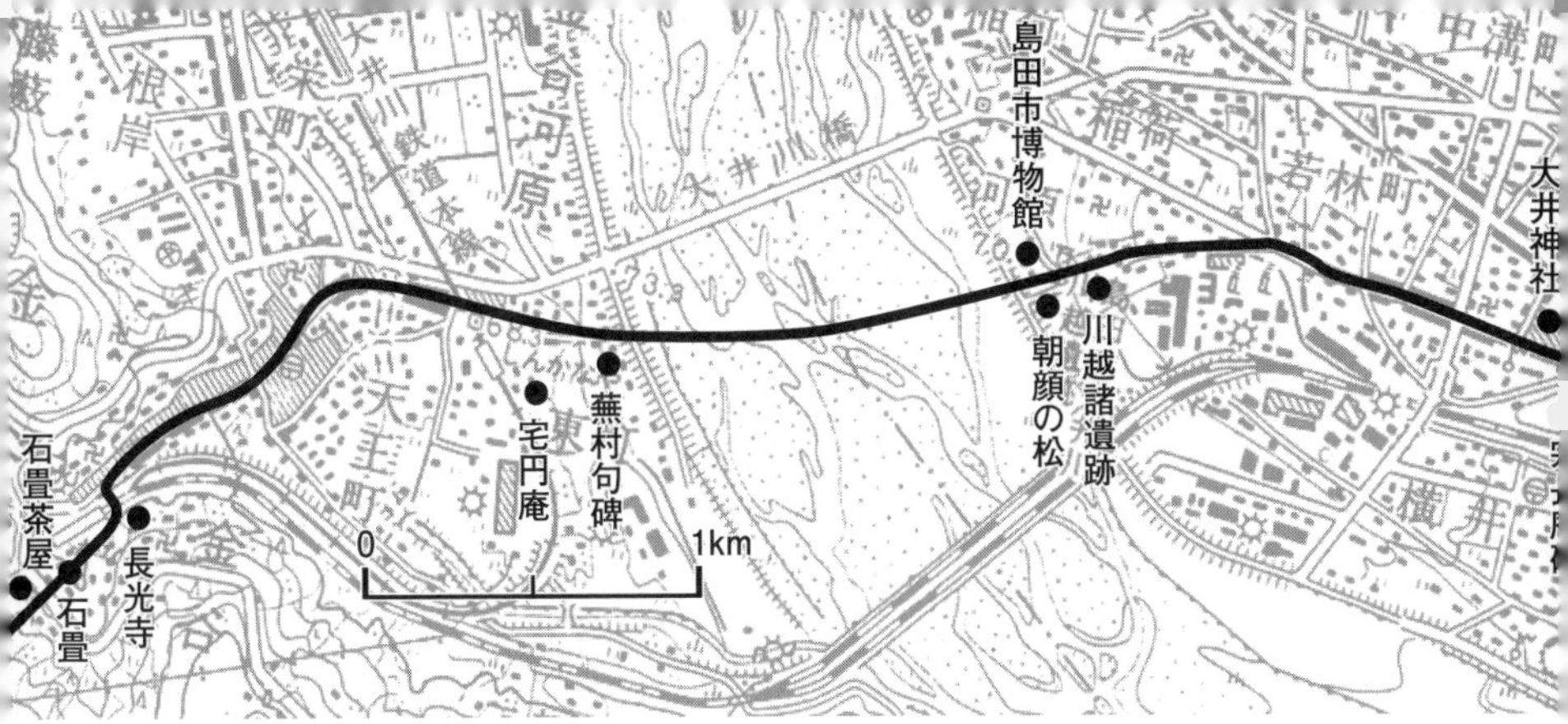


者にな」ってかえってよかったと喜んでいる。芭蕉没後如舟は「五月雨に四日留めしが死出の旅」と追悼句を詠んだ。▼市内島田信用金庫前に芭蕉句碑。これも自筆を模刻。「するがの国に入《いり》て　するがぢやはなたち花もちやにほひ　はせを（芭蕉）」。これも元禄七年（一六九四）五月の作。建立者に島田茶商組合が名を連ねているのも土地柄。▼島田駅前西側に宗長庵（長休庵）跡。「遠江国の山ちかき所の千句に／こゑやけふはつ蔵山のほとゝぎす」。初倉山は大井川の対岸。宗長は室町時代の連《れん》歌《が》師《し》。島田の鍛冶職義助の子でのち今川氏に仕え丸子《まりこ》の柴屋寺《さいおくじ》に住んだ。宗長碑の傍らに芭蕉二碑。一つは元禄七年五月作「さみだれの空吹おとせ大井川」他は判読できない。▼三年に一度の奇祭「帯祭《おびまつり》」で有名な大井神社を過ぎ大井川に向う。大井川は駿河と遠江《とおとうみ》の国境。立派な島田市博物館、見所多い民俗資料室があり、川越《かわごし》関係の諸施設である川会所《かわかいしよ》・札場《ふだば》・仲間《なかま》の宿《やど》・番宿《ばんやど》が復元整備されている。

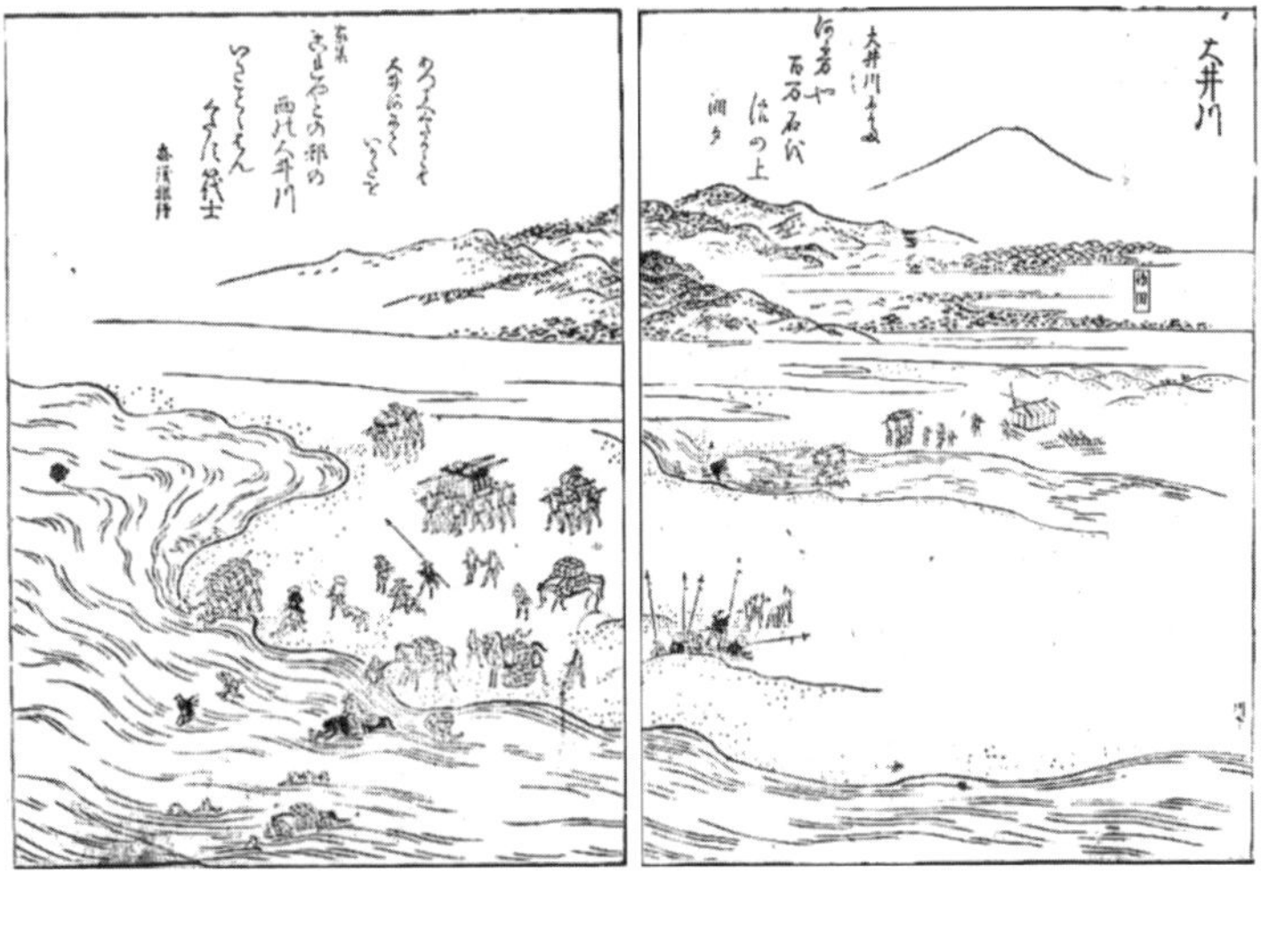

『東海道名所図会』大井川（次ページへつづく）

川会所は川越業務の管理、番宿は川越人足の溜り場、一～一〇番のうち二・三・六・一〇番が復元、仲間の宿は年とった人足の溜り場、札場は人足が川札《かわふだ》を金に換える所。旅人は川会所で川札を買い渡場《わたしば》で人足に渡し、人足はあとで札場で換金する。川札の値段は川の深さが股まで四八文、脇まで九四文、それ以上は川留めとなる。川渡しの方法は肩車《かたくま》と輦台《れんだい》。現在例年夏期に実演。▼川会所前に芭蕉句碑「馬方はしらじ時雨の大井川」元禄四年作。▼朝顔の松。川会所先左側。浄瑠璃・歌舞伎の『生《しょう》写《うつし》朝顔《あさがお》日記《にっき》』宿屋の段、盲目の朝顔（秋月家の姫君深雪《みゆき》）がそれとも知らずめぐりあった恋人の駒沢次郎左衛門（宮城阿曽次郎）の後を慕ってこの川岸に至り折柄の大雨川留めのため渡れず歎き悲しむ。現在の朝顔の松は二代目、一代目の巨大な輪切りが朝顔堂内に保存され「風松久髣髴顔曲、枯髄猶留瞽女魂」と書す。堂の前に巌谷《いわや》小波《さざなみ》句碑「爪音《つまおと》は松に聞けとや春の風」。域内に田中波月句碑「稗《ひえ》しごくとこぼれ太陽のふところに」。▼川会所手前右百《メートル》入り関川庵に八百屋お七の恋人吉三郎の墓。一尺ほどの無名石。お七刑死後僧となって廻国供養の途次ここで没すという。▼下流三キロに長大な木造橋蓬莱橋《ほうらいばし》がある。▼大井川橋東詰め北側公園内に芭蕉句碑「さみだれの空吹おとせ大井川」。

『東海道名所図会』大井川つづき

# 宿屋

宿舎には本陣、脇本陣、旅籠《はたご》、木賃宿があった。本陣は大名、宮家、公卿、幕府役人、高僧など、身分の高い者が宿泊する。各宿場に必ず一軒はあり、箱根や浜松には六軒もあった。今日、草津と二川の本陣がみごとに整備・公開されて、往時をしのぶことができるのはうれしい限りである。広重保永堂版の関宿「本陣早立」の図には本陣の様子が描かれている。『東海道名所図会』の坂下《さかのした》の条には、宏大を以て知られた大竹本陣の様子が描かれている。大名行列一行が到着したところらしく、右手玄関には大名の乗物が据えられ、門からは大きな荷物が運び込まれている。左手の大屋根部分は表板の間で、大量の荷物や駕籠が運び込まれ、路上にも人馬や荷物が溢れている。路上左手の二人はふとんをかついで運んでいるらしい。

脇本陣は貴人も一般旅行者もどちらも利用した。宿場によってはゼロのところもあるが、小田原や桑名には四軒もあった。舞阪に復元された脇本陣は海道唯一の遺構で、貴人の宿泊部分は平屋、一般人の宿泊部分は二階になっている。

一般旅行者が最も普通に利用するのはもちろん旅籠である。宮二四八軒、桑名一二〇軒、岡崎一一二軒、四日市九八軒、小田原九五軒などが多く、石薬師一五軒、庄野一五軒、亀山二一軒、丸子二四軒、原二五軒などが少ない。平均すれば五五軒強である。旅籠には大・中・小と格付があって、収容人数もまちまちだが、仮に平均二〇人とすれば、一宿平均で千人以上の宿泊が可能だったことになる。今日、東海道で最もよく昔の面影をのこしているのは赤坂の大橋屋である。江戸時代中期正徳年間の建築で、広重隷書東海道の赤坂に描く旅籠とそっくりである。大正一〇年の火災のため規模が小さくなり、今は三部屋定員二〇人で営業しているが、江戸時代は大旅籠で二〇部屋七〇～八〇人も泊めたという。

『東海道名所図会』坂下大竹本陣。右手に玄関、左手に表板の間の構造がよくわかる。

旅籠でちょっと意外なのは、江戸時代中頃までふとんを出さなかったらしいことである。ケンペルの『江戸参府旅行日記』に日本の旅籠について、部屋には漆塗りの箱枕が置かれていることを述べたあとで、

　旅行者は、旅館の主人からその他の寝具を期待してはならない。旅行者自身がそれ以外に何も持っていなければ、いま上に述べた木の箱枕のほかには、床の畳を下敷とし、上衣を掛布団として利用するしかない。

と書いている。このことを念頭におくと、次の句にこめられた芭蕉の心情がよく理解されてくる。元禄四年（一六九一）の初冬、芭蕉は東海道を江戸に向っていた。御油で本海道を外れ、豊川を経て新城《しんしろ》の知人太田白雪を訪ねた。さらに鳳《ほう》来寺《らいじ》に詣で、麓の門谷に泊って、

　夜着《よぎ》一つ祈り出して旅寝かな

と詠んだ。鳳来寺の仏に祈った甲斐があって、温かな夜着（ふとん）に寝ることができると、仏の御利益《ごりやく》に感謝した句だが、もちろんそんなことがあり得るわけがなく、実は新城の白雪の手配で特別に夜着が出されたのであった。その白雪の好意に感謝した句であった。

　旅籠にはピンからキリまであって、だからこそ昔の人の旅日記には「宿よし」とか「宿悪し」とか記して後日の参考とし、中には「重ねて泊ること無用なり」などと憤懣をぶちまけたものもある。元文五年（一七四〇）の名古屋の俳人馬州の紀行『奥羽笠』には保土ケ谷の旅籠を次のように書いている。

　更くるままに、雨風強く夜の明るもしらぬほどに、相宿りせし旅人みなみな逗留す。百姓あれば山伏あり。さまざまの中に東武（江戸）の乳母《うば》に出るといへる女に、親とおぼしき者の付きそひて、何事やらん終日《ひねもす》斗《ばかり》諍《いさか》ふなど、うるさき事ども聞へてくらしかねたり。

　日は永し覗《のぞ》きの箱の地獄餓鬼

旅なれない人は道中何かと不安である。旅籠でも法外な値段をふっかけたり、待遇が悪かっ

「浪花講定宿帳」

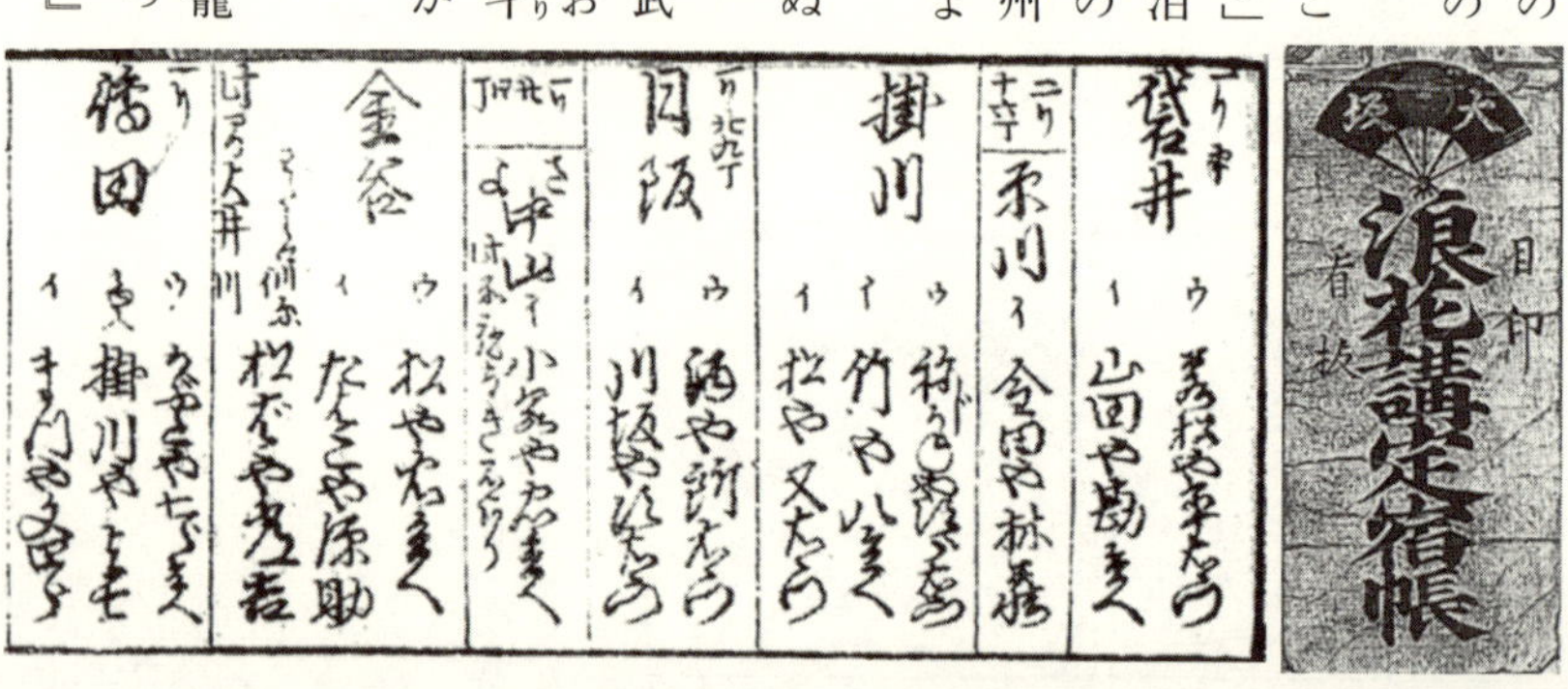

たり、望みもしない遊女（飯盛《めしもり》）を押しつけたりする。そこで、江戸時代の後半一八世紀の終り頃から、各地に講が作られた。今日の交通公社指定旅館といった趣きで、指定の旅籠や茶店には講の目印（看板）が掛けられ、鑑札所持の講員に便宜をはかった。三三ページの坂下の図にも「月参講」「へ万講」等の目印が見える。前ページの図は大坂の松屋源助が発起人になった浪花講の定宿帳で、全国各地の定宿・定休所が列挙してある。

　木賃宿は最低廉価な宿である。米三合を持参し、それを煮る薪の代金すなわち木賃を払って泊る宿である。広重の『人物東海道』の藤川に木賃宿が描かれている。六部、順礼、金毘羅参り、彼らは形式上は宗教修行者であるが、実体は物乞いである。貰いためた米三合をさし出して泊るのである。弥次さん喜多さんは三島でゴマノハイにやられて無一文になって、蒲原の木賃宿に泊るが、米を出せないので目の前にある粥にありつけなかった。

　ところで、文化元年（一八〇四）一一月〜二年一月、奥州三春平沢村の伊井藤次右衛門一行が伊勢参宮をした時の旅日記を見ると、「川崎泊り、きのくにや平兵衛、木銭四拾《じゅう》八文、米六拾四文」「小田原泊り、ささや清八、木銭三拾文、米七拾文」といった記載がしばしば見える。木賃宿に泊ったが、米は持参しなかったので別に米代をも払ったというのであろうか。当時普通の旅籠代二〇〇文に比べるとかなり安い。藤次右衛門たちは決して貧しい人たちではないが、旅費の節約のために木賃宿を利用したのであろうか。

　旅人の中には木賃宿にさえ泊れない人たちもいた。こうなるともう野宿である。寺や社の軒の下、辻堂、土手の草むらに一夜をすごす人もいた。蕪村の句「辻堂に死せる人あり麦の秋」は、そんなふうにして人知れず死んだ哀《かな》しい旅人であろう。

広重『人物東海道』藤川木賃宿。

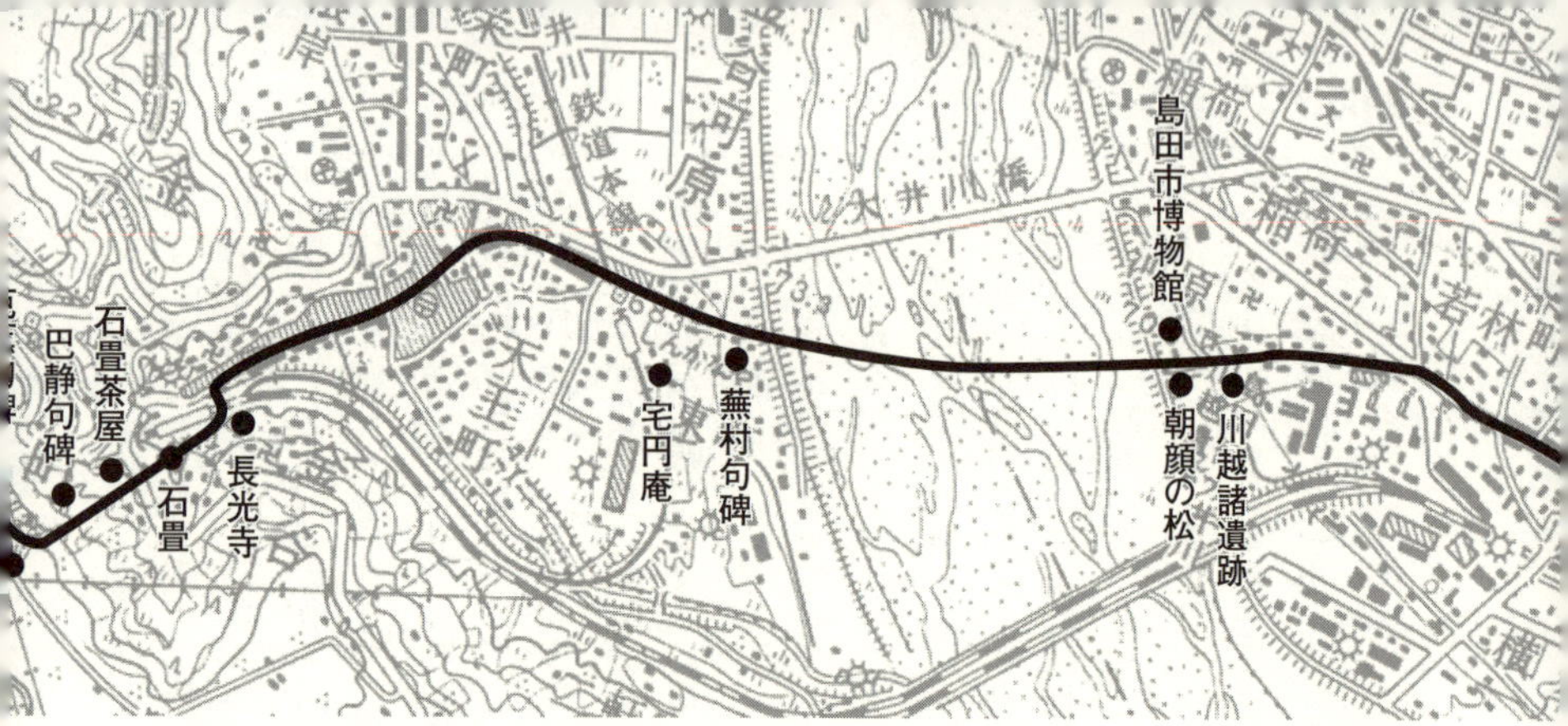


# 金谷《かなや》

▼遠江国榛原《はいばら》郡、江戸から五三里九丁、京へ七二里一一丁。▼大井川橋は歩いて一五分はかかる大橋。▼堤を下りてすぐ東橋公園に蕪村句碑「みじか夜や二尺落ち行く大井川」。▼宅円庵。新堀川の東橋を渡りその先の細道を左に入り二百《メートル》行き突当り。日本左衛門墓。河竹黙阿弥作『青砥稿《あおとぞうし》 花紅彩画《はなのにしきえ》』（弁天小僧）の白浪五人男の頭目。芝居では日本駄右衛門。五人男のうち南郷力丸（「平塚」参照）と共に実在人物。当時の手配書によれば「鼻筋通り、襟左の方へ常に傾き、面長な」いい男。延享四年（一七四七）江戸で処刑、生国の遠州見付で梟首《きょうしゅ》、それを金谷宿の愛人おまんが盗み出してここに埋葬。小堂中の石に辞世と称する「月の出るあたりを弥陀の浄土かな」、また別に「押取の人の思ひ羽かさなりて身に首綱のかかる悲しさ」を刻む。▼金谷駅から大井川寄

**金谷・大井川遠岸**。遠岸は遠江側の岸の意。こちらは大名行列が今まさに渡り終えようとするところ。肩車の客を四つん這いになって下ろす人足の姿が面白い。

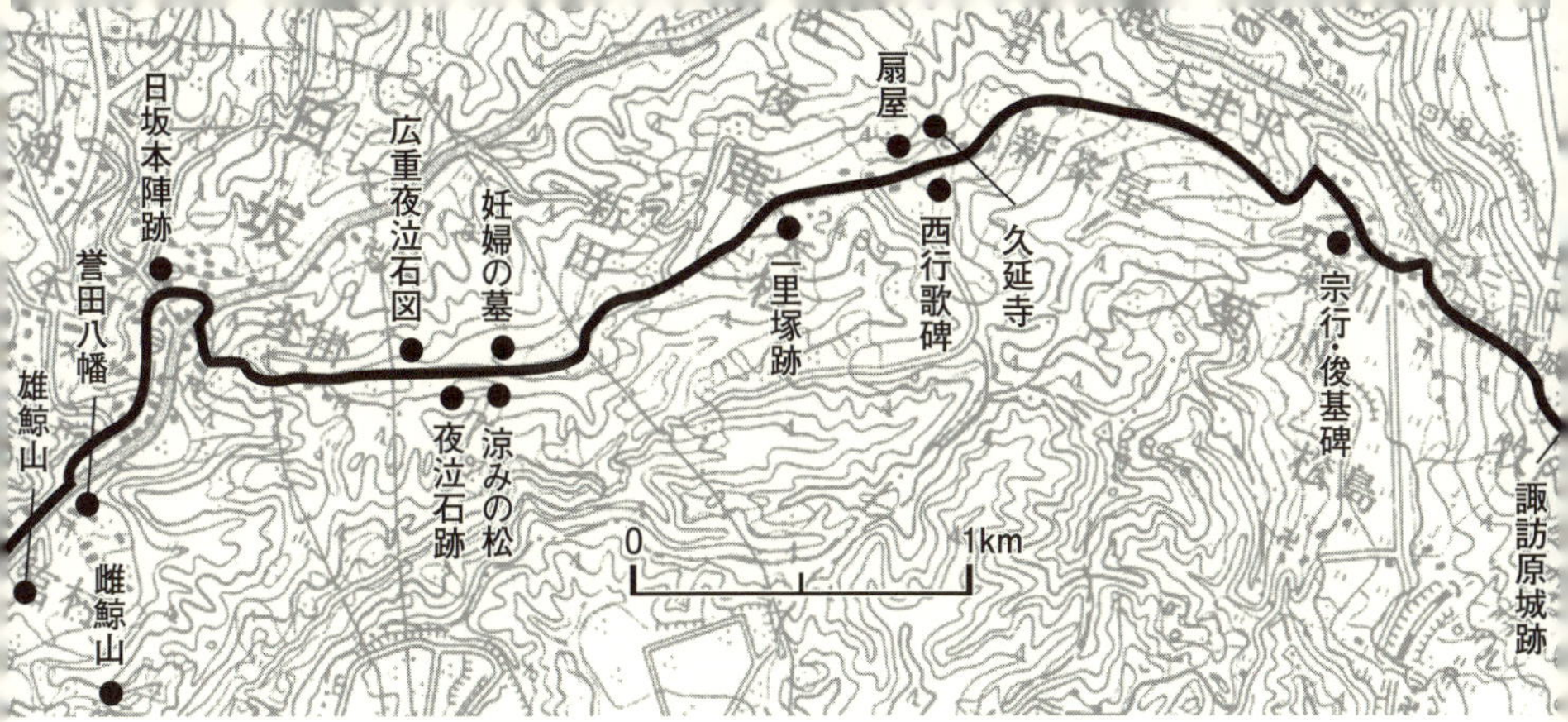


りが宿場の中心。▼駅の手前で線路のガードをくぐり長光寺に芭蕉句碑「道のべの木槿《むくげ》は馬に喰はれけり　はせを」。貞享元年（一六八四）『野ざらし紀行』旅中の句。石畳の金谷坂にかかる。途中に秋葉山碑。県道を横切り右に石畳茶屋がありバスも入れる。その先右の庚申堂境内に名古屋の俳人巴静《はじょう》の碑、正面「六々庵巴静翁塚」、左側「曙も夕暮もなし鶏頭花」、右側「寛保四甲子歳二月十九日」。平成三年に石畳四三〇メートルを復元。登り切ると明治天皇御駐輦《ごちゅうれん》阯碑と並んで芭蕉句碑「馬に寝て残夢月遠し茶の烟《けぶり》」。これまた『野ざらし紀行』旅中の句。右側に諏訪原城跡。永禄一二年（一五六九）武田信玄の築城。▼菊川。国道一号の高架の下にひっそりとした集落。中世までは宿駅。江戸時代は立場《たてば》。手前二か所に「中納言宗行卿《むねゆききょう》」とあるのはそこから約三〇〇メートル余にある「宗行卿塚」（文久三年建）のこと。高麗橋《こうらいばし》を渡り集落中央右側に「菊川の里さんぽ茶屋」。日曜日九時～一四時営業。その駐車

『東海道名所図会』菊川。右が江戸方面。向うは佐夜中山。

場右に宗行・俊基《としもと》の碑。鎌倉時代初め承久の変で捕えられ鎌倉へ護送される途中ここに宿った藤原宗行「昔南陽県菊水、汲下流而延齢、今東海道菊河、宿西岸而失命」。それから百年後、元弘の乱で捕えられ鎌倉へ護送された日野俊基「古《いにしえ》もかかるためしをきく川のおなじ流れに身をやしづめん」。菊川の名物は菜飯田《なめしでん》楽《がく》であった。江戸の狂歌師馬場金埒《ばばのきんらち》はここの菜飯茶屋に脇差《わきざし》を置き忘れ掛川から取りに戻り「一日に二度越ゆべしと思ひきや命からがら佐夜の中山」（後出西行歌のもじり）と詠んだ。▼菊川の集落の外れの四郡橋《よこおりばし》を渡り左に折れて青木坂の登りにかかる。▼佐夜《さよ》の中山《なかやま》。東の青木坂から西の西坂までなだらかに続く約三キロの丘陵地帯。『海道記』に「左も深き谷、右も深き谷、一峯に長き路は堤《つつみ》の上に似たり。両谷の梢を目の下に見て、群鳥の囀りを足の下に聞く。谷の両辺《りようへん》はまた山高し」と記す。一面に茶畑、林立する防霜扇風機。登り切る辺り右に久延寺。山門・本堂ともに古

『東海道名所図会』菊川宿。和歌を書きつける宗行。

色。本堂の絵馬に山中鹿之介馬上の姿、鹿之介はこの近くで武術を練る。境内に夜泣石《よなきいし》、家康手植えの五葉松、芭蕉句碑「馬に寝て残夢月遠し茶の煙」（句は前出）、太田鴻村《こうそん》句碑「西行のいのちの山ぞふきのたう」。久延寺門前歌碑「旅寝するさよの中山さよ中に鹿も鳴くなり妻や恋しき　橘為仲朝臣」。▼寺の隣りにあった茶店小泉屋は国道一号沿いに移った。そちらに本物の夜泣石がある。いま寺の隣りにある末広荘扇屋は海道一古色蒼然たる茶店で、薄茶色の粘りけの強い子育飴を商う。土日祝日のみ開店。店の向いに西行歌碑「年たけて又越ゆべしと思ひきやいのちなりけりさやの中山」。神明神社前歌碑「甲斐がねははつ雪しろし神無月しぐれて過ぐるさやの中山　蓮生法師《れんしょう》」。▼一里塚跡、鎧塚、馬頭観世音（蛇身鳥退治の三位良政の愛馬を葬る）を過ぎ、左に歌碑「あづまぢのさやの中山なかなかになにしか人を思ひそめけむ　紀友則」。また左に歌碑「あづまぢのさやの中山さやかにも見えぬ雲居に世をや尽くさん　壬生忠岑《みぶのただみね》」。右に妊婦の墓、左に芭蕉句碑「命なりわずかのかさの下涼み」（延宝四年（一六七六）帰郷の時の句）、夜泣石跡碑、右に広重夜泣石図の碑とつづく。夜泣石はもとここの道路中央にあった。広重三版すべてそれを描く。妊婦がここで山賊に殺され、女の霊が石にこもり毎夜泣き、無事に生れた子供が水飴で育てられ母の仇を討つという伝説。▼このあたり夏でも鶯が鳴き子をひき連れた雉子が海道を横切る。

小泉屋の子育飴。

## 費用と所要日数

今日《こんにち》、東京～京都間、新幹線を利用すれば最も速いのぞみで二時間一八分、料金は一三〇八〇円、近い将来リニア新幹線になると更に速くなる。往時の旅はいかがであったろうか。

大矢五郎右衛門の旅日記（七〇ページ参照）は、当時の旅の費用の具体を我々に教えてくれる点でまことに貴重だが、その点を別の資料から調べてみよう。

一一〇および一一一ページは、文化七年（一八一〇）刊『旅行用心集』附載の運賃一覧である。一一〇ページから一一一ページ上段までが正徳元年（一七一一）に定められた基準料金である。一一一ページ中下段が文化七年の時点における料金で、ここに見える一八宿は正徳の基本料金の五割増し、他の宿々は二割増しだというのである。「本馬」はホンマまたはホンウマと読み、四〇貫（約一六〇キロ）の荷物を乗せる。「軽尻」はカラジリまたはカルジリと読み、人間だけを乗せるが、五貫目（約二〇キロ）までの手荷物を乗せることができる。人足は五貫目までの荷物を運ぶ。

今仮に正徳の基本料金で上りの料金を計算してみよう。全行程を軽尻で乗りついだ場合は計四三二四文、人足に荷物を持たせて自分自身は徒歩で通した場合は計三二三五文、現代のお金にして、それぞれ六万四八六〇円、四万八五二五円になる（換算率は七〇ページ参照）。しかしこれだけではすまない。酒手つまりチップが必要だ。大矢五郎右衛門の例に見るとおり、それは料金のほぼ一割弱というところである。そのほか昼食代宿賃はもちろん毎日必要だし、日によっては川渡しの料金や船賃もかかる。費用の点から見ても、昔の旅はなかなか大変だ。いっそ次のようなのは安上りでいい。

富士の山夢に見るこそ果報なれ路銀《ろぎん》もいらず草臥《くたびれ》もせず　貞柳

所要日数のほうはどうであろうか。東海道を猛スピードで突っ走った例としては、忠臣蔵発端の刃傷《にんじょう》事件第一報を赤穂にもたらした急使が有名だ。福本日南の『元禄快挙録』によれば、元禄一四年三月一四日、殿中松の廊下において事件勃発、同日巳《み》の下刻《げこく》すなわち午前一一時に、鉄砲洲の赤穂藩邸を出た早水藤左衛門と萱野三平は、早駕籠を飛ばして、一八日の亥《い》の刻すなわち午後一〇時に赤穂に到着した。一五五里の道程を一〇七時間で走破したことになる。これを江戸・京都間一二五里半二丁に比例配分すると、約八七時間、三日半余になる。もちろんこれは、頭に鉢巻、胴には曝布《さらし》をきりりと巻き、昼夜兼行の決死行で、旅などとは縁遠い。

それでは、平常の旅はどうであろうか。大田南畝の『改元紀行』は、享和元年（一八〇一）二月、大坂銅座《どうざ》へ出張の旅の記だが、全行程駕籠に乗って、二月二七日江戸発、三月一一日大坂着、うち京都までの分は一二泊一三日である。宿泊地は保土ケ谷、小田原、沼津、江尻、金谷、浜松、赤坂、宮、四日市、関、石部、大津。

文学作品だが、『東海道中膝栗毛』の弥次さん喜多さんは、戸塚、小田原、三島、蒲原、府中、岡部、浜松、赤坂、宮、四日市とここまで一〇泊、このあと日永の追分から伊勢路へ入っているが、まっすぐ進めばあと二、三泊で京都へ着くだろう。

逆コース、下りの例としては、元禄四年（一六九一）にオランダ使節の一員として江戸へ旅したドイツ人医師ケンペルの場合は、大津、土山、四日市、宮、赤坂、浜松、島田、江尻、三島、小田原、神奈川の一一泊一二日。

大体一一～一二泊、一二～一三日というところが標準のようだ。仮に一一泊一二日とすれば、一日約一〇里半になる。昔の人はなかなか健脚だが、やはり少々気ぜわしい。安永六年（一七七七）のこと、後に岡田士聞なる人の妻になる一女性が、北海道松前《まつまえ》から江戸を経て、京までの旅をした。そのときの紀行『奥の荒海』によれば、全行程のうち東海道の旅は、一〇月三日江戸発、同二一日京都着、一八泊一九日である。ただし、川崎と掛川では二泊したから、それを引けば実際は一六泊一七日になる。ともかくこれならかなりゆったりした旅になる。

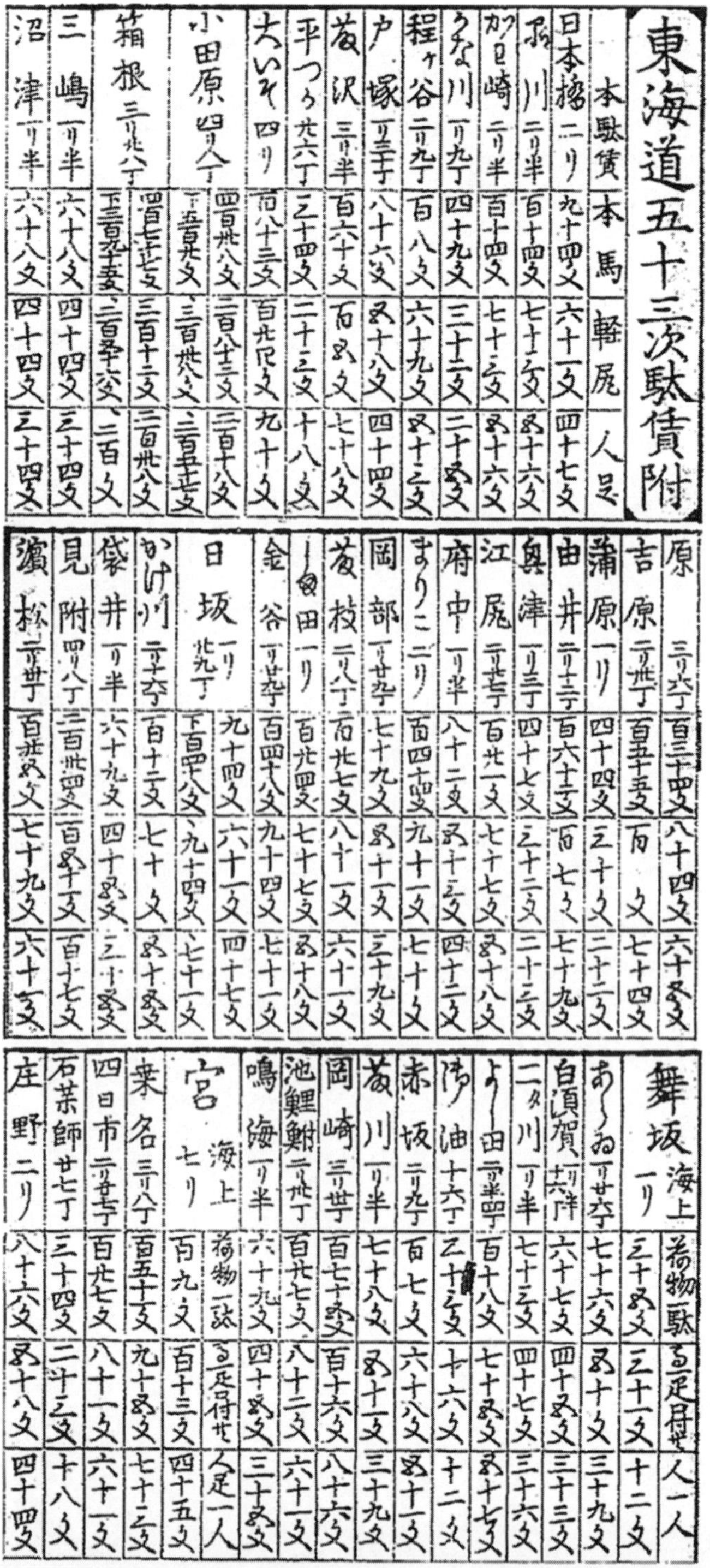

東海道五十三次駄賃附

| | 本駄賃 本馬 | 軽尻 | 人足 |
|---|---|---|---|
| 日本橋 二り | 九十四文 | 六十一文 | 四十七文 |
| 品川 二り半 | 百十四文 | 七十二文 | 五十六文 |
| 川崎 二り半 | 百十四文 | 七十二文 | 五十六文 |
| 神奈川 一り九丁 | 四十九文 | 三十二文 | 二十五文 |
| 程ヶ谷 二り九丁 | 百八文 | 六十九文 | 五十二文 |
| 戸塚 一り三十丁 | 八十六文 | 五十八文 | 四十四文 |
| 藤沢 三り半 | 百六十文 | 百五文 | 七十八文 |
| 平つか 廿六丁 | 二十四文 | 二十三文 | 十八文 |
| 大いそ 四り | 百八十三文 | 百廿八文 | 九十文 |
| 小田原 四り八丁 | 四百卅八文、下 五百卅文 | 三百八十三文、三百卅六文 | 二百十八文、二百五十七文 |
| 箱根 三り廿八丁 | 四百七十七文、下 三百九十五文 | 三百十二文、二百五十六文 | 二百卅八文、二百文 |
| 三嶋 一り半 | 六十八文 | 四十四文 | 三十四文 |
| 沼津 一り半 | 六十八文 | 四十四文 | 三十四文 |
| 原 三り六丁 | 百三十四文 | 八十四文 | 六十五文 |
| 吉原 二り卅丁 | 百五十五文 | 百文 | 七十四文 |
| 蒲原 一り | 四十四文 | 三十文 | 二十二文 |
| 由井 二り十二丁 | 百六十三文 | 百七文 | 七十九文 |
| 奥津 一り三丁 | 四十七文 | 三十二文 | 二十二文 |
| 江尻 二り廿六丁 | 百廿一文 | 七十七文 | 五十八文 |
| 府中 一り半 | 八十二文 | 五十三文 | 四十二文 |
| まりこ 二り | 百四十五文 | 九十一文 | 七十文 |
| 岡部 一り廿六丁 | 七十九文 | 五十一文 | 三十九文 |
| 藤枝 二り八丁 | 百廿七文 | 八十一文 | 六十一文 |
| 嶋田 一り | 百廿四文 | 七十七文 | 五十八文 |
| 金谷 一り廿四丁 | 百四十八文 | 九十四文 | 七十一文 |
| 日坂 一り廿九丁 | 九十四文、下 百四十八文 | 六十一文、九十四文 | 四十七文、七十一文 |
| かけ川 二り十六丁 | 百十二文 | 七十文 | 五十五文 |
| 袋井 一り半 | 六十九文 | 四十五文 | 三十五文 |
| 見附 四り八丁 | 二百卅四文 | 百五十五文 | 百十七文 |
| 濱松 二り卅二丁 | 百卅五文 | 七十九文 | 六十二文 |
| 舞坂 一り 海上 | 荷物一駄 三十五文 | 五足付せ 三十一文 | 人一人 十二文 |
| あらゐ 一り廿四丁 | 七十六文 | 五十一文 | 三十九文 |
| 白須賀 一り廿六丁 | 六十七文 | 四十五文 | 三十三文 |
| 二タ川 一り半 | 七十三文 | 四十七文 | 三十六文 |
| よし田 二り半四丁 | 百十八文 | 七十五文 | 五十七文 |
| 御油 十六丁 | 二十三文 | 十六文 | 十二文 |
| 赤坂 二り九丁 | 百七文 | 六十八文 | 五十一文 |
| 藤川 一り半 | 七十八文 | 五十一文 | 三十九文 |
| 岡崎 三り卅丁 | 百七十五文 | 百十六文 | 八十六文 |
| 池鯉鮒 二り卅丁 | 百廿七文 | 八十二文 | 六十一文 |
| 鳴海 一り半 | 六十九文 | 四十五文 | 三十五文 |
| 宮 海上 七り | 荷物一駄 百九文 | 五足付せ 百十三文 | 人足一人 四十五文 |
| 桑名 三り八丁 | 百五十五文 | 九十五文 | 七十二文 |
| 四日市 二り廿七丁 | 百廿七文 | 八十一文 | 六十一文 |
| 石薬師 廿七丁 | 三十四文 | 二十二文 | 十八文 |
| 庄野 二り | 八十六文 | 五十八文 | 四十四文 |

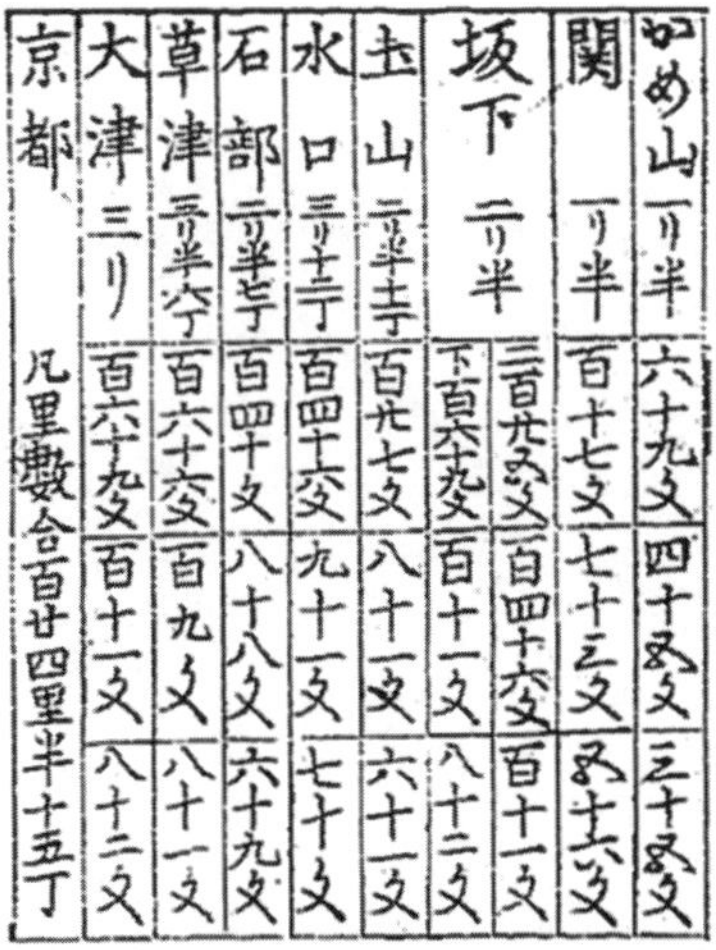

| | | | |
|---|---|---|---|
| かめ山 一り半 | 六十九文 | 四十五文 | 三十五文 |
| 関 一り半 | 百十七文 | 七十三文 | 五十六文 |
| 坂下 二り半 | 二百廿五文 | 百四十六文 | 百十一文 |
| | 下百六十五文 | 百十一文 | 八十二文 |
| 土山 二り半十丁 | 百廿七文 | 八十一文 | 六十一文 |
| 水口 三り十二丁 | 百四十二文 | 九十一文 | 七十文 |
| 石部 三り半十三丁 | 百四十文 | 八十八文 | 六十九文 |
| 草津 三り半六丁 | 百六十六文 | 百九文 | 八十一文 |
| 大津 三り | 百六十五文 | 百十一文 | 八十二文 |
| 京都 | 凡里数合百廿四里半十五丁 | | |

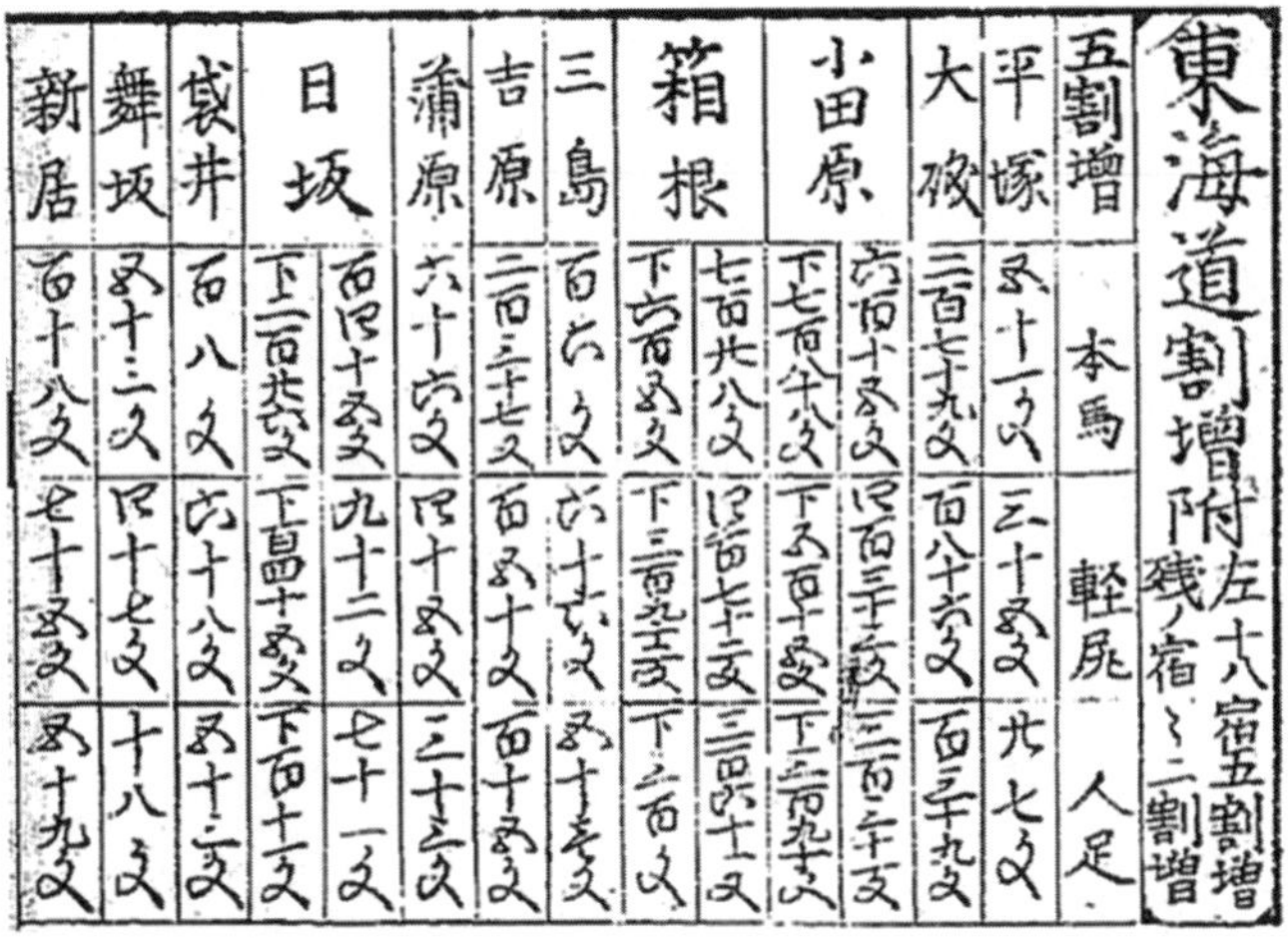

東海道割増附 左十八宿五割増 残ノ宿〻二割増

| 五割増 | 本馬 | 軽尻 | 人足 |
|---|---|---|---|
| 平塚 | 五十一文 | 三十五文 | 廿七文 |
| 大磯 | 二百七十九文 | 百八十六文 | 百三十九文 |
| 小田原 | 六百十五文 | 四百三十六文 | 三百二十文 |
| | 下七百八十八文 | 下五百十五文 | 下三百九十六文 |
| 箱根 | 七百六十八文 | 四百七十二文 | 三百四十二文 |
| | 下六百五文 | 下三百九十二文 | 下二百文 |
| 三島 | 百六文 | 六十六文 | 五十七文 |
| 吉原 | 二百三十七文 | 百五十文 | 百十五文 |
| 蒲原 | 六十六文 | 四十五文 | 三十三文 |
| 日坂 | 百四十五文 | 九十二文 | 七十一文 |
| | 下二百廿六文 | 下百四十五文 | 下百十文 |
| 袋井 | 百八文 | 六十八文 | 五十二文 |
| 舞坂 | 五十二文 | 四十七文 | 十八文 |
| 新居 | 百十八文 | 七十五文 | 五十九文 |

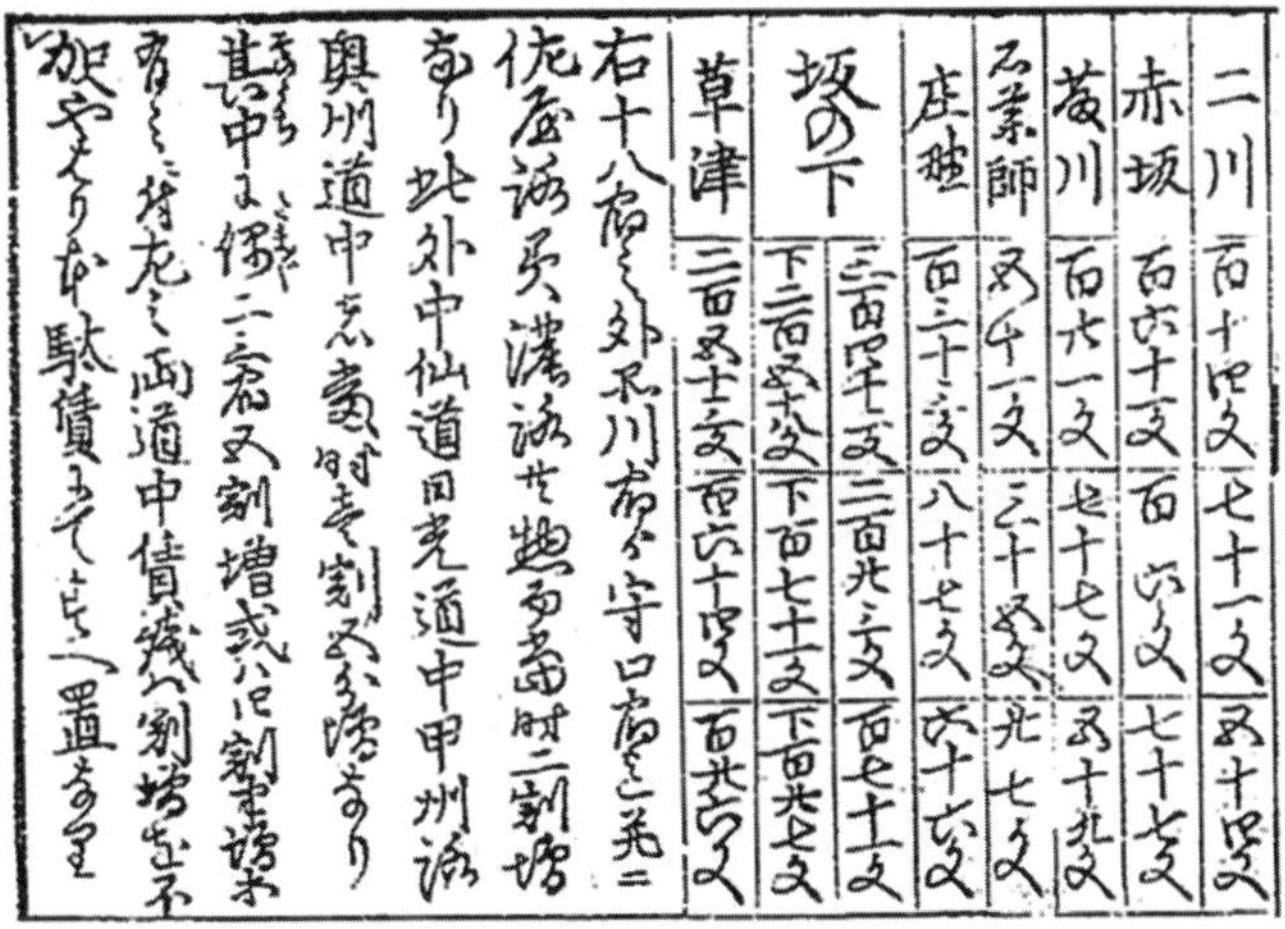

| | | | |
|---|---|---|---|
| 二川 | 百十四文 | 七十一文 | 五十四文 |
| 赤坂 | 百六十文 | 百六文 | 七十七文 |
| 藤川 | 百六十一文 | 七十七文 | 五十九文 |
| 石薬師 | 五十一文 | 三十五文 | 廿七文 |
| 庄野 | 百三十一文 | 八十七文 | 六十六文 |
| 坂の下 | 三百四十文 | 二百廿三文 | 百七十文 |
| | 下二百五十文 | 下百七十文 | 下百廿七文 |
| 草津 | 二百五十文 | 百六十四文 | 百廿八文 |

『旅行用心集』所収駄賃付。右ページから左ページ上段までは正徳元年の基準料金。左の中下段が文化七年の割増料金。

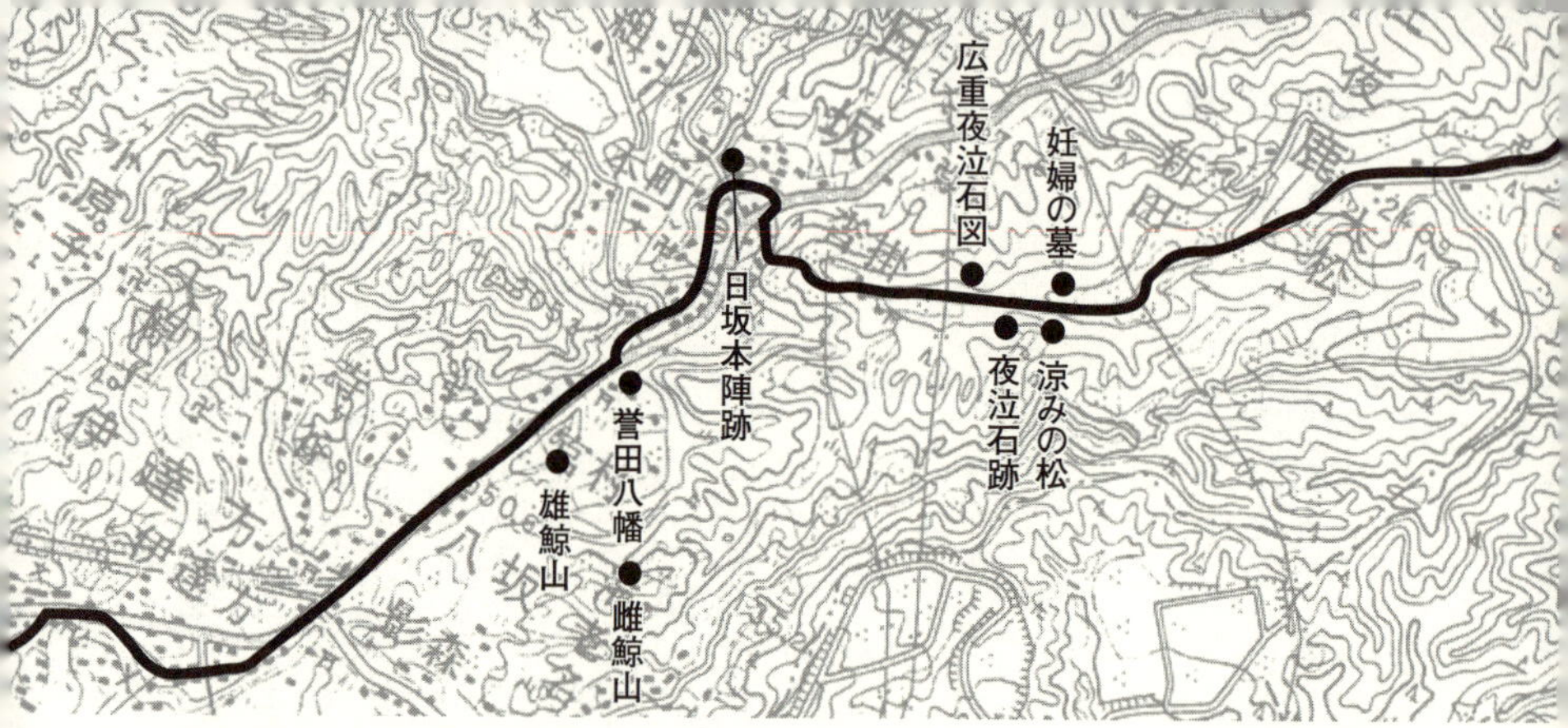


# 日坂《にっさか》

▼遠江国佐野郡、江戸から五五里二丁、京へ七〇里半。▼佐夜の中山から西坂のヘアピンカーブの急坂を下り、谷あいの宿場。ひっそりとした家並。日坂小学校が本陣跡。古宮《ふるみや》橋手前右に高札場を復元するなど、宿場の整備に努力。▼名物の蕨餅《わらびもち》は「葛《くず》の粉をまじへて蒸餅《むしもち》とし、豆の粉に塩を和《あわ》し」（東海道名所図会）たものというが、『東行話説』の著者は「この宿の体《てい》にては、やはかろくな物は食はすまじとは思へども、さすがに初旅の浅間《あさま》しさ、京に滞（帰）りて問ふ人に答へんためと、取寄せて味へば、さてこそ案のごとく言語道断、先日の（猿が馬場《ばんば》の）柏餅に彷彿たれ。いやしくも又懲りもせずと、人の思はん程も恥《はずか》しく、紙に包みてそと捨てよと、側の惟光《これみつ》（従者）を招きて渡すとて、名にめで、ねぶるばかりぞ蕨餅われ懲りにきと人にくはすな」と

**日坂・佐夜ノ中山。**海道の中央にでんと鎮座する伝説の夜泣石を旅人たちがとり囲んで眺めている。

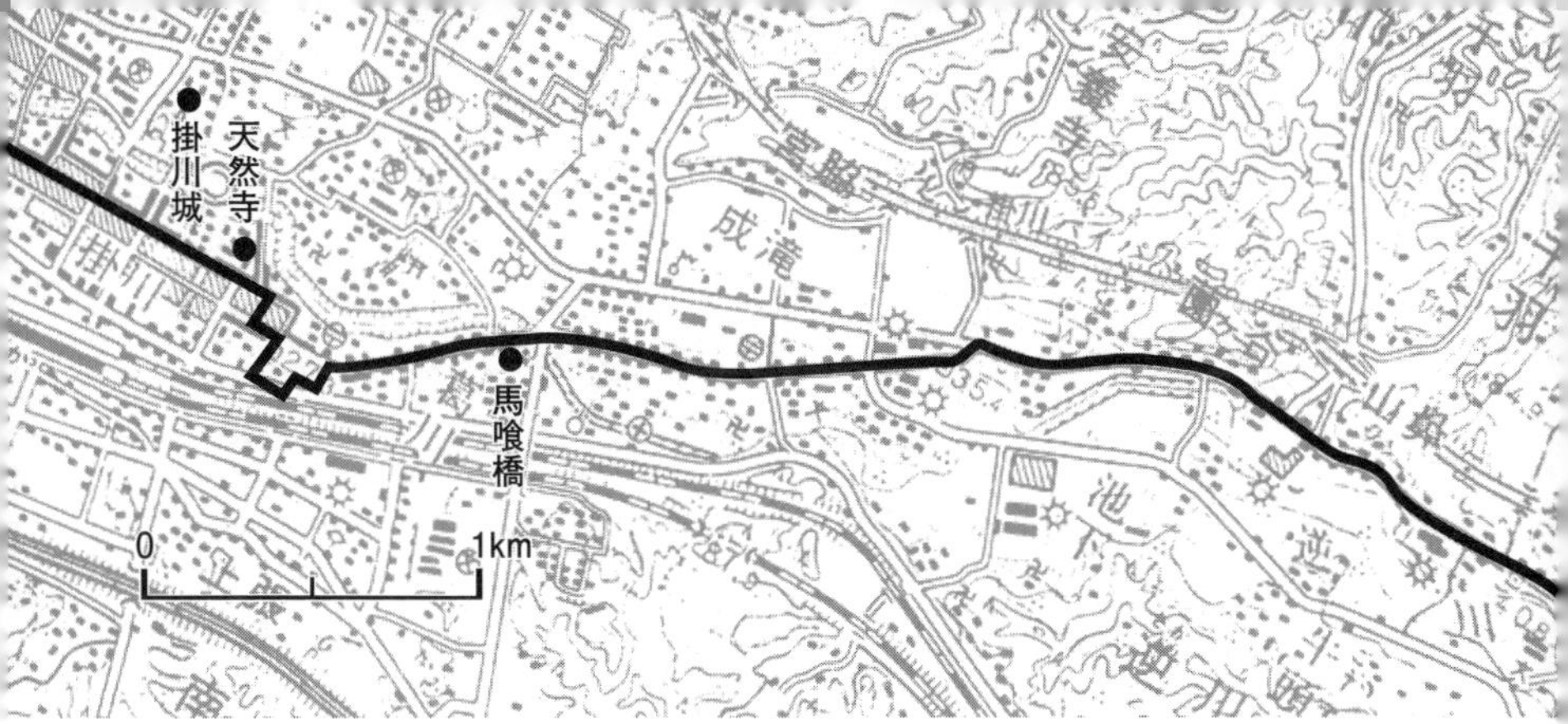


例によって辛辣だ。▼栗杖亭鬼卯《りつじょうていきらん》。江戸時代末期の読本《よみほん》作者で『東海道人物志』の著者でもある。晩年当地に住み絵を描き煙草を売って暮らした。文政六年（一八二三）没。長松院に墓。▼橋を渡り国道一号に合流する向いが蒼古たるたたずまいの誉田《ほんだ》八幡宮。事任《ことのまま》八幡宮とも。境内に句碑「鵯《ひよ》こだま奔流の如《ごと》杉の幹　鴻村／青北風《あおぎた》や棲《す》みて穏《おだや》かなる山河　羿史《げいし》」。▼その先左側海道沿いの樹木に覆われた山が雄《お》鯨山《くじらやま》。裏の塩井川をはさんで雌鯨《めくじら》山がある。『東海道名所図会』に「里談に云《いわ》く。むかし此神（誉田八幡宮）の姫を竜宮へ迎へんと願ひしかども、神許したまはず。竜神これを恨んで塩井川へ潮を出し、雌雄《めお》の鯨浮み出て姫を奪ひ取らんとす。折節この神碁を囲んで居給ふにより、碁盤を投げかけ雌雄の鯨を滅《ほろぼ》し給ふ。忽ちその鯨二つの山となつて今にあり。碁石の出るを雄鯨山といひ、姫を投げ隠し給ふ所を今に暗闇《くらやみ》村といふ」。▼雄鯨山の先右側の辺りが嫁が田・姑《しゅうとめ》が畑。嫁を酷使して死に至らしめた姑が雷にうたれて死んだという話を伝える。▼伊達方の旧道沿いに「俳人伊藤嵐牛翁出生地」碑、一里塚跡、「歌人石川依平翁出生地」碑、「慶雲寺道従是《これより》五丁」碑。

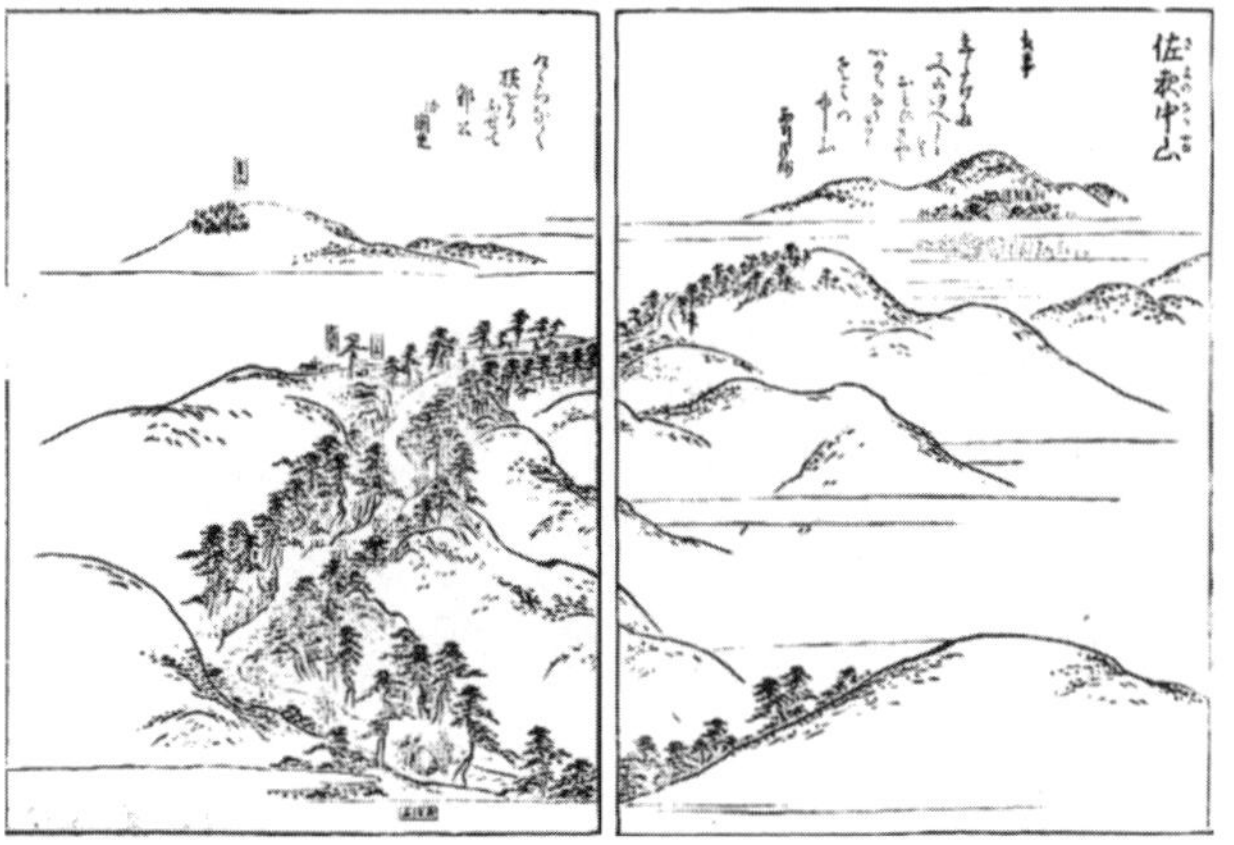

『東海道名所図会』佐夜中山。手前道路中央に夜泣石。

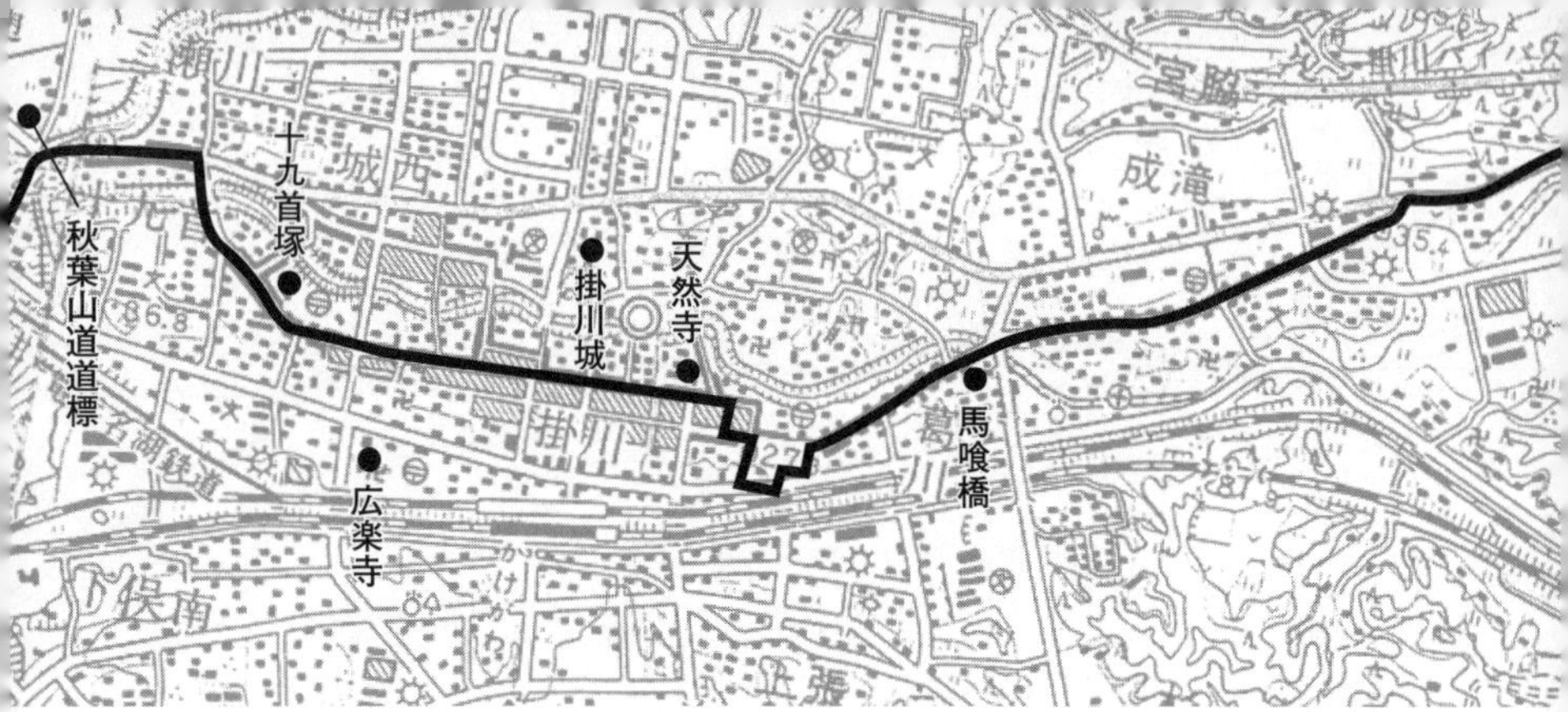


# 掛川《かけがわ》

▼遠江国佐野郡、江戸から五六里二〇丁、京へ六八里半七丁。太田摂津守五万三七石余の城下町。▼落語の「雁風呂《がんぶろ》」では、水戸黄門光圀《みつくに》が偶然出会った外れの立場《たてば》茶屋で、水戸黄門光圀が偶然出会った大坂の豪商（今は零落している）二代目淀屋辰五郎から、茶店の屏風に描かれた雁風呂の由来を聞く。▼逆川《さかがわ》に架かる馬喰《ばくろう》橋を渡って宿場に入る。渡ってすぐ葛川一里塚跡、右に名物振袖餅。▼バス停新川から左に入り以後城下町の常として旧道は複雑に曲折する。途中喜町に江戸初期以来の鍛冶屋吉筋さんが営業していたが平成七年区画整理のため廃業。▼葛布《くずふ》は今もこの地の名産で、葛の蔓からとった繊維を横糸にして織る。▼大手町の天然寺にケイスベルト・ヘンミイの墓。ヘンミイはオランダ商館長として寛政一〇年（一七九八）三月二四日江戸参礼の帰途掛川宿の問屋場役

**掛川・秋葉山遠望**。掛川宿外れの倉真川の大池橋からの秋葉山。橋を渡ると秋葉山の一の鳥居があり、秋葉山・鳳来寺を経て御油に出る旅人は多かった。田植えと凧揚げ、今も当地方の凧揚げは五月。

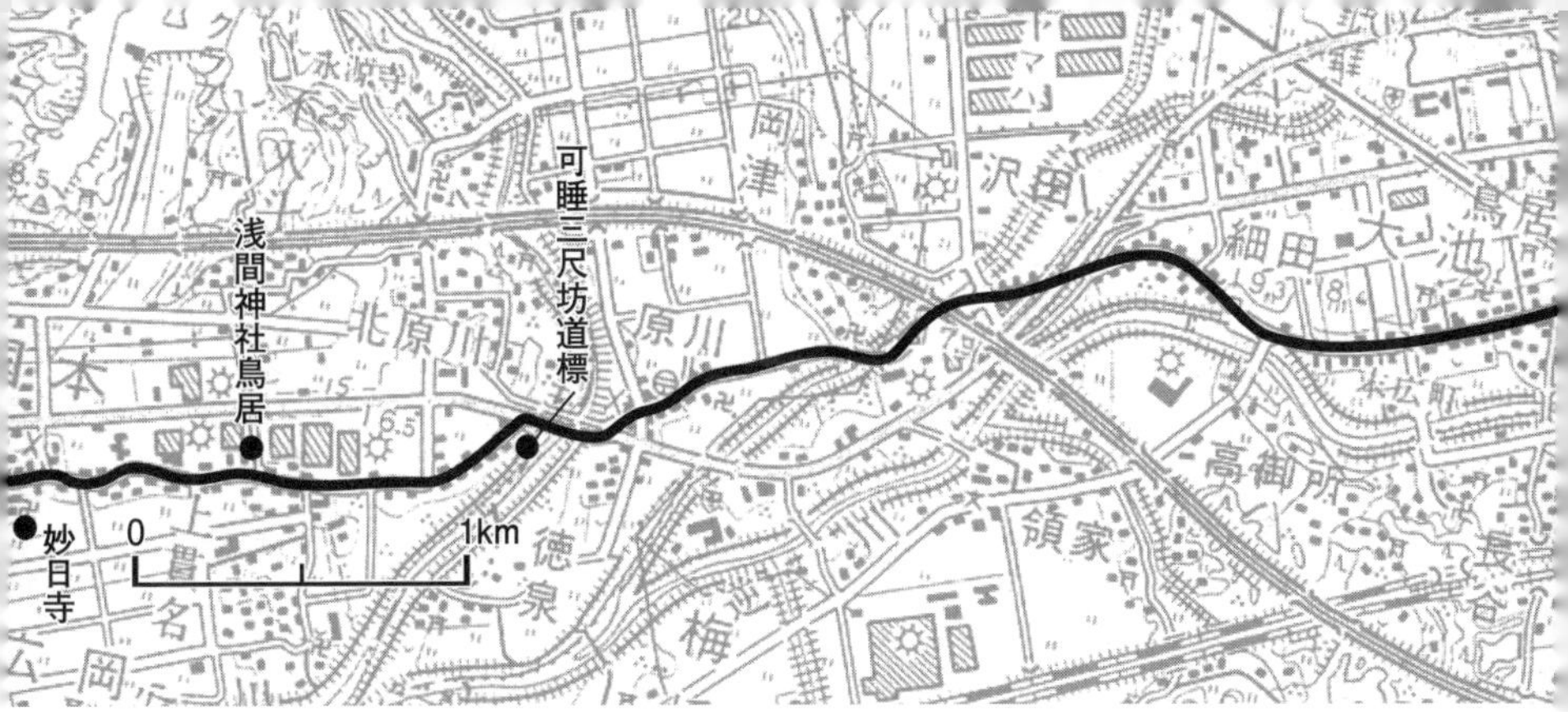


人林家で病死、仏式で当寺に葬られた。五二歳。法名「通達法善居士」。墓石は大きなカマボコ型でオランダ語の碑銘が刻まれている。傍らの大正一四年建立の顕彰碑に碑銘の訳文がある。「此地下静座ノ体アリ。恭フベシ、尊ムベシ。名ヲゲイスベルトヘムミ先生ト称スル君ノ生ヲ終タル処ナリ。先生存命ノアヒダ職ニ在テ主ル所ハ、日本国交商ノ大商官ト鑒舶師ヲ摂タリ。我紀元一千七百四十七年五月十六日誕生、同一千七百九十八年六月八日徃生而葬之。維時一千七百九十八年六月九日」。▼区画整理以前のヘンミイの墓の近くに「従是東《これよりひがし》」と刻んだ日本人の墓石があったが、これはもと「従是東掛川領」とあった領界石を半分に切って墓石に利用したもの。▼掛川城は平成六年本格的に復元され市街地も徹底的に区画整理が行なわれている。▼三代目尾上菊五郎墓。江戸時代末期の江戸歌舞伎の名優で、嘉永二年（一八四九）閏《うるう》四月二四日掛川中町の捻金屋で没した。六六歳。墓は紺屋町の

曲亭馬琴著『著作堂一夕話』ヘンミイの墓

広楽寺にあったが、区画整理のため寺ごと中央二丁目に移った（八一ページ「三代目尾上菊五郎の墓」参照）。▼十九首《じゅうくしょう》右側の成田山前に嵐牛句碑「桜見し心しづまる牡丹哉《かな》」。その先二百メートル「十九首塚入口」の標識。右に入ると公民館わきに十九首塚。平将門《たいらのまさかど》以下一九人の首を埋葬。▼倉真《くらみ》川に架かる大池橋を渡ると道が三本。右は秋葉道、中が国道一号、左が旧道。秋葉道は昔は鳥居をくぐったが、今は路傍に小堂と赤い鳥居、傍らに「正一位秋葉神社道」の道標（明治二一年建）。ここから九里余の秋葉権現は火伏せの神として東海道にかけて信仰篤く、秋葉権現・鳳来寺・豊川稲荷に参詣して御油に出る旅人も多かった。▼垂木川を渡ると右に岡津善光寺（仲道寺）。「東海道之真中仲道寺」の碑。この辺り松並木がかなりのこっている。

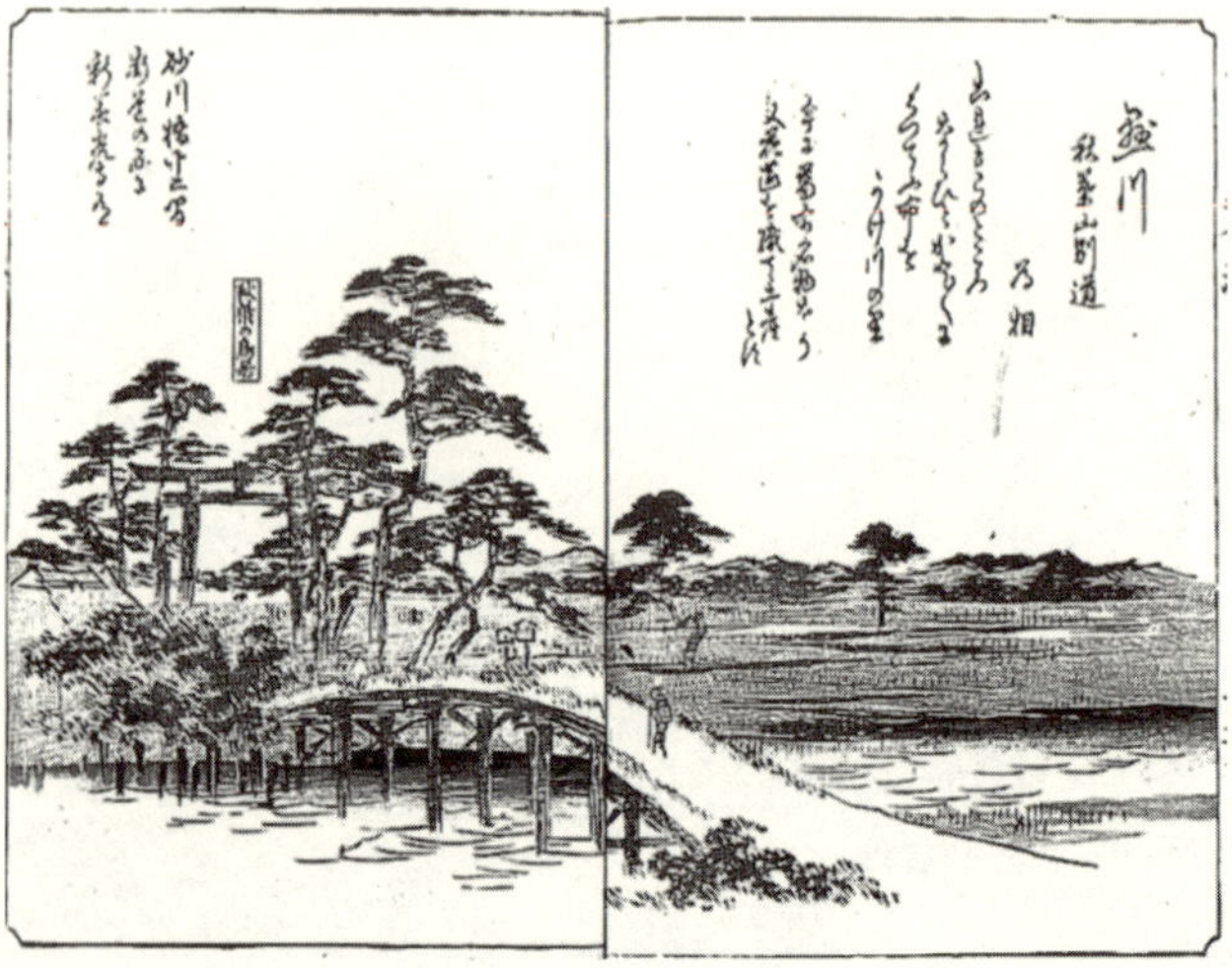

「東海道風景図会」掛川秋葉山別れ道

# 食いしん坊公家の食べある記

数ある東海道の紀行の中で、ひときわ異彩を放つのは、京都のお公家さん土御門泰邦卿の『東行話説』である。宝暦一〇年（一七六〇）正月、一〇代将軍家治に兼右大臣の宣旨《せんじ》が下り、柳原大納言以下の勅使一行が東下《とうげ》した。それに加わり正月一四日京発、二五日江戸着。その間の紀行である。漢詩文から和歌・発句、ときには謡曲ばりの文章まで混えて、諧謔《かいぎゃく》味ある文章も楽しいが、道中の名物を片っ端から試食し、辛辣な批判を下す食いしん坊ぶりは、筆者がお公家さんだけにいっそうおかしい。旅立ちからして「十四日の朝霞、立場《たてば》に供先《ともさき》の奴《やっこ》茶をのみて、はや喰ひ物の穿鑿《せんさく》をなんしける」と、早くも道中の食物の話に聞き耳を立てる。

以下道中試食の食物を列挙すれば（紀行とは逆に上りの順に書く）、鶴見の米饅頭《よねまんじゅう》、箱根路の赤腹魚、浮島原のうなぎ、※倉沢のさざえ、※安倍川の餅、丸子のとろろ汁、日坂の蕨《わらび》餅、掛川の湯豆腐、沢田の白酒、見付の蕎麦、※浜名納豆、猿が馬場の柏餅、※今村大浜茶屋の蕎麦、芋川の米饅頭、前後《ぜんご》の米饅頭、桑名の蛤・白魚、※東富田の焼蛤、杖突（衝）坂の饅頭、能古茶《のんこぢゃ》屋《や》のはったいの粉、目川の菜飯田楽《なめしでんがく》、草津の乳母（姥）が餅・赤貝、勢多《せた》の蜆《しじみ》。以上のほか、弁当や酒宴、あるいは茶店の記事も多い。中でどうやら合格は※印の五つだけ。点は甚だ辛い。たとえば白須賀の先き猿が馬場の柏餅は次の通り。「柏餅はよきものなり。一ツ賞翫すべしと取寄せ見れば、言語道断の不届千万なる物にて、何をもてか柏餅といはん姿なるべき。もしは榧《かや》の実などにてこしらへたる故、かくは名付けたるかと、一ツ喰うて見れば、南無三さにあらず。たゞざく〳〵として糠《ぬか》をかむがごとく、嗅《くさ》みありて胸わろく、ゑづき（嘔吐）の気味頻りなれば、奇応丸を取出し噛みて、湯を呑み、やう〳〵助かりぬ」。掛川領沢田の白酒は「黒うして単酒ともいひつべければ、いかな〳〵、一口ちうともいはれず」と一蹴。桑名の名物白魚は「我嫌物なれば、さながら鰌《どじょう》の幽霊かとぞ思ふ」で問題外。泰邦卿が京都を発つときから期待しその期待に背かなかったのは、ひとり薩埵《さった》峠の東倉沢のさざえである。「先づ栄螺《さざえ》を居喰《いぐい》にすべしといふうちに持ち来る。この所の名物なれども、絶えてなき時もありて、うろたゆれば鮑《あわび》の耳を煮て出すとなん、京にて聞伝へければ、油断はすまじきなり。一口食うては首を傾け、二口食うては耳を欹《そばだ》て、三口食うては舌打して、さざゑや〳〵、匂ひといひ味といひ、我年来栄螺を好みて常に食すれども、いまだ如斯《かくのごとき》味を知らず。今初めて薩埵の薩埵たる事を知り、さざゑの栄螺たる事をば知りつ。五ツ迄喰ひたれども足れりとせず。時にもはやなしといふ。尽きたればせん方波の底にはあるべけれども、力及ばずして、貝の尻を探り見れども、ごと〳〵と汁のみ鳴りて身はあらず、残念これに過ぎず。又登りの時を期《ご》せんのみ」。まことに食いしん坊の面目躍如といったところである。また一方、大

『伊勢参宮名所図会』富田焼蛤。蛤は路傍の松の木の下などでも焼いていた。書き入れの句は「蛤のやかれて啼《なく》や郭公《ほととぎす》　其角」。

浜茶屋の名物蕎麦切は、元来好物ではあるし、できあがるのを待ちかねて台所をのぞき見る有様なのに、「さて蕎麦持ち来るを味へば、いかにも名物とも言ひつべし。いま一椀と思へども、京を出でし時母の仰《おおせ》に、初旅は食事こそ肝要なれ、食《しょく》多く食ふべからず、酒過《すご》す事なかれ、少しづゝちよこ〳〵と養ふべし、と丁寧に告戒の御事ども思ひ合せ、さて一盃にて止みぬ。召連れたる者ども幾返《いくかえり》ともなく賞翫し、末々の小者夥《おびただ》しく喰ひつ。その音は風強き夜の漣《さざなみ》かと聞こゆ」と、母の教えを思い出してぐっと我慢もするし、またさすがにお公家さんだから、草津の外れ目川《めかわ》では、「時に群集《くんじゅ》して喰ふ菜飯田楽《なめしでんがく》、我も好ましくはあれど、さながらうちつけにも言ひがたく、一人の惟光（従者）を招き寄せ、あのはなの先なるをと囁《ささや》けば、白き扇の畳、つまいたう焦したるやうなるをもて来。人の目川忍びて、そとくひて見れば、思ひの外味なくてぞありける」と、『源氏物語』をもじっておつに気取っても見せる。石部《いしべ》の外れ桜川の名酒の匂いには駕籠《かご》の中で鼻をひくつかせる。そういう、食いしんぼうの習性がはしばしにのぞく所がまたたまらなくおかしい。

『伊勢参宮名所図会』目川の菜飯田楽。広重保永堂版の絵の店先きをクローズアップした図。

# 袋井《ふくろい》

▼遠江国山名郡、江戸から五九里一二丁、京へ六六里九丁。▼原野谷川《はらのやがわ》を渡り左に入る路傍に小堂と石柱。小堂はからっぽ、石柱に「従是西東海道御本体可睡三尺坊大権現、喜捨主当国消災講中」、明治一六年建。▼久津部《くつべ》の左側に妙日寺《みょうにちじ》。入口右に「日蓮大菩薩先祖古跡妙日寺」の碑。明日寺・明星寺とする文献もある。本堂の左手に日蓮の先祖代々初代政直から四代目父重忠夫妻までの墓。ここはもと貫《ぬき》名《な》といい、日蓮の父貫名重忠の領地であったが、重忠が伊勢平氏に与《くみ》したため安房《あわ》に配流《はいる》となりそこで死去、遺言によりここに葬られた。▼妙日寺手前右側に富士浅間宮の赤いみごとな大鳥居。ゆったりしたしめ縄に風情がある。この先松並木よくのこり松並木の土手も原姿を留《とど》める。▼右側に「七ツ森神社」の石柱。金十郎稲荷ともいう。▼つづいて右に

**袋井・出茶屋ノ図**。宿外れの葭簀（よしず）張りの出茶屋。石で炉を組み木の枝から大薬罐をつるす。軒口に商品の草鞋。遠くに藁塚が見え晩秋の景である。

可睡斎《かすいさい》道標。「是より可睡三尺坊道」。可睡斎は北西約三キロにある徳川家康ゆかりの禅寺。家康が竹千代と呼ばれ、今川家に人質となっていたのを助け出したのが、当寺一一代住職等膳和尚。その後家康に面会の席で居眠りをし、家康から「われその親密の情を喜ぶ。和尚睡《ねむ》る可《べ》し」といわれ、寺の名を可睡斎としたという。▼袋井の宿は往時の面影はない。木原に旧道少しのこり右側許祢《こね》神社に「木原畷《なわて》」の碑。徳川・武田三方ヶ原《みかたがはら》の戦いの前哨戦の古戦場。家康公腰掛石がある。▼太田川に架かる三ケ野橋を渡り旧道は国一から左に離れ、それから一キロ足らず鎌倉の道、江戸の道、明治の道、大正の道と複雑だが、標識に注意すればほぼたどれる。一言坂（明治の道）を上り老人憩いの家前に三碑あり、一は「三箇野車井戸之跡」、二は「従是《これより》鎌田山薬師道」、三は「明治の道」。

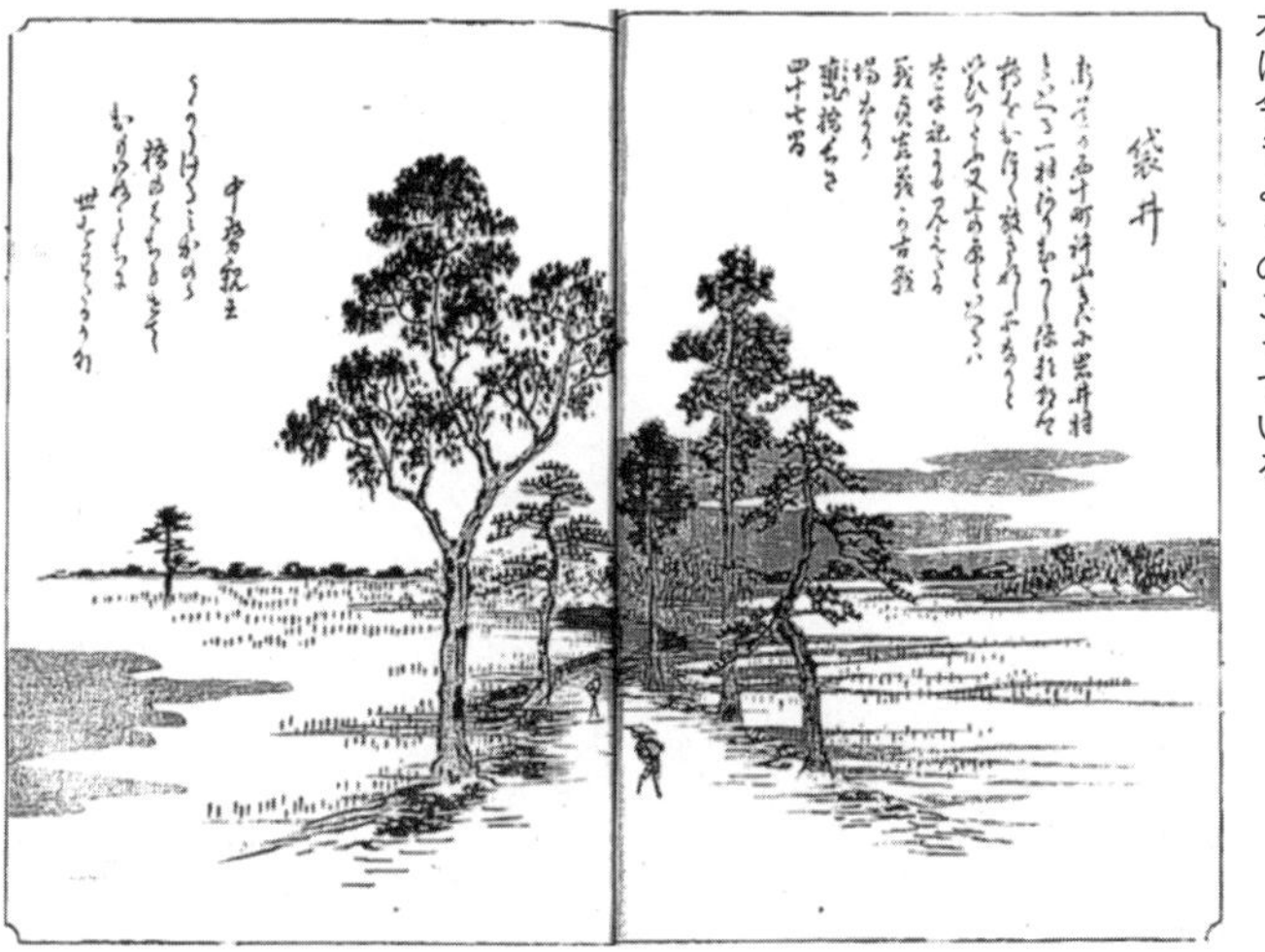


『東海道風景図会』袋井。袋井の松並木は今もよくのこっている。

# 見《み》付《つけ》

▼遠江国豊田郡、江戸から六〇里半一一丁、京へ六四里半九丁。いま磐田《いわた》市。▼遠州鈴ケ森。見付宿の東の外れ、国道一号右側に「遠州鈴ケ森」の標示。急な石段を上り一〇坪ほどの土地。中央に大きな「南無妙法蓮華経」碑。左に「妙法無縁の万霊」。右に小さな地蔵。手前に手水鉢。白浪五人男の首領日本左衛門の首が晒《さら》された所（金谷宅円庵条一〇四ページ参照）。▼市街地に入る手前急坂の左右に阿多古《あたご》山一里塚。坂を下りきると右に「東海道五十三次遠州見付宿木戸跡」の標示。▼左側に愛宕《あたご》神社。石段を登るとすっかり近代化した市街一望。境内にかつて相撲番付が奉納されていた。東方「大関大津磯風貢治郎、関脇東京文明久五郎」、西方「大関愛知相見山留吉、関脇鷲嶽安治郎」。本殿の背後に前記の一里塚がよく原形を存する。▼愛宕神社の先百メートル右側に矢奈《やな》

**見付・天竜川図**。天竜川は大天竜（東）、小天竜（西）の二瀬になって流れる。ケンペルはその一瀬を馬で一瀬を舟で渡った。舟賃は二瀬ともで二十四文くらい。

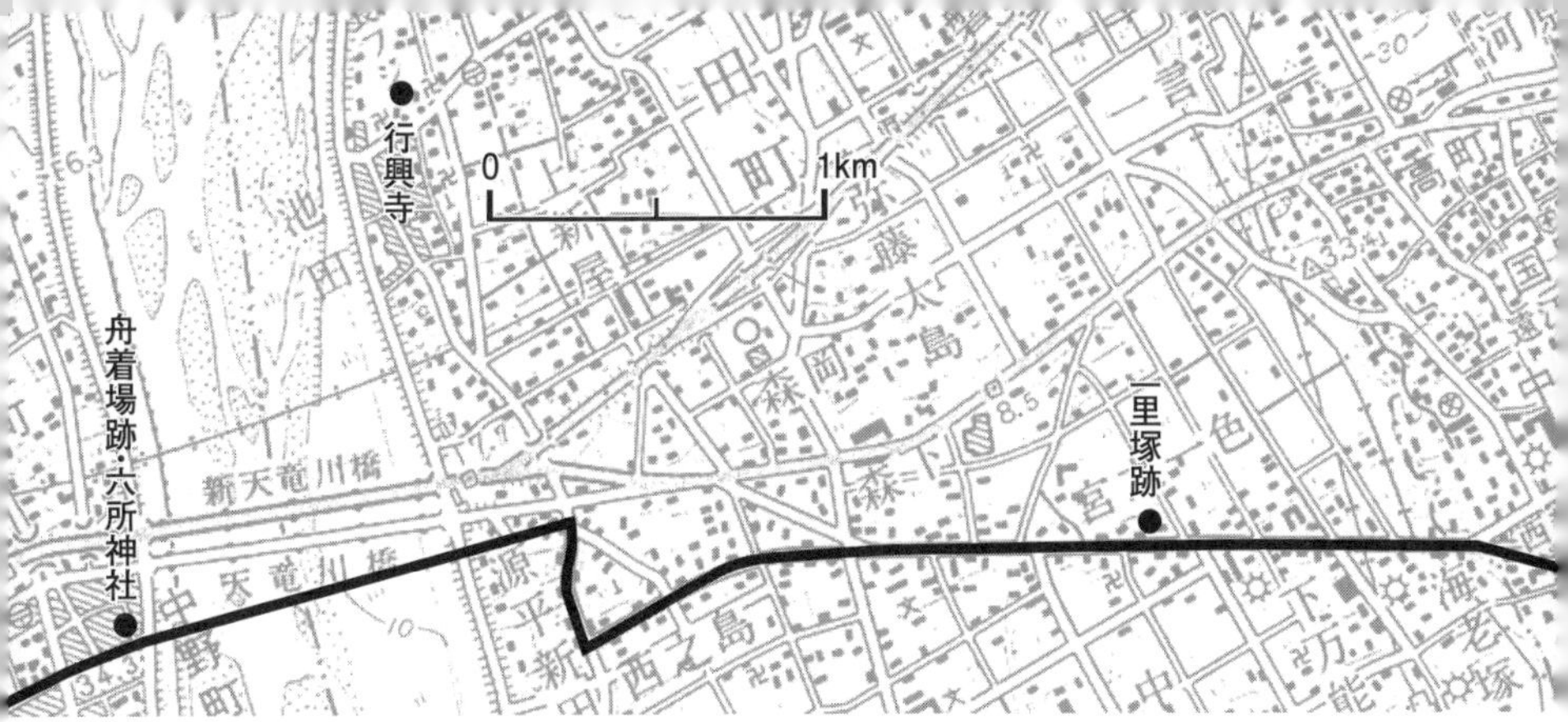


比売《ひめ》神社。霊犬悉平《しっぺい》太郎の像。昔毎年妖怪に人身御供《ひとみごくう》を要求されたが、一雲水の努力と信州から得た猛犬悉平太郎（早太郎、疾風太郎とも）の活躍で妖怪古狸（狒狒《ひひ》とも）を退治する話。▼式内社の淡海国玉神社隣りに磐田市立郷土館。この建物は明治八年建、日本で現存最古の小学校建物。その手前右側に「本陣跡」の標示。▼その先百《メートル》左に少し入ると見性寺《けんしょうじ》。日本左衛門墓。一尺ほどの無名の自然石。寺の過去帳に記事があるという。境内に句碑三基。「迯《にげ》て行岬《ゆくみさき》の雨や夏の月　知硯」「梅が香にのっと日の出る山路かな（芭蕉）」「開けて見る障子にもあり今朝の秋　汀《てい》鷗《おう》」。▼西坂町を左に折れ、右側西光寺（日限《ひぎり》地蔵）に楠とナギの大木。磐田高校南の右側の遠江国分寺跡に礎石のこる。▼旧道は東町から西へ折れ、途中宮之一色の一里塚を見て一路天竜川へ。▼天竜川の東岸上流一キロの豊田町池田は、古くは海道の宿駅で、江戸時代にも見付からここを経て姫街道への近道が

『東海道名所図会』。とらわれて鎌倉へ護送される重衡を熊野御前が慰める。

あった。池田は謡曲「熊野《ゆや》」の主人公熊野御前の郷里。都で平宗盛に寵愛された熊野御前は、母の病気の知らせに帰国を願うが許されず、「いかにせむ都の春もをしけれどなれしあづまの花や散るらむ」と詠み帰国を許される。その邸跡という行興寺《ぎようこうじ》の本堂左手に廟あり、左に熊野御前の墓、右にその母の墓。境内に熊野御前の前出歌の碑、荻原井泉水《おぎわらせいせんすい》句碑「藤の長房天竜は長き流なり」、葉蘭《はらん》句碑「汗かいて昼寝の吐息業尽きず／ひとの手に綿虫移しいどませり／老どちが浄瑠璃に泣く夜永かな」。大橋葉蘭は地元の人、明治三五年生まれ、俳誌「みづうみ」主宰。石垣清一郎歌碑「そら薫《だき》の煙は雲ぞさこそあれ一山染めて熊野の藤さく」。本堂前横後の藤棚は天然記念物の熊野《ゆや》の長藤《ながふじ》。花房の長さ一メートル半に及ぶ。

▼天竜川は舟渡し。古くは天中の渡しという。渡し場は上之乗船場、中之乗船場、下之乗船場があり、中心は下之乗船場。ケンペルの紀行に「川幅はこの辺りでは一五分で行けるほどの距離で、二筋に分れて海に注いでいた。初めの流れは馬で越えたが、もう一つの方は川舟で渡った」。

安政五年の道中記

## 梅月堂宣阿の富士一覧記

京都の歌人梅月堂宣阿《ばいげつどうせんあ》が、元禄四年四月一一日二人の友と京都を立って東海道の旅に出た。雨が降り出せばさっさと泊り、降りつづけば滞留するという気ままな旅で、各地に文雅の知友を訪ねては滞在し、雅会を重ねている。和歌や漢詩を交えた雅文体の日記でさして特色ある作品ではないが、いくつか面白い記事がある。

『伊勢物語』の故事で名高い八橋《やつはし》は多くの旅人が関心を寄せながら、花の季節外れであったり、様相が一変していたりで、訪う人々を落胆させている。宣阿の見た風景は、四、五間ほどの土橋があるだけだが広々とした野良はよそとはちがう風情があり、更に沢から七、八町へだてた無量寺の杜若《かきつばた》は花盛りであったという。ほぼ現在の風景と同じである。

白菅（白須賀）での難破船の詳細な記事も珍しい。汐見坂を下り白菅の浦に行くと、浦人たちがわらわらと浜の方へ走って行く。難破船だという。見ると磯近く漂着した船から乗組員が小舟に乗って必死に脱出する。そのうち山のような大波が大船を揺り動かし破壊し、積荷の材木が浜にうち寄せられるのを、浦人たちが争って運び去る。宣阿はその浦人の行為を口をきわめて非難している。

白菅の浦に一泊し翌早朝汐見坂の上から富士山を見て感激し、ここから帰路についたが、富士山は二川の辺りまで「人を追いくるやうに」見えていたという。

四月二六日の知立の馬市の描写も珍しい。知立の東の野良に甲斐信濃の荒駒を引きつらねて馬市が立ち、男女の商人が集まり、酒屋・茶店をはじめ種々の店が軒を並べ、「侏儒《しゆじゆ》・俳優・傀儡師《くぐつし》の類ひ」まで集まるというから、芝居や見世物なども出ていたらしい。

この紀行は宣阿の百回忌に当る天保六年に子孫の桂園派の歌人香川景樹が『富士一覧記』と題して出版している。

『東海道名所図会』池鯉鮒駅の馬市。

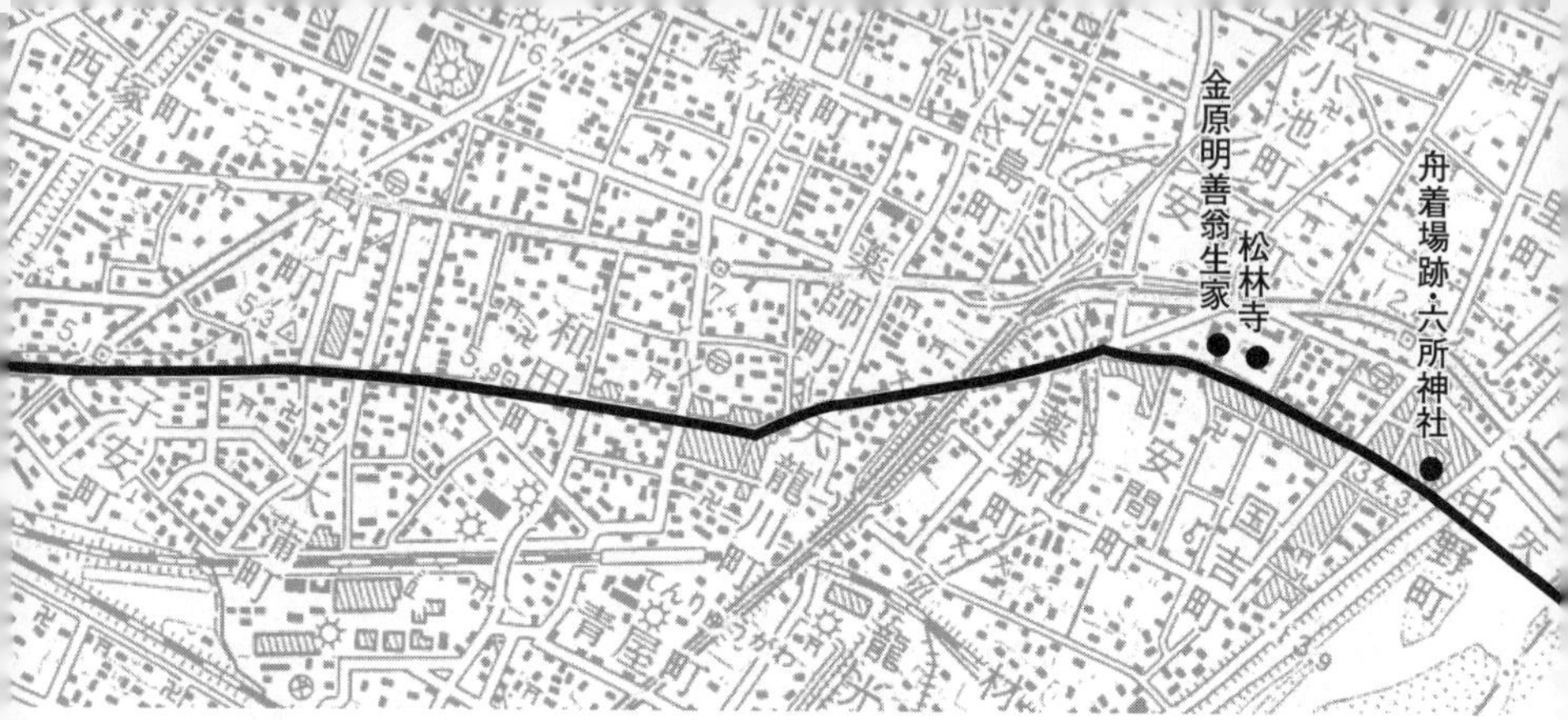


# 浜松《はままつ》

▼遠江国敷知《ふち》郡、江戸から六五里一丁、京へ六〇里一九丁。井上河内守六万石の城下町。▼天竜川西岸中野町は江戸〜京の中間。六二里半余。『東海道名所図会』に「京江戸行程《みちのり》同《どう》里《り》。町屋村をいふ。又中之町とも名づく。天竜川の西端《にしはた》なり」。今でも新幹線浜松から東京・京都の料金は同じ。▼船着場跡に「玉座《ぎょくざ》跡《あと》」「船橋之跡」二碑。ともに明治天皇関係の碑。土手下に六所神社。▼松林寺。安間《あんま》町右側。忠魂碑、平和塔、明治天皇御製碑。▼その先右側、黒塀にみごとな松を見せる堂々たる旧家は金原明善《きんぱらめいぜん》翁生家。総檜造り築後二百余年。向かい側に明善記念館。明善は治山治水の功労者。▼本坂越《ほんさかごえ》入口。本坂越は東海道の脇街道の一つで、姫街道ともいう。安間橋の少し手前から右に分岐(標識なし)、浜名湖の北部三ケ日《みっかび》から本坂峠・豊川を経て御油《ごゆ》で

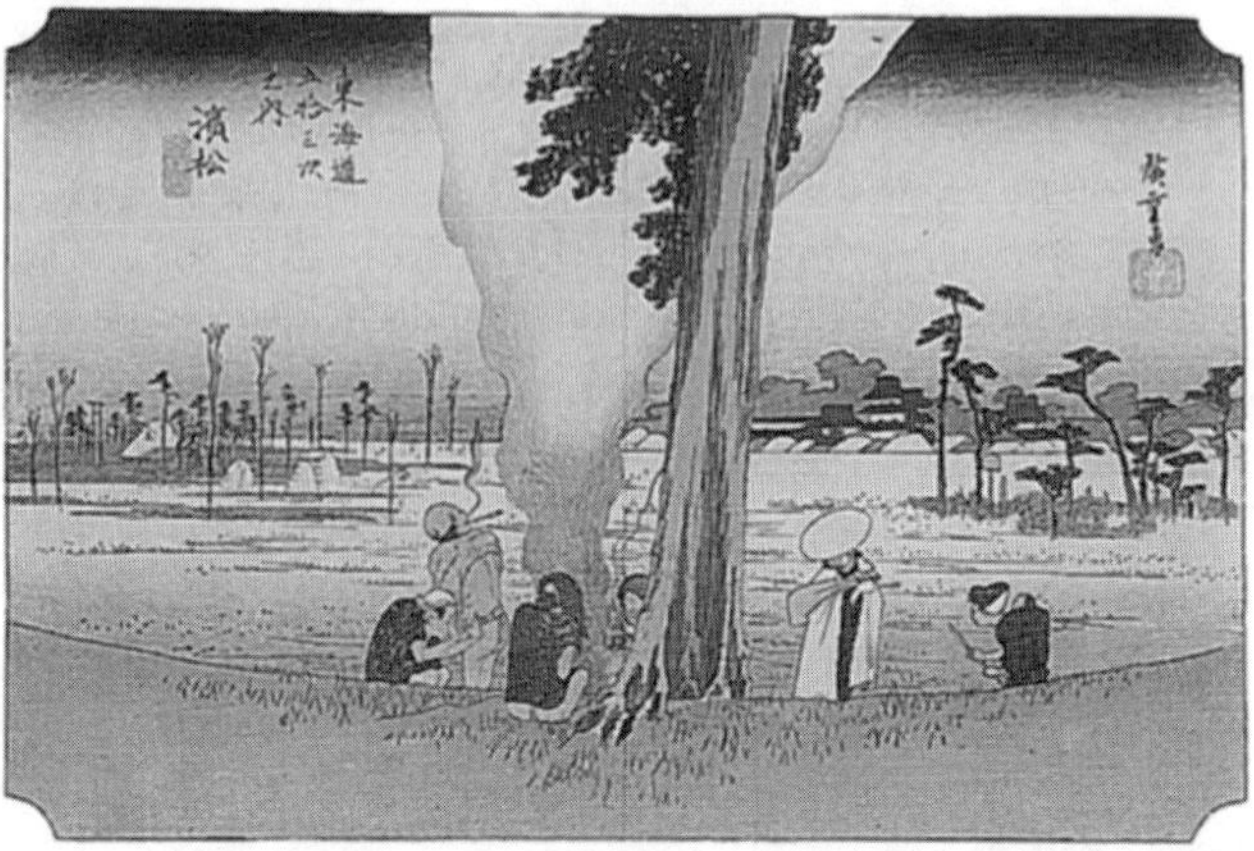


**浜松・冬枯ノ図**。冬枯のたんぼの向うに浜松城。杉の大木の下で焚火で暖をとるのは、百姓かそれとも海道かせぎの人足か。右に煙管を手にした旅人が一人。子を負うた女が見えるのは近くに出茶屋でもあるか。

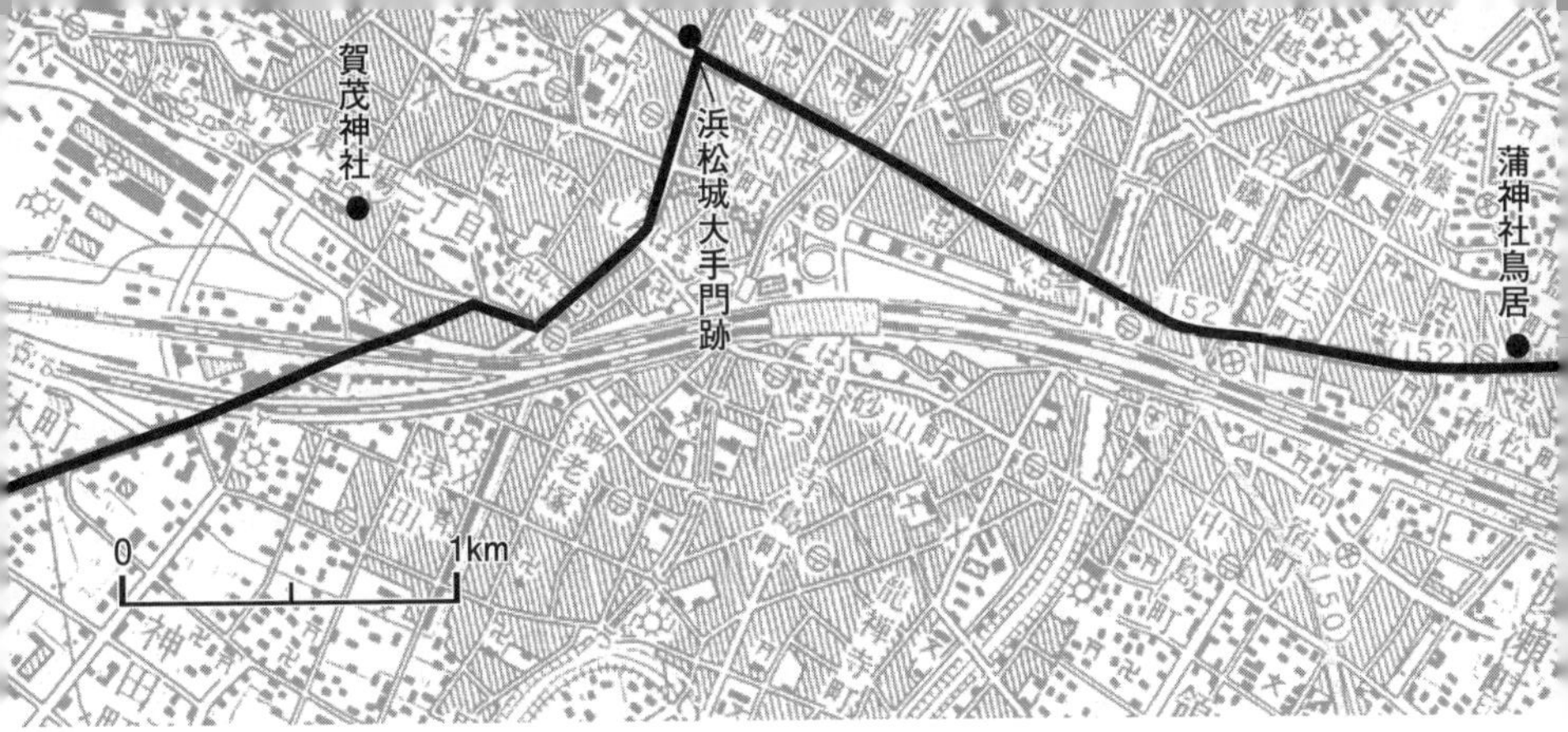


本海道に合流する。一三里半。前記の池田や浜松宿から本坂越に入る道もある。▼植松町右側に蒲《かば》神社鳥居。神社は数百《メートル》北方。『東海道名所図会』に「神主蒲《かば》氏は三河守範頼《のりより》（源頼朝の異母弟。通称蒲冠者。母は池田の遊女）の末裔《まつえい》といふ」とある。▼颯々之松《ざざんざのまつ》碑。北方一キロ野口町。石を積み上げた塚に「浜松名称起源颯々之松」の碑と松の木。室町幕府の将軍足利義教《よしのり》が富士見に下向の折り、この松の下で「浜松の音はざゝんざ」と諷《うた》って酒宴したという。▼万葉集長忌寸奥麿《ながのいみきおきまろ》の歌「引馬《ひくま》野《の》ににほふ榛原《はりはら》入り乱り衣にほはせ旅のしるしに」の引馬野を浜松北西三方《みかた》が原辺りとする説もあるが、今では愛知県御津《みと》町御馬《おんま》の方が有力。▼浜松といえばウナギ。ネットで検索すればさすがに「浜松のうなぎの名店トップ一〇〇」が☆印つきで並ぶが、絶滅危惧種の将来やいかに。▼連尺町・伝馬町・旅籠町辺りが宿場の中心。▼街道筋から西五百《メートル》ほどの東伊場町に、国学の大成者賀茂真淵《かものまぶち》ゆかりの賀茂神社・縣居《あがたい》神社・賀茂真淵記念館がある。真淵は伊場村の生まれで本家は代々賀茂神社の神職。▼二つ御堂《みどう》。東若林の直進する海道が西に折れる所の左右に古いお堂があり傍らの解説板に「伝えるところによると、約八百五十年前、天治年中に、奥州平泉の藤原秀衡《ひでひら》公およびその愛妾によって創建せられたものという。京に出向いておられた秀衡公の大病を聞いた愛妾が、京へ行く途中、ここまで来て、秀衡公死去の報（誤報）を聞き悲しんで、秀衡公の菩提を弔うために、北のお堂を建立して阿弥陀如来を安置し、この地で死去した。京の秀衡公は病気回復して帰国の途中、ここでその話を聞き、愛妾への感謝と全快のお礼のために、南のお堂を建立して、恵心僧都《えしんそうず》作の薬師如来を安置した」。北の御堂に並び高札場跡、小堂中にみごとな馬頭観世音、後ろの美しい松林に八幡社。街道少し先に松ばらばら。▼諏訪神社先の右角に領界石「従是《これより》東浜松領」。

# 舞《まい》坂《さか》

▼遠江国敷知《ふち》郡、江戸から六七里、京へ五七里二六丁。▼領界石先の追分「夢舞台東海道、篠原」の標識の右の方の道を進む。▼引佐《いなさ》山大悲院跡。馬郡《まんごおり》観音堂とも。かつては定朝《じょうちょう》作一尺二寸五分の観世音を祭る由緒ある寺であったが、今は廃寺となり「史蹟引佐山大悲院観音堂聖蹟」の碑のみ。歌枕の引佐入江(引佐細江)もこの辺りという。▼東本徳寺前に髭題目《ひげだいもく》碑と「清正公三百年祭紀念碑」。西本徳寺前に髭題目碑と「海中出現釈迦牟尼仏《しゃかむにぶつ》安置」碑。▼馬郡町の十字路右角に春日神社。▼長池町に六百メートルにわたるみごとな松並木。終り近くに舞坂橋跡。▼舞坂の中心は静かな町並。左側に秋葉山灯籠、一里塚跡、もと一抱えほどの松があったという。左側宝珠院前に秋葉山灯籠と波切不動尊碑。岐佐《きさ》神社は明応七年(一四九八)大津波の時、砂丘上に避難して

**舞坂・今切真景**。今切の渡しの舞坂側。多数の杭は宝永頃設けられた波除け。シーボルトは「左(北)には山が連なり右(南)には低い海岸がある美しい景色」を楽しく眺めた。

難を免れた人々が漂着した小祀を祭る。海抜二・六メートル。津波避難所でもある。脇本陣を完全な形で復元。町の出外れに立派な西町常夜灯、文化一〇年（一八一三）建。▼突当りが船着場、今は漁港舞阪港で古い石垣がのこる。沖に弁天様の赤い鳥居、左（南）は今切口をまたぐ浜名バイパスの浜名大橋、右（北）は鉄道・国道の向うに浜名湖が広がる。舞坂は古くは対岸と陸つづきで浜名湖は淡水内陸湖であった。『東海道名所図会』に「振裾記に、昔はこの国浜名の湖ありしが、後土御門院明応八年（一四九九。正しくは明応七年）六月十日洪水の変ありて、湖と塩海との間切れて、潮《うしお》入りて湖はなくなる。故に今切《いまきれ》といふなり」。室町時代中期に地震のため湖と海を隔てていた陸地が切れ海水が流入するようになったのである。以来船渡しになったが、波風激しく難渋したので、江戸時代中期の宝永頃、多数の杭を打ちこんで波を避けた。新居まで水上一里、夕方七つおよそ午後四時以後は船を出さない。船賃は一人いくらでなく一艘《いっそう》いくら、それを客の人数で割る。延享三年（一七四六）には一艘二七五文、弘化四年（一八四七）には四一七文。

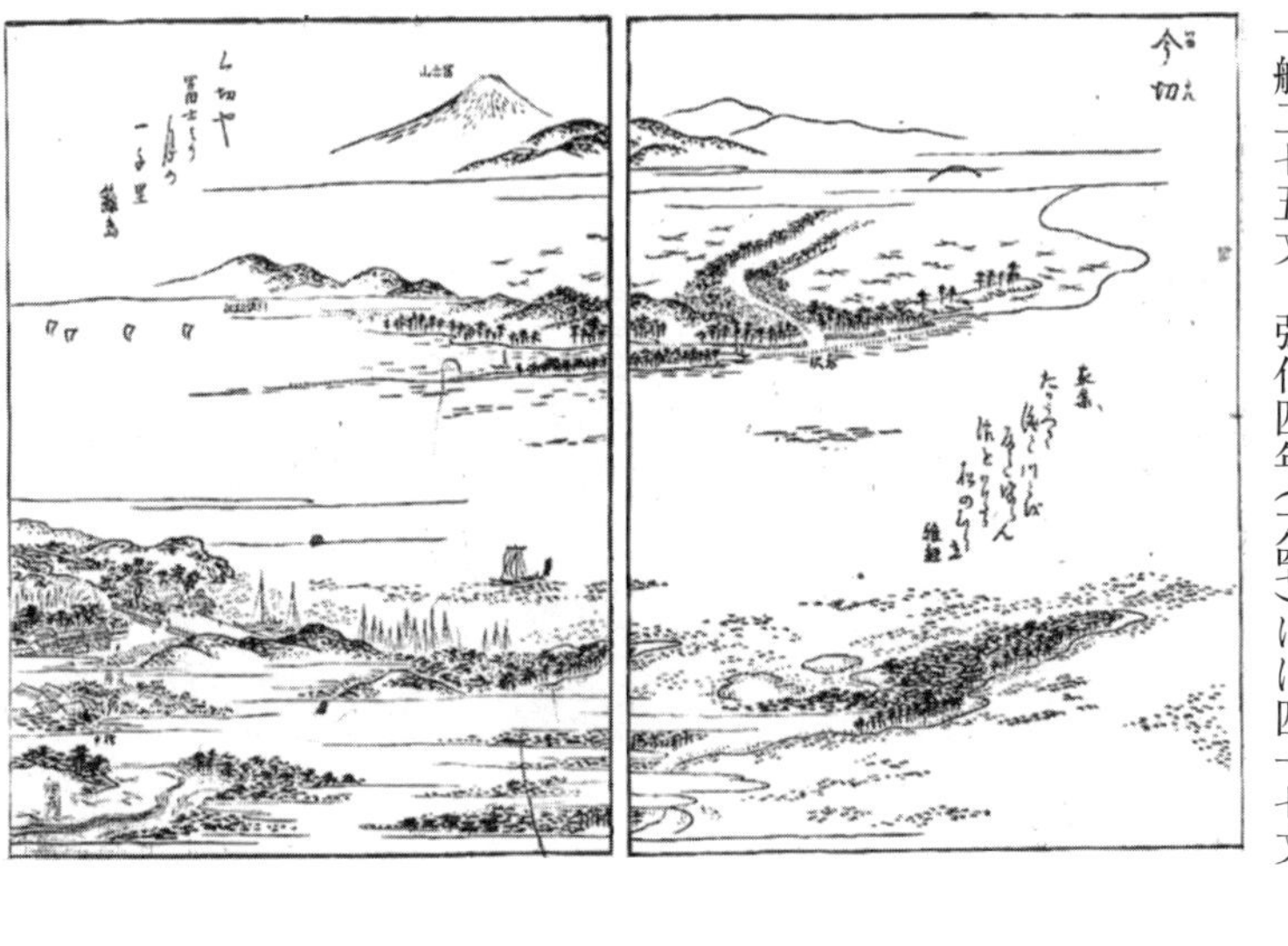

『東海道名所図会』今切。向うが舞坂、手前が新居。

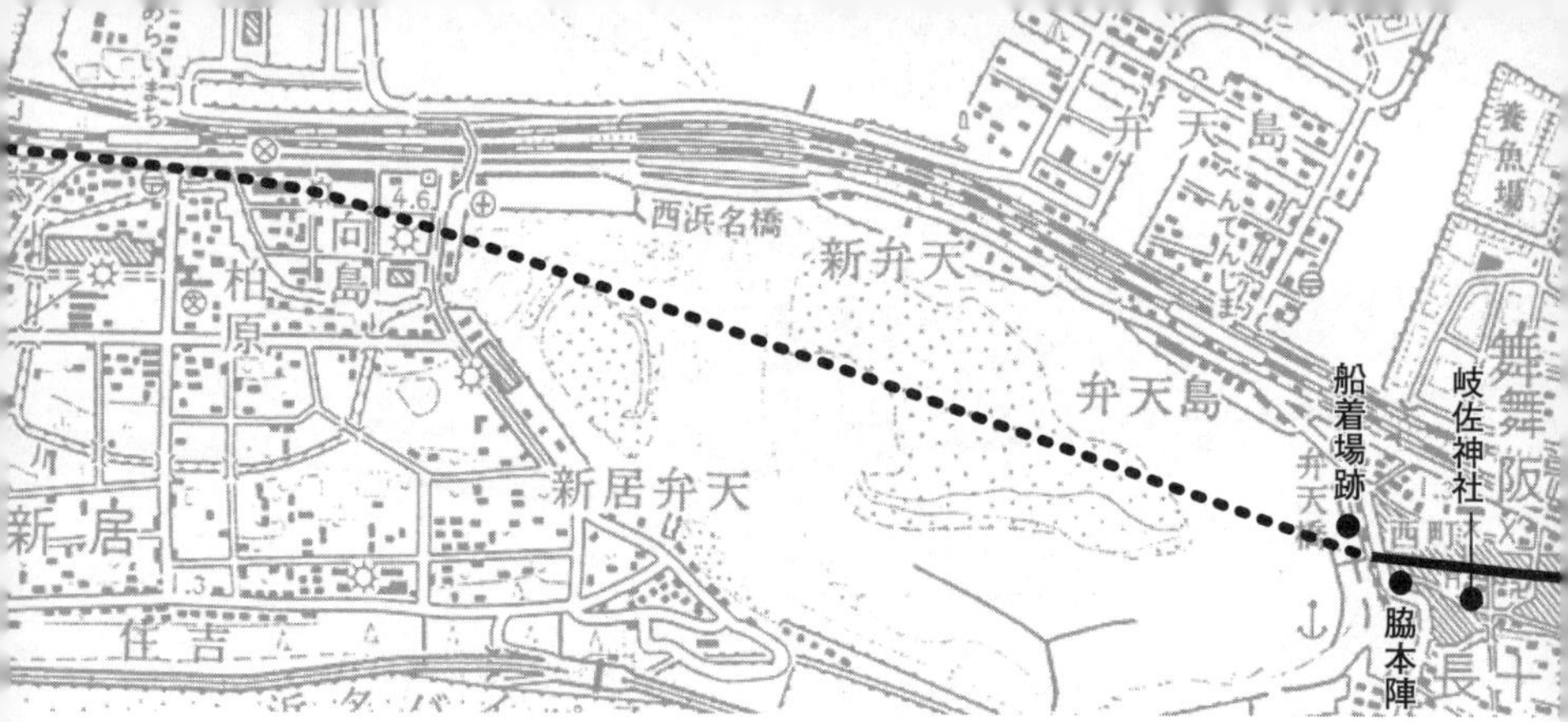


# 新居《あらい》

▼遠江国浜名郡、江戸から六八里三〇丁、京へ五六里二六丁。「荒井」とも書く。▼新居の関。箱根と並ぶ厳しい関所。慶長五年(一六〇〇)設置以来、地震・津波のため転々、今の位置は三度目。舞坂からの渡船はこの関所の構内に着く。『東海道中膝栗毛』の船頭の言葉「サア〳〵お関所前でござる。笠を取つて膝を直さつしやりませ。ソレ〳〵舟が(岸に)当りまするぞ」。建物は安政二年(一八五五)の建造。船着場、木戸等を含め旧態を保存。隣接の資料館も内容充実。木戸の内側に炭太祇《たんたいぎ》の句碑「木戸しまる音やあら井の夕千鳥」。荷物石、石樋、制札等がある。▼関所の先が宿場。旅籠屋紀伊国屋が復元され、屈折する道路沿いに本陣跡三か所、一里塚跡、棒鼻《ぼうはな》跡等の標示。▼家並の右後ろ一帯が歌枕の高師山《たかし》、南に出外れた辺りに歌枕の浜名の橋があった。藤原

**荒井・渡舟ノ図**。新居の関所前へ向う大名舟と乗合舟。大名舟は幔幕を張り毛槍・吹流しなどを立てる。乗合は一艘いくらで乗合客数で割る。安永五年で一艘三五九文。

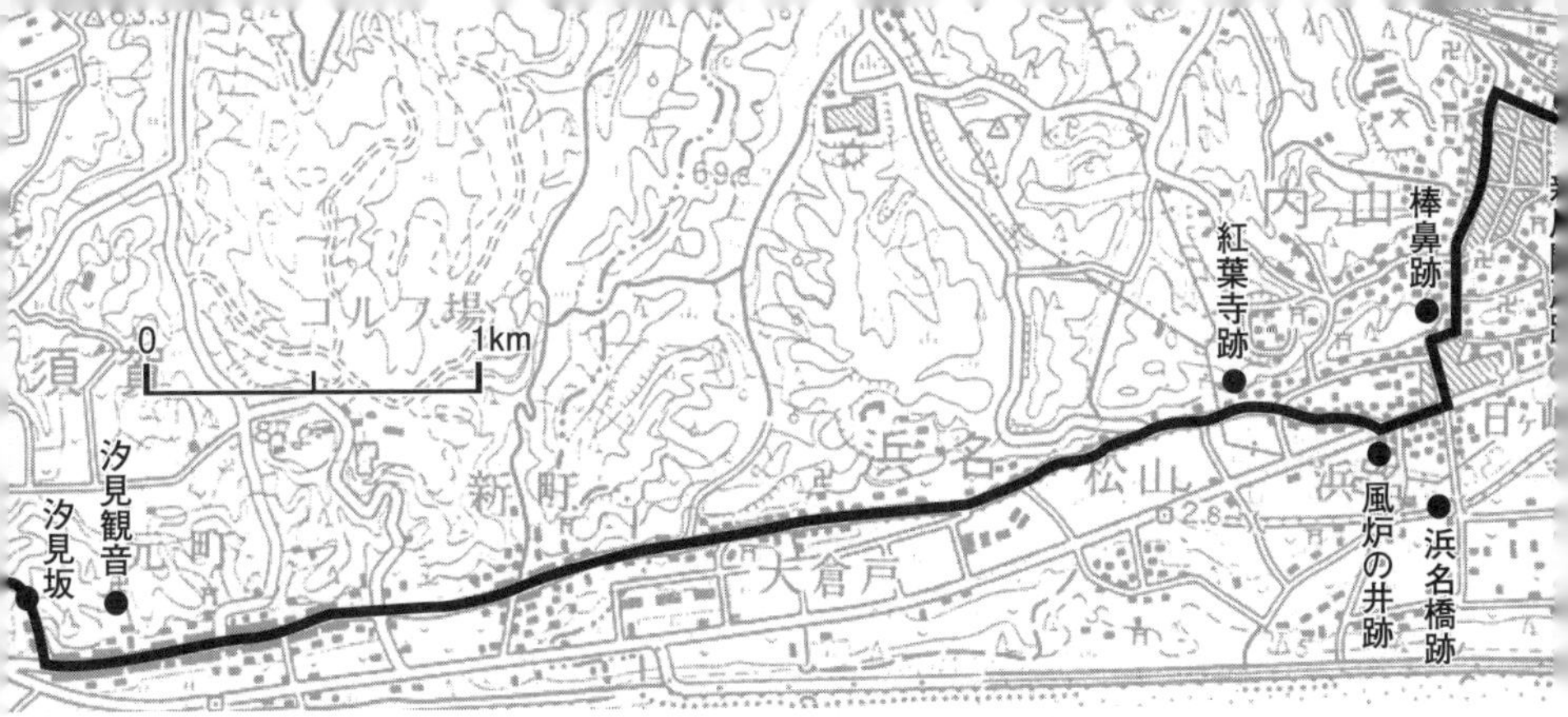


為氏の歌「なほしばし見てこそ行かめ高師山ふもとにめぐる浦の松原」、大江広経の歌「東《あずま》路《じ》の浜名の橋を来て見れば昔恋しき渡りなりけり」。『十六夜日記』の著者阿仏尼は橋の上から飛びかう鷗《かもめ》を眺めた。今切れ出現以前は内陸淡水湖であった湖の水が、浜名川となって西に流れ白須賀の東帯《おび》の港で海に注いでいた。その川に架かっていた橋が浜名の橋。▼その橋の西側にあったのが江戸時代以前の有名な橋本の宿《しゅく》。その宿駅の長者の邸跡が風炉《ふろ》の井。源頼朝がこの駅に宿陣の時茶の湯に用いた。今深さ二メートル、口径一・七メートル。▼紅葉寺跡。新居町浜名の右側。室町時代将軍足利義教《よしのり》が富士見の旅の途中風景を愛で紅葉を賞した。今は廃寺で地蔵堂に三体うち一体は子を抱く。小五輪があり楓樹多し。歌碑「くちのこる老木の花も朝かぜのさそふまに〳〵散ぞかなしき　利光」明治三一年建。▼その先左側松並木が続き途中に歌碑。「風わたる浜名の橋の夕しほにさゝれてのぼるあまの釣舟　前大納言為家／わがためや浪もたかしの浜ならん袖の湊《みなと》の浪はやすまで　阿仏尼」。

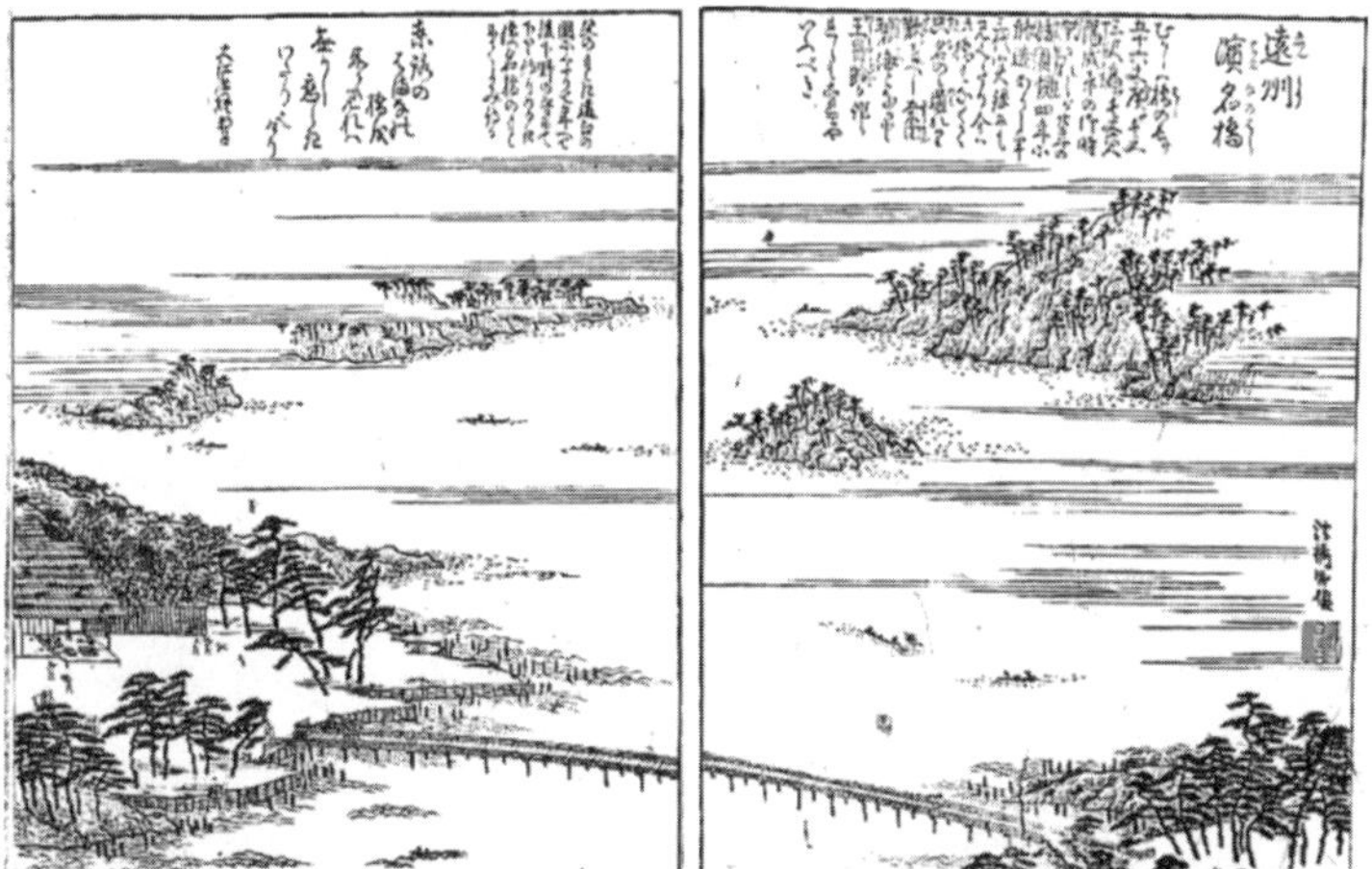

『東海道名所図会』遠州浜名橋。江戸時代にはなかった。

# 旅と死

今日旅といえば楽しいものであって、死などとはまず無縁である。昔はそうではなかった。というよりはむしろ死と隣り合わせであったともいえる。基本的には徒歩であった旅は体力を消耗したし、宿泊の施設も医療も今日から見れば不十分であった。盗賊や難船という不慮の災難もある。戸塚の権太坂上の投込塚は行き倒れの死者が何十人も葬られた。旅中必ず携帯する道中手形には「万一病死等の節は、其所の作法の通り御取り計らいなさるべく候」の一節が必ず書き加えられていた。死は予想されるものとして、その際の処置を一任しているのである。権太坂の行き倒れも、この土地の「作法」によって葬られたのであったかもしれない。

蕪村の句に「辻堂に死せる人あり麦の秋」というのがある。順礼であろうか、辻堂に一夜をすごしてそのまま死んでしまった。麦秋に忙しく立ち働く農民たちと、人に知られることもないひっそりとした死が対比されている。

掛川の天然寺にはオランダ使節ケイスベルト・ヘンミイの墓があるし、同じ掛川の広楽寺には江戸の名優三世尾上菊五郎の墓がある。文豪森鷗外の祖父森白仙《はくせん》は石見国津和野藩亀井家の典医であったが、参覲《さんきん》交代の旅中土山宿で没し、後年孫の鷗外の手で郷里に改葬された。芭蕉は「古人も多く旅に死せるあり」といっているがその通りなのであった。

その芭蕉の第一紀行『野ざらし紀行』の旅立ちの句は「野ざらしを心に風のしむ身かな」であった。野ざらしとは野に捨てられ風雨にさらされる白骨、髑髏のことである。句は野ざらしを心に思い描きながら、すなわち行き倒れを心に思い描きながら旅立つ身に、秋風がことさら身にしみて感じられるというのである。それは新境地開拓への悲壮感の表白でもあるが、旅中に野ざらしとなる思いは必ずしも旅の現実と遊離したものではなかったのである。

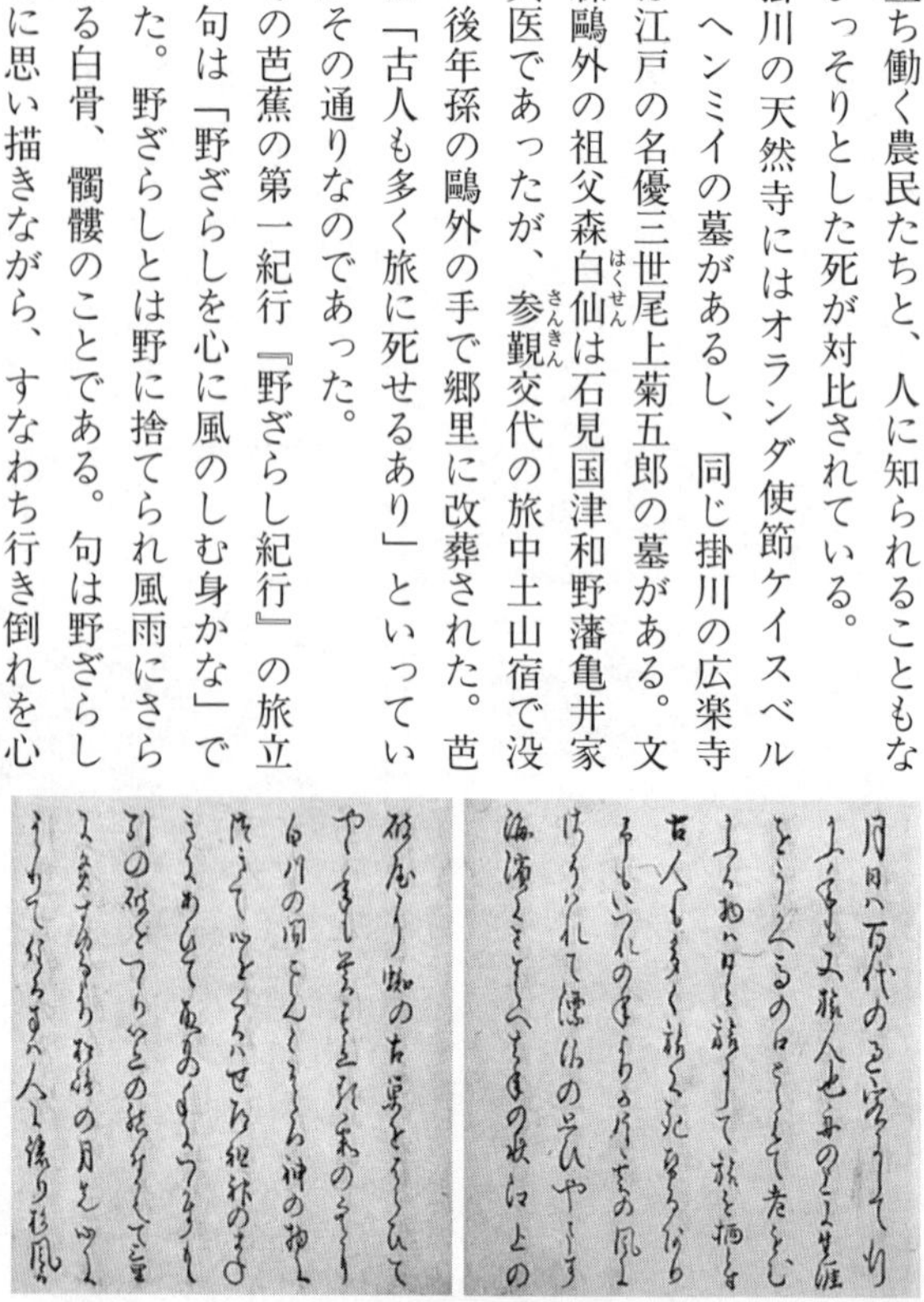

『おくのほそ道』冒頭。「古人も多く旅に死せるあり」の語句が見える。

# 神仏

いまブームの海外旅行には、楽しさと背中合せに危険がいっぱいである。私の友人はパリで「オーバーにケチャップがついていますよ」と親切に声をかけられ、ごたごたしているうちに、パスポート・現金など一切合財を盗まれた。香港では日本女性三人が誘拐され、年かさの一人だけが解放された。東南アジアでは肝臓病にかかるケースが多いという。日本ではまずそういうことはない。治安上も衛生上も世界一安全だという。しかし近世以前においては日本もそうではなかった。一七世紀中頃の『東海道名所記』には、追剝ぎ・辻切り・詐欺・食中毒・かっぱらい・夜盗・遊女・馬方などの危険や誘惑について教訓し、かんじんなのは堪忍つまり忍耐だと言っている。一九世紀初めの『旅行用心集』などは実にこまかに旅の心得を説いている。だが、いくら予備知識をつめこんでみたところで、やはり不安は不安である。知識だけでどうにもならぬ不安は、やはり神仏《かみほとけ》に頼るほかはない。『東海道名所記』の一節に「道の右左に神や仏の堂社あらば、手を合せ心に念じて通るべし。守りの神となり給ふなり」とあるが、道中の危険が多いだけに、当時の人々の心にしみたはずである。私も海道歩きの際、社寺を見ればかならず右の一文を想起し一〇円を投ずることにしている。今のところ霊験あらたかである。

『東海道名所記』神前に手を合わせる場面二つ

# 白須賀《しらすか》

▼遠江国浜名郡、江戸から七〇里二〇丁、京へ五五里。▼元白須賀。今は元町という。江戸時代中期宝永四年（一七〇七）までここに宿駅があったが、同年大津波の被害を受け汐見坂の上に移る。▼汐見観音。蔵法寺。本尊は承応三年（一六五四）に前の海中より出現の一尺九寸木造の観世音像。宝永四年大津波の際、白須賀宿泊の岡山池田侯が当観音の霊夢により危難を逃れた。本堂前から山門越しにきらきら光る海が見える。▼汐見坂。曲折長大な坂。麓には古い家並。ケンペルの紀行に「ここまで来て世界中で非常に美しい山、富士山が初めて見えた」と記すごとくこの坂上は東海道を下る旅人が初めて富士山を遠望する土地として有名。また眼下には東西七十五里の遠州灘が広がる。今はもう一つ海寄りの国道一号の坂沿いにレストランや茶店がある。旧道の

**白須賀・汐見阪図**。茫々七十五里の遠州灘を一望し、下りの旅人が初めて富士山を遠望する所として名高い。図は江戸へ向う大名行列を描く。

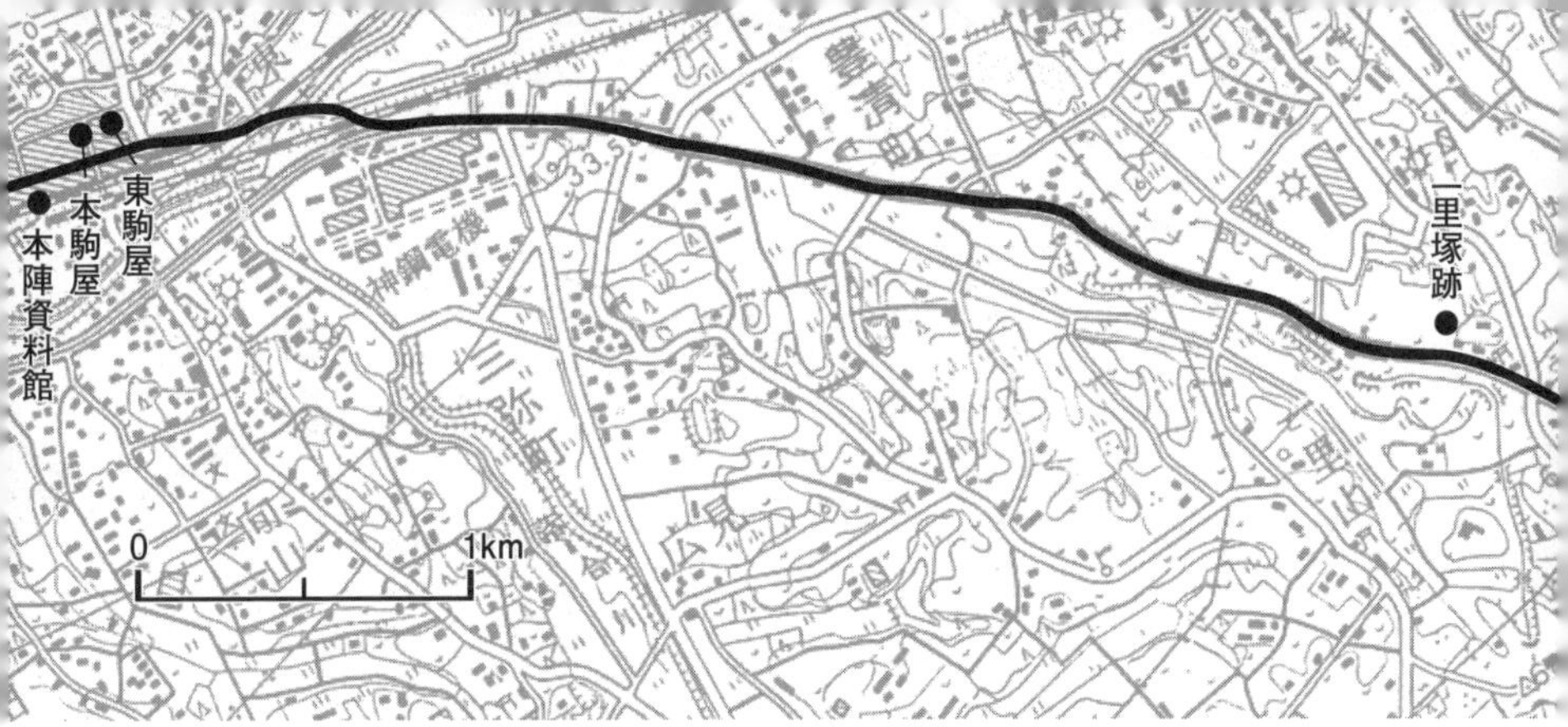


汐見坂を登り切ると山本庄次郎遺徳碑、石川先生頌徳碑、義僕平八郎之碑、藤屋五平之碑「こがねよりしろがねよりもますらをがあかき心ぞたからなりける」、明治天皇御遺蹟碑、加納諸平《もろへい》之碑、明治天皇御遺蹟地記念碑、夏目甕麿《みかまろ》之碑、汐見坂公園碑、忠魂碑がある。▼白須賀は今は国道一号から離れ静かなたたずまい。本陣跡・高札場跡などの標示がある。▼夏目甕麿邸跡・加納諸平生誕地。宿場の中央十字路先右角。甕麿はこの地の酒造家で名主を勤め、かたわら国学《こくがく》を内山真龍《またつ》に学び、のち本居宣長《もとおりのりなが》門。萩園《はぎぞの》と号し『吉野の若葉』『萩園歌集』などの著がある。文政五年(一八二二)没、五〇歳。諸平は甕麿の長男で、若くして紀州和歌山の本居大平《おおひら》の許《もと》に寄寓、請われて加納家の養子となり、紀州侯に召されて国学を講じ国学所総裁となる。柿園《かきぞの》と号し『紀伊国名所図会』『類題和歌鰒玉《ふくぎょく》集』など編著が多い。安政三年(一八五六)没、五二歳。▼境《さかい》橋《ばし》。宿を出外れ田の中の細い川が境川、橋は境橋である。昔は遠江と三河の国境、今は静岡と愛知の県境。この橋の手前にあった立場《たてば》が猿《さる》が馬場《ばんば》、そこの名物が柏餅。今は何もない。

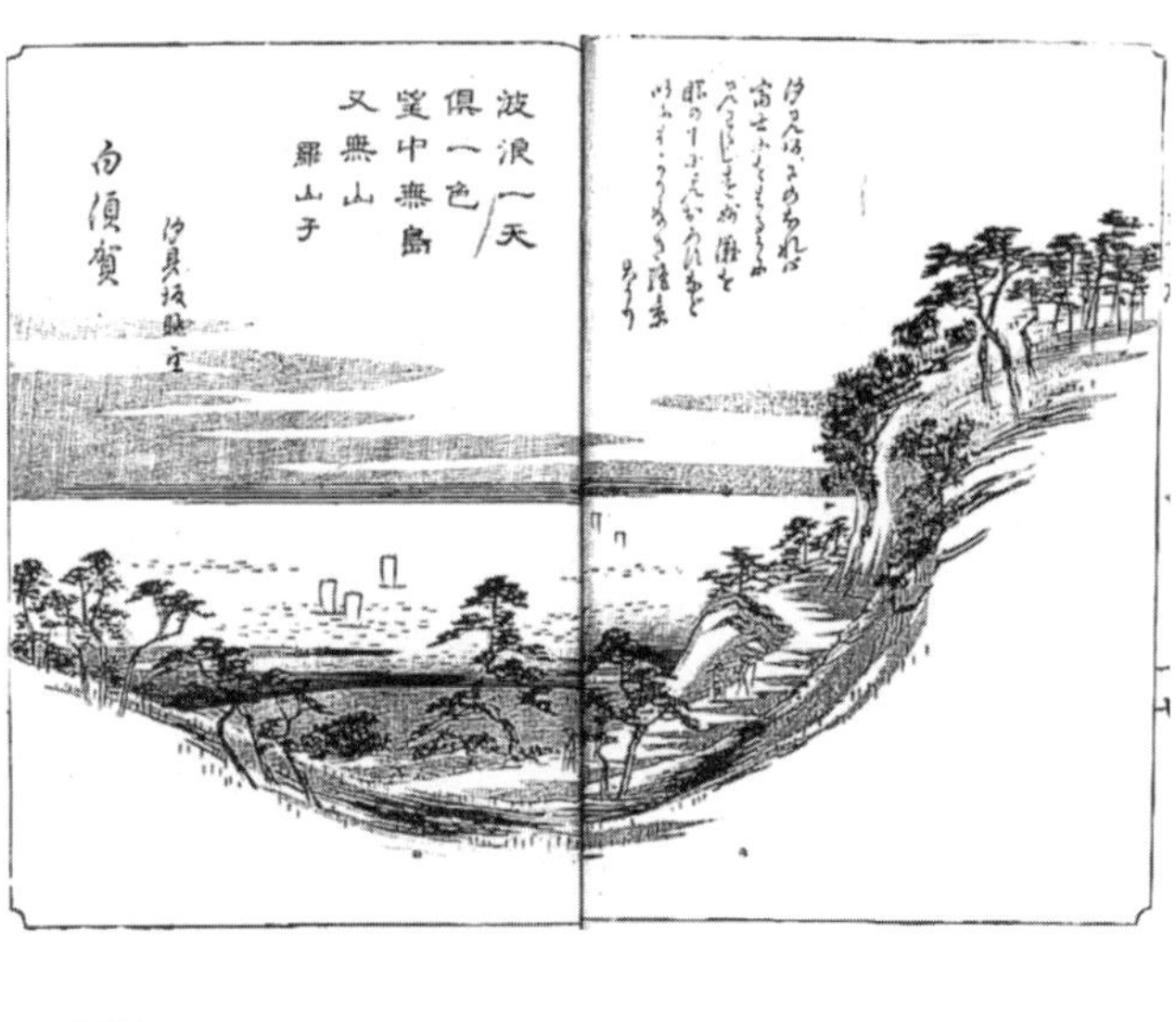


『東海道風景図会』白須賀汐見坂眺望

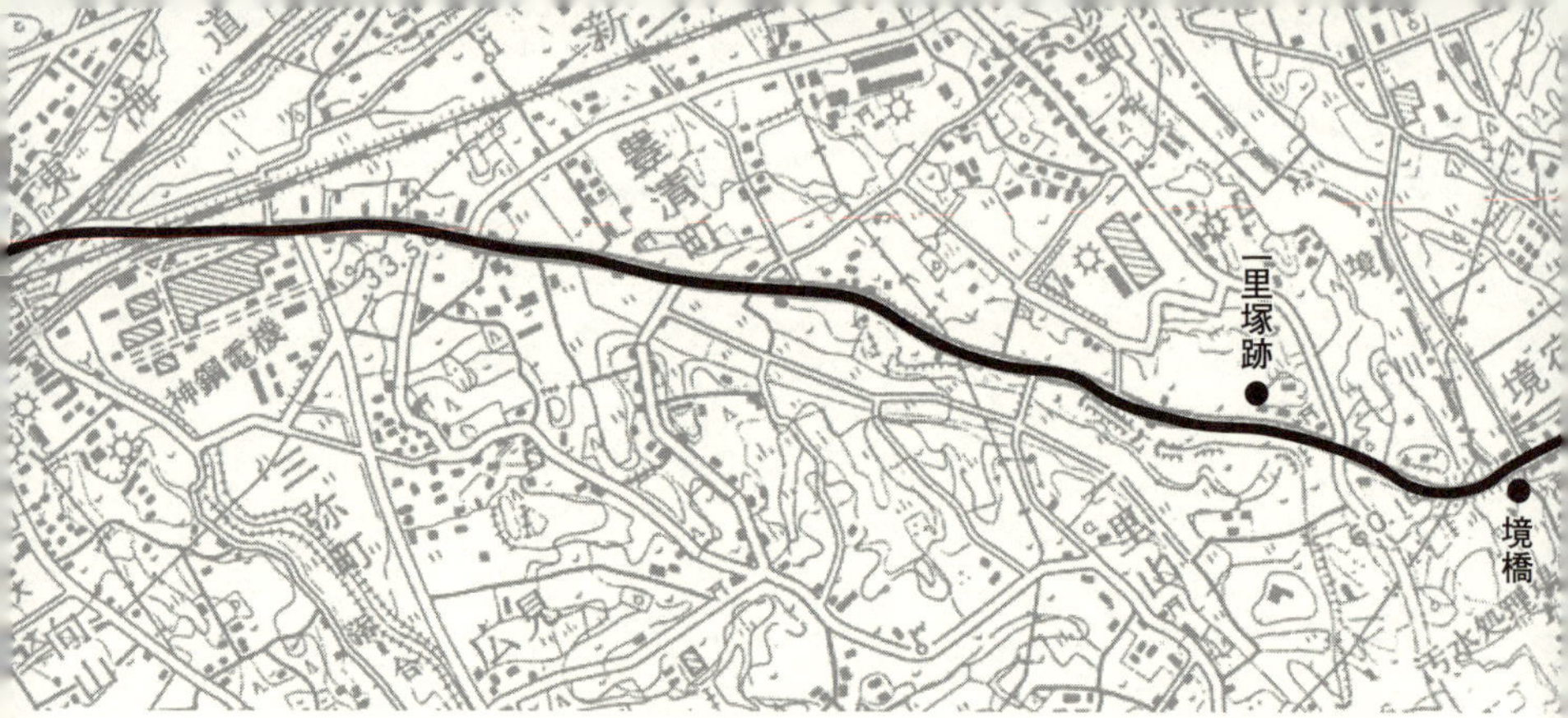


# 二《ふた》川《がわ》

▼三河国渥美《あつみ》郡、江戸から七二里、京へ五三里二〇丁。いま豊橋市二川町。▼境橋を過ぎ一キロほど右手に一里塚。江戸時代には次の二川宿入口の一里塚まで道中一のみごとな松並木がつづき、人家もなく女性の旅人には不安な場所でもあった。今は並木もなく人家も少なく単調な道がつづく。▼一里塚標示から格子造りの多い町並に入る。▼東駒屋・本駒屋・西駒屋。田村家一統の醤油屋、土地でいう「溜《たまり》味噌」の店。みごとな格子造り。本駒屋の先代田村憲蔵氏は、ビタカンフル・ウロギナール・イソミタールを発明した薬学者でもある。▼二川宿本陣。二川宿の本陣馬場家は享保年間建築の表門、宝暦年間建築の主屋、文化年間建築の玄関棟、それに土蔵などがのこっていたが、それらを改修し、書院棟を復元し、背後に資料館を建て、平成三年に公開

**二川・猿ケ馬場。** 白須賀宿の西の外れの猿が馬場の名物柏餅の茶店。看板は「名物かしは餅」。画面中央に三人連れの盲目の女芸人、瞽女（ごぜ）を描く。

され、我々海道マニアを喜ばせた。我々は初めて風呂場や雪隠《せっちん》（便所）まで本格的な本陣を手軽に見学できるようになった。資料館も二川宿復元模型、大名行列人形模型、問屋場模型、旅籠《はたご》屋前面復元など、展示品も豊富で充実している。▼中町十七匹《じゅうひちき》左側に秋葉山小祠。土地の人はアキヤサンと呼ぶ。今も秋葉講があり、一二月一四、一五日の例祭に参詣する。▼二川宿を出外れた右側に岩屋観音。麓に観音堂があり石窟内外に石仏群、鎖を伝って岩山の頂上に至れば青銅の観音像が立つ。備前岡山藩主池田綱政の信仰篤く、綱政寄贈の観音経、絵馬、手水《ちょうず》鉢、黄金灯籠などが伝来する。山頂の観音像は吉田大橋の架け替えを担当した江戸下谷《したや》の大工茂平と善右衛門が報恩のため建立したという。像の台座に「明和二乙酉年江戸下谷講中」とある。ここに立てば三河全土を一望。東海道はこの山の南と北の二ルートがある。

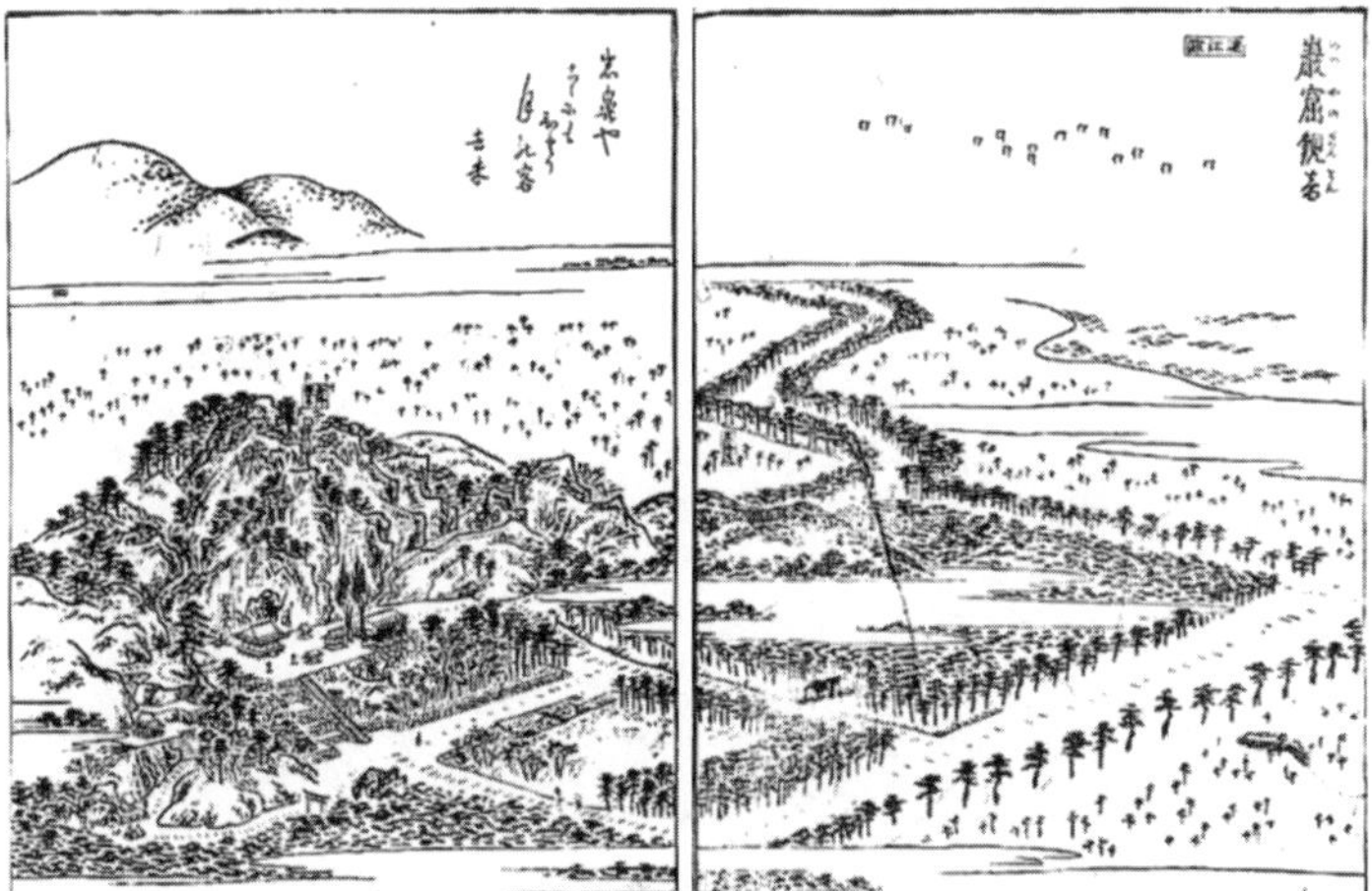
『東海道名所図会』巖窟観音。向うが江戸方面。

# 吉田《よしだ》

▼三河国八名《やな》郡、江戸から七三里半、京へ五二里二丁。松平伊豆守七万石の城下町。いま豊橋市。▼吉田城。広重保永堂版に修理中の天守閣を描く。明治維新に廃城となり川べりに隅櫓《すみやぐら》が一つのこる。眼下には青く澄んだ豊川。かつては歩兵第十八連隊、今は公園。十八連隊碑、神武天皇銅像、中村道太郎レリーフ、富田良穂歌碑「三河なる二葉の松の生立《おいたち》て今やときはの色にいづらむ」。道太郎・良穂ともに旧吉田藩士で幕末・明治にかけて活躍。良穂は明治二六年歌誌『さとのひかり』を創刊。▼新本町左側に菜飯田楽《なめしでんがく》の老舗きく宗《そう》。白壁に腰板連子《れんじ》格子、二階は漆喰塗籠《しっくいぬりごめ》造り。定食一七〇〇円プラス税。ふき漆の平膳に塗りのお椀。菜飯は炊きたての御飯にこまかくした塩味の大根の葉を混ぜ合わせる。彩りがさっぱりとして美しい。田楽は特製のふき漆

吉田・豊川橋。修理中の吉田城の櫓から東海道三大橋の一つ豊川橋を描く。向うが西側になる。

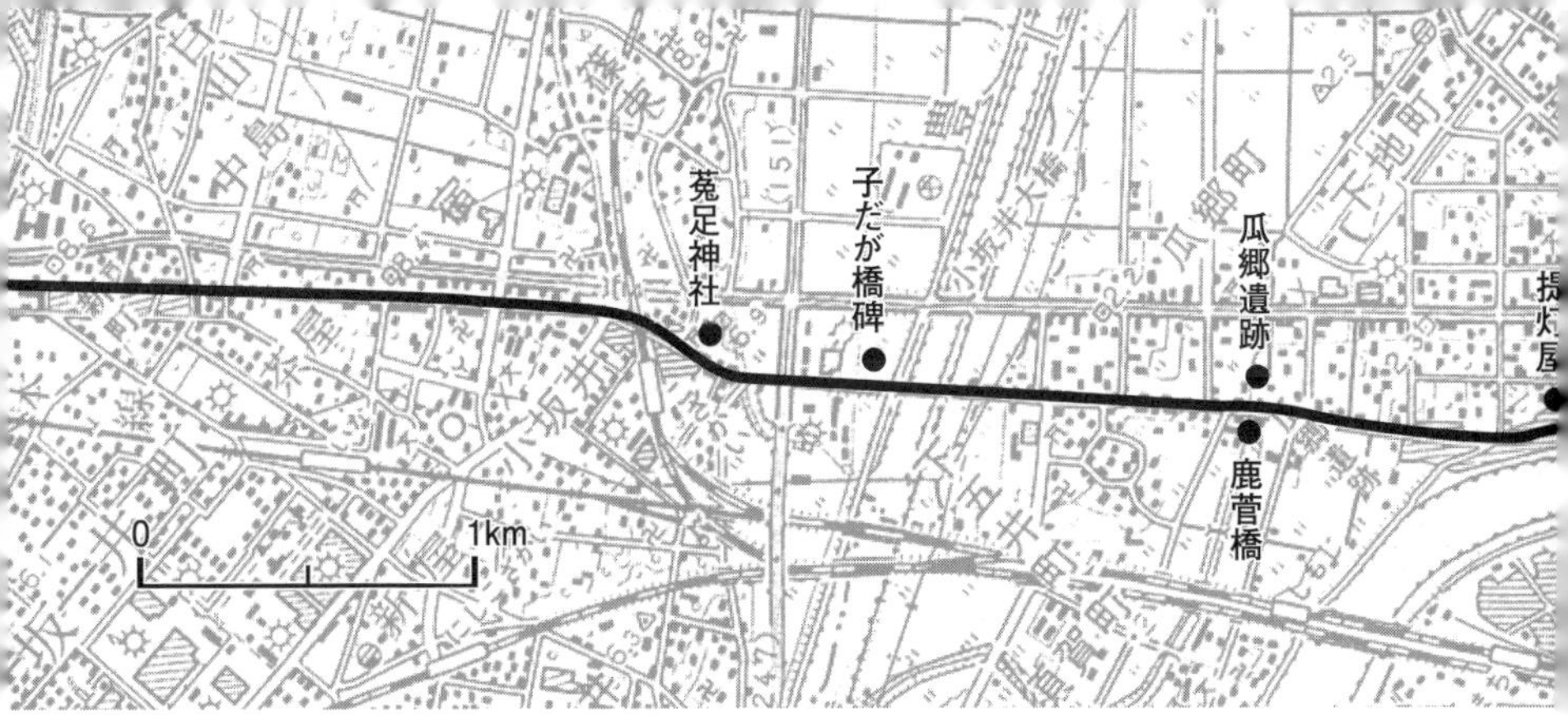


の箱に二又《ふたまた》の竹の串に刺した豆腐が七本、焼いて味噌を塗り一文字にカラシを引く。吸物はカマボコ、庄内麩《しょうないふ》、みつば。小皿にお新香。休日は込む。電話〇五三二―五二―五四七三。なお菜飯田楽は豊橋駅東口前レストランいちょうでも食べられる。一二〇〇円より。電話〇五三二―五三―五四五〇。▼湊町《みなとまち》。江戸時代ここから伊勢への船が出た。湊町公園、神明社、その神明社の蓬莱島に芭蕉句碑「越人《えつじん》と吉田の駅にて、寒けれど二人旅ねぞたのもしき」。貞享四年(一六八七)名古屋の門人越智《おち》越人を伴い、罪を得て伊良湖に蟄居《ちっきょ》中の愛弟子坪井杜国《つぼいとこく》を訪ねる途中、吉田に宿泊しての作。▼豊川に架かる今の豊橋を昔は吉田大橋といい、長さ一二〇間、東海道三大橋の一つであった。広重保永堂版の左手に弧を描いているのがそれ。▼橋を渡り左折、下地町右側に豊川の古道。大正中頃まで鳥居が道路をまたいでいた。▼真光寺。木造阿弥陀如来は鎌倉時代の作。市文化財。▼同じく下地町の聖眼寺《しょうげんじ》に芭蕉句碑。戦

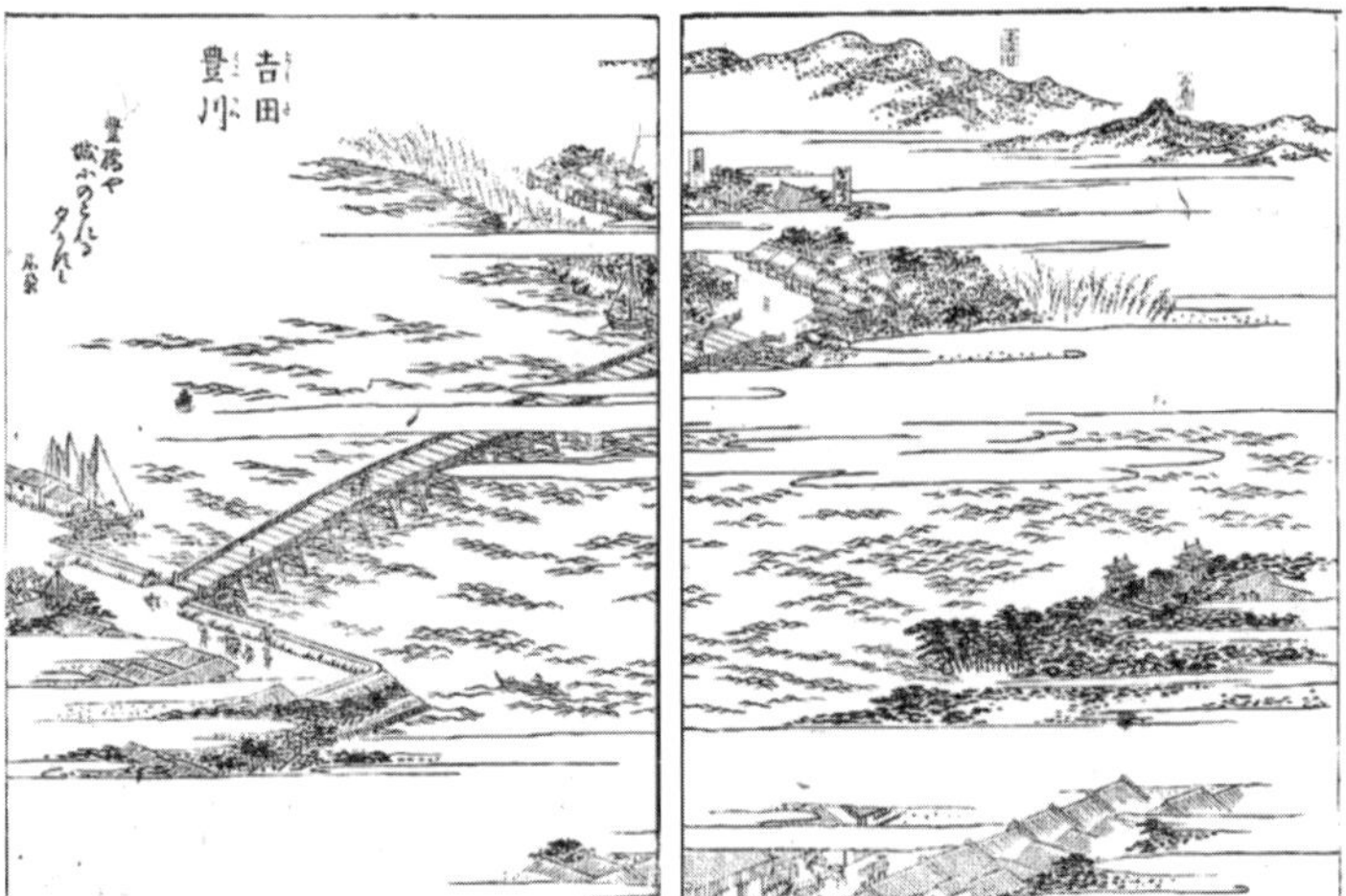


『東海道名所図会』吉田・豊川。左手前が吉田側。

災で下方が損傷している。正面に「芭蕉翁　ごを焼《たい》て手拭あぶる寒さ哉《かな》　也有《やゆう》書」、他の三面に「往昔芭蕉翁此地に杖を停て遺せる一句あり。□(破損)貴ぶ余りはるけき近江の義仲寺□(破損)此石を建て白隠老師に□(破損)るを思へり。其事成りて此事を石背にきざむ事を予に求む。吁更遠き世にかく慕はるゝは翁の徳にして、かく慕ふは其人々の誠なるをや。辞し得ずして独り筆を拄るも、不朽の盛事に感あればなり。明和六年（一七六九）歳次己丑夏四月尾陽隠士□(破損)也有書」。ここにはもう一基同じ句を刻んだ碑がある。前出「寒けれど」の句と同じ時の作。ごは松の枯落葉。▼急に道幅が狭くなり戦災をまぬがれた町並に入ると、右側に古い提灯《ちょうちん》屋、杉山幸夫さん。昔は八軒あったという。千成《せんなり》という型板《かたいた》に提灯の骨を当て、刷毛《はけ》ではたくように糊をつけ、その上に白紙を貼り、余分を剃刀で切り落す。年季の入った職人の仕事ぶりは見ていて気持がよい。輸出品も多いそうである。▼右側に瓜郷《うりごう》遺跡。昭和一九年に発見された弥生中後期の集落遺跡。▼江川に架かる何の変哲もない橋は有名な歌枕鹿菅《しかすが》の橋。平安時代の女流歌人中務《なかつかさ》の歌に「行けばあり行かねば苦ししかすがのわたりに来てぞ思ひわづらふ」。この歌を承《う》けて『更級日記』の一三歳の少女は「げに思ひわづらひぬべくをかし」と興じた。▼豊川放水路の高橋を渡り、下り坂を下りきると万石橋があり、その先右に子だが橋の碑。子断が橋・小田橋ともいう。菟足《うたる》神社の人身御供《ひとみごくう》にまつわる悲話。一千年前菟足神社春の大祭の日この橋を通る若い女を生贄《いけにえ》にする風習があった。ある年早朝故郷へ帰って来た娘を、わが子だがしかたがないとて生贄にしたという。▼小坂井の丘陵にとり着いた右側が菟足神社。重文大般若経《だいはんにゃきょう》、牛若丸・弁慶手植の松などがある。台地に登りＪＲ飯田線の踏切を渡り、あとは国府まで単調な道がつづく。

## 交通量

ケンペルは『江戸参府旅行日記』の中に、

この国の街道には毎日信じられないほどの人間がおり、二、三の季節には住民の多いヨーロッパの都市の街路と同じくらいの人が街道に溢れている。（中略）一つにはこの国の人口が多いことと、また一つには他の諸国民と違って、彼らが非常によく旅行することが原因である。

と書いている。日本一の幹線道路である東海道の交通量はいったいどのくらいであったろうか。渡辺和敏氏著『近世交通制度の研究』は、今切渡船の資料を調査して、

（江戸時代）中～後期の（年間の）大体の交通量は参勤交代が五万人、一般旅行者が七～八万人、合わせて約一三万人前後と推測できる。

とし、さらに富士川の渡船資料を勘案して、

（東海道の）一通過地点でみる（江戸時代）中期以降の一般旅行者の交通量は（参勤交代・特権交通等を除く）約七万～一〇万人ということになる。

と結論している。

右によれば、一通過地点における一般旅行者の人数は、多く見て一日平均三〇〇人弱、参観交代を加えても約四二〇人くらいということになる。意外に少ないという感じがするが、そう感じるのは大量輸送に慣れた我々現代人の感覚かもしれない。

『伊勢参宮名所図会』大津八丁札之辻。雑踏の中で喧嘩もはじまる街道のにぎわい。

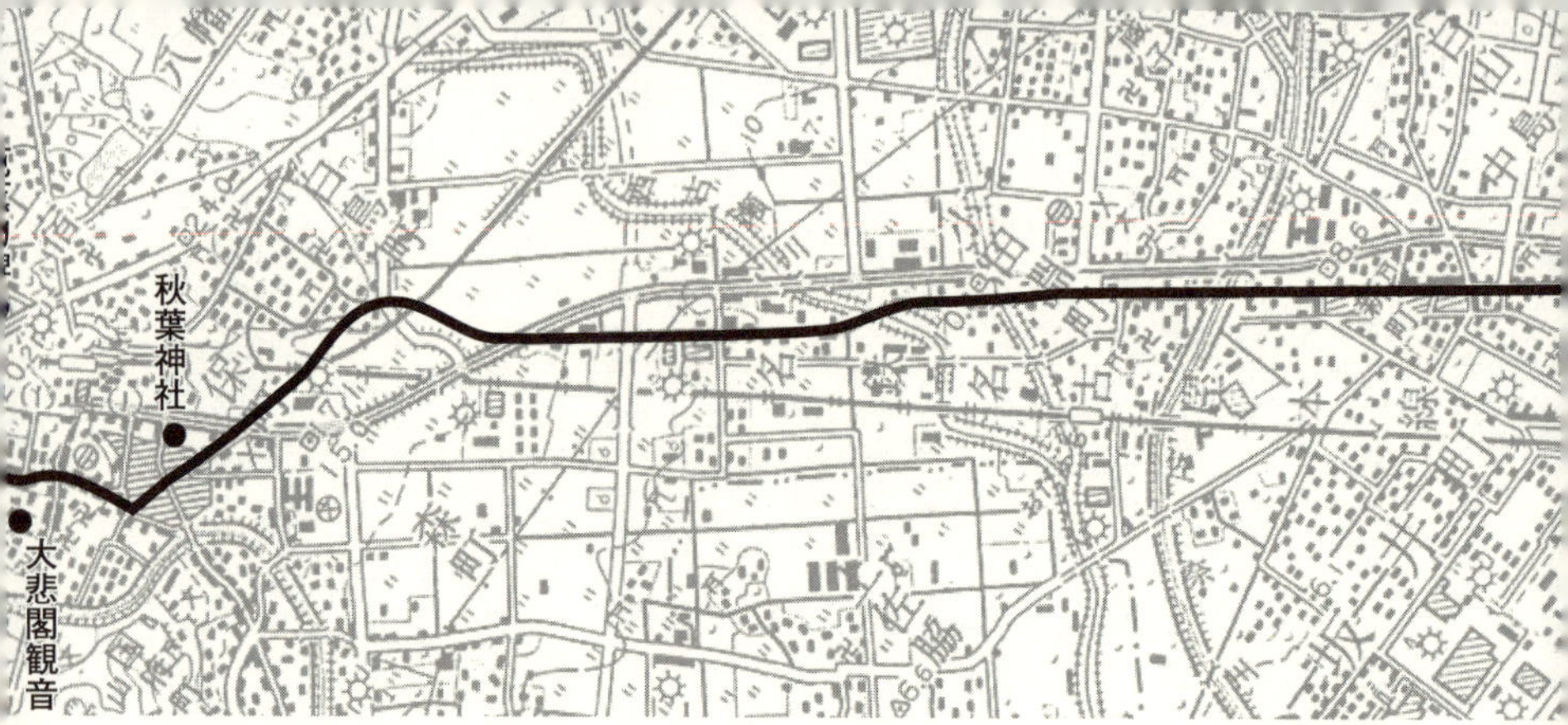


## 御油《ごゆ》

▼三河国宝飯《ほい》郡、江戸から七六里四丁、京へ四八里一六丁。▼一つ手前の立場《たてば》国府《こう》から記す。右側に秋葉山、寛政一二年（一八〇〇）の常夜灯がある。続いて薬師堂、「瑠璃殿」の篇額は文政四年（一八二一）八橋山方巌《ほうがん》禅翁筆。町の中左側にある大悲閣観音の境内に芭蕉句碑「紅梅や見ぬ恋作る玉すだれ」。当地の白井梅柯が芭蕉をとどめ陽炎《かげろう》・紅梅の二句あり、その芭蕉真跡が平松喜春の家にあった。それをもとに句碑を建立したと碑の裏面に刻してある。▼右に大社神社。その裏の旧道沿いに歌碑「戦死者玉島好彦のために、子を思ふ親の心の悲しさよ孫なき吾子《あこ》の名をば止めん 常治」、裏面に「寄附者、玉島常治九十歳、妻ひさ八十八歳」。▼その先百《メートル》を右に分岐するのが姫街道（本坂越《ほんさかごえ》）。浜松の東安間《あんま》まで一三里半。その途中豊川からわかれて鳳来寺・秋

**御油・旅人留女**。弥次・喜多風の二人連れを強引に引き込む留女（とめおんな）。留女は必ず木履をはく。店先で洗足を使う男。店内の名札に彫工治郎兵衛、摺師平兵衛、一立斎画と五十三次シリーズPRの文字が見える。

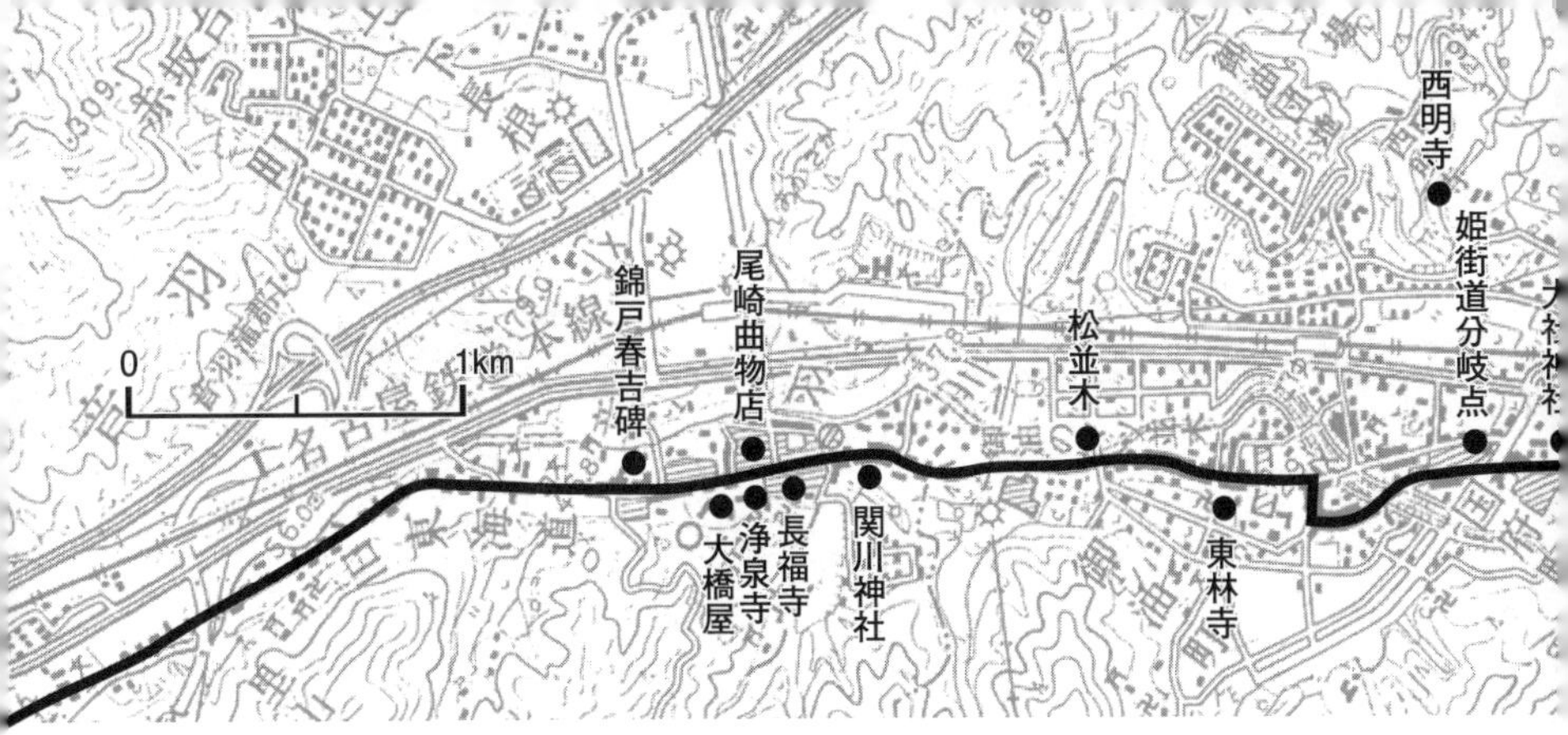


葉山を経て掛川の西に行く道もある。壮大な常夜灯「左ほうらいじ道」、他に二碑「国幣小社砥《と》鹿《が》神社道、是ヨリ凡《およそ》二里卅町」「秋葉三尺坊大権現道」。万葉集の高市黒人《たけちのくろひと》の歌「妹も我も一つなれかも三河なる二見《ふたみ》の道ゆ別れかねつる」の二見の道をここに擬する説もある。▼鷺坂《さぎさか》・西明寺《さいみようじ》。姫街道を三百《メートル》ほど入ると鷺坂。『太平記』巻一四鷺坂合戦の古戦場。坂の中ほど左側小高い松林に「西明寺従是《これより》三丁」の巨碑、「不許葷酒入山門《くんしゆさんもんにいるをゆるさず》」碑。芭蕉句碑「かげろふの我が肩に立紙《たつかみ》子《こ》哉《かな》」、大悲閣観音の条に記した喜春の家に伝来の芭蕉真跡をもとに、寛保四年（一七四四）芭蕉五〇回忌に米《べい》林下才二《りんかさいじ》が建立したもの。その才二の墓はここから三丁、西明寺門前の路傍にある。西明寺は三葉葵《みつばあおい》の紋を飾った白壁をめぐらした古《こ》刹《さつ》。寺内にエルウィン・ベルツ博士の碑。明治初年東京医学校教師兼宮内省御用掛。化粧水ベルツ水で知られる。御油宿戸田氏の娘花子はその愛人で、ベルツが大正二年ドイツのスツットガルトで没するや、供養のため宝篋《ほうきよう》印塔《いんとう》を建立した。左に水原秋桜子句碑「菊にほふ国に大医の名をとゞむ」。さらに左に横文字の碑。▼二見の道の先、音羽川の御油橋を渡ると御油宿。古色蒼然たる家並がつづき、左側「水甕《みずがめ》」の歌人故熊谷武至さん宅入口の障子に剣カタバミの家紋を見せていたが、アルミサッシになった。▼その先を左に入り東林寺墓域の奥塀際に遊女の墓五基。戒名は「傾□□城信女」の形式。一例「傾室池城信女」は俗名玉女、嘉永元年（一八四八）没、施主は大津屋。▼宿外れの十王堂は現存のものでは海道随一。そのすぐ先がみごとな松並木。松の根もとの土手も原形をとどめる。右は竹やぶ、左は山裾まで数丁畑が広がっていたが今は家が多く建った。大型車規制の静かな道。弥次さん喜多さんが狐におびえた珍騒動の舞台でもある。

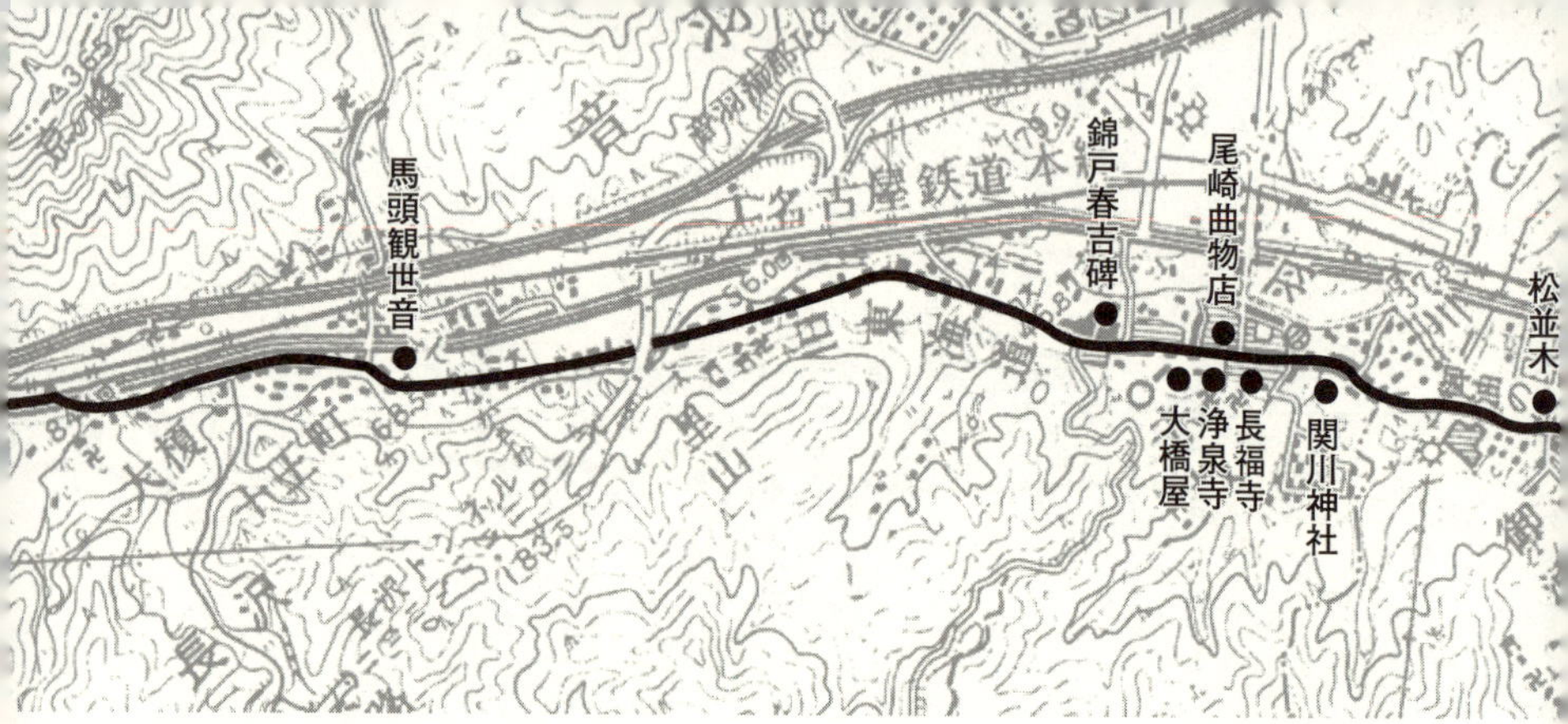


# 赤《あか》坂《さか》

▼三河国宝飯《ほい》郡、江戸から七六里二〇丁、京へ四九里。▼御油からつづく松並木の外れ左手五〇《メートル》に南朝遥拝所がある。一本の榎《えのき》を囲んだ一画で、樹下に五輪塔一基、五、六本の角柱に「南朝正統長慶院法皇（御名寛成）御陵遥拝所」の如く記す。▼並木の外れに小さな一ノ橋、ここから赤坂宿。御油《ごゆ》・赤坂間の一六丁は五十三次の宿駅の間の距離の最短。二位は平塚・大磯の二〇丁。左側楠の大木の目立つ小社関川神社に芭蕉句碑「夏の月御油よりいでゝ赤坂や」、延宝四年（一六七六）帰郷の時の作。御油・赤坂間の距離の短さをふまえて詠んだ。▼左側に「御社宮道天神社」標柱。歌枕宮路山への登山口。その先左ちょっと入りこんだ長福寺は力寿《りきじゅ》御前《ごぜん》の哀話で有名。三河守大江定基は赤坂の長者の娘力寿御前を愛し、任満ちて帰京の際、力寿は別離の悲しさ

**赤阪・旅舎招婦ノ図。** 旅籠を裏から見た図。化粧に余念のない飯盛女、ふとんがなまめかしい。二人連れの客に食膳が運ばれ、按摩が呼ばれている。梯子段に客の足を見せて二階造りを暗示する。

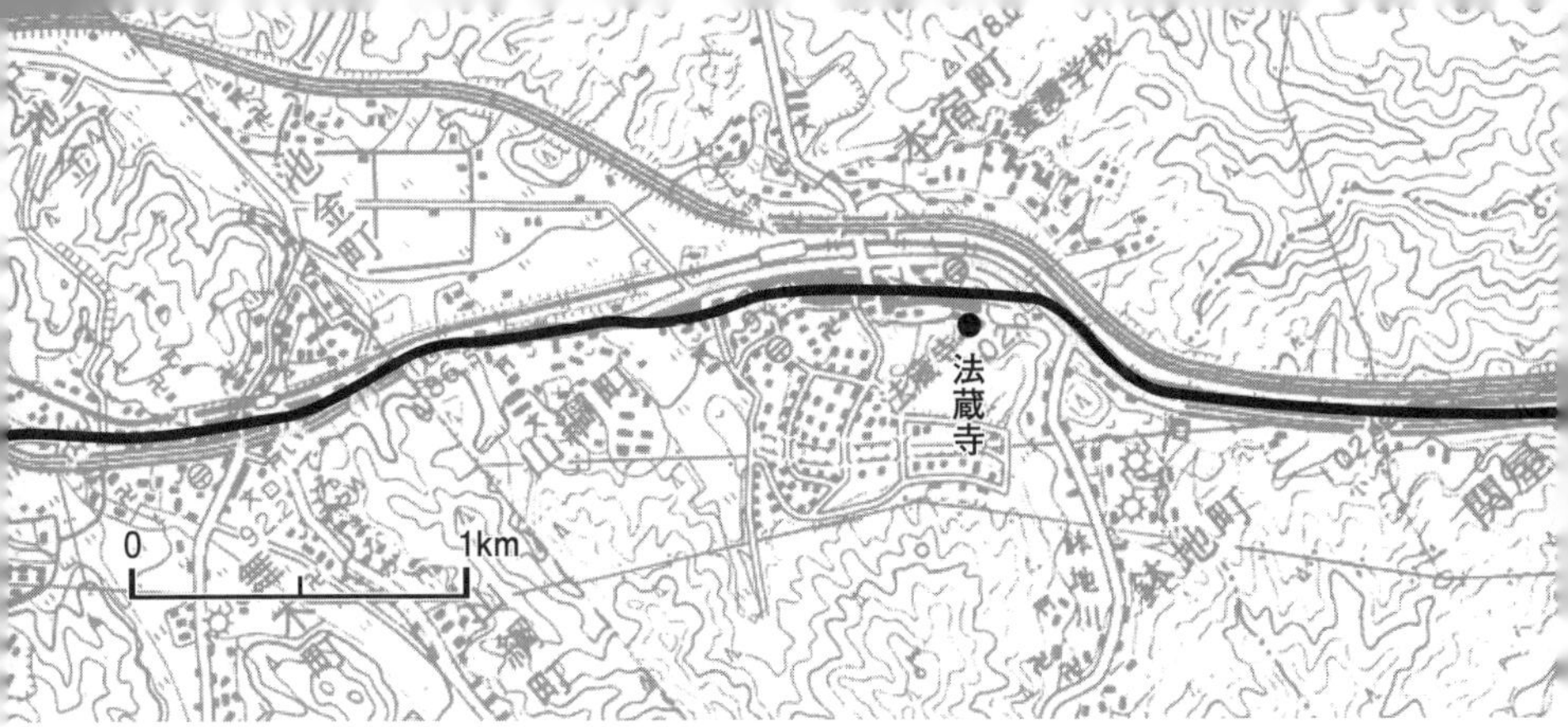


に舌を嚙み切って死去、定基は七日間遺骸を抱いていたが、異臭を発するに及んでついに埋葬、帰京後出家、中国の宋に渡り奇跡を現じた。前記西明寺（一四三ページ）は彼の開基したもの。長福寺の本堂左手石段上の観音堂は全体を一本の楠より造る。その観音堂左手を登るとかわいい石仏群。中には魚をぶら下げたのもある。百《メートル》ほどで力寿の墓、大きな自然石と五輪の一部。▼長福寺の先かとう呉服店から四軒ほどが本陣跡。平松家には「三州赤坂御本陣」の印が伝来するという。▼右側に今は珍しい曲物《まげもの》も売る民芸店がある。左側の浄泉寺境内に石仏群、古い蘇鉄《そてつ》は広重保永堂版赤坂宿の絵を彷彿させる。▼左側の大橋屋はもと鯉屋といった旅籠、現在も旅館営業、私も何度か宿泊した。一泊二食つき一万五〇〇〇円。二〇名収容。必ず予約すること。電話〇五三三―八七―二四五〇。外観・内部・調度いずれも江戸時代そのままに近い。▼大橋屋向いが旅籠三国屋《みくにや》跡。馬をつないだ七センチほどの

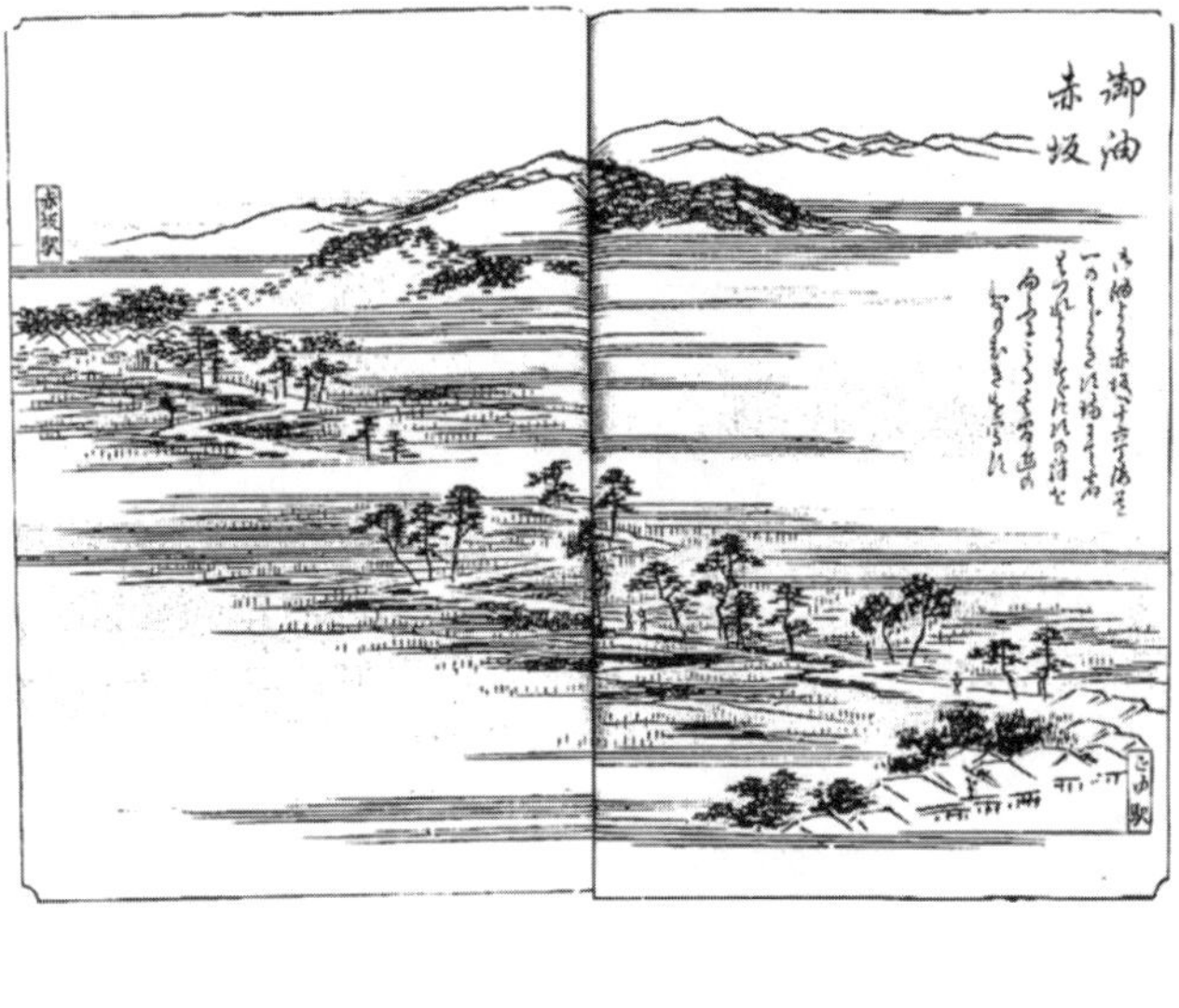


『東海道風景図会』御油赤坂。今もすばらしい松並木がのこっている。

鉄環があったが改築で消えた。▼その先左側の大寺は聖徳太子・見真大師の御旧跡の正法寺。右に高札場跡。右側八幡宮入口に東京角力《ずもう》錦戸春吉の碑。錦戸は地元出身で明治四四年鬼面山一行を同行、当社で勧進相撲を興行した。▼この先所々松残りのどかな旧道。国道一号合流点少し手前右の小さな空地は寺の跡か。「観世音菩薩」の碑、馬頭観世音像は海道随一のみごとなもの。歌碑「あふげ人衆生さひどにたち給ふこのみほとけのか丶るみかげを　八十二翁磯丸、弘化三丙午年、一百万遍供養当庵妙香尼」。糟谷磯丸《かすやいそまる》は渥美半島伊良古崎出身の歌人。▼本宿《もとじゅく》の法蔵寺。家康が幼時を過した寺として有名。『吾嬬路記《あずまじのき》』に「宝蔵寺門前大松あり。権現様（家康）御手習この寺にて遊ばし、その時よりこの松御愛賞のよし申伝へり」。入口左に草子掛松。しめ飾りをつけた山門をくぐり左に手習の水。本堂左手墓地の一画に近藤勇首塚。江戸板橋庚申塚で斬られた新選組隊長近藤勇の首は、京都でさらされたが、同志が盗み出し、家康ゆかりのこの寺に埋めた。三尺ほどの無名石。傍らに近年胸像が建てられた。九五ページ参照。▼山《やま》中《なか》の先左側小山の上に赤い鳥居の山中八幡宮。境内に鳩の窟《いわや》という洞窟があり、石垣で囲いしめ縄を張る。永禄六年（一五六三）一向一揆の難を逃れた家康がここに隠れ、穴の中から白い鳩が二羽飛び出したので、一揆の者も立ち去り、家康命拾い。

赤坂の馬頭観世音。頭上に馬の顔をいただく。

# 馬方

馬は足弱の道中になくてはならぬものだが、馬方が粗暴で酒手はねだる、旅慣れぬ人には悩みの種でもあり、トラブルも起こりやすい。『東海道名所図会』の坂下条に「馬方《うまかた》の挑《いど》み合ふは常にして、静かなるを変態とす」と警抜に評している。『東海道名所記』の吉田条には、その傍若無人ぶりを細叙したあとで、「戻り馬には馬方ども乗り連れて、汚れ草鞋《わらうず》にて、歩《かち》より行く人の頭をふみてうち通る。京も田舎も皆かくの如し。慮外者の第一なり」と憤慨している。憤慨しながら一方では、「さて道中第一の用心には、堪忍にまさる事なし。船頭馬方車遣《くるまづかひ》などは、口がましく言葉いやしう、我儘なる者なれば、是に負けじとする時は、必ず大事の基《もとい》となる。今銭二三文を高く使へば、万事早くととのふなり」と事なかれ主義を説く。そのことがまた馬方を増長させる。悪循環である。

『伊勢参宮名所図会』草津乳母が餅。二頭の馬のうち左は乗掛馬、右は三宝荒神の乗り方をしている。

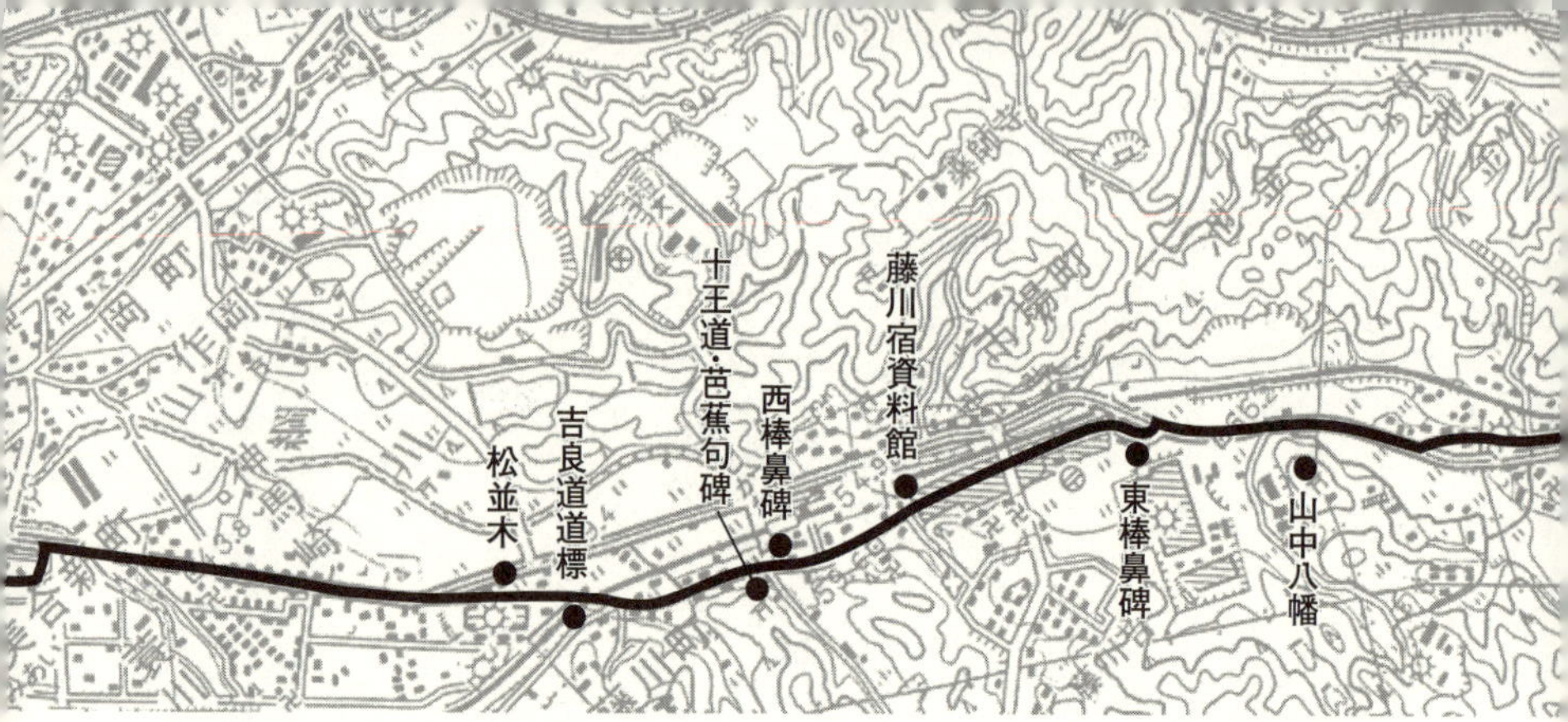


# 藤《ふじ》川《かわ》

▼三河国額田《ぬかた》郡、江戸から七八里二九丁、京へ四六里二七丁。▼芝居の『伊賀越道中双六《いがごえどうちゆうすごろく》』藤川の段では、ここに関所があることになっていて、切手（通行手形）のない志津馬《しずま》の苦心を見せるが、もちろん関はない。▼宿入口左に棒鼻《ぼうばな》跡標識、「藤川の宿《しゆく》の棒鼻みわたせば杉のしるしとうで蛸のあし　歌川豊広」の標示。紫麦は当地の名産、穂が紫色になる。▼静かな町並の中に藤川宿資料館、脇本陣橋屋大西喜太夫家で、宿場の模型や高札など展示。▼右側藤川小学校前に西棒鼻跡標識と前記豊広の歌の碑。その先左に立派な十王堂、中をのぞくと地蔵菩薩を中心に閻魔《えんま》以下の十王像。堂の傍らに巨大な芭蕉句碑「爰《ここ》も三河むらさき麦のかきつばた」。寛政五年（一七九三）建。最近この句は芳賀一晶の作であることが俳人武藤紀子氏によって証明された。▼名鉄踏切手

**藤川・棒鼻ノ図。**八月一日に幕府から朝廷に献上する八朔の馬の一行を棒鼻で出迎える宿役人。旅人も子犬もかしこまっている。

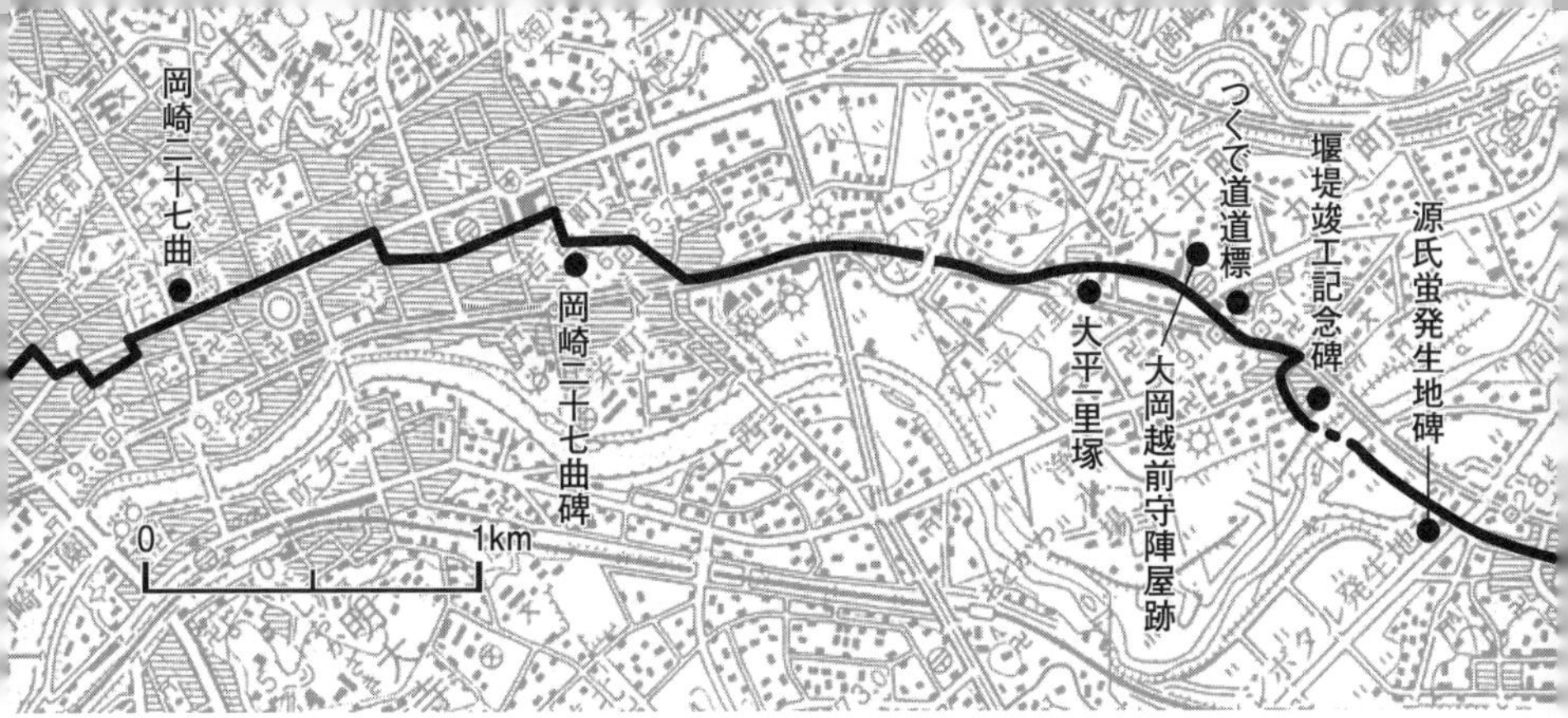


前の松並木を左に入る道が三州吉良《きら》道。文化一一年（一八一四）建の「吉良道」道標。縞の合羽《かっぱ》に三度笠の吉良の仁吉《にきち》は、清水港からの帰途この道標を見たはずである。踏切の前後みごとな松並木。▼山綱川の高橋手前左に「天然記念物岡崎源氏螢発生地」碑。昭和一〇年建。傍らに芭蕉句碑「草の葉を落《おつ》るより飛ぶほたるかな」。明治三七年建。▼乙川《おとがわ》の旧道の橋は撤去され、上流を迂回すると元の橋詰めに「竣工記念」碑。大岡越前守が造った掻き寄せ堰堤《えんてい》が昭和二五年に大破、その復旧記念。▼その先国道一号を横切り百《メートル》に「つくで道」道標。南設楽《したら》郡作手《つくで》に至る。▼さらに百《メートル》右側、郵便局横入ると大岡越前守陣屋跡、古い門構えが残存。▼左側に大平一里塚。原形をよくとどめる。

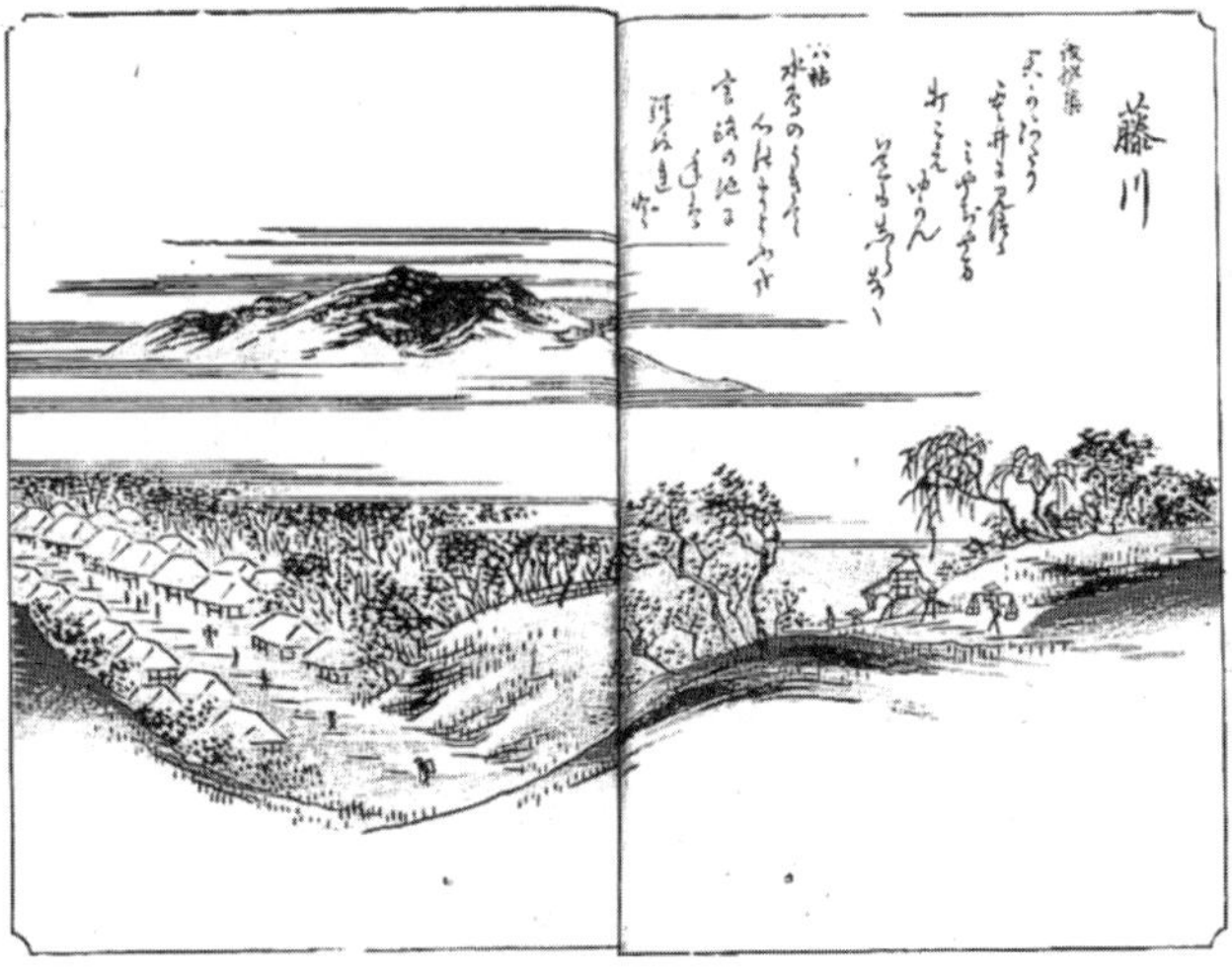


『東海道風景図会』藤川。書き込みの和歌第一首は「後撰集　君があたり雲井に見つゝみやじやま打こえゆかん道もしらなく」。

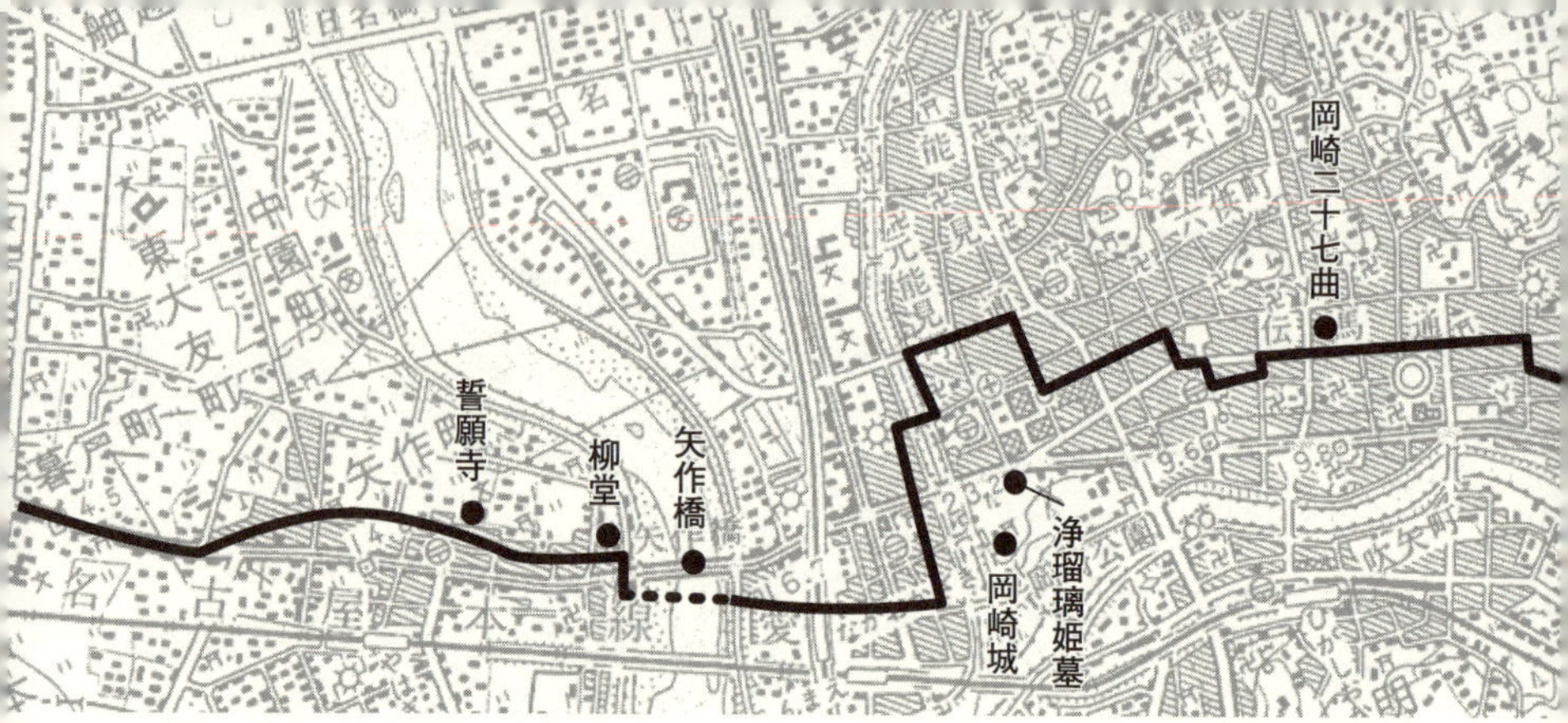


# 岡《おか》崎《ざき》

▼三河国額田《ぬかた》郡、江戸から八〇里一一丁、京へ四五里九丁。本多中務大輔《なかつかさたいふ》五万石の城下町。▼城下町の道は防衛の必要上屈折するのが常だが、岡崎はその典型。俗に二十七曲りという。国道一号「筋違橋東」標識から旧道は右斜めに入り、欠町《かけまち》に「二十七曲」碑があり、以下標識に従いほぼ二十七曲りをたどることができるが、特に見るべき物はない。大体は国道一号の北方をぐるりと回り、国道を横切って岡崎城の西に出、西進して矢作《やはぎ》橋に至る。▼岡崎城。国道一号沿いに浄瑠璃姫の墓。古い宝篋印塔《ほうきょういんとう》。義経を慕って城の東南の乙川（菅生川）に投身。その墓の前に「初代市川団蔵」碑。初代団蔵は三河国額田郡生まれの歌舞伎役者。その出生二六〇年の昭和一八年の秋に八世団蔵が建てた。鎧《よろい》姿の家康像。槍を小脇に抱えた本多平八郎忠勝像。三河武

**岡崎・矢矧橋**。日本一の長大橋。シーボルトが精密なスケッチを残し、ケヤキとヒノキで造られ、九三〇パリ・フィート、日本の二〇八間、幅は三〇フィートと記す。向うは東側岡崎城。

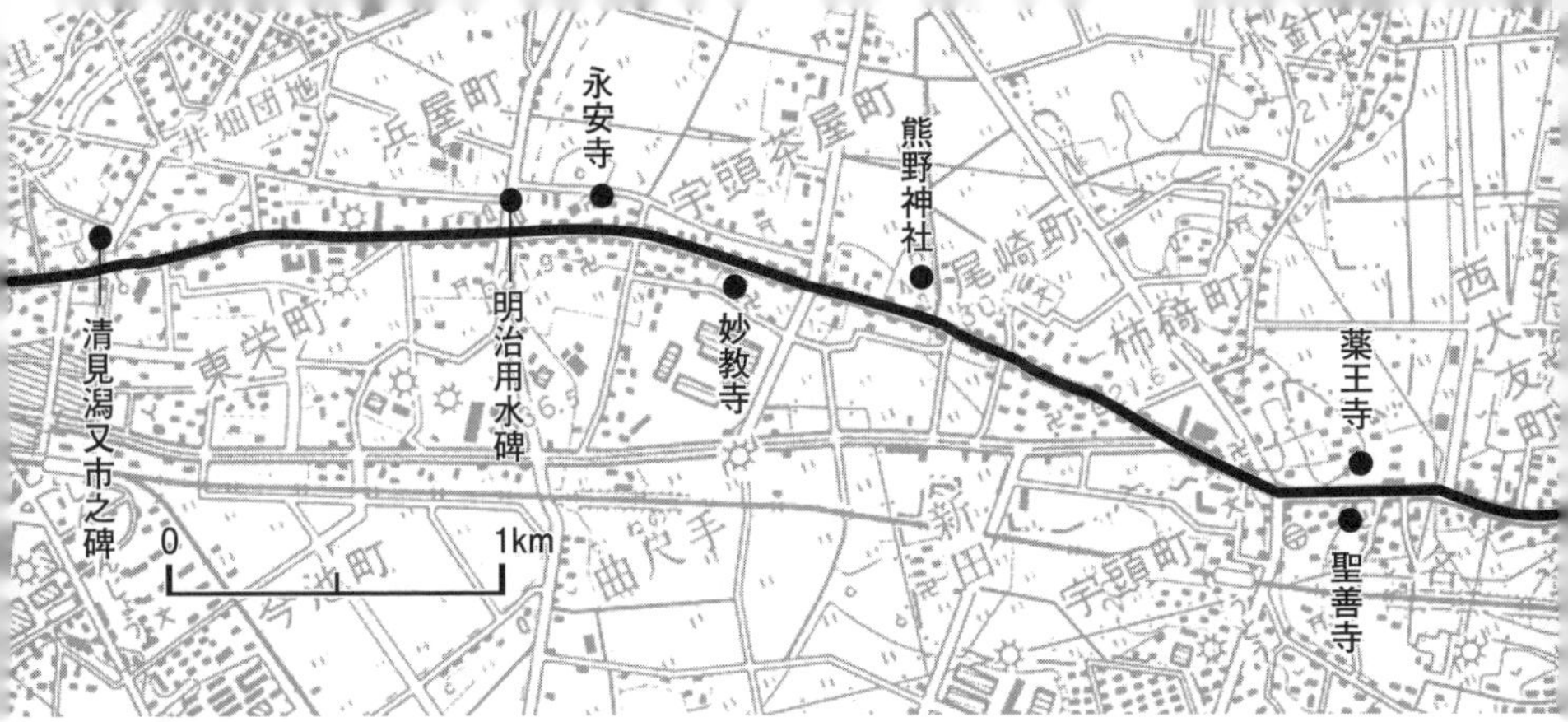


士のやかた家康館。芭蕉句碑「木のもとに汁も膾《なます》もさくらかな」。龍城神社。天守閣。家康公産湯《うぶゆ》の井戸。家康公胞衣《えな》塚はこの城で生まれた家康に因む。乙川畔に「五万石でも岡崎様は、城の下まで船が着く」と唄われた船着場跡。五万石藤は花房の長さ一メートルにも及び壮観。▼矢作橋。旧道矢作橋は現在位置より二百メートル下流。長さ二〇八間は当時日本一。秀吉の日吉丸はこの橋の上で蜂須賀《はちすか》小六に会う。シーボルトの紀行に精細な写生図がある。▼現矢作橋を渡り旧道は右に入る。すぐ右の勝蓮寺に「親鸞聖人御旧跡 柳堂《やなぎどう》」碑。柳堂、聖人腰掛石がある。その先右の弥五騰神社前の大きな髭題目碑は文政元年（一八一八）の洪水死者の一三回忌慰霊のため。▼その先右側に誓願寺。寺の前に子安地蔵尊と十王堂。十王堂には地蔵尊と十王像と地獄極楽図がある。石柱に「浄瑠璃姫菩提所、義経像、じやうるりごぜん像 並《ならびに》 石塔」、宝暦八年（一七五八）建。境内に浄瑠璃姫とその父矢作《やはぎ》の長者《ちょうじゃ》の墓。芭

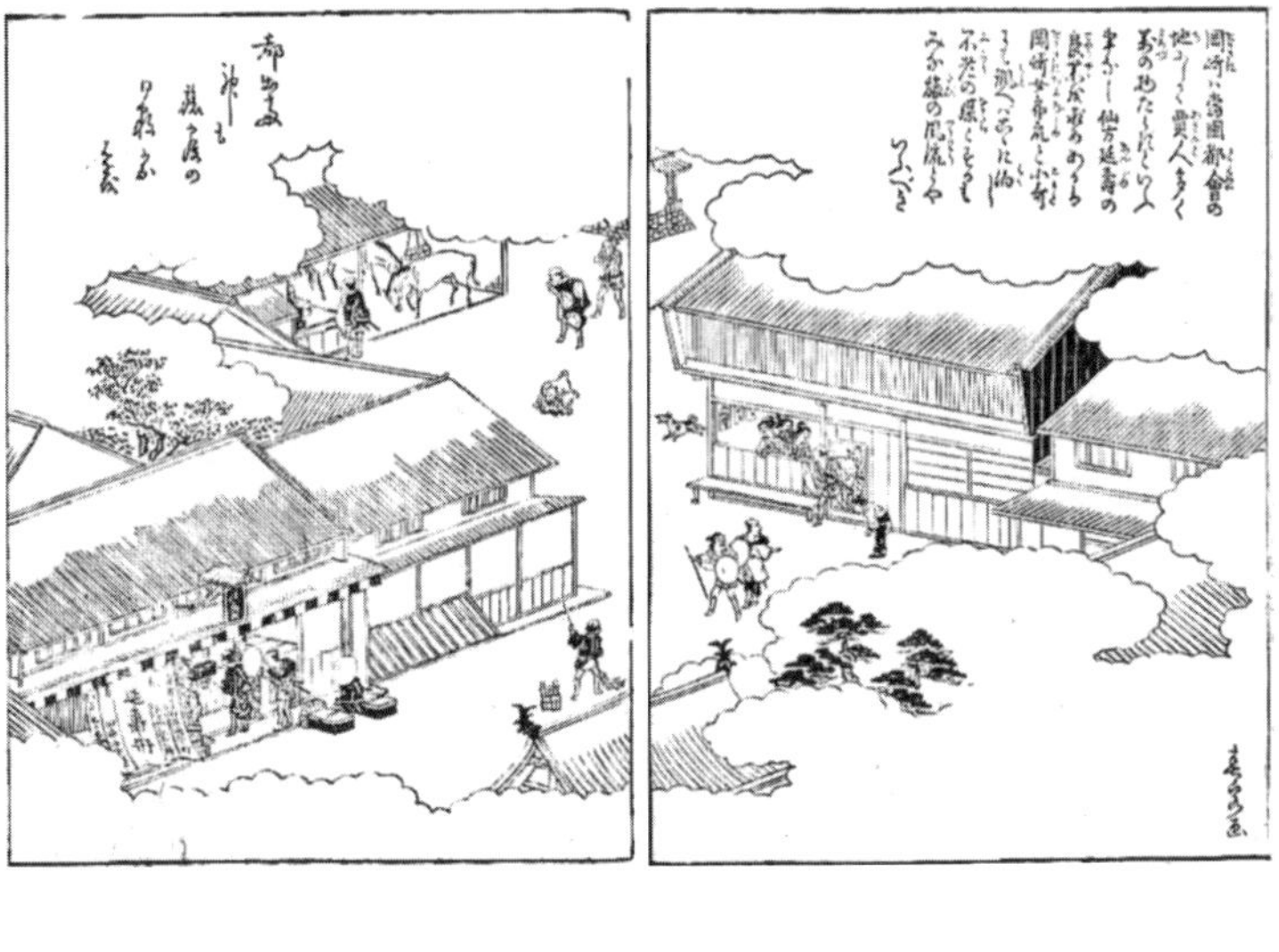

『東海道名所図会』岡崎。二十七曲りといって道の屈折が多い。左が延寿丹の店、右は岡崎女郎衆。

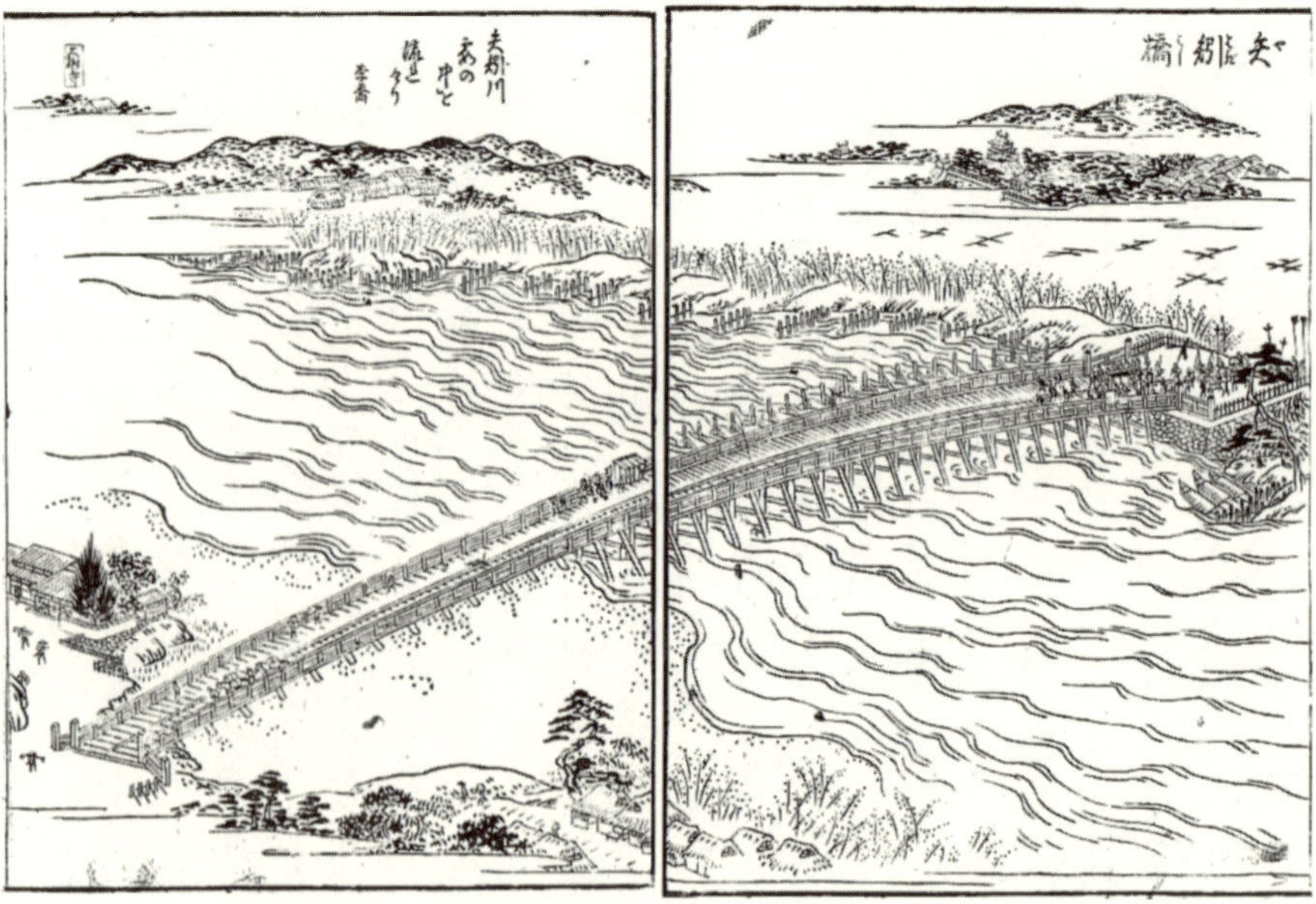

『東海道名所図会』矢矧橋。右が岡崎側。

蕉句碑「古池や蛙飛込む水のおと」。本堂内にラブロマンスの主人公義経・浄瑠璃姫の像、義経遺愛の薄墨の笛。▼国道一号に合流、左に聖善寺。右に薬王寺、「三河国刀匠鍛刀造跡」碑。▼国道一号尾崎東の信号のあるY字路を右に入るのが旧道。入ると松並木。右側熊野神社に、予科練之碑、一里塚跡碑、鎌倉街道標示。▼左側に赤い鳥居の妙教寺。▼浜屋町右側永安寺は貧しい村民のために助郷《すけごう》役の免除を願い出て死罪となった庄屋柴田助太夫の邸跡という。みごとな雲竜の松の根元に「甲乙の能も左右……」碑。▼その先に大きな明治用水が流れていたが、今は道路の下に暗渠となる。巨大な記念碑三基。▼「安城市東栄町」の標識の手前右に石の鳥居と石碑多数。相撲関係が多い。中に「三州前浜産清見潟又市碑、清見潟又蔵建之」碑。又市は本名榊原幸吉、碧海《へきかい》郡前浜に天保九年（一八三八）生、二一歳で江戸へ出て活躍、明治三三年没。

# 女性の東海道紀行

東海道の紀行はまさに汗牛充棟、何百あるか何千あるか見当もつかない。けれども、女性の作となると寥々たるものである。

『更級日記』は、上総国の国守であった菅原孝《たか》標《すえ》が、平安末期の寛仁四年（一〇二〇）任期が満ちて京に帰った時のことを当時十三歳であった考標の娘が、後日回想して書いている。武蔵国竹芝寺の伝説、唐土が原（大磯附近か）に咲く大和撫子の花、足柄山の闇の中から現われた歌の上手な遊女、山頂から煙の立上る富士山、清見が関、富士川の伝説、天竜川畔の仮屋、消失した浜名の橋、野上の遊女などの印象が回想されている。

『うたたね』は次の『十六夜日記』の作者でもある阿仏尼が、若き日に養父に伴われて遠江に赴き、浜松の館に一か月滞在した折の記。美濃路を通り、墨俣の渡しの喧騒、鳴海浦の千鳥、冬枯の八橋、浜名の浦の美景、煙のなびく富士山、帰路の雪の不破の関などが記され、都を恋うる心情が強い。

鎌倉時代中頃の『十六夜日記』の前半旅の記は、五十歳代の阿仏尼が建治三年（一二七七）、訴訟のために鎌倉へ下った折の記である。多くの歌枕で丹念に和歌を詠じ、宇津の山では知人に逢うなど、『伊勢物語』を彷彿させる場面もある。足柄路は遠いからとて箱根路を越え、あしかけ十四日で鎌倉へ着いている。

『とはずがたり』は鎌倉時代の末期、後深草上皇の宮廷で波瀾に富んだ恋愛生活を送った後深草院二条が、三二歳の正応二年（一二八九）都を出て東国の旅に出る。熱田神宮、清見が関、富士山、宇津の山、三島神社などの記述があり、鎌倉から更に川口、善光寺、浅草寺にまで足をのばしている。

江戸時代に入って『東海紀行』は、四国丸亀藩士の娘通女《つうじょ》が、藩主高豊の母養性院に仕えるため、二二歳の天和元年（一六八一）江戸に下った際の紀行で、のち正徳六年（一七一六）に出版された。日次《ひなみ》に名所旧跡の見聞を記すが、和歌や漢詩を交えて才女ぶりを発揮している。手形の書式の不備から新居の宿に七日間滞在を余儀なくされ、浜松に至って風邪のため父から日記の執筆をとめられ終っている。

『帰家日記』は同じ通女が、元禄二年（一六八九）三〇歳の時、主人養性院の死を機に丸亀に帰家した際の記である。これ又和歌、漢詩を交え日次に記す。金谷の宿で、六月十五夜の月を見て通女が和歌を詠み、同行の弟益本が謡曲を謡う場面が印象深い。

『庚子道の記』は尾張徳川家四代吉通の夫人瑞祥公に仕えた武女が、七年余の名古屋滞在の後、享保五年（一七二〇）江戸へ帰る際の道の記である。多数の和歌と漢詩一首を交える。清水浜臣の跋文には作者を「白拍子」といっているが芸者ではなかろうか。和漢の古典の知識の広さは驚く

『東海紀行』新居の関所。右側が通女らが滞在した宿場。

べきほどで、だからこそ吉通夫人に召されたのであろう。巻末家族親族との再会の場面がほほえましい。

『奥の荒海』は、岡田士聞の妻小磯氏の作。京の公家花山院の姫君が北海道松前藩主に嫁したのに随仕し、松前にあること七年、安永六年(一七七七)主人の死後都に帰る旅の記で、中に江戸から京への旅を含む。十月三日江戸発、比較的ゆる〳〵とした行程で、十月二一日「うれしき心地いはんかたなし」と逢坂山を越えて京に着いている。

女流俳人で大旅行をした人に諸九尼《しょきゅうに》と菊舎《きくしゃ》尼《に》がいる。諸九尼の『秋風の記』、菊舎尼の『手《た》折菊《おりぎく》』には、東海道の旅の記述がある。前者には「麦秋も人こそ見えね宇津の山」「涼しさも富士を見初めしあたりより」、後者には「和《やわ》らぐや花水通ふ橋の風」「小田原やうゐらう匂ふ宵朧」「手に乗せて関の戸越えむすみれ草」「乗合を宮に待たせる日永かな」などの句がある。

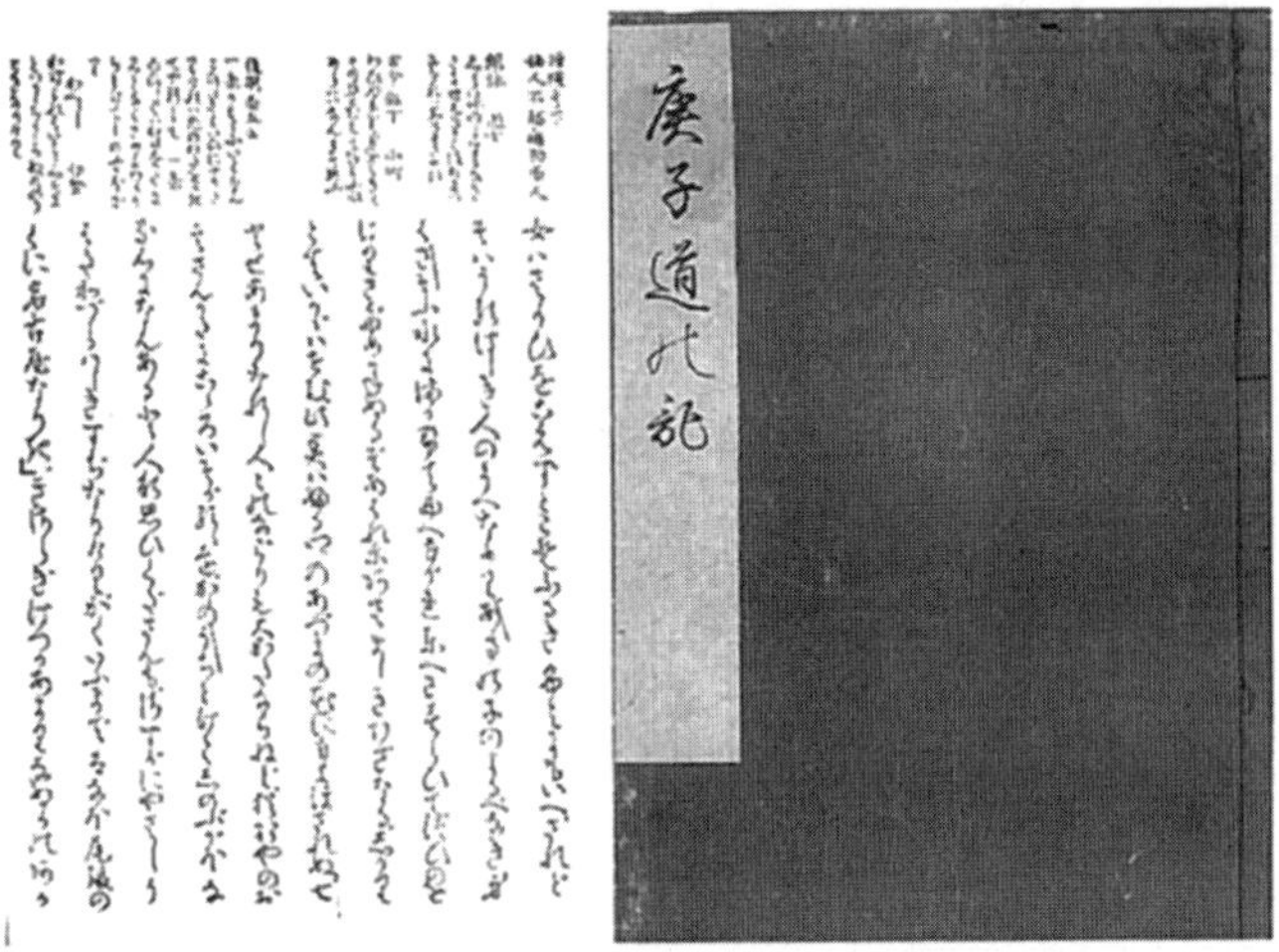

『庚子道の記』表紙および冒頭

# 知立《ちりゅう》

▼三河国碧海《へきかい》郡、江戸から八四里五丁、京へ四一里一五丁。池鯉鮒とも書く。▼猿渡川《さわたりがわ》を渡ると知立市。すぐ左の林に「錦旗千載駐余光」碑。右に御嶽神社。立場《たてば》の牛田のとっつき右に入る野道角にみごとな道標二基。「従是《これより》四丁半北八橋業平作観音有、八橋山無量寿《むりょうじゅ》寺《じ》、元禄九丙子年六月吉朔日施主敬白、天下和順」、他一基も同年（一六九六）建。海道中屈指の古碑。▼その道を入ると突当りが無量寿寺。『伊勢物語』の「から衣着つつなれにし妻しあればはるばるきぬる旅をしぞ思ふ」による杜若《かきつばた》の名所。五月中旬が見頃。正面古びた本堂、右手に庫裏《くり》。前庭に業平竹《なりひらだけ》とひとむらすすき。連句碑「かきつばた我に発句《ほっく》のおもひあり　芭蕉／麦穂なみよる潤ひの里　知足」。知足《ちそく》は鳴海の人（一六二ページ参照）。岡崎侯儒者秋本嵎夷《ぐうい》「八橋山紀事　并《ならびに》王孫歌」碑。

**池鯉鮒・首夏馬市**。陰暦四月二五日～五月五日、宿場東の野原で馬市が開かれ、四、五百頭の馬が繋がれ、物売りや遊女が集まり、宿中も大いに賑わった。

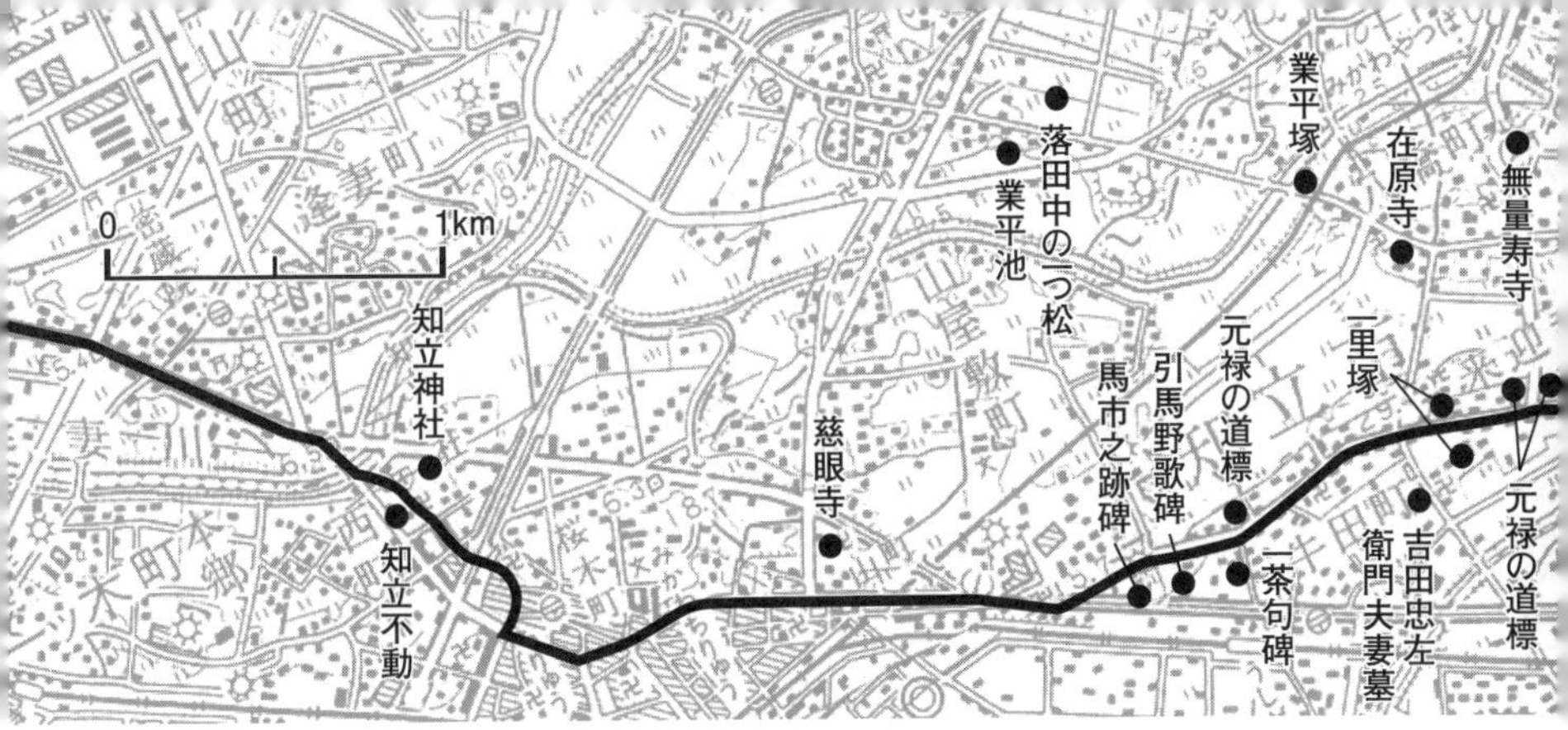


加藤玉堂「八橋由緒記」碑。卓池句碑「鳩の啼《なく》樹ははるかなり杜若」。境内に業平池、玉川庭、業平井。名古屋の儒者秦《はた》鼎《かなえ》の「八橋碑」。井村祖風墓石に「かきつばた夏もむかしの夏ならず」。杜若姫の墓。三省軒墓。岱呂《たいろ》句碑「あともなきわらびもみゆるもみぢ哉《かな》」。小五輪二基は羽田玄喜二児の墓。本堂左手に四阿《あずまや》と杜若の池、稲妻形の橋。裏手に公園風の池と休憩所。▼寺の前五〇メートルを横切る鎌倉街道沿いに名所がある。まず在原寺《ざいげんじ》はいつも親切な尼寺。刈谷の歌人藤井和風「かたらはんきみは在《いま》さずつれなくもはる〲墓をたづねくるかな」碑。中村若沙「ふるさとはありて連立ち業平忌」碑。兼子義玄「いつもきく家ははや寝て遠砧《とおぎぬた》」碑。レンゲ咲き雲雀《ひばり》鳴く頃はとりわけよい。名鉄豊田線踏切手前左に根上り松、踏切渡り右にみごとな宝篋印塔《ほうきょういんとう》の業平塚。その入口に五島茂筆で業平歌「から衣きつゝなれにし妻しあればはるばる来ぬる旅をしぞおもふ」碑。逢妻川《あいずまがわ》を渡り右に落《おち》

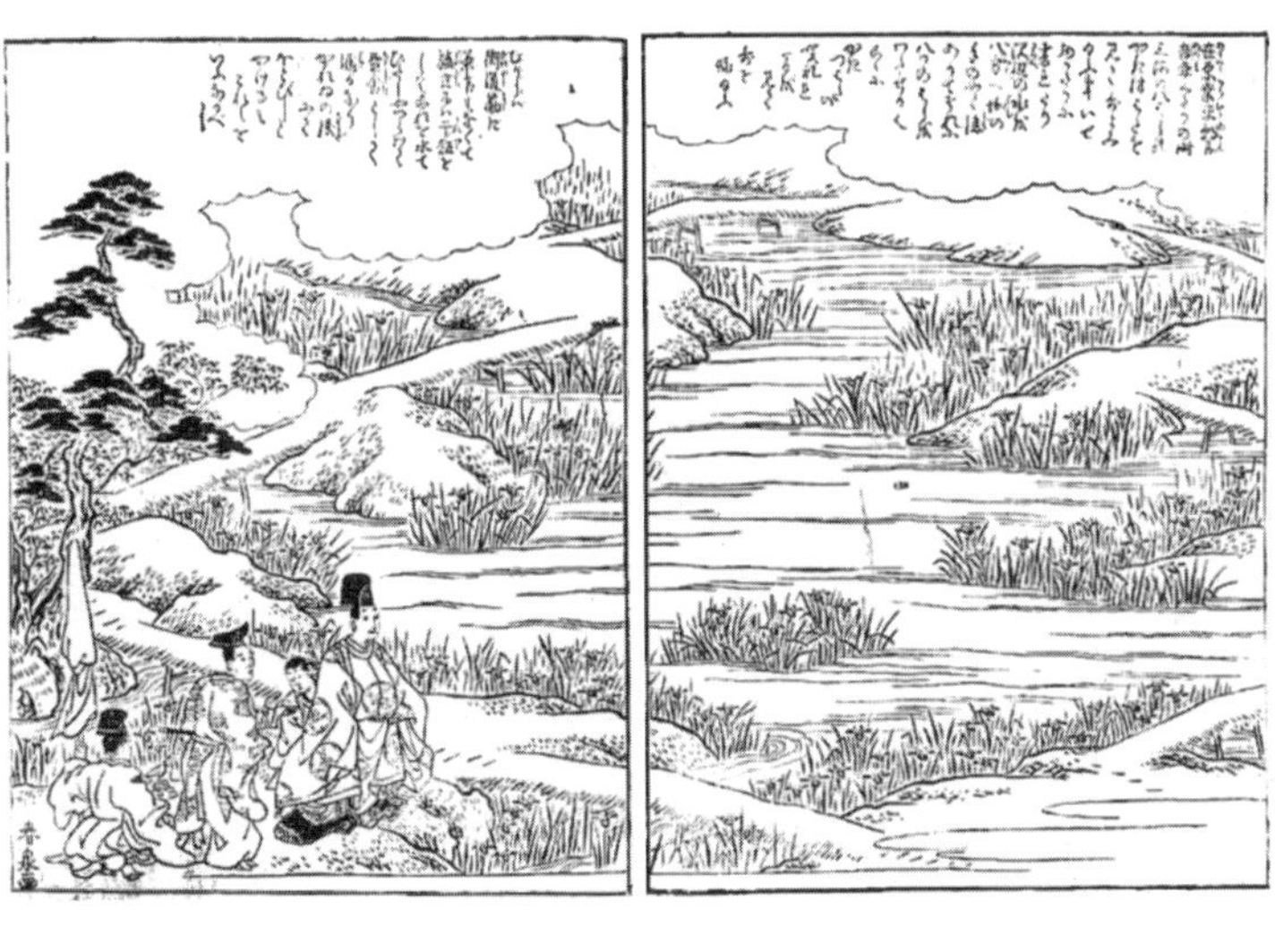
『東海道名所図会』在原業平が杜若を見る図。

『好色一代男』主人公世之介は江尻で見そめた若狭・若松の姉妹と三河の芋川でうどん屋を始める。

田中一松《たなかのひとつまつ》、左に業平池。この辺りが業平詠歌の故地。▼最初の八ツ橋道標に戻り、江戸の旧道を進む。来迎寺《らいごうじ》一里塚、左右一対が残る。その先左角に地蔵尊、そこを左に少し入ると赤穂義士吉田忠左衛門夫妻の墓。右側明治用水の支流の小川沿いの道標は元禄一二年（一六九九）建。その先松並木の中に一茶句碑「はつ雪やちりふの市の銭《ぜに》叺《かます》」。文化一〇年（一八一三）五一歳の作。万葉歌碑「引《ヒク》馬《マ》野《ノ》尓《ニ》仁《ニ》保《オ》布《ウ》榛原《ハリハラ》入乱《イリミダリ》 衣《コロモ》尓《ニ》保《オ》波《ワ》勢《セ》多《タ》鼻《ビ》能《ノ》知師《シルシ》尓《ニ》　長忌寸《ナガノイミ》奥麿《キオキマロ》」。近くに引馬野の地名もあったが、万葉集の引馬野の歌の故地とする説は疑わしい。「馬市之跡」碑の裏面に「杜若名に八つ橋のなつかしく　蝶乙鳥《つばめ》馬市たてしあととめて　八十八才麦人」。広重保永堂版に描かれた馬市は、この辺りから慈眼寺《じげんじ》にかけて、陰暦四月二五日～五月五日開かれた。慈眼寺に「馬之碑」がある。▼宿場中心は商店街。突き当り左に少し入った所に芭蕉句碑「世を旅に代《しろ》かく小田の行戻《ゆきもど》り」、元禄七年（一六九四）名古屋での作。旧道は突当りを右へ行く。すぐ知立神社。五月三日山車《だし》五台の上で糸からくりや山車文楽を見せる。境内に重文の多宝塔、祖風句碑「行戻り小川に暮《くる》る小鴨かな」、芭蕉句碑「不断立つ池鯉鮒の宿の木綿《もめん》市」。▼左側知立不動に徳川家康の側室お万の方の碑。

# 東海道中膝栗毛

弥次さん喜多さんの名を知らぬ人はまずない。弥次喜多といえば二人旅の代名詞になっている。二人を主人公とする『東海道中膝栗毛』が初めて登場するのは、江戸時代も終りに近い享和二年（一八〇二）であった。爆発的人気を得て、東海道伊勢参宮から、金毘羅参詣、宮島参詣、岐蘇《きそ》街道、善光寺道中、草津温泉道中と、二〇年間にわたって書き継がれるベストセラーになった。

　弥次さん喜多さんは、およそ道徳性とか高尚性とかとは無縁な人間である。徹頭徹尾好色で、下品で、無知で、知ったかぶりで、けんかっ早くて、臆病で、江戸っ子気取りで、折りにふれて狂歌を詠む以外には、人間的には何のとりえもない。そして何度でも同じ失敗をくり返す。だが彼らの愚行にはさほど深い悪意はなく、すぐ底がわれて失敗に終る。読者たちはそのような愚かな二人を見下してむしろ優越感にひたることができる。そこにこそ『東海道中膝栗毛』の人気の秘密があったのである。

　『東海道中膝栗毛』は一面、旅の教訓書、ガイドブックでもあった。二人の愚行のすべては、裏返せばそのまま、読者にとって反面教師となり得た。知識や教訓を与えてくれた。弥次さん喜多さんは箱根の下りで知り合った旅人十吉と三島の宿に泊るが、十吉は実はゴマノハイで、眠っている間に腹巻の金を取られ無一文になってしまう。旅中見知らぬ人と道づれになり、あるいは同宿することの危険を教えているのである。無一文になった二人は、蒲原の木賃宿に泊るが、米の持ち合わせがないので食事にありつけない。読者は大笑いしながら木賃宿の泊り方を知るのである。また方言をかなり精細に写しているのも、作品にリアリティと滑稽感を与えるとともに、読者に方言についての知識を教えているのである。

『東海道中膝栗毛』三島の旅籠

# 鳴海《なるみ》

▼尾張国愛智郡《あいち》、江戸から八七里、京へ三八里二一丁。便宜上知立の宿外れから記す。▼逢《あい》妻《ずま》川を渡り境川に至る途中の芋川はうどんで有名。今のひもかわうどん。西鶴作『好色一代男』の主人公世之介《よのすけ》は一八歳で江戸下りの途中江尻で見染めた若狭・若松の姉妹とここに「いも川うむどん」若松屋を出す。今は何もない。▼境川にかかる境橋は三河と尾張の国境で、三河側半分は土橋、尾張側半分は板橋であった。その先一キロ「阿野一里塚」標識のY字路を左に入り、かわいい阿野の一里塚。原形はさほど留めぬが左右一対がある。句碑「春雨や坂をのぼりに馬の鈴　市雪」。▼名鉄ガードをくぐり百メートル、左側大きな白衣観音像手前左に入り、病院の裏に「桶狭間《おけはざま》古戦場趾」碑のある公園。永禄三年（一五六〇）信長が義元を急襲。「今川治部大輔《じぶたいふ》義元墓」、そ

鳴海・名物有松絞。鳴海の東の立場有松は絞り染めで名高い。今も絵とそっくりの建物で絞り染めを商っている。

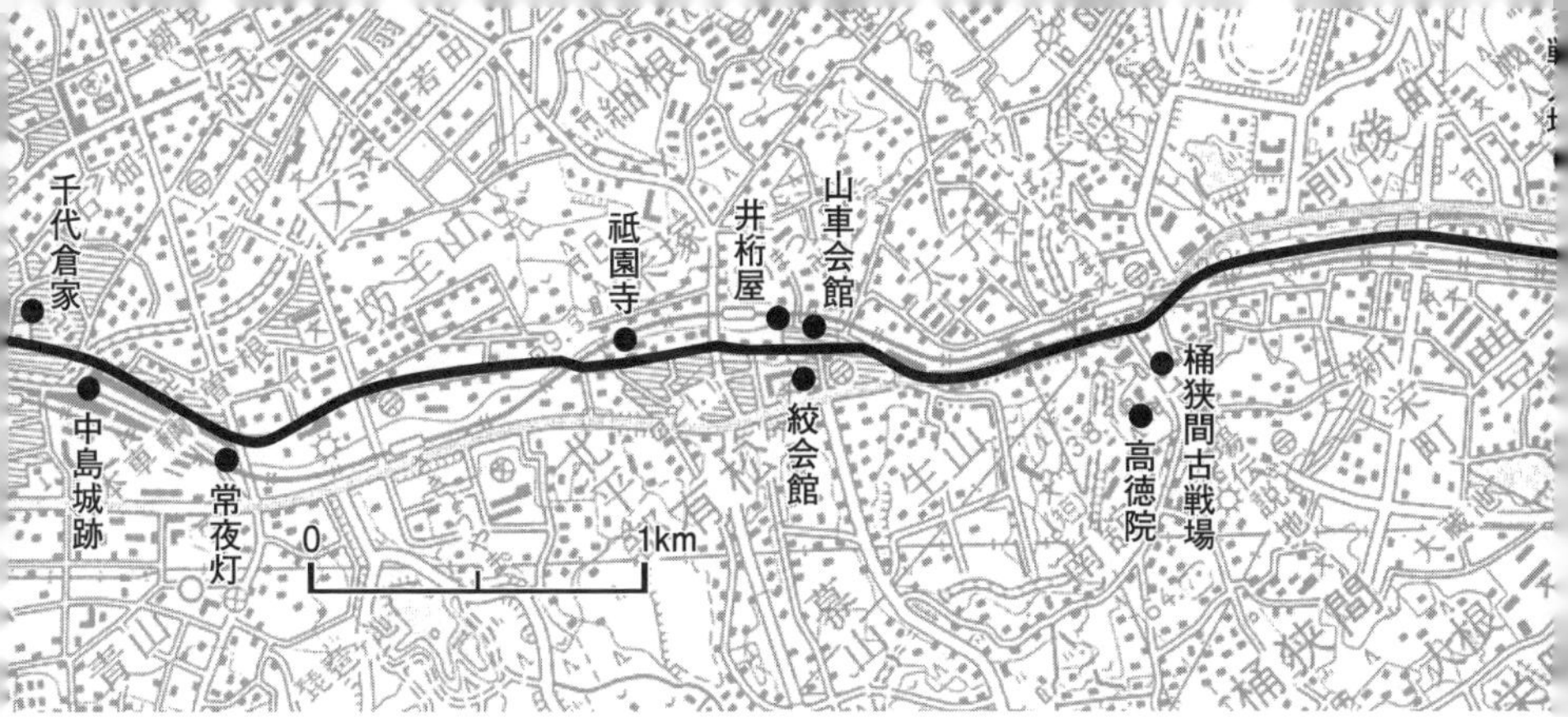


の前の「今川上総介《かずさのすけ》義元戦死所、桶狭間七石表之一、明和八年辛卯十一月十八日造」碑は、鳴海の名家下郷《しもざと》家（家号千代倉）の出資による建立。計七基ある。香川景樹歌碑「あと問へば昔のときのこゑたて、松に答ふる風のかなしさ」。文政元年（一八一八）作。秦鼎《はたかなえ》「桶狭間弔古碑」。隣の高徳院の門入り正面に芭蕉句碑「あか〳〵と日はつれなくも秋の風」、義元鎧掛松《よろいかけまつ》、「今川義元本陣跡」碑、徳本の名号碑、仏式の今川義元墓、お化地蔵（今川方将士の幽霊を慰霊）、七石表の一つ松井宗信墓。▼国道一号「大将ケ根」標識Y字路を右に入り有松町に入る。有松町は町並保存に積極的で、中でも服部家（井桁屋《いげたや》）は風格がある。同家をはじめ有松は今も絞《しぼ》り染めが盛ん。絞会館もある。▼祇園《ぎおん》寺に竹田士行碑「光明皇后恭仏跡、みあとつくるいしのひびきはあめにいたりつちさへゆすれち、は、がためもろひとのために」。寺の前に「東海道二代目の松碑」。▼鳴海宿に入り、中島橋手前左裏手に中

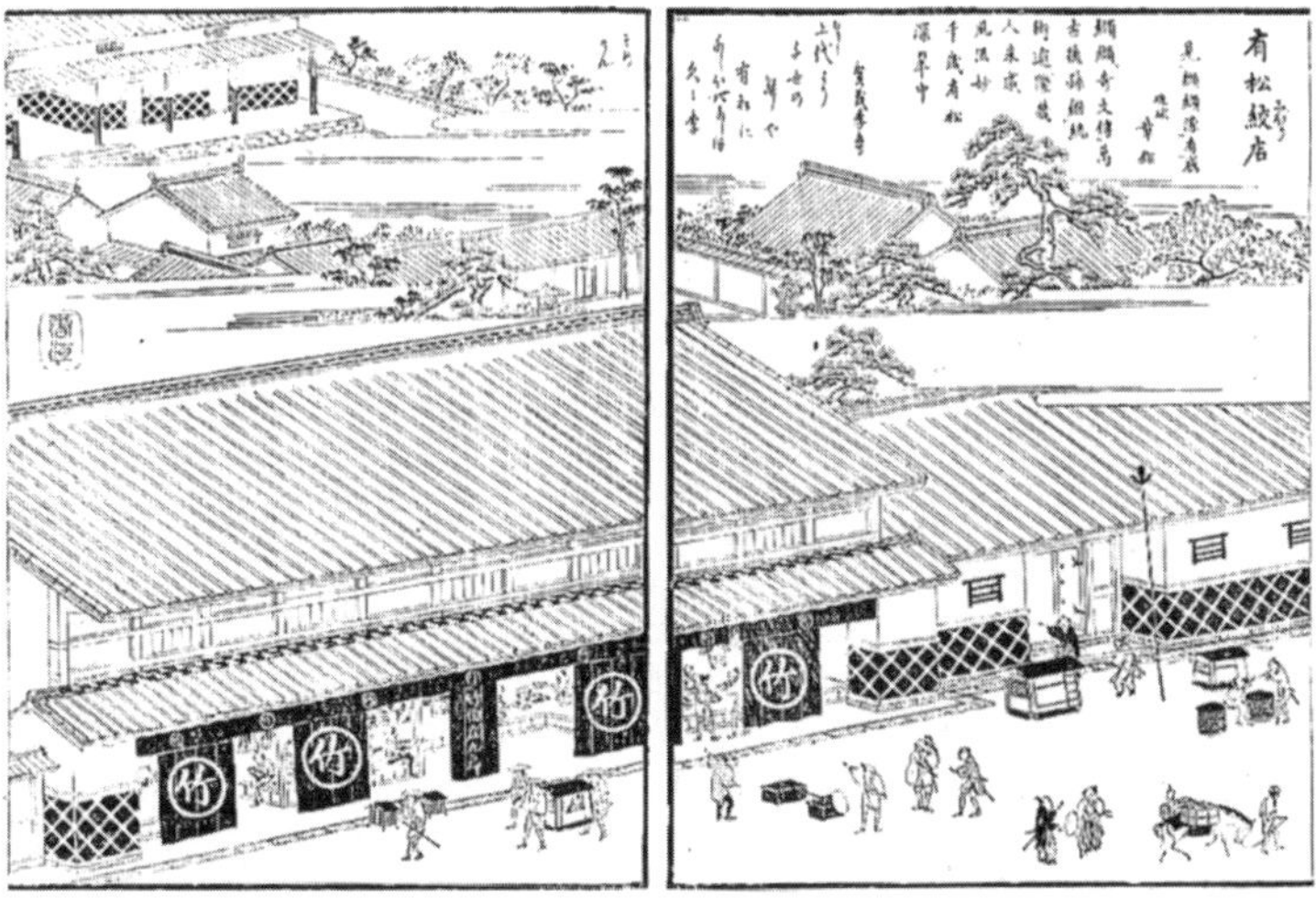


『尾張名所図会』有松絞店。竹田庄九郎の店。

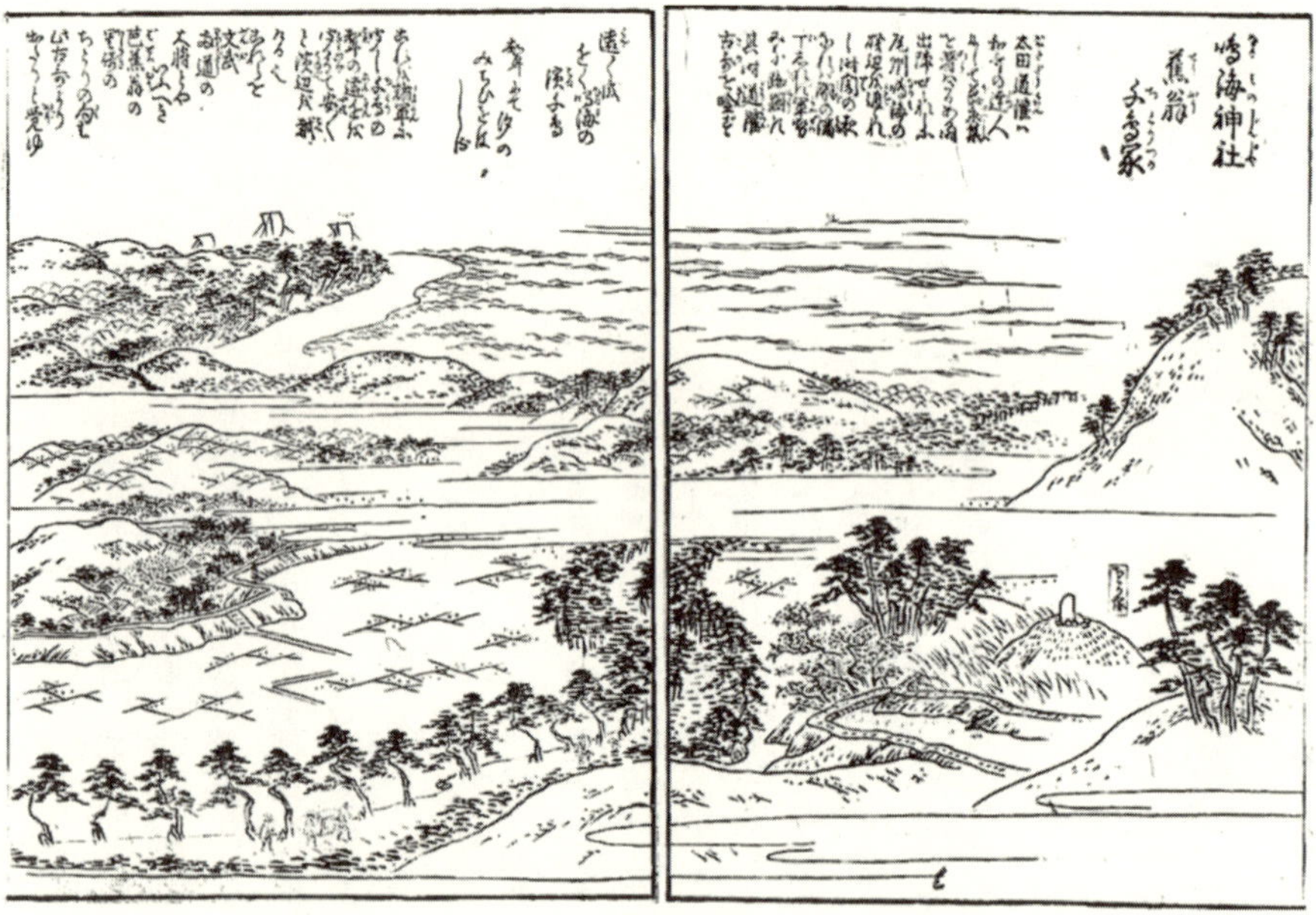


「東海道名所図会」鳴海の西の宿外れ。

島城跡碑。橋を渡り右にみごとな山門の瑞泉寺。相原町右側に海道屈指の名家千代倉《ちよくら》家(下《しも》郷《ざと》氏)、慶長以来の旧家で、文人墨客が往来し、二代知足《ちそく》は芭蕉・西鶴と親交、六代学海《がっかい》は大雅・蕪村と交わる。知立の無量寿寺、桶狭間(以上既述)、誓願寺、千鳥塚、笠寺にゆかりの碑がある。▼鳴海駅からの道との交差点を右に入ると誓願寺、千代倉家の菩提所。境内の最古の芭蕉供養碑は表「芭蕉翁」裏「元禄七年甲戌十月十二日」。芭蕉堂の芭蕉像は千代倉家の芭蕉手植の杉の古木で寛政八年(一七九六)造。寺の前の坂を少し登ると鳴海城跡之碑。▼宿外れ鉾《ほこ》の木《き》貝塚の先右側に「千鳥塚」の標識。正一位緒畑稲荷神社の鳥居をくぐり百メートル登ると千句塚公園、その右奥に千鳥塚。貞享四年(一六八七)一一月八日、鳴海の寺島安信宅で「星崎の闇を見よとやなく千鳥 芭蕉」を発句とする歌仙興行の記念碑。表「千鳥塚、武城江東散人、芭蕉桃青」裏に知足・業言・安信・自笑・重辰・如風の連名。

# 道中風俗

アメリカのペリー提督が、黒船四隻を率いて浦賀に現われ、江戸中を眠れなくしたのが嘉永六年（一八五三）、その二年前の嘉永四年に刊行された歌川広重画『東海道風景図会』は全部で四冊、淡彩のスケッチ風の絵で、どの程度実景に即しているか疑わしいのもあるが、まことに平和で抒情的でたのしい。この本の巻頭に「道中風俗」と題して、街道を往来する人々の姿が、見開き二図、計四ページにわたって描かれている。街道のにぎわいが伝わってくるようで楽しいので、全部あげてみよう。

行脚《あんぎや》、たび僧、留女《とめおんな》、飯盛《めしもり》、飛脚、くも助、一人旅、こむそう、田舎同者（道）、道場廻り、比丘尼《びくに》、旅商人、あんま、宿次《しゆくつぎ》、武家（以上第一図）、

宿引《やどひき》、かへり馬、ごぜ、六部、金《こん》ぴら参《まいり》、ぬけ参り、順礼、三宝くわうじん、おぢやれ、売薬、田舎いしや、遊山《ゆさん》たび（以上第二図）。

『東海道風景図会』巻頭の道中風俗

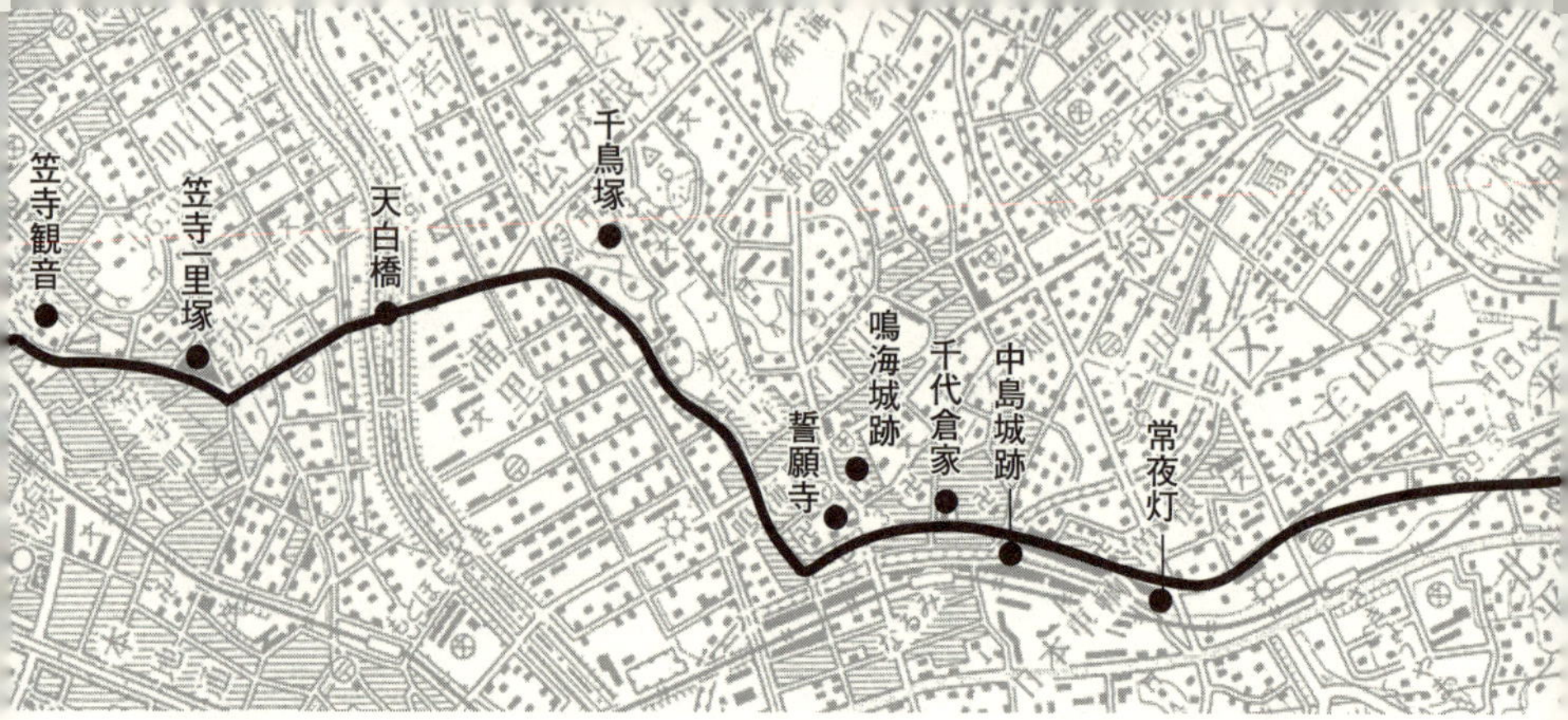


## 宮《みや》

▼尾張国愛智郡《あいち》、江戸から八八里一八丁、京へ三六里半二丁。▼便宜上笠寺から記す。▼笠寺一里塚。右側だけだが、榎の古木をのせた姿が実にいい。▼天林山《てんりんざん》笠覆寺《りゅうふくじ》。俗に笠寺。昔兵火に諸堂滅び尊像は雨ざらし、鳴海の長者の侍女深く尊信し、ある時雨にあい自らの笠で観音を覆い、のち玉の輿に乗り出世。第二次大戦の戦災をまぬがれ堂塔蒼古石碑多数。大ノ山金三郎碑。新免武蔵守《むさしのかみ》玄信之碑は宮本武蔵の百年忌供養碑。山門前左に白童子・蕪蕉句碑「青柳や皆観音の妙智力　白童子」以下。白童子・美蕉句碑「笠寺の塔より風の薫りけり」以下。安永二年（一七七三）千代倉家建立の芭蕉・知足ら連句碑「笠寺やもらぬ岩屋も春の雨　桃青（芭蕉）」以下。▼笠寺の前の泉増院は鳴海長者の侍女玉照姫を祭る。▼喚続町《よびつぎ》の左に少し入り富部《とべ》神社、桃山様式

**宮・熱田神事**。五月五日の熱田神宮の馬追いの神事を描く。裸馬を追い派手な衣装の人々が伴走する。シリーズ中もっとも活気に溢れる場面である。

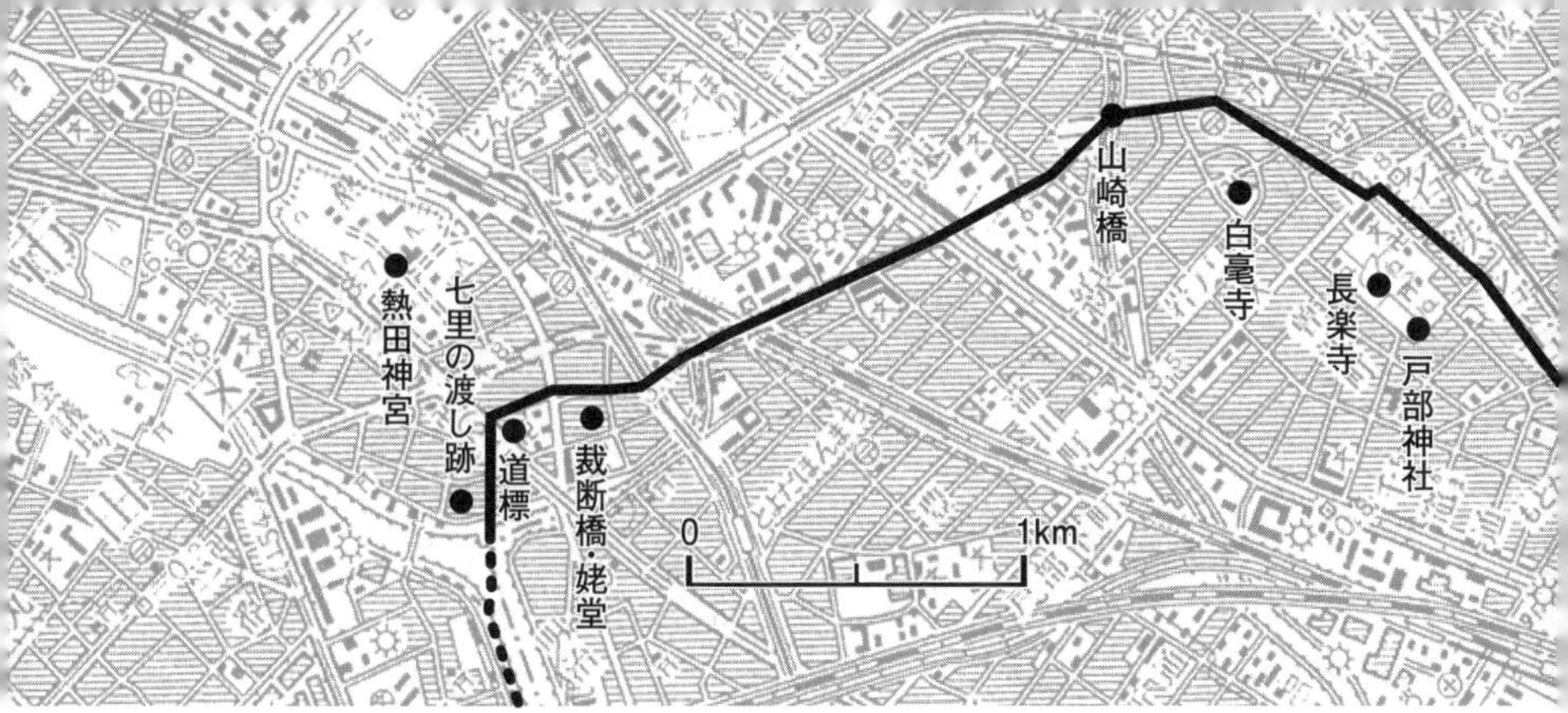


の本殿は重文。つづいて赤い鳥居の稲荷山長楽寺、徳川忠吉公平癒松。立木観音、目守弘法大師。▼薬師通を渡り次の信号の十字路を左に百《メートル》入ると白毫寺《びゃくごうじ》。万葉集の遺跡「年《あ》魚市潟《ゆちがた》勝景」碑。傍らの碑「万葉集巻七羇旅《きりょ》の歌、年魚市潟潮干にけらし知多の浦に朝漕ぐ舟も沖に寄る見ゆ」の故地。他に一碑「わたつみの神もほぐらし年魚市がたちたのうらなみ千々の声して（下略）金朶和彦」。今は眺望が全くきかない。▼さて山崎川、神穂通、陸橋「瑞穂区塩入町」を過ぎ登り坂を登らず下の道を行き、ＪＲ踏切、新堀川を渡り伝馬町に入る。名鉄ガードをくぐると左手に裁断橋趾。もとこの東を流れていた精進川の裁断橋を縮尺復元。昔橋の袂《たもと》に姥堂《うばどう》あり、三途川《さんずのかわ》の奪衣婆《だつえば》を祭った。今はコンクリートの二階に祭る。裁断橋の青銅の擬宝珠《ぎぼし》の銘文は日本女性三大名文の一として有名。秀吉の小田原攻めに従軍病死した一八歳の堀尾金助の母が、供養のために橋を架け、さらに三三回忌の元

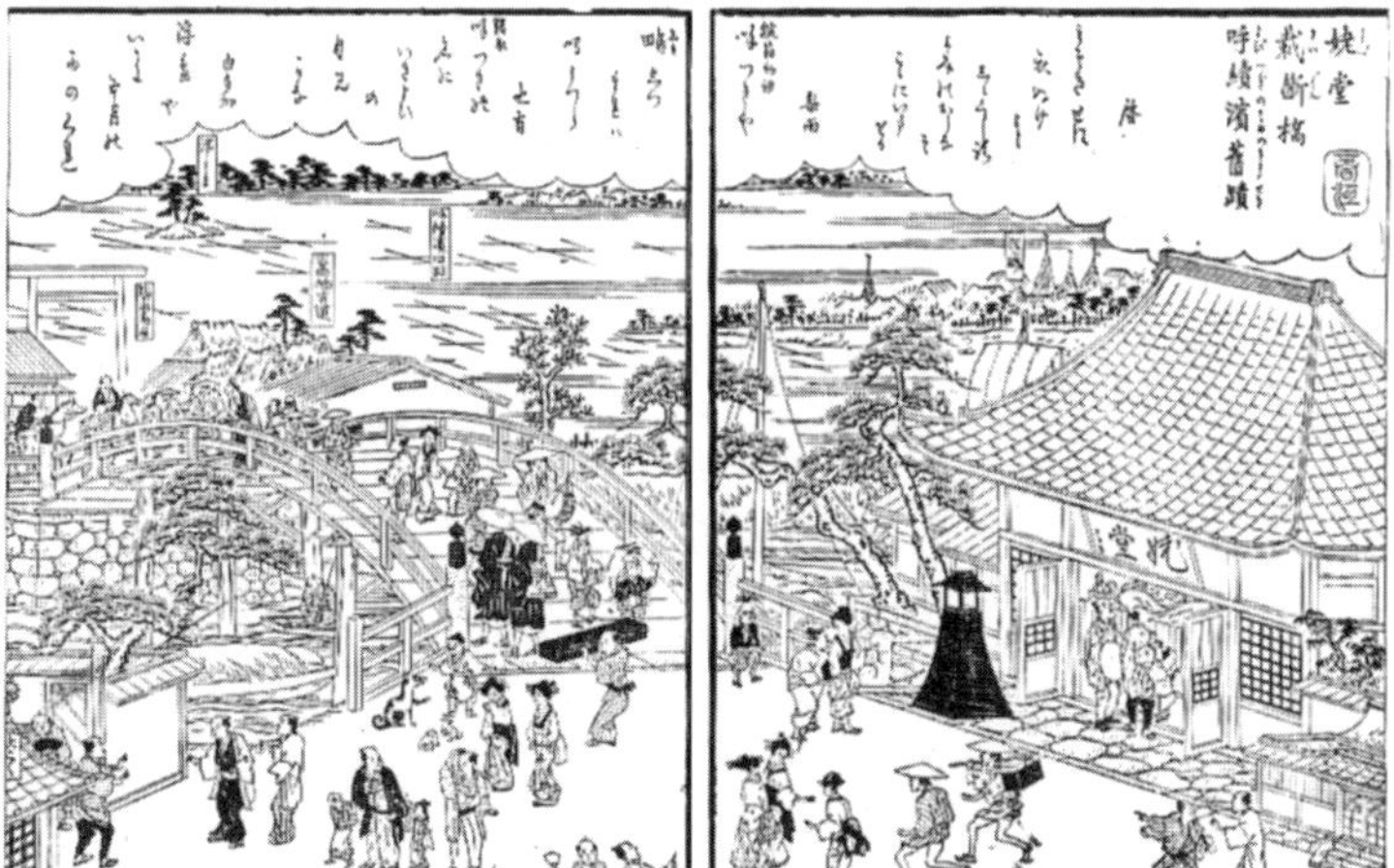
『尾張名所図会』姥堂・裁断橋。

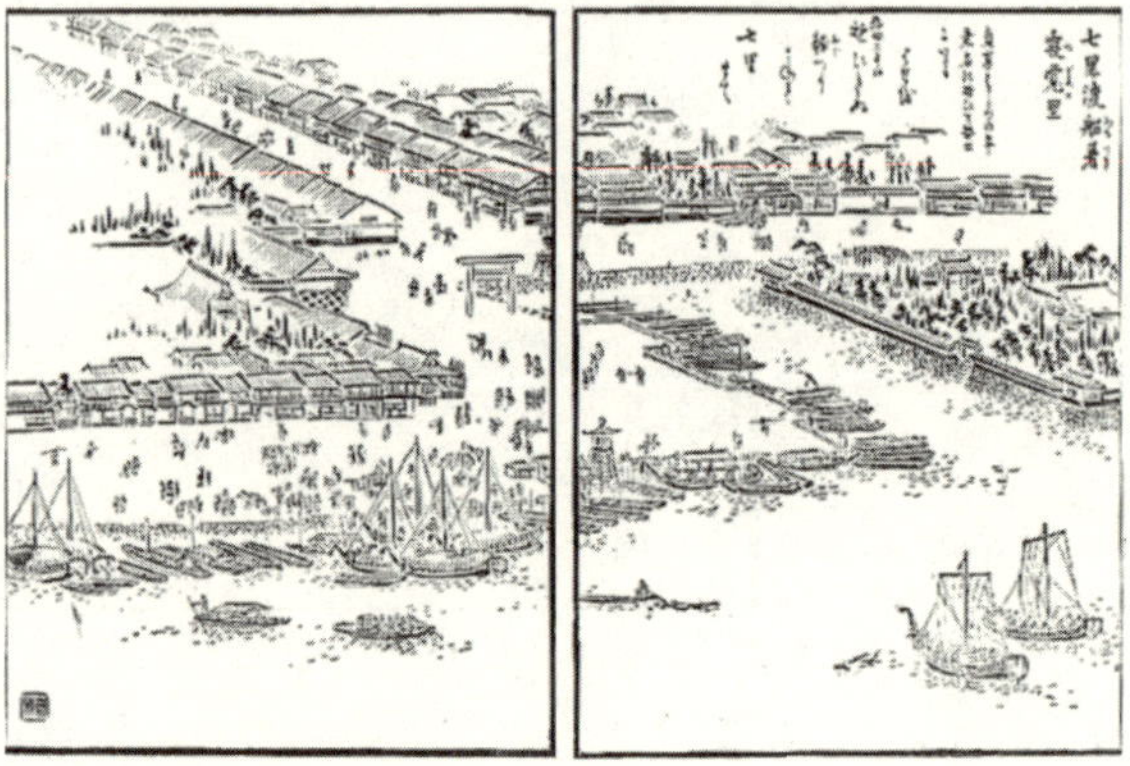

『尾張名所図会』七里の渡し船着場

和八年（一六二二）に刻したもの。「てんしやう十八ねん二月十八日に、をだはらへの御ぢん、ほりをきん助と申《もうす》十八になりたる子をた丶せてより、又ふためとも見ざるかなしさのあまりに、いまこのはしをかける成《なり》。は丶の身にはらくるいどもなり。そくしんじやうぶつし給へ。いつがんせいしゆん（逸岩世俊、金助の法名）と後のよの又のちまで、此かきつけを見る人は念仏申《もうし》給へや。卅三年のくやう也」。他に漢文の銘がある。「熱田宮裁断橋石檀那意趣者堀尾金助公去天正十八年六月十八日於相州小田原陣中逝去其法名号逸岩世俊禅定門也慈母哀憐余修造此橋以充卅三年忌普同供養之儀矣」。敷地右すみに「都々逸《どどいつ》発生之地碑」。宿場の東の鶏飯屋の女中お仲らの唄い始めた神戸節《ごうどぶし》を都々逸の起源とする、名古屋在住の故尾崎久弥氏の説。▼旧道突当りほうろく地蔵。小さいが生き生きしている。左角に道標「東江戸かいどう、北なごやきそ道／南いせ七里の渡し、是より北あつた御本社へ弐《に》丁道」。▼左（南）へ曲ると百《メートル》で宮の渡し跡。桑名へ海上七里。正面水路に突出した石の桟橋。背の高い常夜灯は寛永二年（一六二五）成瀬正虎建、のち成瀬正典再建。傍らの大きな鐘楼は戦災で焼けた蔵福寺の鐘。渡し場前の道路向いに脇本陣丹羽家がある。▼先程の道標を右（北）に曲れば美濃路。突当りに熱田神宮、広大な神域に神鶏が遊ぶ。▼鳥居前を左に曲り名古屋に至る。名古屋に至る途中から脇街道の佐屋《さや》路が分岐、岩塚、万場《まんば》、神《か》守《もり》、佐屋まで陸上六里、川舟で三里桑名に至る。海路を嫌う人が利用。

〔付記〕海上七里は今は公的交通手段はない。JRか近鉄の桑名駅から船着き場跡へ行きそこから歩き始めるか、又は船頭さんに頼むしかない。脇街道佐屋路も公的交通手段はない。名古屋市熱田区の新尾頭町から佐屋路に入り神守の先津島と佐屋の分岐点までは辿れるがそれから先は水田の区画整理が進みルートは不明。佐屋の船着き場跡も陸地化している。

## 船酔い

『旅行用心集』の「船に酔ひたる時の妙方」は次の通り。「一、船に酔ひたる時大いに吐《と》して後渇《かわ》くなり、その節は童子《どうじ》の便を呑ますべし。もし童子便なき時は大人の尿《いばり》を呑ますべし。誤りて水をのめば即死するなり。慎むべし。一、船に乗る時に、その川の水を一口呑めば、船に酔はぬなり。一、船に乗る時に、陸《くが》の土を少し紙に包み、臍の上に当てて居れば船に酔ふことなし。一、硫黄を紙に包み懐中すれば、船に酔ふことなし。一、又方《ほう》、付木《つけぎ》を二、三枚人に知らせず懐中すれば船に酔はぬなり。一、又方、強き醋《す》を一口飲みてよし。又梅干を含みてよし。又生大根《なまだいこん》のしぼり汁を飲みてもよし。一、強く酔ひ、嘔吐やまざる時は、半夏《はんげ》・陳皮《ちんぴ》・茯苓《ぶくりょう》の三味を等分せんじ飲みてよし」。中には少々迷信くさいのもある。

# 桑名《くわな》

▼伊勢国桑名郡、江戸から九六里、京へ二九里半二丁。松平越中守一〇万石の城下町。▼船着場跡。宮へ海路七里、佐屋へ川舟三里の船着場。船着場、城の蟠竜櫓《ばんりゅうやぐら》とも美しく整備。船の目当ての常夜灯は安政三年建。大鳥居は伊勢神宮一の鳥居。▼船津屋《ふなつや》は泉鏡花『歌行燈《うたあんどん》』の舞台。作中では湊屋《みなとや》。黒塀の一角に久保田万太郎句碑「かはをそに火をぬすまれてあけやすき」。『歌行燈』に「時々崖裏《がけうら》の石垣から獺《かわうそ》が這込《はいこ》んで、板廊下や厠《かわや》に点《つ》いた燈《あかり》を消して、悪戯《いたずら》をするげに言ひます」とあるのによる句。船津屋北側の住吉神社の境内に有本芳水詩碑「揖斐《いび》のながれのしがらみに、にほひあせたる花うきて、波にうたひて波に去る、かもめよ何を鳴き行くか」、大正五年作。山口誓子句碑「水神に守られ冬も大河なり」。▼桑名城跡は九華《きゅうか》公園。▼旧道を百《メートル》右側

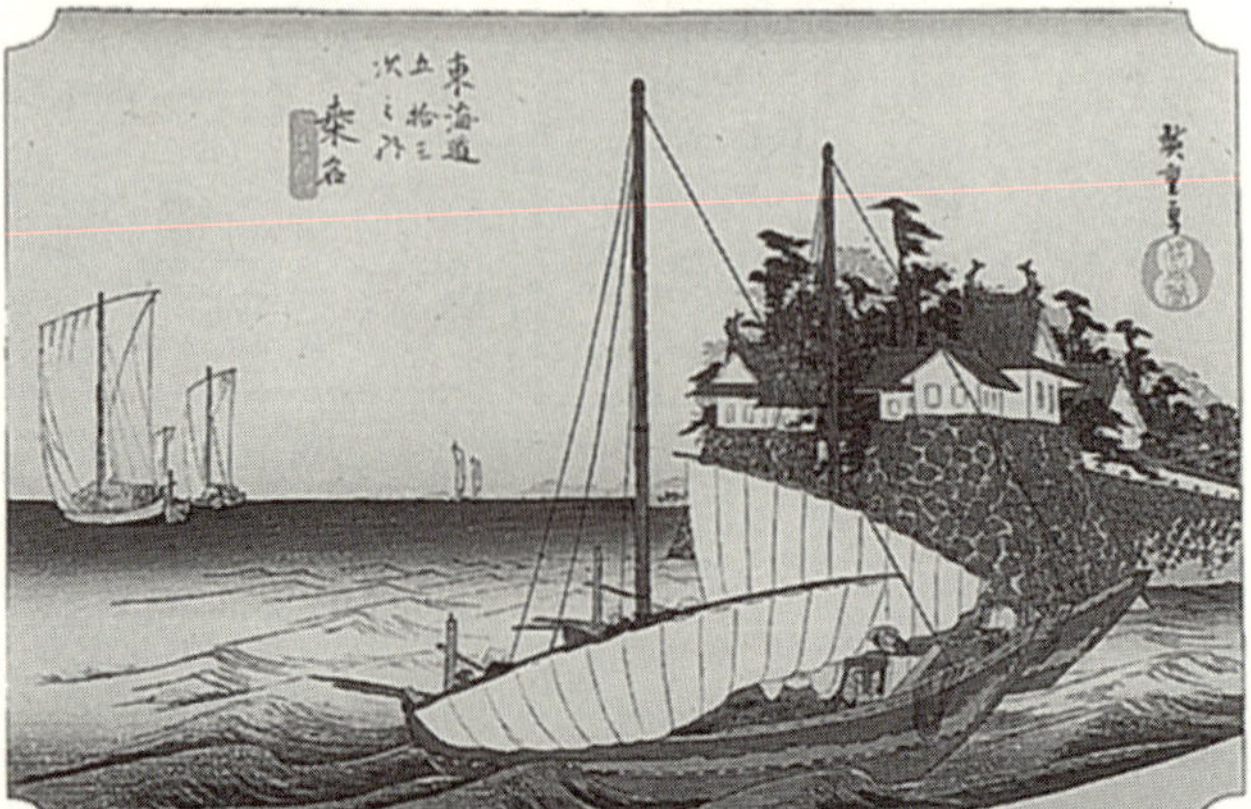


**桑名・七里渡口**。宮から七里の海を乗り切った船が帆をおろし接岸しようとしている。向うは桑名城。船は四〇人乗りから五三人乗りまである。安永五年の乗合船賃は五四文。

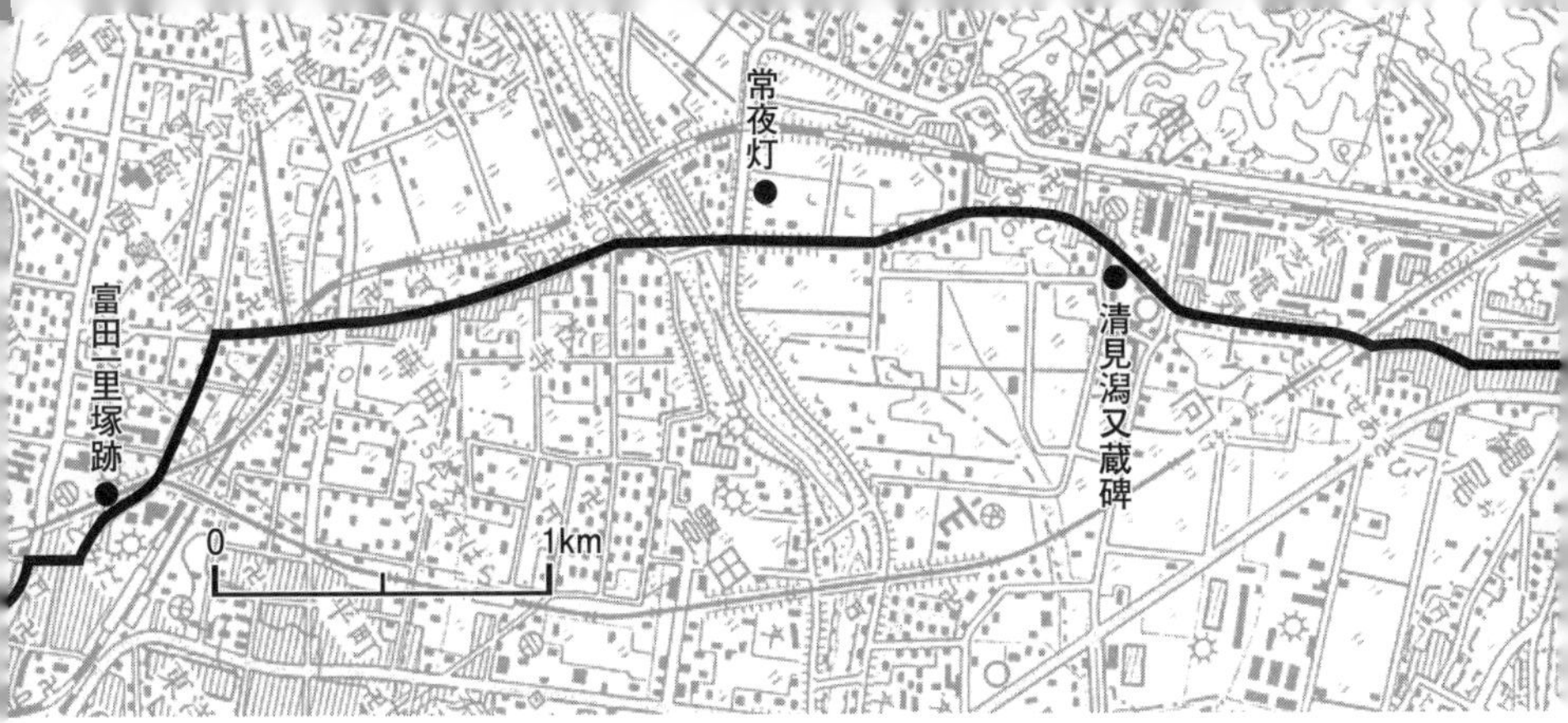


「歌行燈」の暖簾《のれん》の下る格子造りの店（旧志満《しま》や）は鏡花作中の饂飩屋《うどんや》とされる。「目鼻立ちのきり丶とした、細面《ほそおもて》の、瞼《まぶた》に窶《やつれ》は見えるけれども、目の清らかな、眉の濃い、二十八九の人品《ひとがら》な兄哥《あにい》」が「お月様が一寸《ちょいと》出て松の影、アラ、ドッコイショ」と博多節をうたって登場し、熱燗でいっぱいひっかける。▼春日神社は桑名神社とも。「勢州桑名に過ぎたるものは銅の鳥居に二朱の女郎」と唄われた寛文七年（一六六七）鋳造の青銅大鳥居。その前に「しるべいし」碑（迷子石）。▼海道筋から離れるが、海蔵寺に薩摩義士の墓。木曽三川分流の難工事完成後、工費超過の責任をとり平田靫《ゆき》負《え》らが自刃。▼本統寺に芭蕉句碑「冬牡丹千鳥よ雪のほと丶ぎす」。貞享元年（一六八四）冬当寺での作。▼浜の地蔵・白魚《しらうお》塚。川沿いに二キロ下る。眺望絶佳。芭蕉・木因句碑「雪薄し白魚しろき事一寸《いっすん》　芭蕉翁／白うをに身を驚《おどろく》な若翁《わかおきな》　木因」。木因は大垣の人、芭蕉を大垣から桑名へ案内した。別の芭蕉句碑「闇

『伊勢参宮名所図会』桑名渡口

の夜や巣をまどはして鳴《なく》ちどり」。▼海道に戻り七曲見付跡から京町見付跡を経て伝馬町十念寺に維新の義士森陳明墓。東鍋屋町に天武天皇社。西鍋屋町に一目連《いちもくれん》神社。一目連は鍛冶屋の守り神。矢田町の古い町並に梵鐘店が珍しい。シーボルトの紀行に「桑名の町はずれに着き、鐘造りやその他の鋳物工場を見物した」。▼町屋川手前に大常夜灯、文政元年（一八一八）建。川を渡ると縄生《なお》。近鉄伊勢朝日駅わきを横切り、右側に小向《おぶけ》神社。左側に巨大な「六代目清見潟又蔵碑」。清見潟又蔵は小向村出身の力士。東京大相撲で十両。明治三一年引退。この辺り焼蛤《やきはまぐり》が名物。『東海道名所図会』に「名物焼蛤。東富田・おぶけ両所の茶店に火鉢を軒端へ出し、松毬《まつかさ》にて蛤を焙《あぶ》り旅客を饗《もてな》す。桑名の焼蛤とはこれなり」。「桑名より食はで来ぬれば星川の朝気《あさけ》はすぎぬ日永なりけり」と歌われた朝明《あさけ》川の手前右堤防上に多賀大社の大常夜灯。近鉄と三岐鉄道のガードをくぐり右に「富田一里塚阯碑」。

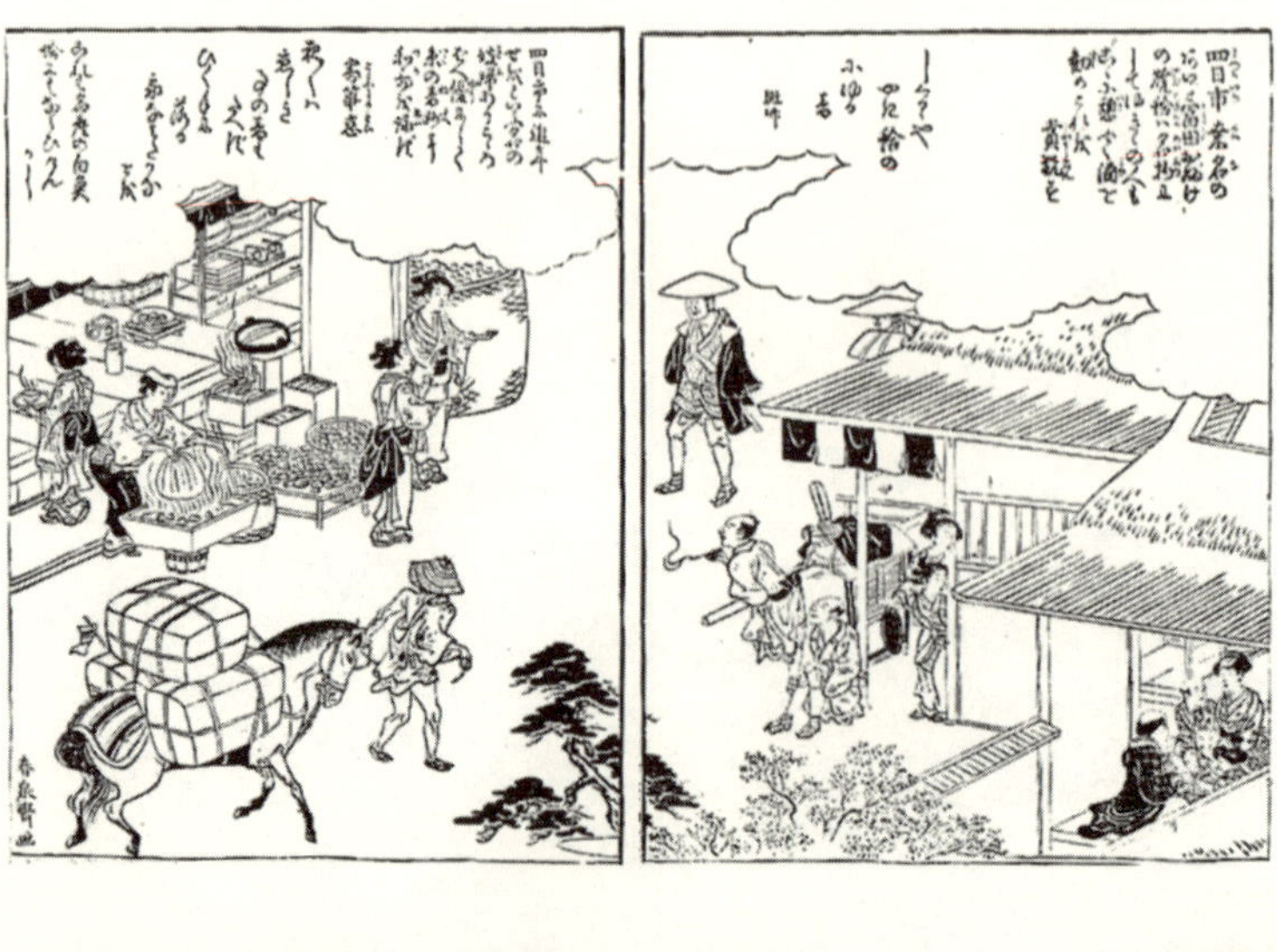

『東海道名所図会』焼蛤の店頭。

## おかげまいりとぬけまいり

江戸時代には伊勢参りが盛んであった。とりわけおよそ六〇年周期で起った伊勢参りの大ブーム「おかげまいり」は爆発的であった。慶安三年（一六五〇）のが最初で、宝永二年（一七〇五）には三六〇万人、明和八年（一七七一）には二〇〇万人、文政一三年（一八三〇）には五〇〇万人もの人たちが、それも数か月間に集中してくり出した。文政一三年の場合は阿波徳島の手習いの子供たち二、三〇人が参宮したのがきっかけとなった。明和の場合は山城宇治の茶山で働く賃金労働者がそのまま参宮に出かけたのがきっかけで、各地に波及した。彼らの多くは着のみ着のまま、旅費も持たず、「おかげ」と書いた幟《のぼり》を立て、手には柄杓を持ち、口々に「おかげでさぬけたとさ」と唱え、中には踊り歩く者もあった。このような熱狂的な群衆に対して、沿道の富豪たちや時には為政者まで、「施行《せぎょう》」といってさまざまのサービスをした。金銭から、酒・粥・にぎり飯・馬・駕籠・風呂や結髪まであった。

おかげまいりには「ぬけまいり」的性格が強かった。ぬけまいりとは、妻子や召使いなどが、夫・親・主人などに無断で伊勢参宮することである。束縛された日常を送る者が解放と自由を求める欲求によるものであろう。このようなぬけまいりは「おかげ年《どし》」（おかげまいりの年）以外にも、数は少くても、恒常的に見られた。『膝栗毛』の神奈川宿の外れにも奥州からのぬけまいりの少年二人が登場し、日永の追分でもぬけまいりの少年二人が「御報謝」を求めている。このような少年たちにとって、街道は一種の解放区となり、日常軌範からの逸脱をもたらしたが、時には非行化の一因ともなった。歌舞伎の『白浪五人男』の盗賊の一人忠信利平は、稲瀬川勢揃いの場で、「幼児《がき》の折から手癖が悪く、抜参《ぬけめえ》りからぐれ出して、旅をかせぎに西国を廻って首尾も吉野山」といっている。

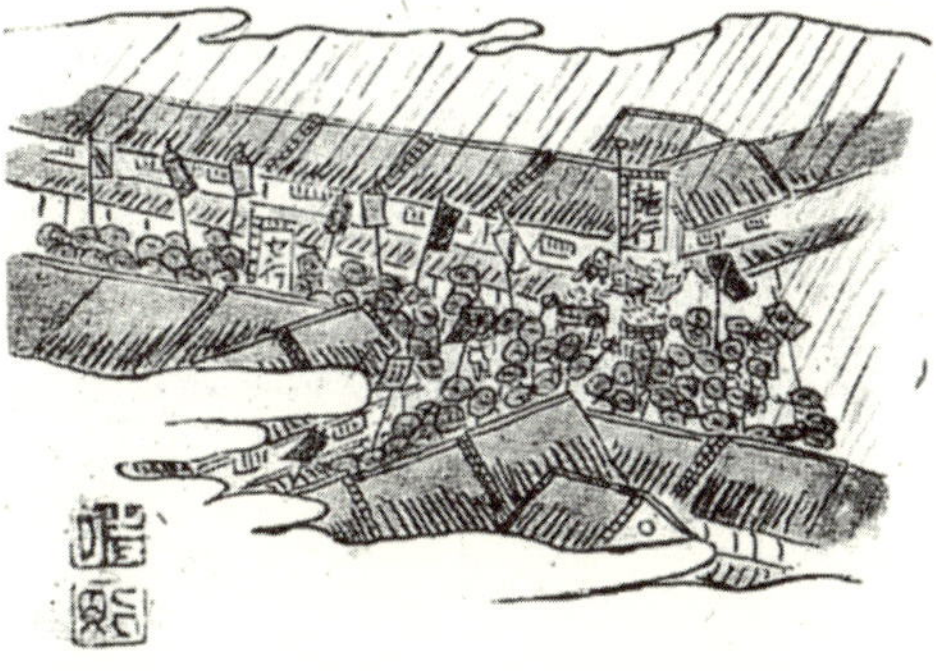

東来則著『おかげまふで道の記』

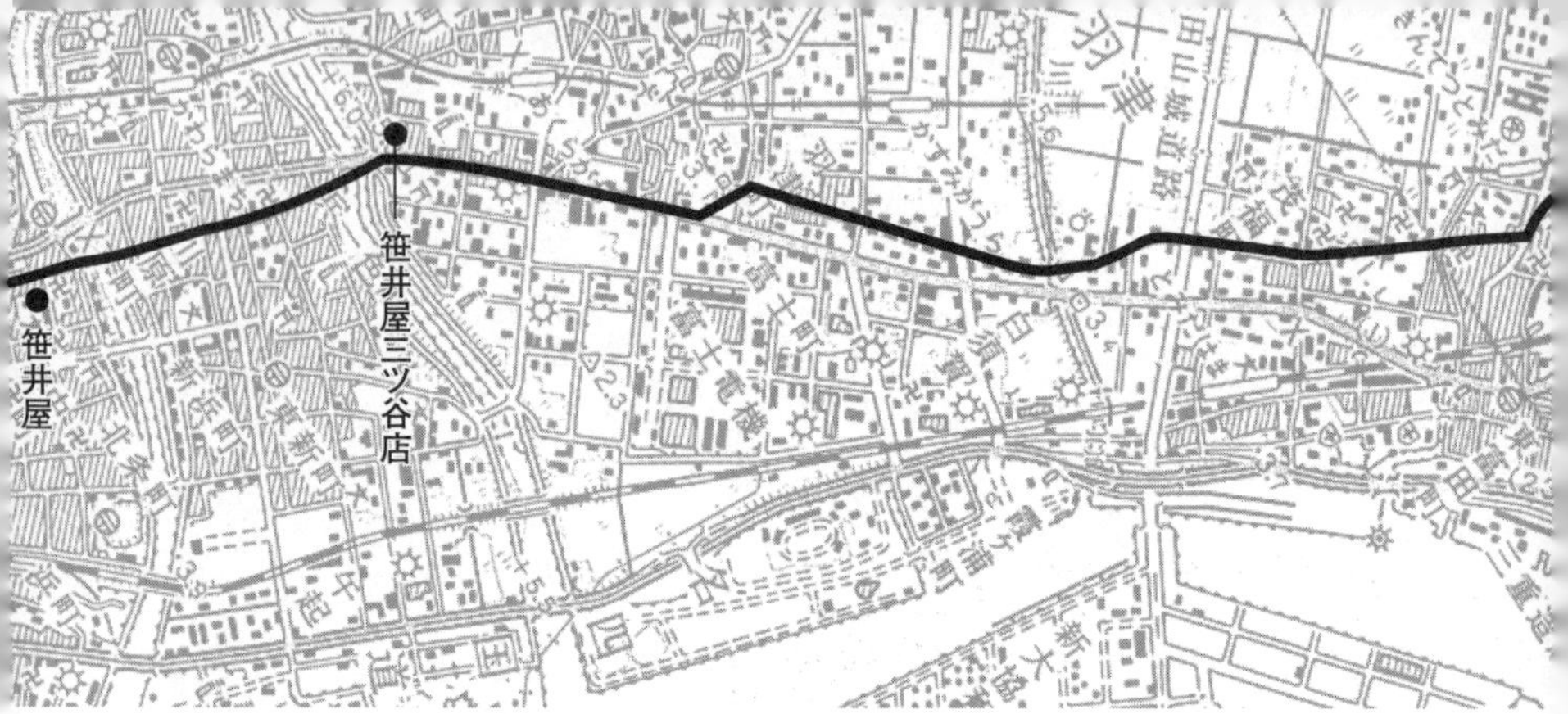


# 四日市《よっかいち》

▼伊勢国三重郡。江戸から九九里八丁、京へ二六里一二丁。宮へ海上一〇里の便船がある。今は石油コンビナートの町。▼なが餅の笹井屋。三滝川《みたきがわ》は広重保永堂版に描かれた川。その川の三滝橋を渡ると間もなく左側、白地の暖簾が四百年の伝統を誇る笹井屋。天文一九年（一五五〇）創業。藤堂高虎《とうどうたかとら》が足軽の頃、青雲の志を抱き日永《ひなが》の里に至りなが餅を賞味、われ武運の長き餅を食うは幸先《さいさき》よしと喜び、後年大名となり伊勢津に転封となり。参観交代《さんきんこうたい》の旅中かならず立寄る。もと西郊の鹿化橋《かばけばし》の西詰めにあり、戦後現地に移る。さらに東三ツ谷に立派な支店を出した。北海道産の小豆《しょうず》を昔ながらの方法で煮る。白《はく》ザラを使うから甘みは淡い。餅をつき、あんを包み平らに細長くする。今は包餡機《ほうあんき》を用いる。一枚一枚焼く。できたてはとろけるようだ。まず海道屈

**四日市・三重川。** 三重川は宿の東外れの三滝川のことをいう。狂歌入東海道や竪絵東海道では土橋を描いている。

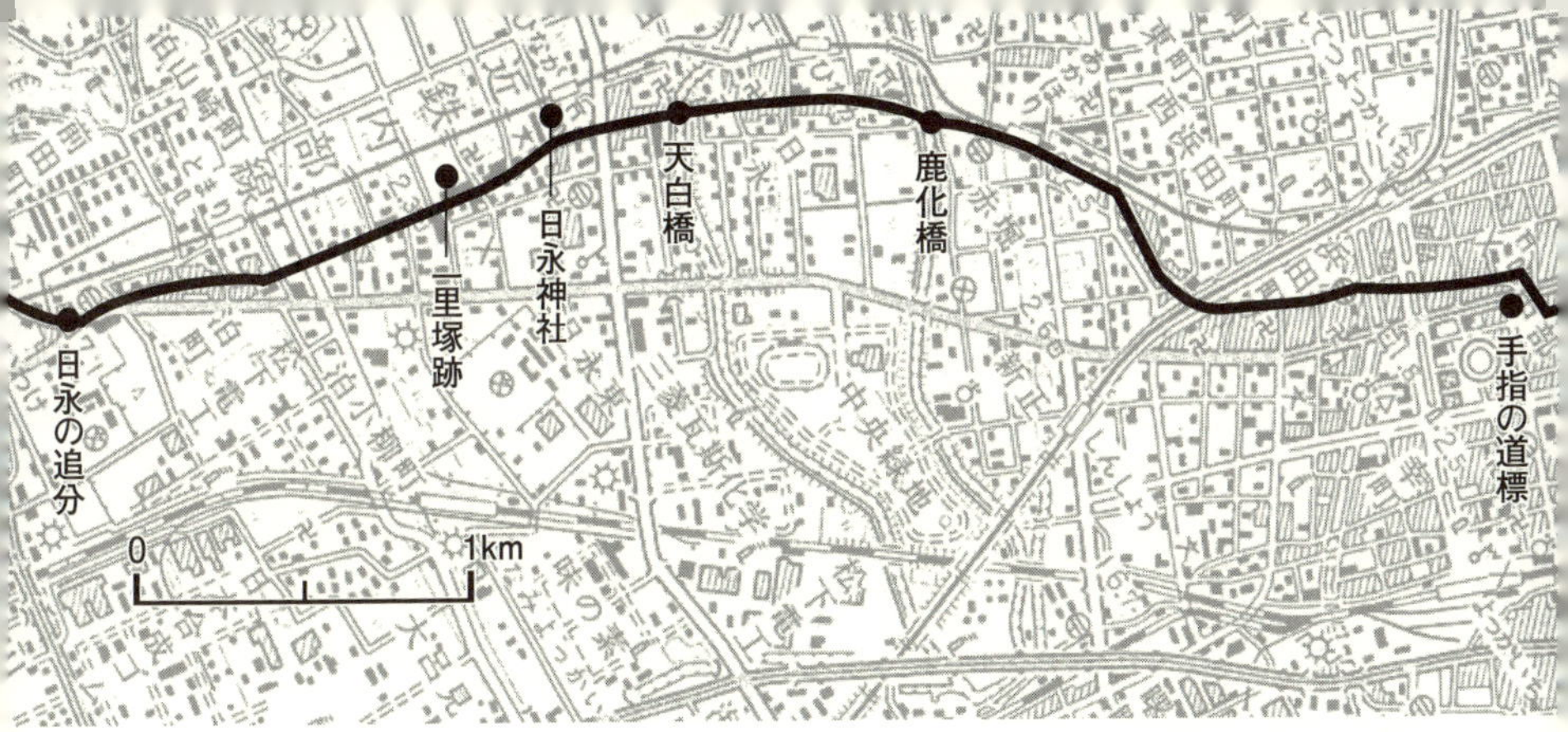


指の銘菓。七個入り七五〇円、三三個入り三二四〇〇円。電話〇五九−三五一−八〇〇〇。▼市中中部三差路の道標は裏面の人の指さす形が珍しい。伊勢地方には時々ある。四日市駅前を過ぎ、落合橋、鹿化橋、天白橋《てんぱく》、左手に石油コンビナート。▼日永の追分。左へ行けば伊勢山田へ一六里、右が東海道。海道中屈指のみごとな追分。「右京大坂道、左いせ参宮道」と深々と刻んだ大きな道標。屋根つき灯籠型道標に「ひだりさんぐう道」。屋根つき手水鉢《ちょうず》。神宮遥拝のための鳥居は久居《ひさい》の商人渡辺六郎兵衛が安永三年（一七七四）に寄付。弥次さん喜多さんはここの追分を左に入って伊勢参宮をした。▼小古曽《おごそ》神社、養蚕観音。この辺り昔は養蚕が盛んであった。▼杖衝坂《つえつきざか》。内部《うつべ》橋の上から国道一号左手前方に見える丘陵が杖衝坂。内部橋を渡ると采女《うねめ》町。国道一号沿い立派な構えの菓子屋菊屋に芭蕉の旅笠と旅荷物をかたどった最中《もなか》「采女の杖衝」。昔から杖衝坂は饅《まん》頭《じゅう》が名物であった。集落の中を曲折して坂の

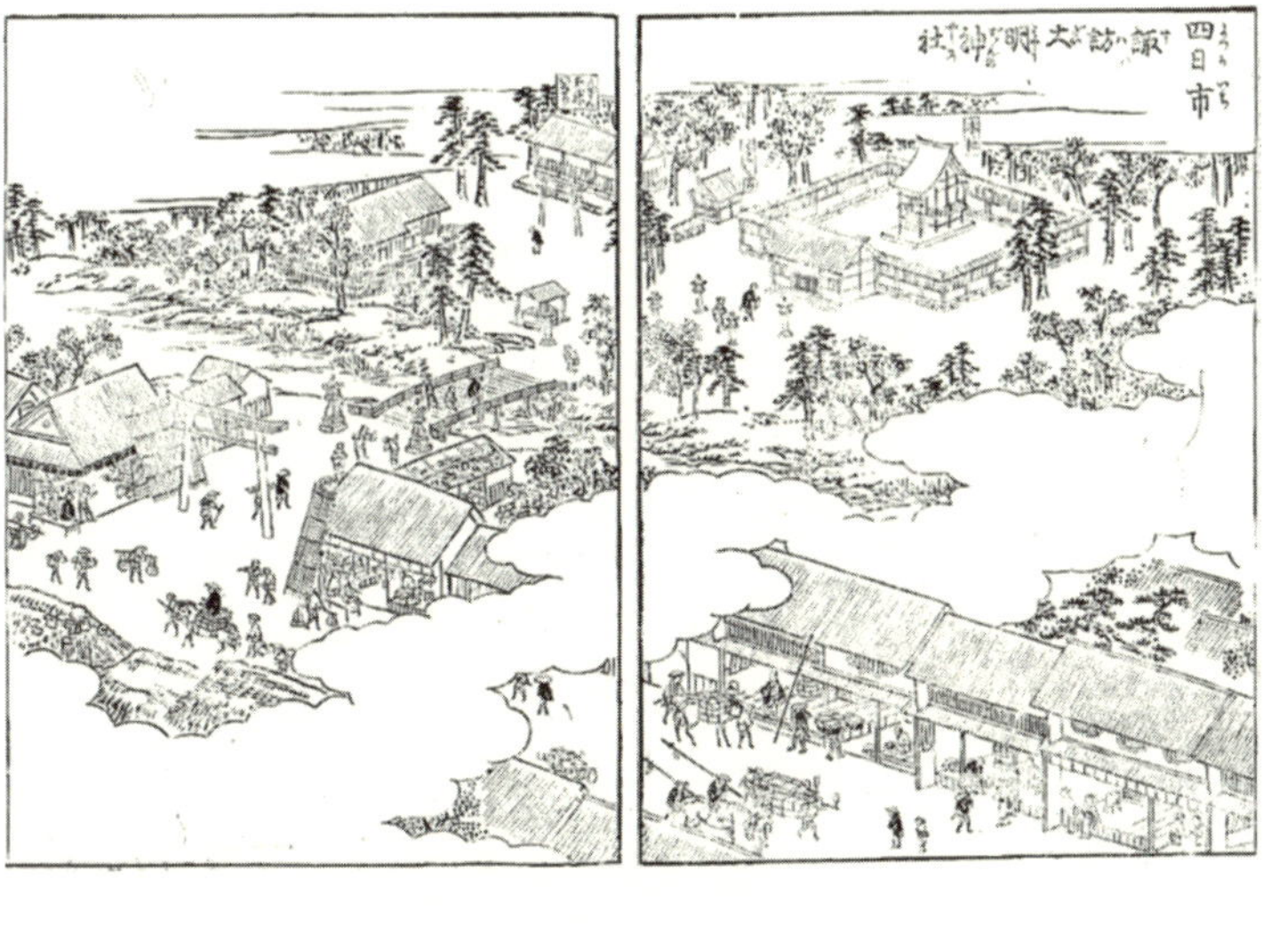


『伊勢参宮名所図会』四日市。右が江戸方面。

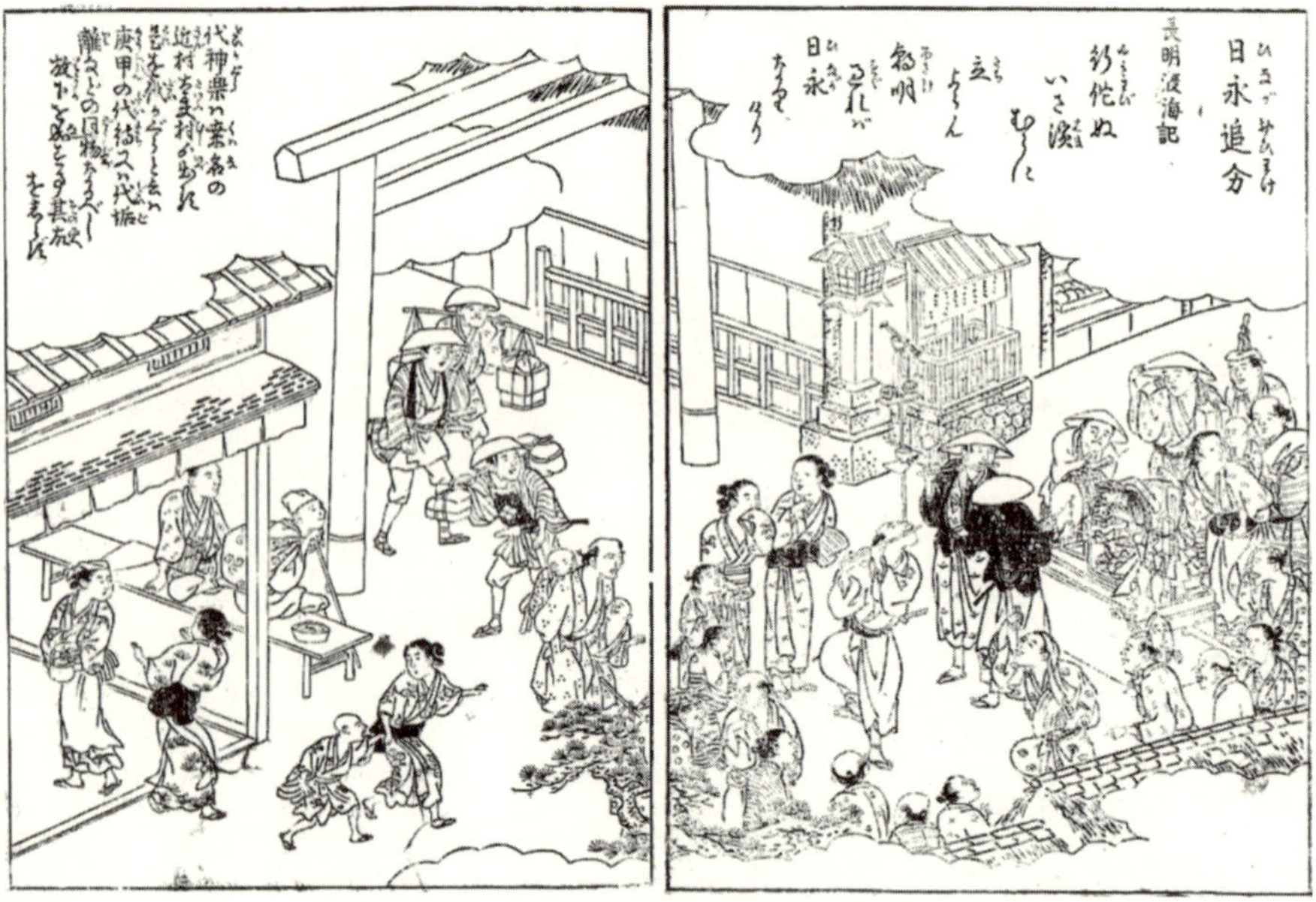


登り口の右に金刀比羅宮《こんぴらぐう》。坂の途中左に「史蹟杖衝坂」碑、屋根つき芭蕉句碑「歩行《かち》ならば杖つき坂を落馬かな」、碑の裏面に長文の後に「花に雪にこゝろの杖のみちしるべ　白梵《はくぼん》庵《あん》門人村田鵤州」、宝暦六年（一七五九）建。芭蕉句は貞享《じょうきょう》四年の作で『笈《おい》の小文《こぶみ》』に「〈桑名より食はで来ぬれば〉といふ日永の里より馬借りて杖突坂上るほど、荷鞍うち返りて馬より落ちぬ」の前書と共に出る。季語のない句である。坂を登り左手に日本武尊《やまとたけるのみこと》血塚《づか》。鳥居と石垣で囲まれた塚。土地の人はチヅカサンと呼ぶ。『東海道名所図会』に「日本武尊東征御凱陣《ごがいじん》の時、御足に悩みありて、歩行《ほこう》なり難きによつて、佩《は》き給へる御剱を解いて、杖につき給ふよりこの名（杖衝坂の名）あり。又右（京都へ向うときは左）の方に血塚といふあり。詳《つまびらか》ならず」。一説に、尊がこの坂で足から出た血を封じたという。

『伊勢参宮名所図会』日永追分。鳥居をくぐるのが伊勢街道。鳥居前で演じているのは代神楽。

# 街道の物乞いたち

ケンペルによれば、街道には伊勢参り、順礼、熊野比丘尼、山伏等多くの物乞いがいた。

三月三日大津から土山へ至る途中、多くの男女に出会った。たいていは徒歩だが馬に乗っているもの、時には一頭に二、三人も乗っていた。いろいろな乞食もいた。伊勢参りに出かけたり帰って来る人々で、彼らはしつこくケンペルたちに旅費をせがんだ。

三月四日土山から四日市へ向う途中出会った若い比丘尼は、旅行者に近づいて物乞いし、幾つかの節のない歌を歌ってきかせ、旅行者を楽しませようと努めていた。

街道には芸人めいた物乞いもいた。三月八日浜松から島田に進む途中、さまざまな物乞いに出会ったが、中に十二、三歳ぐらいの少年がいて、いわゆる八打鐘《はっちょうがね》という芸を演じた。紐につけた八つの鐘を首のまわりに水平に回転させ、手にした槌で鐘をたたき、単調な楽を奏でた。

三月十日吉原付近では、子供たちの群れが面白いとんぼ返りをしながら輪をかいてかけまわり、施し物をもらおうとした。

『東海道中膝栗毛』にもさまざまな物乞いが登場する。弥次さん喜多さんは神奈川の外れで十二、三歳の少年の伊勢参りに「だんなさま一文くれさい」とねだられ、日永の追分でも伊勢参りの子供二人に「はいだんなさま、ぬけ参りに御報謝」と声をかけられた。

菊川では「ふだらくや、岸うつ波はみくまのの、あいお駕籠の旦那一文下さい」と順礼にしつこくつきまとわれた喜多八は、「この乞食めが」と力んだはずみに駕籠の底を抜いてしまう。

宮の宿では旅籠の中にまで、おんばこ様（裁断橋西詰めの姥堂）の手水鉢建立のお心ざしとか、六十六部の石碑建立の施主になれとか、押しかけて来る。

井上通女の『帰家日記』には、袋井の宿で親を養う孝行な乞食の評判を書きとめている。

『人倫訓蒙図彙』はっちょうがね

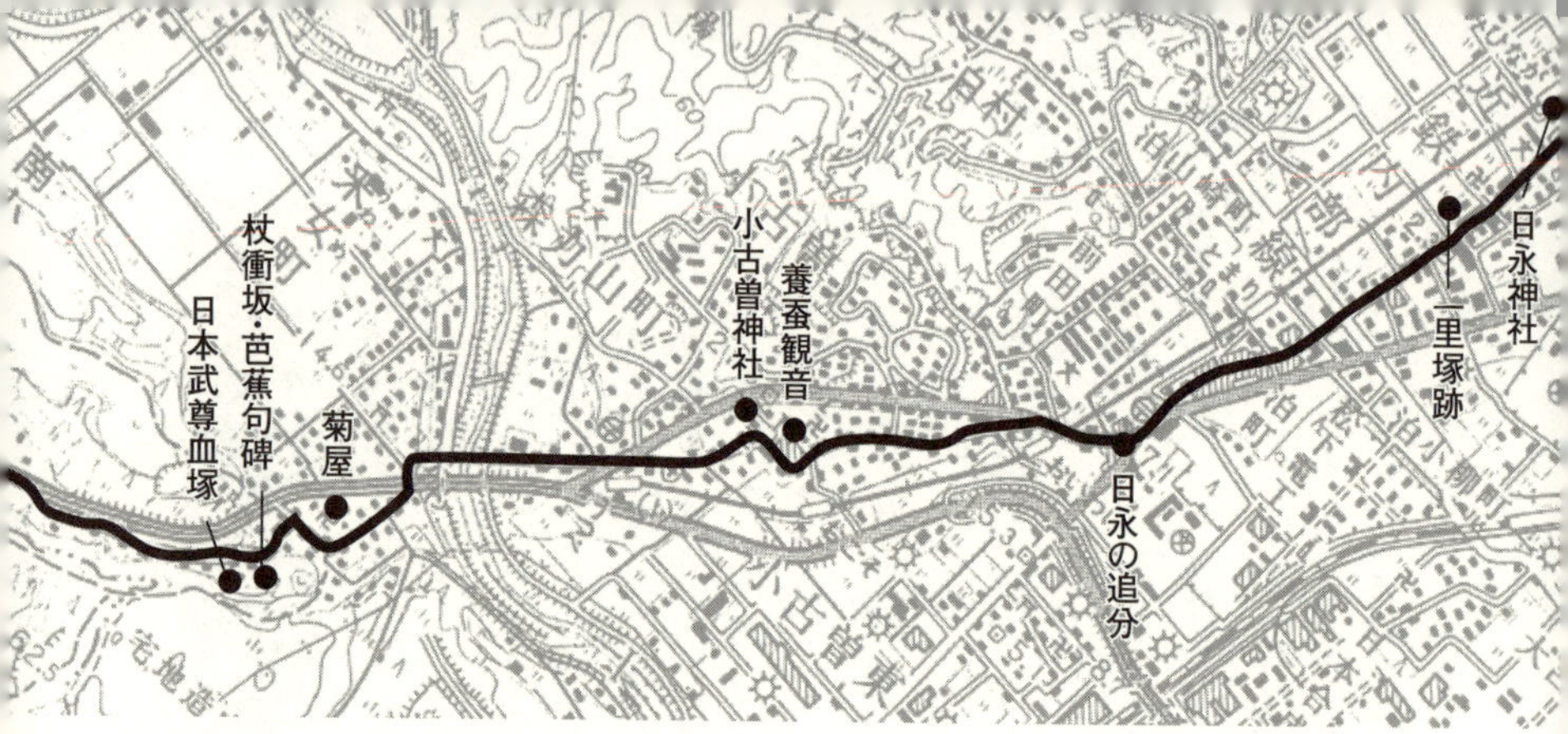


# 石《いし》薬《やく》師《し》

▼伊勢国鈴鹿郡、江戸から一〇一里三五丁、京へ二三里三丁。▼浪瀬川の流れる低地をすぎると石薬師の宿場。静かな町並。右側に式内大木神社鳥居。古い建物が小沢本陣跡。▼右側小学校の隣りが佐佐木信綱生家、つづいて佐佐木信綱記念館。生家の前に「佐佐木弘綱旧居之碑」。弘綱は信綱の父。信綱は六歳までここに住み、のち歌人・国文学者として著名。小学校構内に信綱歌碑「これのふぐらよき文《ふ》庫《ぐら》たれ故郷のさと人のために若人のために」。昭和七年還暦の記念に石薬師文庫を寄贈した時の作。昭和四〇年建。佐佐木信綱記念館は展示品豊富で親切。展示品の中に「ころ〳〵とあられふる也《なり》いぬころのそばえる庭の風にこぼれて六歳信綱」。▼記念館の向い側に問屋跡の古風な建物。▼その先左側浄福寺の巨碑「佐々木弘綱翁記念碑」に「わかの浦に老をや

**石薬師・石薬師寺。**海道は正面に見える山門の前を右（東）から左（西）へ通じている。手前の道は野道である。

しなふあしたづは雲のうへをもよそに見るかな」。▼石薬師寺。国道一号の上を渡って右に高富山瑠璃光院石薬師寺。古色ある本堂、本尊は菊目石をもって彫刻した長《たけ》七尺五寸の薬師如来。境内に一休歌碑「名も高き誓ひも重き石薬師瑠璃の光はあらたなりけり」。白象句碑「いく度もしぐれし月の庭に立つ」、白象は前高野山座《ざ》主《す》森寛紹。芭蕉句碑「春なれや名もなき山の薄霞」。▼石薬師門前向い側に「蒲《がまの》冠者範頼《かんじゃのりより》之社」標柱。そこを少し入り左側に社。その鳥居前を右に入ると蒲桜《がまざくら》。寿永の昔頼朝の弟範頼が西征の途上、鞭にしていた桜の枝を逆さにしたのが芽生える。逆桜とも。佐佐木信綱歌碑「ますらをの其名とゞむる蒲ざくら更にかをらむ八千年の春に」。▼古い町並の坂を下り蒲川橋を渡ると「史蹟石薬師の一里塚」碑。傍らに灯籠と榎。その先の旧道は国道一号と関西本線とで寸断、わかりにくいが、やがて国道一号と合流。

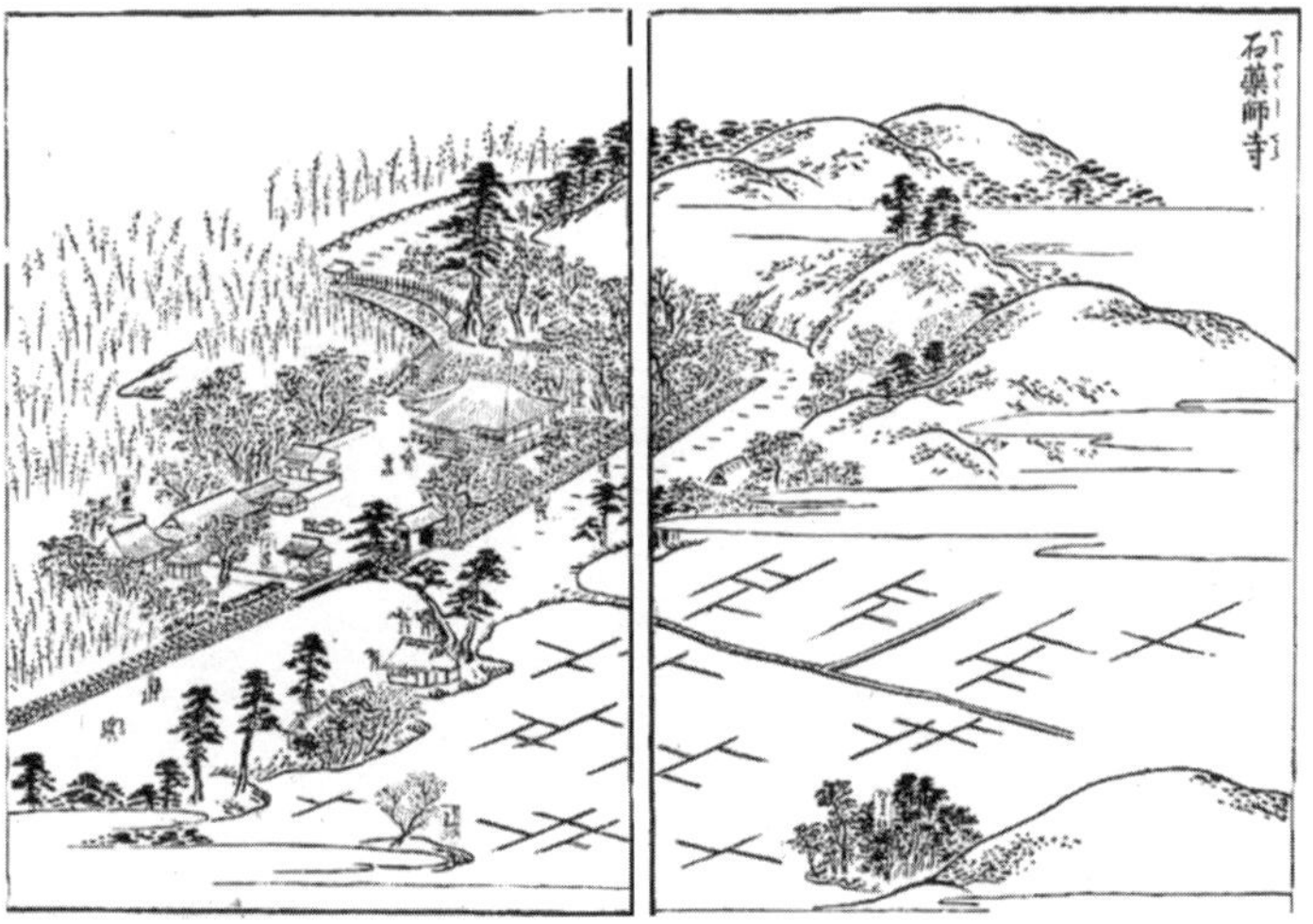


『東海道名所図会』石薬師寺

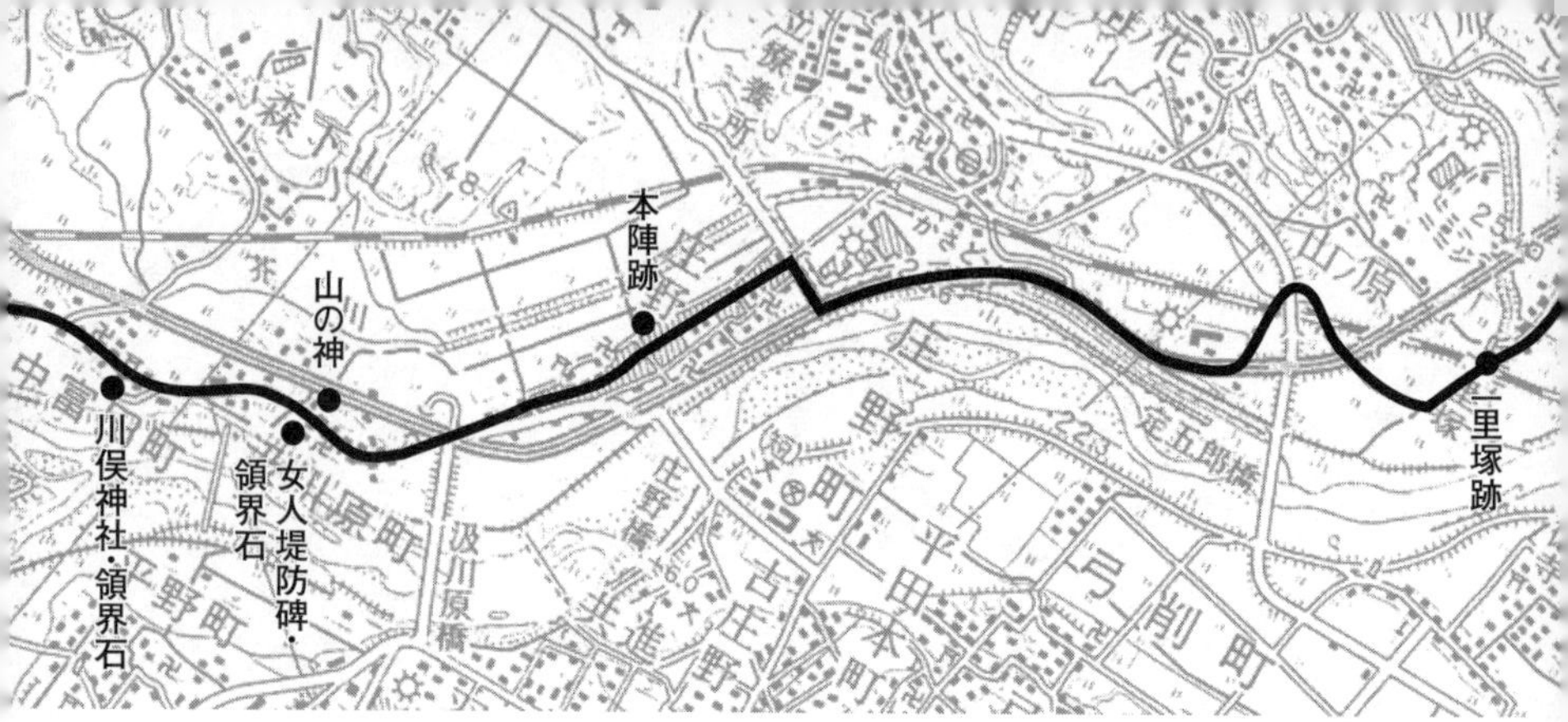


# 庄野《しょうの》

▼伊勢国鈴鹿郡、江戸から一〇二里二六丁、京へ二二里三〇丁。▼国道一号から離れ、古い家も残り静かな町並。鈴鹿市庄野町集会所前が本陣跡。同所に「距津市元標九里拾九町」の石柱。▼汲川原《くみがわら》町左側に平野道道標。▼これも汲川原町の左側に大きな女人堤防碑。昭和三三年建。長文の碑文によれば、当地は安《あん》楽川《らくがわ》と鈴鹿川の合流点のため水害に苦しめられ、しかも南側の御城下の安全のため築堤を許されず、そこで菊女なる者が「私等女子の死出の仕事にしましようと絶叫」、暗夜を選んで女子ばかりで工を成すこと六年にして完成したが、罪に問われ、「処刑の日は来た。今こそ第一番に菊女が断頭の座に着いた刹那、家老松野清邦の死を期しての諫《いさめ》による赦罪の早馬馳け来り」、かえって築堤の功により金一封を賜ったという。▼傍らに「従是《これより》東神戸領」

**庄野・白雨。**白雨は夕立のこと。半開きの傘に五十三次、竹のうち（保永堂竹内孫八のこと）の文字が見え、ちゃっかりPRしている。

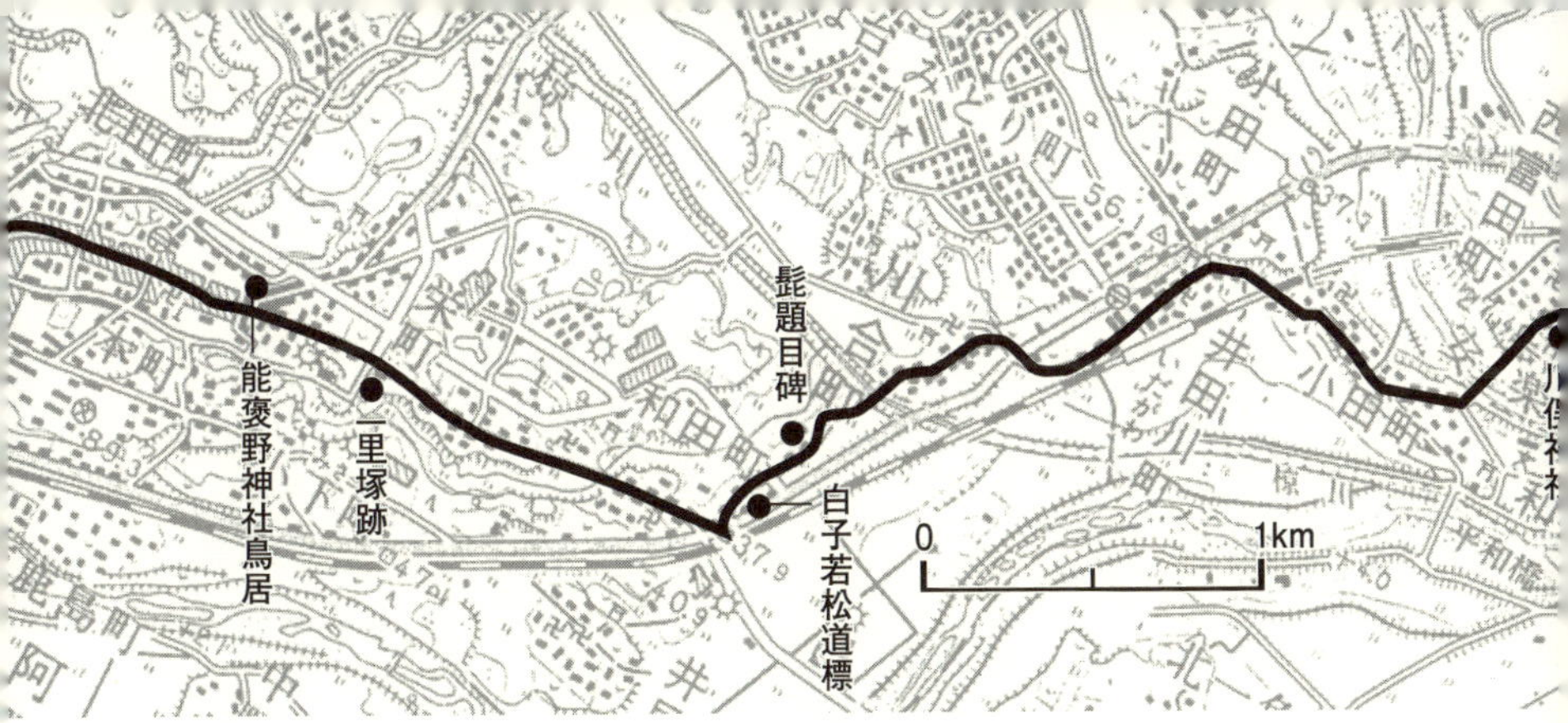


の領界石二本、一本は半ば埋没。道路向い側に自然石に太い字で「山神」碑。石灯籠。▼この先左側に広重保永堂版にちょっと似た竹藪。▼中富田左側の川俣神社に「従是西亀山領」の領界石。神社の本殿は海道に背を向ける。というよりは、安楽川・鈴鹿川合流点に向く。人々の水害への怖れと祈りを感じる。安楽川に架かる和泉橋手前の川俣神社も同様。▼和泉橋を渡り井田川駅辺りはすでに亀山市。川《か》合《わい》椋川《むくがわ》橋を渡り和田町右側に大きな髭題目《ひげだいもく》碑。通称川合のやけ地蔵・題目塚・法界塔さんという。昔の刑場跡。元禄八年（一六九五）日蓮宗信者谷口法春が刑死者の供養のため建立を発願し、京・三雲・関・川合・江尻・品川に建てた。▼その先左側に道標「従是神戸白子若松道」。その先国道一号合流点前を右に折れ、福善寺前の坂を登ると左側に一里塚跡。▼栄町右側に能褒野《のぼの》神社鳥居。日本武尊が東征の帰途没したのは、ここから東北三キロ余、安楽川北側の地。今白鳥塚古墳がある。

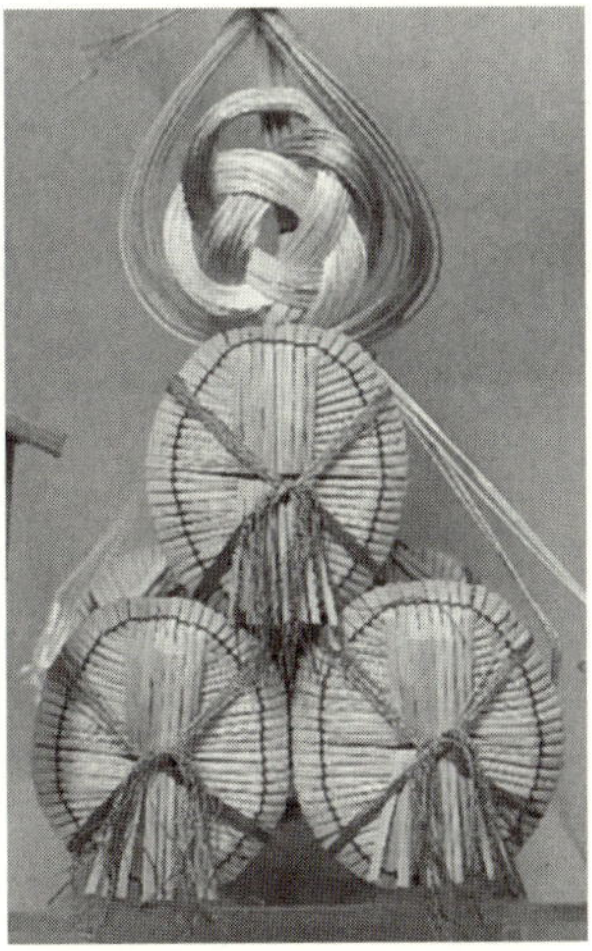
焼米俵（庄野宿資料館蔵）

『東海道名所記』庄野名物焼米の店。青い緒で編んだにぎりこぶしほどの小俵に入れて売る。

# 廂

海道らしい景観を構成する最たるものは、格子造りとその上に二重の廂《ひさし》をのせた家並である。その二重の廂の間隔は一様に狭い。海道を往来する貴顕大名を見下さぬ配慮である。二川の松崎富治さんに教わったのだが、上の方が長く突き出ているのが古い形式なのだという。松崎さんと立ち話をしている目の前の本駒屋がそうなっていた。旅人が雨を避けるためだという。なるほど電柱さえなければ、その下を伝って歩くことができそうだ。そういえばケンペルの紀行にも「庄野という大きな村の少し手前の森の茶屋という小さな村でわれわれは俄雨に襲われ、一里余りを家の軒にくっついて雨をよけて進まねばならなかった」とある。庄野辺りから西では、下の廂の下に幅一尺ほどの板がスカートのようについているのをよく見かける。関の松本健治さんにキリヨゲというのだと教わった。あとで辞書を引いてみたら、霧除廂《きりよけひさし》とあるのがどうもそれであるらしかった。

庄野の民家のキリヨゲ

# 茶店

現代の東海道人種の代表は長距離トラックの運転手であり、往時の茶店にも相当するものは国道一号線沿いのドライブインであろう。そのドライブインにも新旧の交代盛衰は著しい。かつて関の外れに「大阪屋食堂」があった。名前からして古めかしい。広い駐車場に比べると小さめの店内は、真ん中土間の通路をはさんで両側に一段高く畳敷き、鉄板焼のテーブルが各一〇卓ほど、ゆったりしたスペースである。当時、ホルモン五〇〇円から牛ロース八五〇円まで一二種、キャベツとうどんがたっぷり入る。注文はホルモンが多い。店の女の人が一人一人ていねいに焼いてくれる。心がこもっている。客は長距離トラックの運転手が多いせいか、食事が終ればごろりと横になる者、壁によりかかってまどろむ者もある。そういえば、『旅行用心集』に「道中茶屋にて休む節《せつ》、草鞋《わらじ》のままにて足を下げ腰懸《か》くべからず。その時は少しの間にても草鞋をぬぎ上へあがり、きつとかしこまり休むべし。草臥《くたびれ》直ること妙なり」という一節があった。大阪屋食堂がすべて畳敷きになっているのは、右の文の趣旨によくかなっている。長距離トラックの運転手は、足をふんばり、前方をにらんだ姿勢を、長時間にわたって強いられる。その疲れをいやすには理想の店であった。

『江戸名所図会』鶴見のしがらき茶屋。享保年間開業、梅干が名物。

# 亀《かめ》山《やま》

▼伊勢国鈴鹿郡、江戸から一〇四里二六丁、京へ二〇里三〇丁。石川主殿頭《とのものかみ》六万石の城下町。▼バス停本町二丁目の先右折する所が江戸口門跡。東町から西町に古い町並がのこる。▼亀山城。広重保永堂版は雪晴れの城壁から町へのスロープを描く。今わずかに画中の多《た》聞櫓《もんやぐら》を残す。池越しの城の眺めはなかなかよい。▼その池のほとりに「石井兄弟亀山敵討遺蹟」。元禄一四年(一七〇一)石井政春の子源蔵・半蔵兄弟が苦節二四年父の敵赤堀源五右衛門を討つ。これを仕組んだ芝居が『敵討千手《かたきうちせんじゅの》護助剣《すけだち》』『霊験亀山鉾《れいげんかめやまぼこ》』。▼侍屋敷遺構。昔の武家屋敷があった西丸町に家老の加藤家屋敷がのこる。▼西丸町から下り坂右側に京口門跡。そして竜川に架かる京口坂橋を渡る。景よし。▼落ちついた感じの野村の町外れに野村の一里塚。右側だけだが塚の上にみごとな椋の巨

**亀山・雪晴**。急坂を登る大名行列とおぼしき一行の行く手に見える門は、城下を通る海道の東西の出入口にある惣門のうち、おそらく西の惣門であろう。

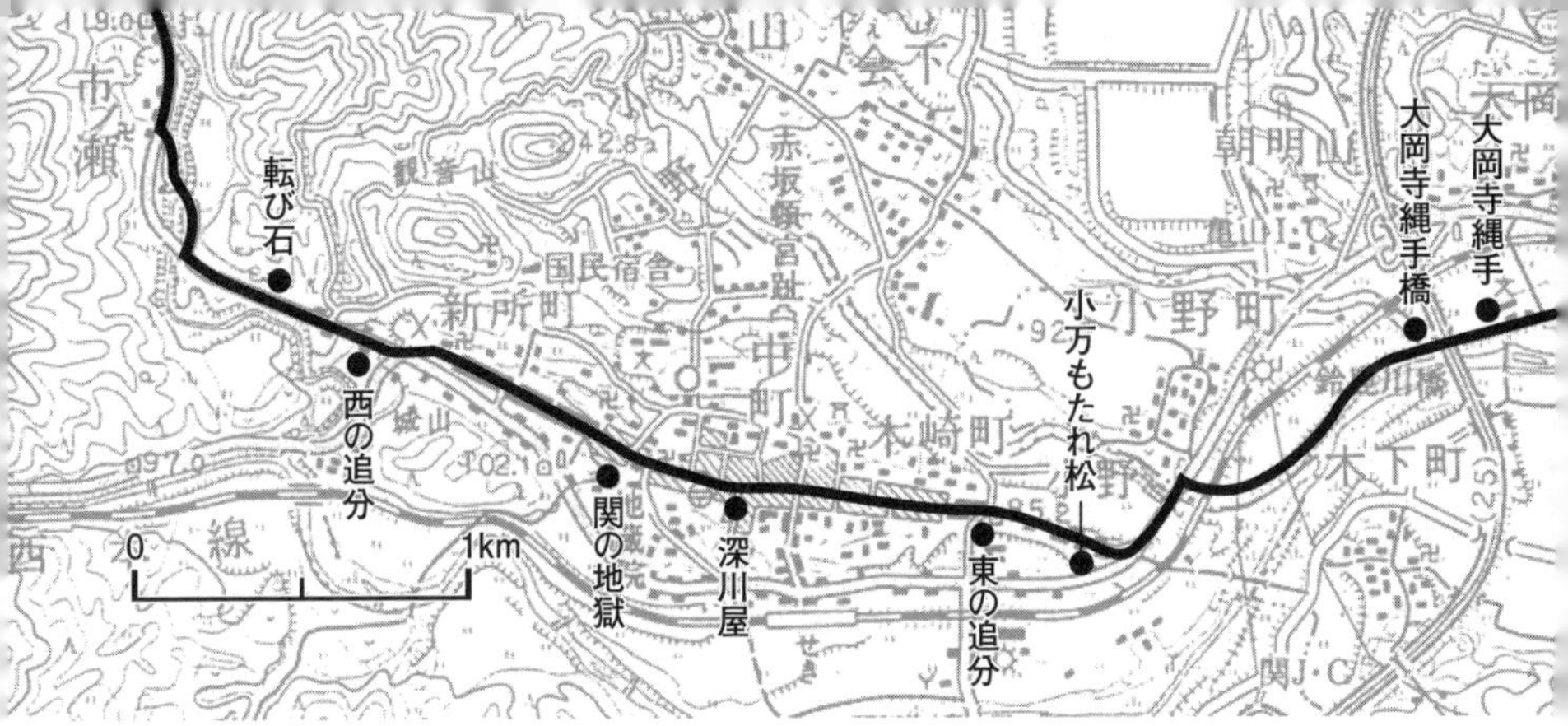


木をのせ、海道中屈指の一里塚。▼蒼古たる布気《ふけ》神社を過ぎ左に昼寝観音。近くに住む小坂佳嗣さんの話によれば、「この観音さんは関の近くの芸濃町の石山観音にいらっしったが、昼寝しとったで、三三番の中に入れてもらえんかった」という。▼観音前の坂を下り国道一号と関西本線を渡ると、鈴鹿川に沿って一八丁つづく大岡寺縄手《だいこじなわて》。海道中縄手の景観を最もよく残す。古風な神辺大橋を左に、近代的な亀山大橋をくぐり、鈴鹿川の支流桜川に架かる大岡寺縄手橋を渡り、左は清流右は水田、向うに鈴鹿の山々。実にのどかな風景。縄手も終り小野川の向うの台地はもう関宿。

『東海道風景図会』亀山。書き込みの三句のうち右下は「白妙の何処が空やらゆきのそら」。

# 関《せき》

▼伊勢国鈴鹿郡、江戸から一〇六里二丁、京へ一九里半。▼関の入口の坂の左に小さな松と「小万凭松《こまんもたれまつ》」碑。昭和六年の碑文によれば、元禄年中、久留米藩士牧某が殺され、その妻が仇討のため関宿まで来たが、旅籠で一女を生み没した。旅籠の主人が養育した娘すなわち小万が、母の志を継がんと亀山藩士某に剣を学び、朝夕この松の下に憩い感懐に時を移したが、一八歳にして志を遂げた。▼東追分。伊勢神宮参詣の分岐点。伊勢路入口路上に大鳥居。『東海道名所図会』にも描く常夜灯は元文五年（一七四〇）建。「是より外宮江十五里」「右さんぐうみち、左江戸道」「是よりいせみち」の各道標。▼関町は電線も地下に埋設し町並の保存整備に力を入れている。鶴屋脇本陣（波多野家、右側）の千鳥破風《はふ》の屋根は脇本陣玄関の一部。酒造業岩木屋（吉沢家、

**関・本陣早立**。左手前は板の間。向う門の中に玄関がある。裃を着た本陣主人の指示でこれから乗物が玄関先へと廻される。中央の立札は関札。背後の木立は暁闇に包まれ提灯にも灯が入っている。

左側）、川北本陣跡石柱（右側）、餅屋金時屋（枡中家、左側）、伊東本陣（松井家、左側）、そして左側の銘菓「関の戸」の深川屋は江戸初期寛永年間の創業、天保元年（一八三〇）上皇より従三位陸奥大掾《だいじょう》を許された老舗。風格のある漆喰塗りごめ瓦葺き二階建、屋根つきの庵看板《いおりかんばん》が珍しい。「関の戸」は赤小豆の漉餡《こしあん》を白い求肥《ぎゅうひ》皮で包み、阿波特産の砂糖和三盆《わさんぼん》でまぶす。電話〇五九五－九六－〇〇〇八。▼斜め向いの凝りに凝った建物の郵便局は高札場・本陣跡。こうじ屋（川合家、右側）は連子格子に見世棚（土地の言葉でばったり）、名物しら玉の旧しら玉屋（左側）。▼右側の福蔵寺に「仇討烈女関の小万碑」、昭和六年建。傍らの小さな石仏は小万の墓という。近松門左衛門『丹波与《たんばよ》作待夜《さくまつよ》の小室節《こむろぶし》』やその改作『恋女房染分手《こいにょうぼうそめわけた》綱《ずな》』に登場し、また「与作思えば照る日も曇る、関の小万が涙雨」と唄われ、美男の馬方与作と恋仲になる関の出女《でおんな》小万は右と別人。▼片岡鍛冶屋（右側）はかつて海道で営業す

『東海道名所図会』関の東追分。鳥居をくぐるのが参宮道。鳥居は今ものこる。

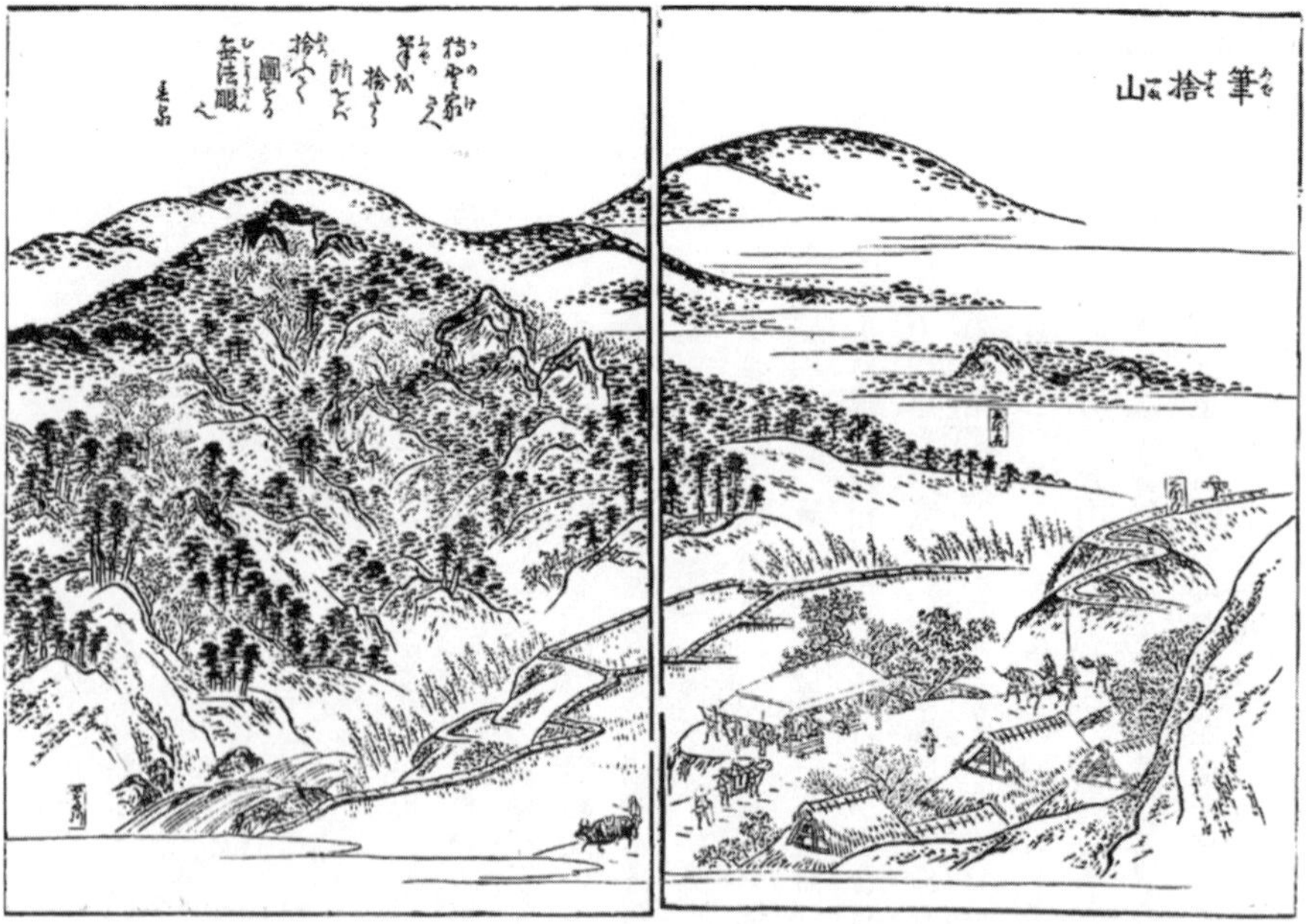


るただ一軒の鍛冶屋であったが、廃業。▼関の地蔵。九関山宝蔵寺。愛染堂《あいぜん》は寛永七年(一六三〇)、本堂は元禄一三年（一七〇〇）建。本堂内・庭園など有料拝観。この地蔵開眼の日、一休禅師が「釈迦は来ず弥勒《みろく》はいまだ出でぬ間のかかるうき世に目あかしの地蔵」と詠み小便をしかけふんどしをかけた話は有名。▼西追分。刑場跡でもあり、髭題目《ひげだいもく》碑に「ひだりはいがやまとみち」とある通り左は加太《かぶと》越えで伊賀・大和へ至る。右が東海道。▼右側たんぼの中のころび石は、鈴鹿川に転落した石が自力でここまで戻ったという。▼市之瀬から振袖茶屋、右前方に奇岩の筆捨山《ふですてやま》。狩野元信がこの絶景を描き得ずして筆を捨てる。バス停「筆捨山」手前右にカーブした旧道がのこり足下に鈴鹿川が流れ、広重保永堂版の構図に似る。弁天橋を渡り、バス停「弁天前」を右に入ると、ひっそりと長い沓掛《くつかけ》の集落。

『東海道名所図会』関の筆捨山。谷川は八十瀬川（鈴鹿川）。

# 坂下《さかのした》

▼伊勢国鈴鹿郡、江戸から一〇七里半二丁、京へ一八里。▼かわらだに橋を渡ると坂下宿。『伊勢参宮名所図会』に「坂の下駅。いにしへは鈴鹿の山の麓に有《あり》し故坂の下といふ。然るに慶安三年（一六五〇）九月二日の洪水にて、山川田畑民屋《みんおく》こと〴〵く頽癈す。依之《これによつて》公より修補を加へられ、十町斗《ばかり》東へ宿をうつされ、今の坂の下是也《これなり》」。今はひっそりとした集落。▼バス停「坂下」に松屋本陣跡石柱。中の橋手前左に梅屋本陣跡石柱。右側法安寺の本尊は信濃善光寺分身の如来。その山門入り左側の小堂に猿の像が座る。橋を渡り右に小竹屋脇本陣跡石柱。▼国道一号合流点手前右に「大道場、岩家十一面観世音菩薩」碑。行場《ぎょうば》は撮影禁止。石窟に石仏六体、左側に大石仏上半身像、その左一五、六メートルの滝、滝の地蔵さんといい、水をいただくと病気が癒《なお》る。▼国

**阪之下・筆捨嶺**。藤の茶屋の茶店から八十瀬川（鈴鹿川）をへだてて奇岩古松の筆捨山を望む。筆捨山は本名岩根山。狩野元信が写生しようとして及ばず筆を投げ捨てたという。

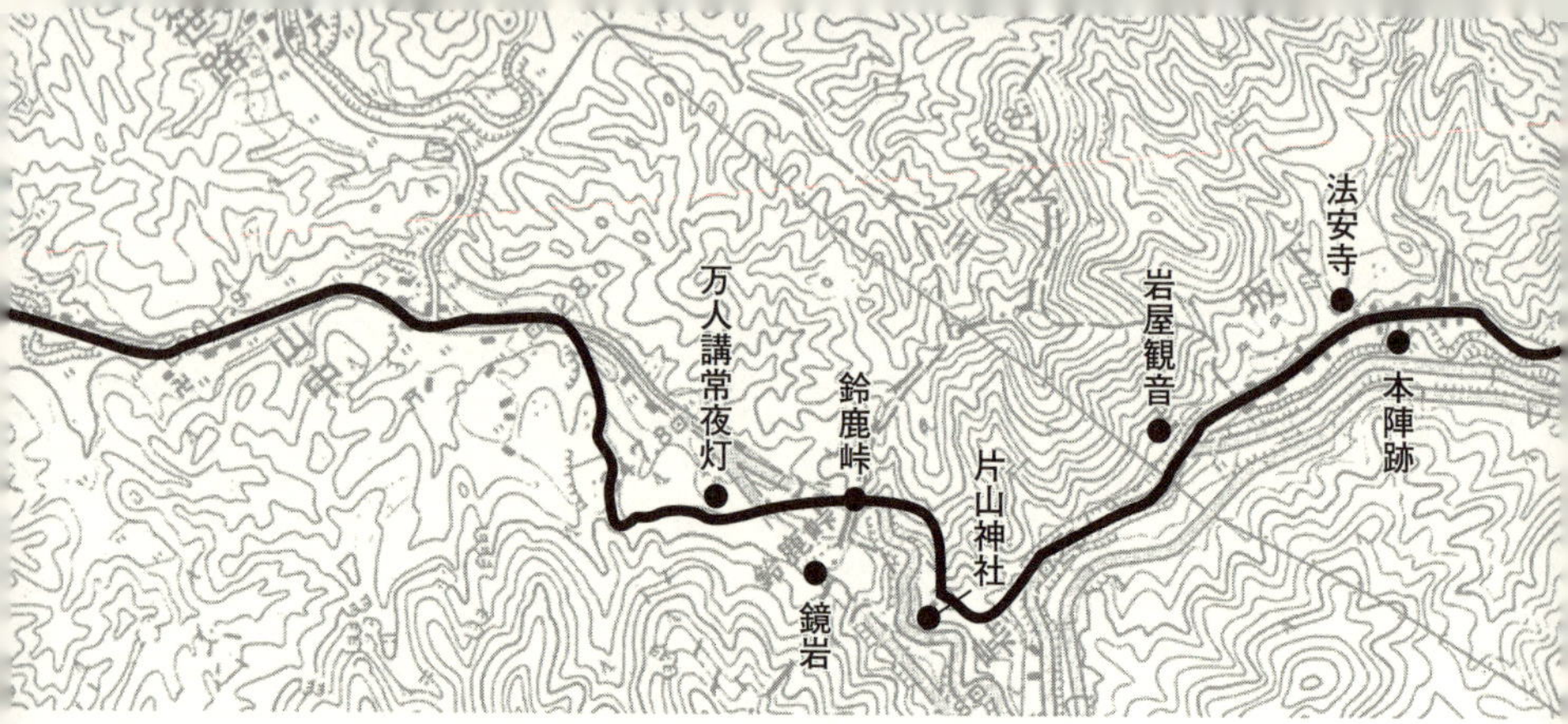


道一号を五百メートルほど行き右に「片山神社」(鈴鹿神社)の石柱。そこを二百メートルほど入ると、石段を配した神秘荘厳な境内。「鈴鹿流薙刀《なぎなた》術発生之地」碑。▼白い神馬像の神馬舎の前の灯籠坂からつづら折りに百メートル、国道一号陸橋を渡る。右側に崖《がけ》などある道をさらに三百メートル。積雪の上に無数の獣の足跡を見たことがある。片山神社の宮守の老女の話では猪だという。▼鈴鹿峠最高部に「田村神社旧跡」の石柱。田村神社は跡形もないが、ここを二百メートルほど入ると鏡岩すなわち天然記念物鏡肌。昔盗賊が峠を登る旅人の姿をこの鏡岩に映して襲ったという。俗に「鬼の姿見」という。巨岩の上に立てば坂下方面を一望。▼謡曲「田村」では坂上田村麿《さかのうえのたむらまろ》が清水観音の加護により鈴鹿峠の鬼神を平らげる。▼最高点から数十メートルで視界開け標柱群、遠く近江の山々。標柱の一つに「坂下一・五キロ、余野公園一・五キロ、若宮口バス停六・五キロ、山女原四・三キロ、安楽越七・五キロ」。▼百

『伊勢参宮名所図会』坂の下。本陣と清滝観音を描く。

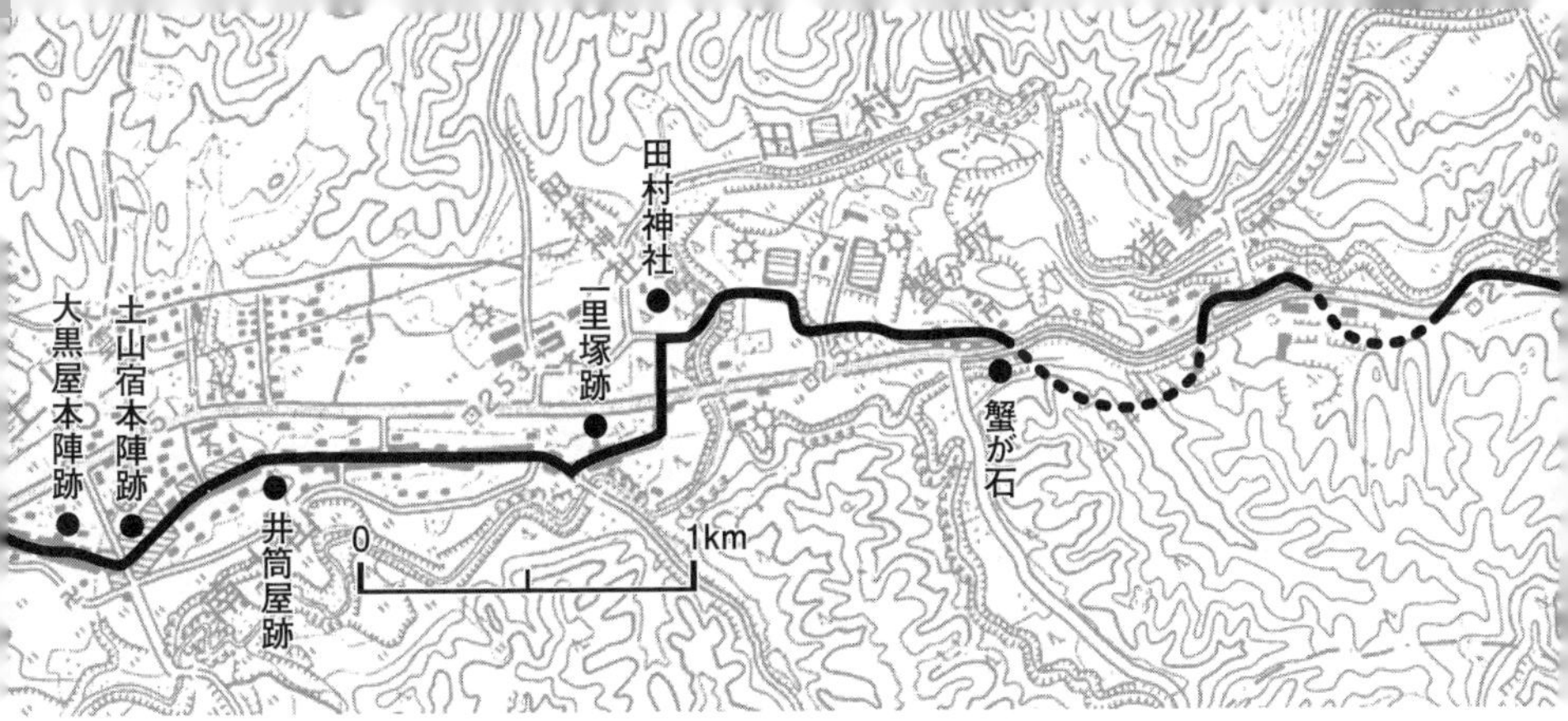


メートル先の休憩所の巨大な万人講《まんにんこう》常夜灯は四国金刀比羅《こんぴら》神社の常夜灯。▼国道一号に合流し、だらだら下り猪鼻《いのはな》峠に至る。その峠の先を国道一号は一直線に下るが昔はなかなかの難路で、烏丸光広の狂歌に「夏の日にあな苦しやと旅人の横這《よこば》ひにして登る蟹坂《かにさか》」。古代ここに蟹の怪物が出没して往来の旅人を悩ましたが、弘法さんが杖でたたくと甲が割れた。左手谷底に残る旧道沿いの沢の向うの椎の木の下に、その大蟹を祭った五輪塔がある。蟹が石・蟹が塔ともいう。『東海道名所記』に山賊の話とする。二月一八日の田村神社祭礼には蟹坂飴を竹の皮に包んで売った。今は神社前の「あいの土山道の駅」で一年中売る。▼田村川の旧道は今は橋も渡し船もなくとぎれているが、広重保永堂版はこの川の橋を渡る一行と、向うに田村神社を描く。田村神社は鈴鹿の鬼神を退治した坂上田村麿を祭る。神域広大、長い参道、杉木立、境内に小谷川が流れ、自然との調和がすばらしい。

『伊勢参宮名所図会』鈴鹿山鈴鹿権現社

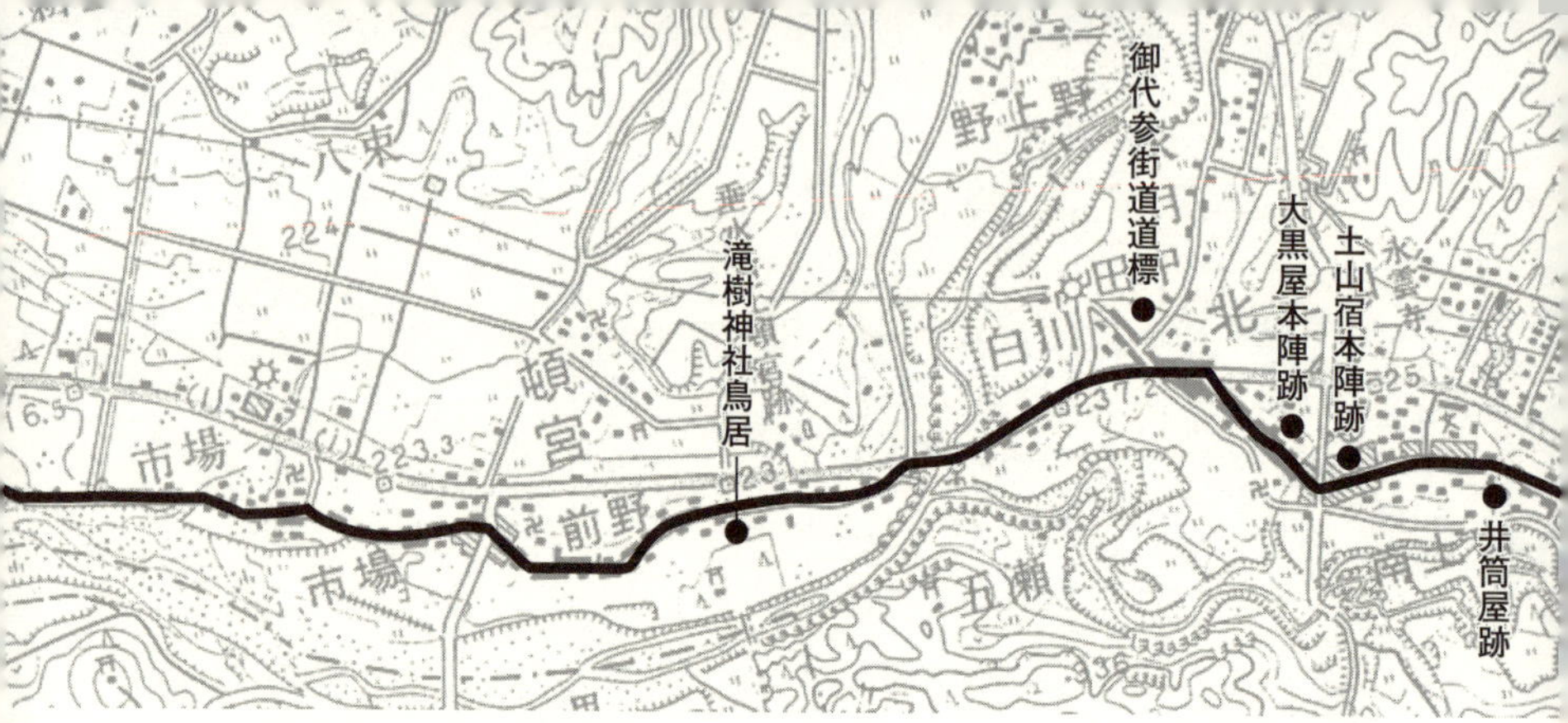


# 土《つち》山《やま》

▼近江国甲賀郡、江戸から一一〇里二丁、京へ一五里半。▼馬子唄に「坂（坂下《さかのした》）は照る照る、鈴鹿は曇る、相《あい》の土山雨が降る」。「相」は相対する・向う側の意。鈴鹿峠を境にこちらと向うの天気ががらりと変る。川柳に「土山で濡れた雨具を坂で干し」。土山は野洲《やす》川沿いに落ち着いた家並が残り、史跡の標示・説明板も行き届いている。▼宿入口左に「東海道土山宿」の石柱と説明板。左手はたんぼ・茶畑・野洲川そして美林。▼右に「東海道一里塚跡」の石柱。家々の玄関先の赤い造花は、左手の白川神社（祇園《ぎおん》さん）の花笠の花。八月一日が例祭。▼左側に「森白仙終焉の地、井筒屋跡」の石柱。白仙は文豪森鷗外の祖父。石見国《いわみのくに》津和野藩亀井家の典医で参観交代《さんきんこうたい》に従い江戸より帰途、文久元年（一八六一）一一月七日ここで病死、常明寺に葬る。左側にうかい

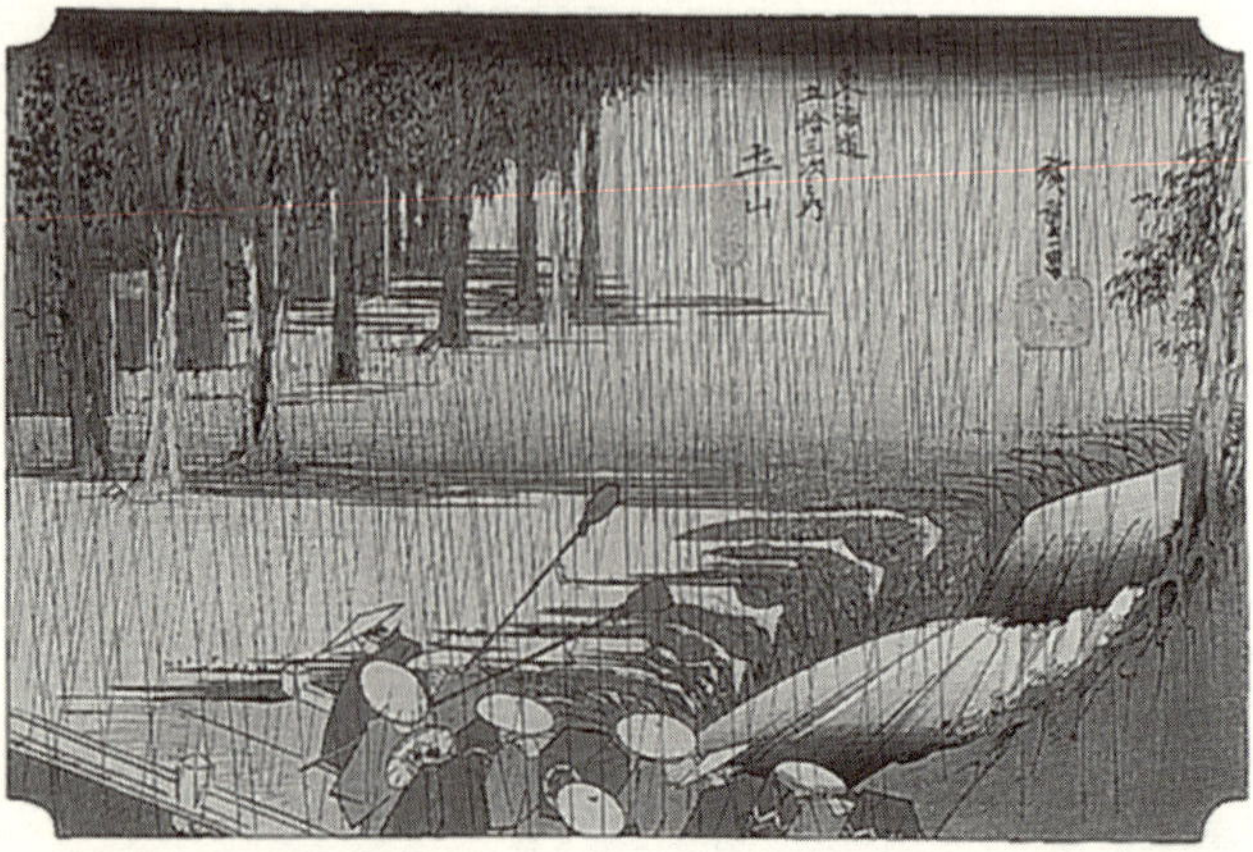

**土山・春之雨**。田村川の板橋を東から西へ渡る大名行列。向うは田村神社。馬子唄「坂は照る照る、鈴鹿は曇る、相の土山雨が降る」にちなんで雨の絵にしたもの。

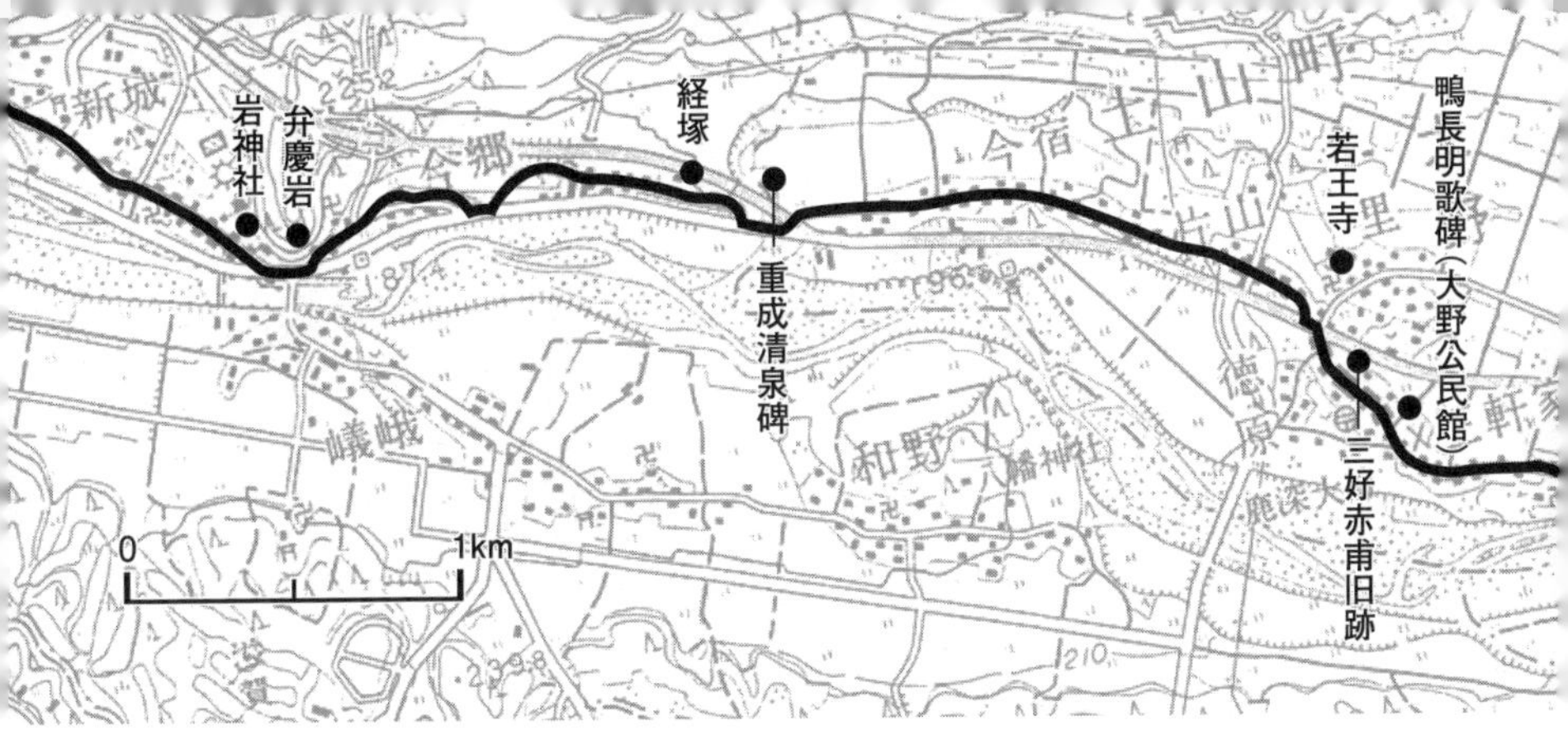


屋。古い建物をいかした民芸と喫茶の店。二階は東海道資料館。昔の二階の構造がよくわかる。▼右側に「土山宿本陣跡」。漆喰《しっくい》塗り籠め格子造り二階建のみごとな家。つづいて右側赤い鳥居の前に「大黒屋本陣跡」「高札場跡」の石柱。▼御代参街道。土山宿を出外れ、いったん国道一号に合流、右側小道入口に「御代参街道起点」の標柱。古い道標が二基「右北国たが街道、ひの八まんみち」「たかのよつぎくわんおんみち、高埜《たかの》世継観音道」。笹尾峠を越え、鎌掛・石原・岡本・八日市を経て小幡に至る。その間九里。三代将軍家光の乳母春日局《かすがのつぼね》が寛永一七年（一六四〇）伊勢から多賀神社参拝のため整備。▼白川橋を渡り松尾の左側に「滝樹《たぎ》神社、従是《これより》四丁」の古い石柱。さらにその先左に「滝樹神社」の大石柱と鳥居。この辺から赤いベンガラ塗りの格子造りが目立つようになる。また近江土山茶の産地でみごとな茶畑が多い。▼左側に「垂水頓宮御殿《たるみとんぐうごてん》跡《あと》」の石柱と説明板。前野の右側に「前野保五郎上野用水」碑。市場の右側に一里塚跡。大日川を渡り松ばらばら。▼大野公民館前庭に『方丈記』の作者鴨長明《かものちょうめい》の歌碑「あらし

『伊勢参宮名所図会』土山。左手前に多賀道道標。

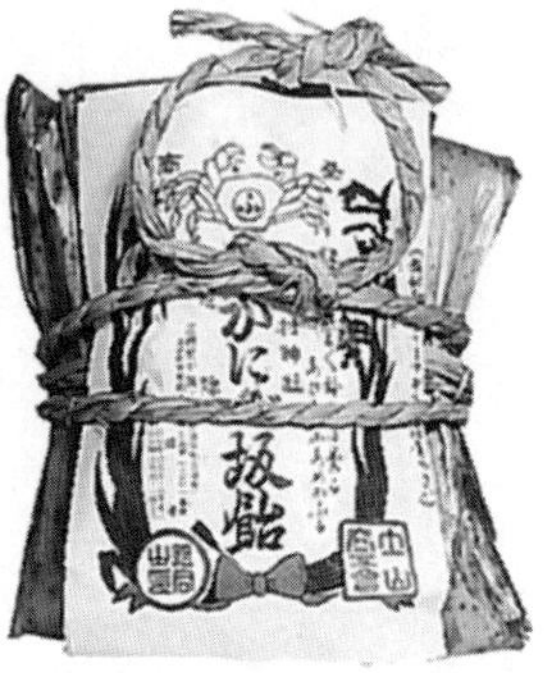

右・かにが坂飴。昔は二月一八日の田村神社祭礼に売った。今は社前の「あいの土山道の駅」で売る。
下・『伊勢参宮名所図会』手前中央に山口志兵衛重成清泉碑が見える。

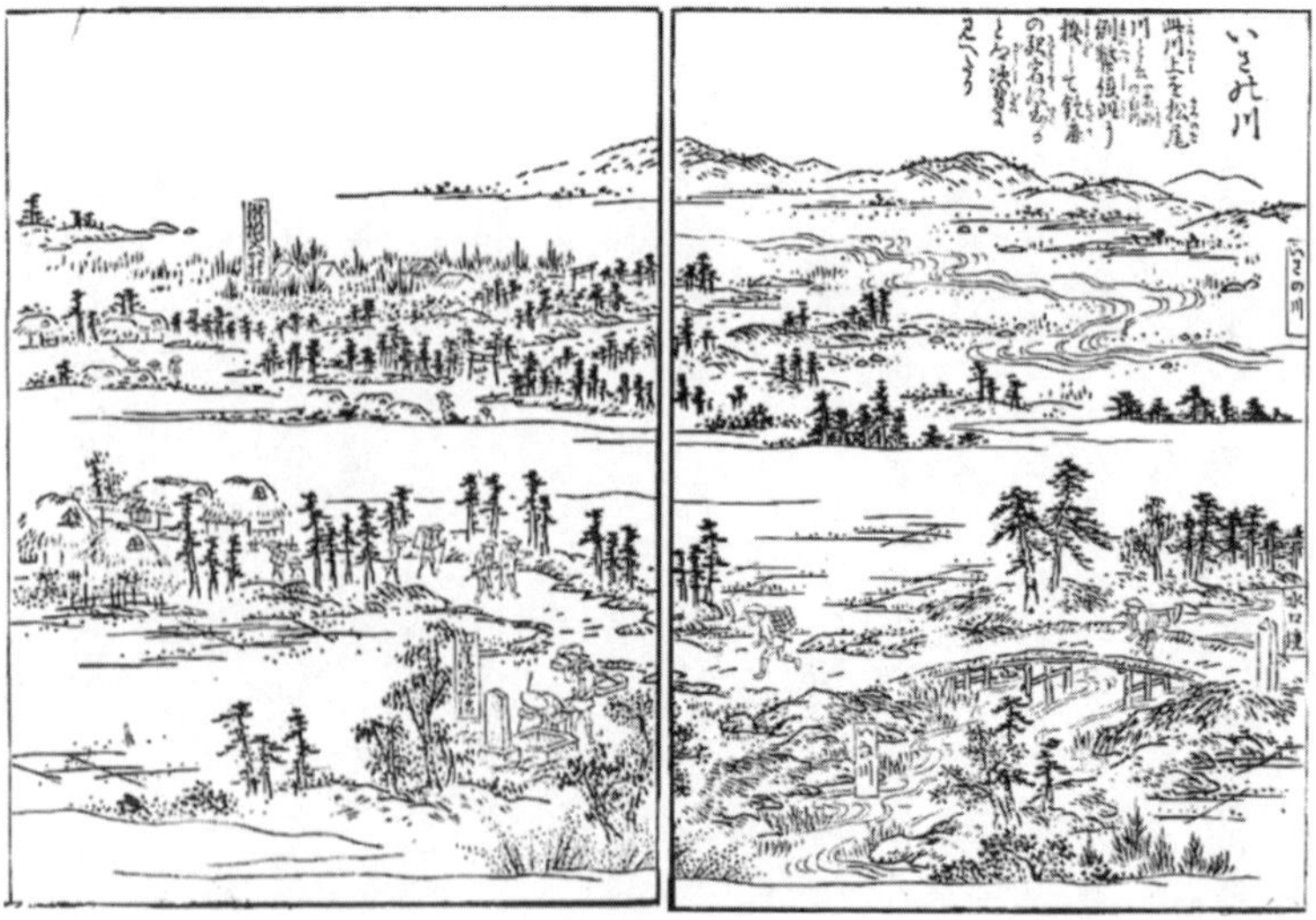

ふく雲のはたてのぬきをうすみむらぎえ渡る布引《ぬのひき》の山」。布引山は公民館の向うに低く連なる山々。▼国道一号合流点前の料亭赤甫亭前に地蔵堂、「三好赤甫《みよしせきほ》旧蹟」の説明板と句碑「三好赤甫先生をしのびて、師の訓《おし》え座右の銘とし汗に生く」。赤甫は幕末の当地の俳人待花園月波、句は鈴鹿吟社代表森本静影作。傍らにどっしりとした自然石に「布引山若王寺」。国道一号の向うにその寺が見える。▼片山・今宿を過ぎ稲川手前村上産業土山工場内の低い川畔に「山口志兵衛重成《しげなり》清泉碑」、文面磨滅。傍らに「即翁旧蹟」碑。清泉碑の長文の碑文は『伊勢参宮名所図会』に記録されており、それによれば、水口城主山口弘隆の臣山口志兵衛重成が旅人のために掘った泉という。碑は延宝七年（一六七九）子の重主が建立した。「即翁」は重成の号。この泉を義朝首洗水とか景清手洗水とかもいう。▼今郷外れ右側の山中腹に弁慶岩・岩神社。

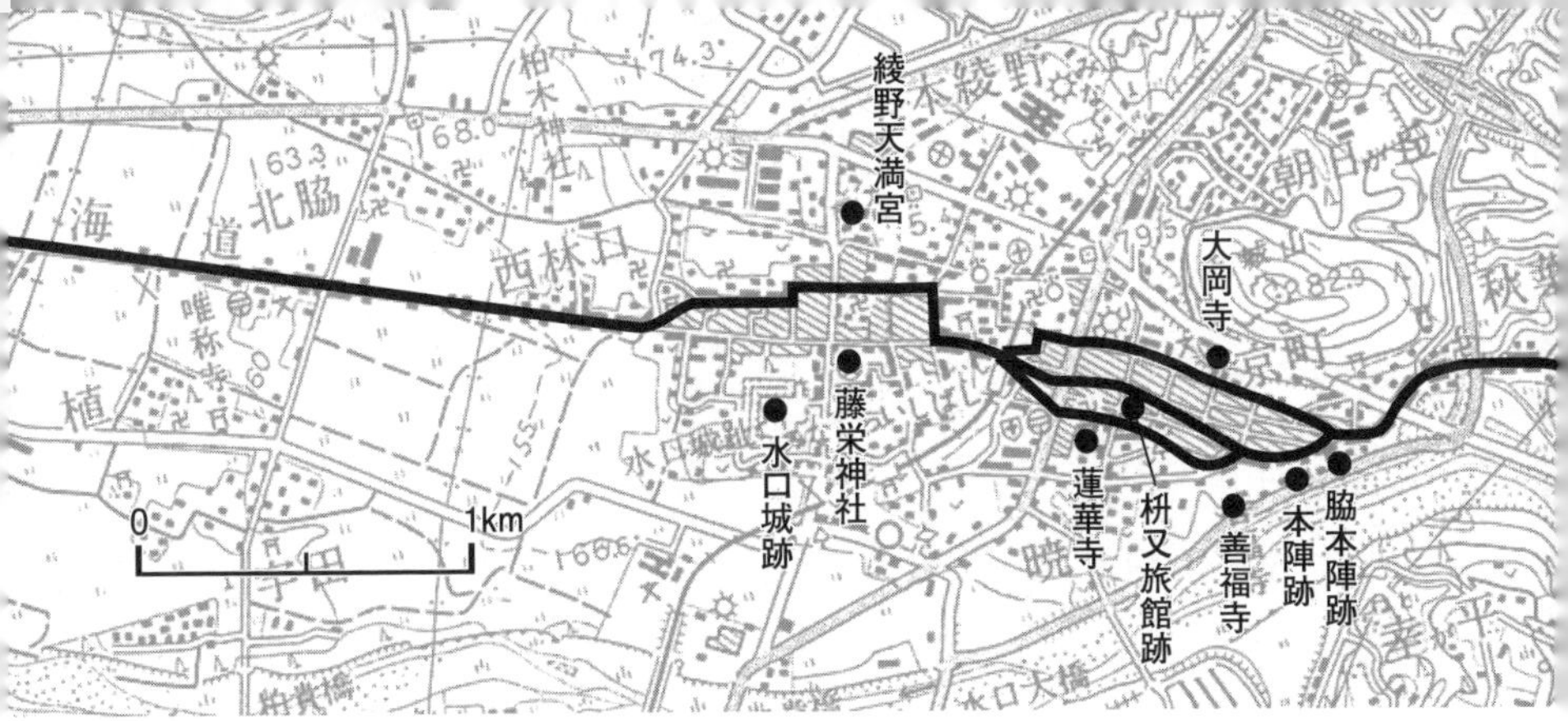


# 水《みな》口《くち》

▼近江国甲賀郡、江戸から一一二里三一丁、京へ一二里二五丁。加藤越中守二万五千石の城下町。▼元町陸橋で国道一号を渡る辺りはもう水口宿。左側に脇本陣跡・本陣跡。その先の宿内は三ルートになるが、中央がにぎやか。今も正月には獅子舞の一座が家々を廻る。▼右ルートの中ほど角に「国宝本尊観世音大《だい》岡寺《こうじ》／岡観音甲賀三郎兼家旧跡、鴨長明発《かものちょうめいほっ》心《しん》所」碑。そこを百《メートル》入り突当りが大岡寺。石段、山門、本堂が見える。本尊は行基作三尺二寸の十一面観音。堂塔に古色。芭蕉句碑「いのちふたつ中に活《いき》たるさくらかな」。貞享二年（一六八五）春当地で土芳に再会しての句。甲賀三郎は『東海道名所図会』に寺伝を引き「甲賀三郎勇猛にして山野に猟《かり》し、山神《さんじん》・大蛇を斬殺し、その怨念《おんねん》によつて蛇身となり久しく苦悩せしが、遂に大悲の功力《くりき》によつて、元

**水口・名物干瓢**。干瓢はウリ科の植物ユウガオの実の果肉を細長く切って干したもの。幕末最盛期の生産量は一四〇〇貫。今でも少量ながら生産されている。

の人間に立帰り成仏《じょうぶつ》」したという。鴨長明発心所とは、当時長明の作と信ぜられていた『海道記』に「大岳《おおおか》といふ所に泊る。年頃うちかなはぬ有様に思ひとりて髪をおろしたれば」とあるのを誤読したもの。『海道記』作者の剃髪は、京都出発以前である。▼中央ルート中ほどの枡又《ますまた》旅館は元禄一三年（一七〇〇）創業、海道最古の旅館であったが、平成一二年閉業。当主中村又兵衛さんは郷土史家としても活躍。▼左ルートに善福寺、蓮花寺《れんげじ》。▼三ルートが一本化し近江鉄道の踏切を渡り、しばらく先を右折し、城下町の常で旧道は曲折する。左手の藤栄《ふじさかえ》神社に「従此川中西水口領《このかわなかより》」の領界石。更にその向うに水口城跡。右の綾野天満宮は菅原道真《すがわらのみちざね》の子の秀才淳茂卿《あつしげきょう》が道真公の像を彫り祭る。芝居の『菅原伝授手習鑑《すがわらでんじゅてならいかがみ》』の菅秀才《かんしゅうさい》である。▼一直線に北脇、泉と進み、泉の先を左に入ると泉一里塚、さらに横田川（野洲川）畔に巨大な常夜灯。高さ九・七メートル、笠石二・七メートル四方、「金毘羅大権現、万

『伊勢参宮名所図会』横田川

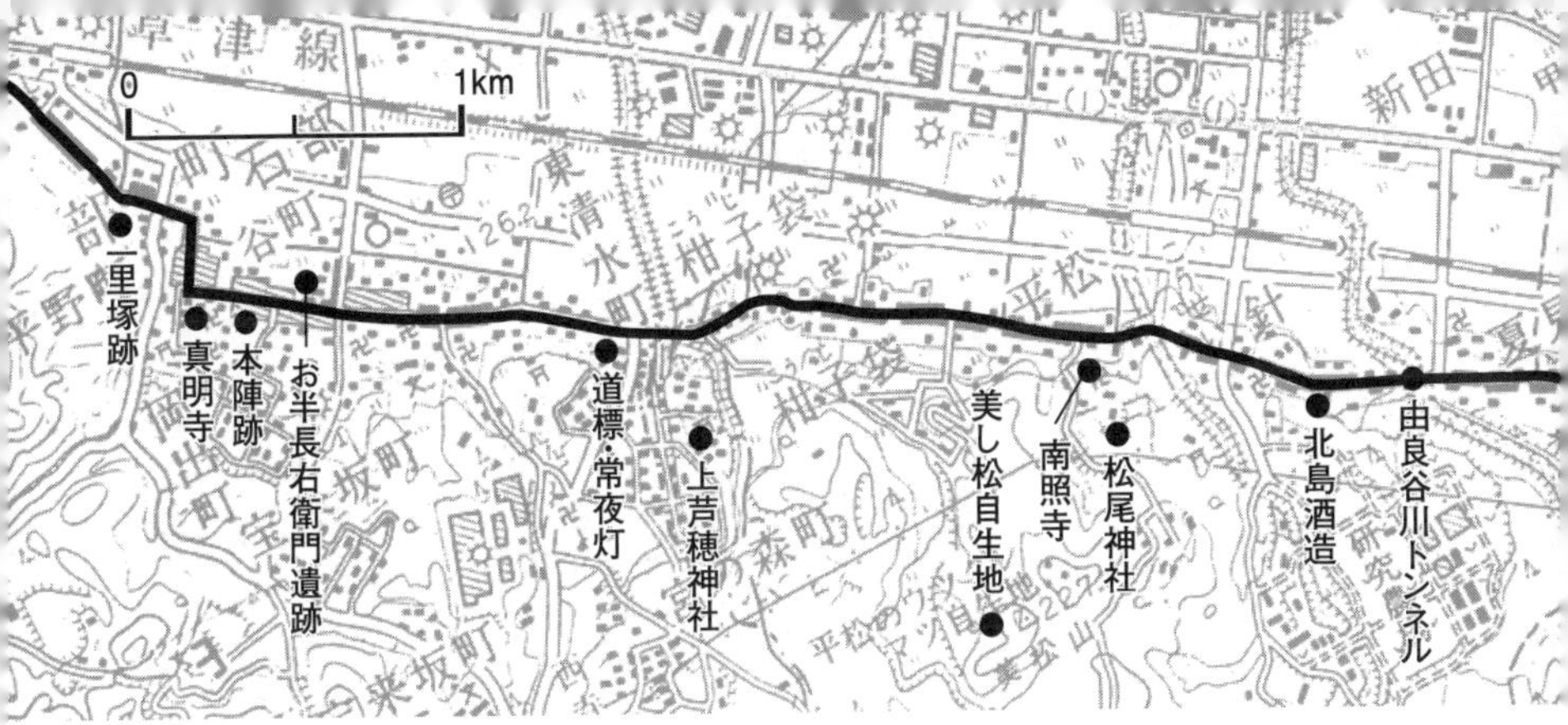


人講中、常夜灯、文政五年（一八二二）壬午八月建之」。横田川は時により土橋又は船で渡る。川向う（今は迂回が必要）の伝法山中腹に巨大な「天保義民之碑」。天保一三年（一八四二）過酷な検地に抗議して農民四万がここに集結、無期延期をかちとったが、指導者八〇余名は拷問され獄死。総理大臣も務めた宇野宗佑《そうすけ》氏著『庄屋平兵衛獄門記』（青蛙房）に詳しい。▼その下旧道右側の常夜灯は安永八年（一七七九）建。三雲駅前十字路に万里小路藤房卿墓所妙感寺の道標。荒川を渡り左角に立志《りゅうし》神社・田川不動・妙感寺道標。▼大沙川《おおすながわ》は川床が平地より高い、いわゆる天井川《てんじょうがわ》で、川の下をトンネルでくぐる。トンネルをぬけ左側「弘法大師錫杖杉《しゃくじょうすぎ》、お手植の杉」碑。石段を登ると天井川の岸に巨大な杉、その根元に小祠、中に「こうぼう大師」碑。▼吉永のはるか左手の白い巨岩は八畳岩、三雲氏の砦《とりで》の跡。▼夏見の銘酒「桜川」はあの食いしん坊公家土御門泰邦も駕籠の中で鼻をひくつかせたが、今は少し先の針の北島酒造がその流れを汲み、銘は「御代栄」。酒店の印の杉の玉を軒につるす。▼由良谷川も天井川。家棟川《やなむねがわ》の先左に松尾神社、南照寺。▼平松の左手一キロ余に美《うつくしまつ》松自生地。『東海道名所図会』に「根より四、五尺までは株常《みきつね》の雄松の如し。それより枝々数十に分れ、近く視《み》れば蓋《きぬがさ》の如く、遠く眺めば側柏《あすなろう》に似たり」。ここも松喰虫の被害が目立つ。

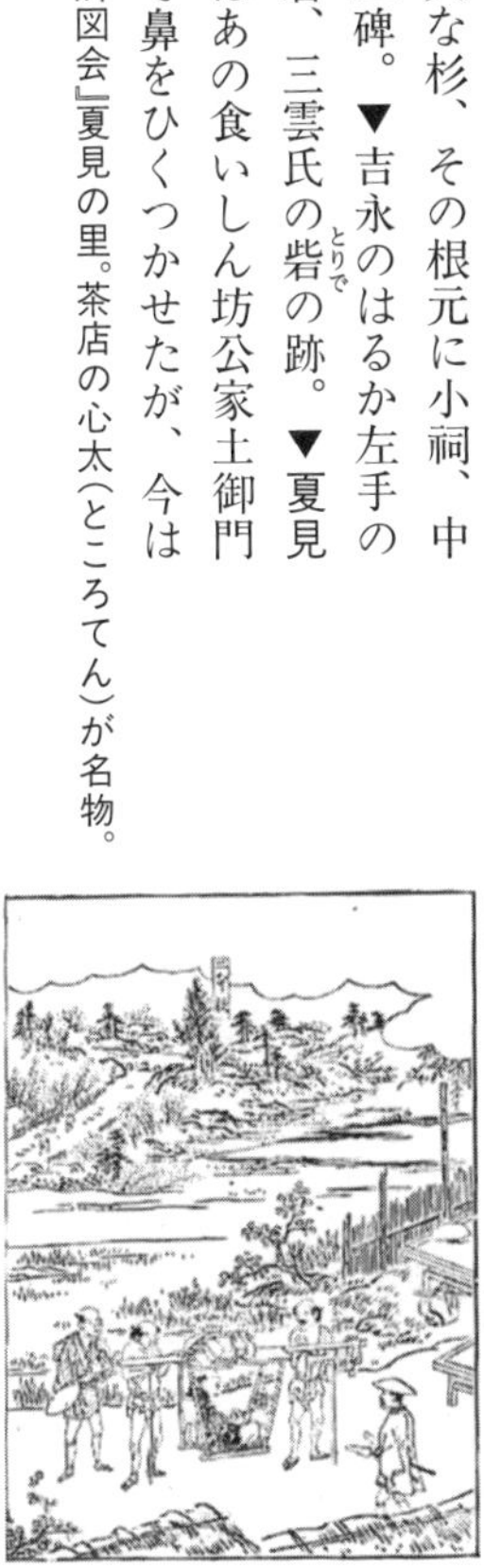

『伊勢参宮名所図会』夏見の里。茶店の心太（ところてん）が名物。

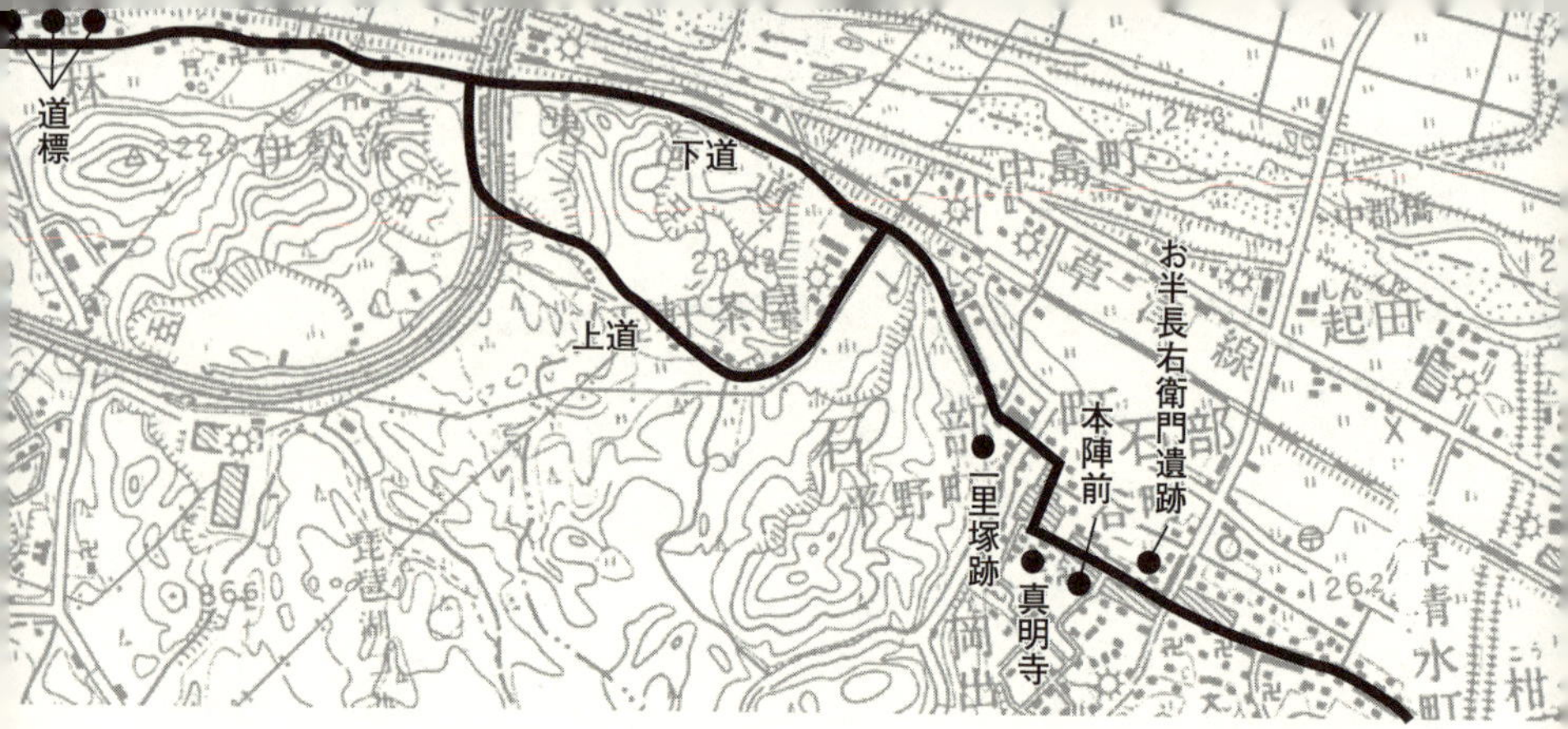


# 【石《いし》部《べ》】

▼近江国甲賀郡、江戸から一一六里七丁、京へ九里一三丁。▼落合川手前左に「南無妙法蓮華経、従是《これより》阿星山西寺江十八丁、近江順礼一番札所」碑。「上芦穂《かみあしほ》神社」碑と常夜灯一対。ここを二百メートル入ると落合川西岸に上芦穂神社。静かな境内に「従是東本多伊予守領」「従是西本多伊予守領」「従是東淀領」の領界石三基。▼落合川を渡れば間もなく石部宿。古い家が多い。その中ほど大亀町十字路先の辺りが芝居の『桂川連理柵《かつらがわれんりのしがらみ》』の古跡。伊勢参宮の帰りの京都信濃屋の娘一三歳のお半と、泊り合わせた隣家の主人四五歳の帯屋長右衛門が、ここの旅籠で結ばれる。▼その先百メートル左側小島家前に「明治天皇聖蹟」「石部宿本陣」の二碑。旧道が右に折れる手前左側の真明寺《しんみようじ》に芭蕉句碑「つゝじいけてその蔭に干鱈《ひだら》さく女」。貞享二年（一六八五）『野ざらし紀行』旅中、

**石部・目川ノ里。** 石部の西の立場目川の名物菜飯田楽屋を描く。暖簾に「いせや」とある。「改元紀行」の大田南畝もこの店に寄り「田楽の豆腐あたたかにものして味よろし」とほめている。

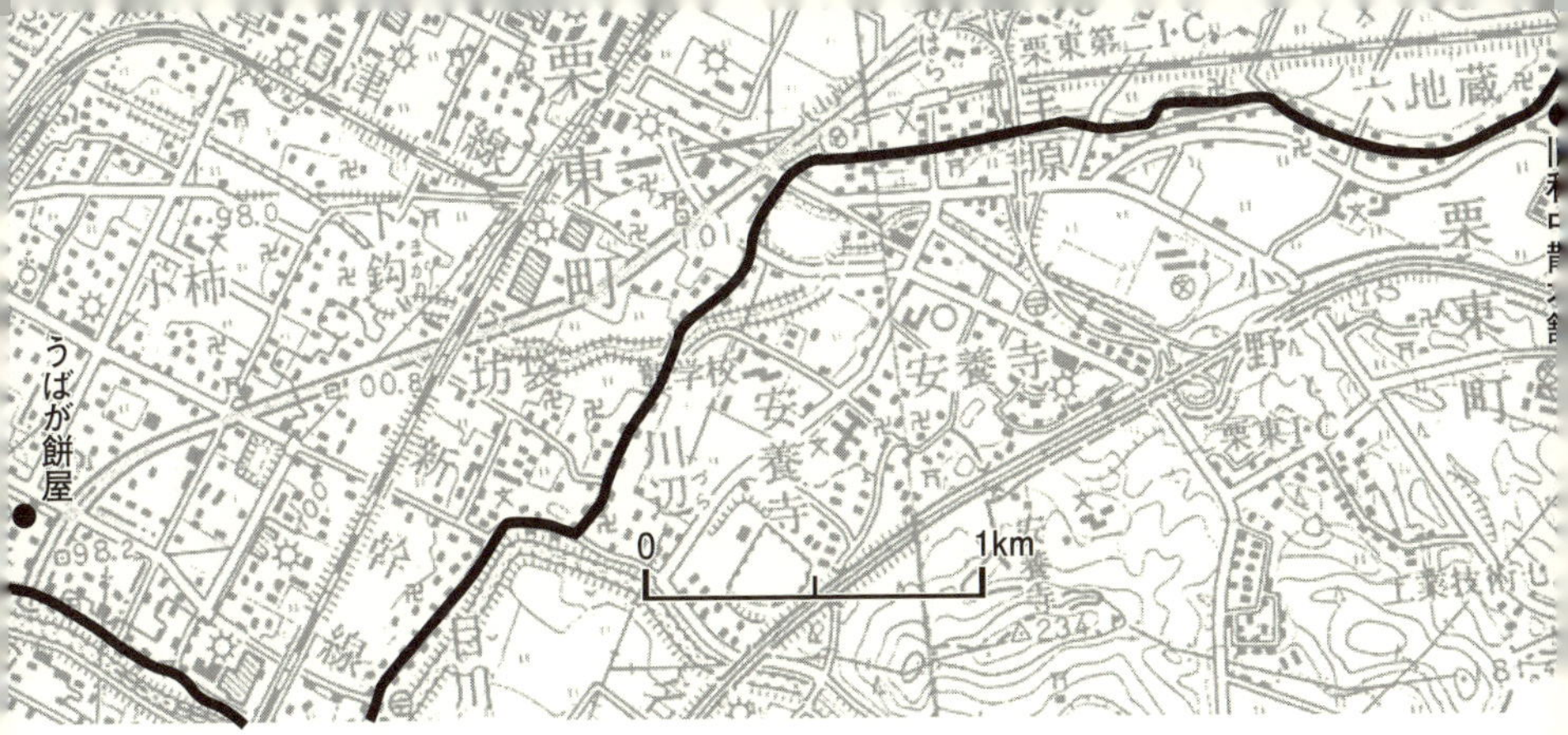


当地の茶店に腰かけての句。▼宿を出外れ縄手町の辺り正面に近江富士と呼ばれる三上山《みかみやま》が見える。▼三恵工業の前で左に曲がるのが本道、右に真っ直ぐ行くのが近道。上道《うわみち》・下道《したみち》ともいう。本道は今も山道、その途中右側の山は金山《かなやま》跡。二ルートが合流すると静かな伊勢落《いせうち》。三上山は右手に見えるようになる。▼林の右側に新善光寺の道標が三か所ある。二番目のが最も立派で、長徳寺、薬師如来堂、「従是東膳所《ぜぜ》領」碑と並んで「南無阿弥陀仏、高野新善光寺本尊、信濃善光寺分身如来、たうじほんぞんしなのぜんくわうじにようらい一たい□」。ここを入り三百《メートル》、立派な山門・本堂、「牛にひかれて善光寺詣《まい》り」の文句の通り牛の臥像もあり、一三日の御判日《ごはんび》はとりわけにぎわう。当地の武士小松左衛門尉《さえもんのじょう》宗定が信州善光寺に参籠の霊夢により建立。▼その先左に曲り右に六地蔵、蓮如上人ゆかりの福正寺、そして左に音に聞えた旧和中散《わちゅうさん》本舗《ほんぽ》。大角弥右衛門氏宅。『東海道名所図会』

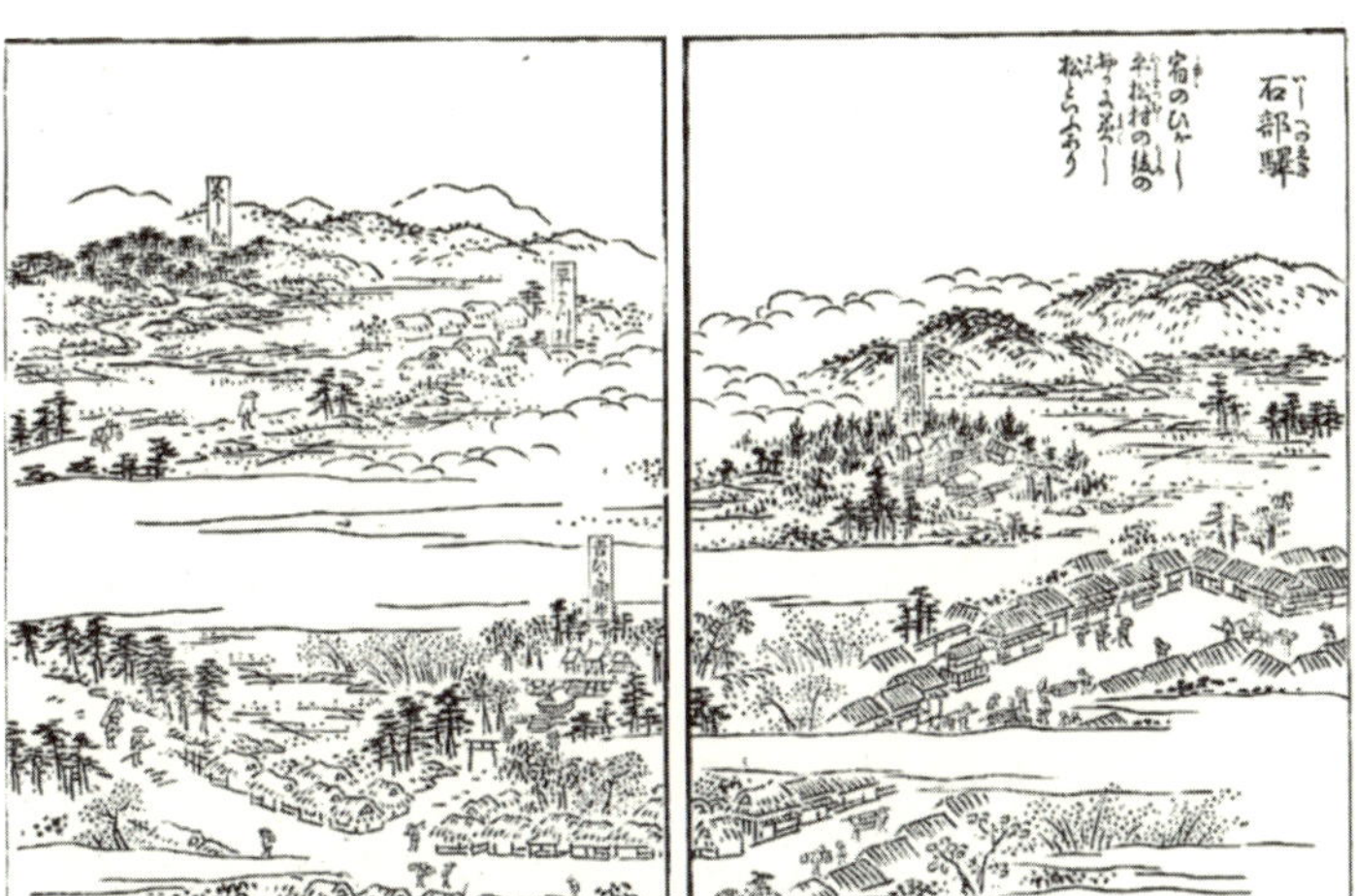


『伊勢参宮名所図会』石部駅。右が京方面。

『東海道名所図会』梅木。「ぜさい」の看板をかかげる巨大な和中散本舗。

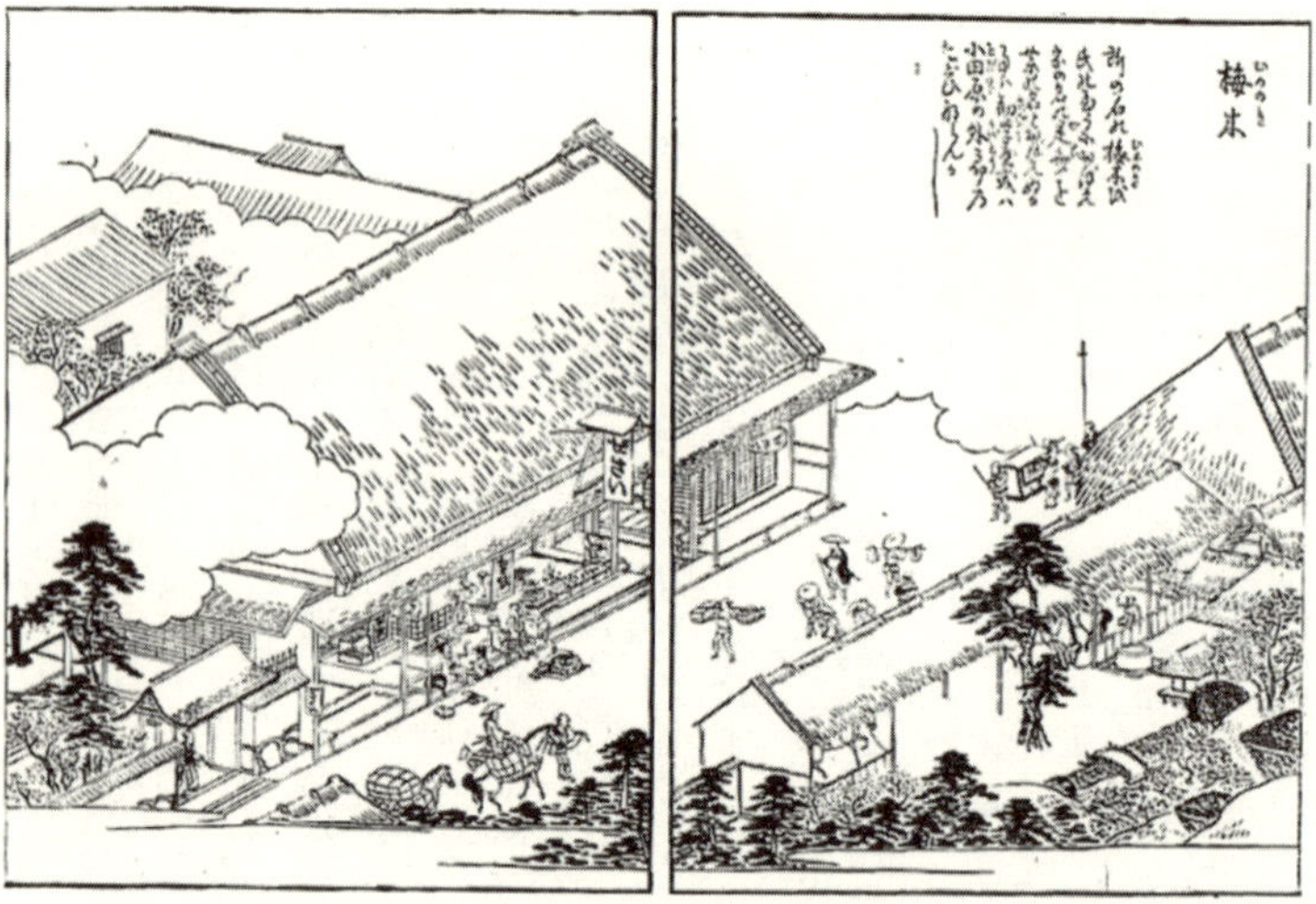


に「ここに元和《げんな》の頃梅の木ありて、其《その》木蔭にて和中散を製し旅人に賈《あきな》ふ。本家をぜさいといふ。其初《そのはじめ》は織田氏と号して、元和元年（一六一五）医師半井卜養《なからいぼくよう》が女《むすめ》を娶《めとつ》て和中散小児薬の奇妙丸《きみようがん》等の薬方《やくほう》を授り、永く此《この》家に商ふ」。けた外れの堂々たる建物は元禄初年の建築で重文。向いは大角家隠居所でこれも重文。シーボルトの紀行にも詳記。製薬機械、曽我《そが》蕭白《しようはく》の襖絵《ふすまえ》、『東海道名所図会』にも描かれた看板など遺品が多い。見学は前もって依頼のこと。電話〇七七―五五二―〇九七一。▼手原《てばら》から坊袋を経て菜飯田楽《なめしでんがく》が名物だった目川《めかわ》で突当る小山のような土手は、近江で最大の天井川である草津川。その土手下を延々、新幹線をくぐり、国道一号をまたいだところで草津川を渡り右へ折れると草津宿入口。

# 芭蕉と東海道

松尾芭蕉は、片道を一回と数えると、少くとも八回東海道を歩いた。二九歳といくぶん年を食ってはいたが、中央俳壇への野心を抱いて伊賀上野から江戸へ下った旅。三三歳いちおう生活の目途がついて初めての帰省の旅。「山の姿蚤が茶臼の覆ひかな（富士山）」「命なりわづかの笠の下涼み（佐夜の中山）」などの句がある。

四一歳蕉風確立を賭けた第一紀行『野ざらし紀行』の旅。「猿を聞く人捨子に秋の風いかに（富士川）」「馬に寝て残夢月遠し茶の煙（佐夜の中山）」などの句がある。四四歳「旅人と我名呼ばれん初時雨」とうきうきと旅立った第三紀行『笈の小文』の風狂の旅。「寒けれど二人寝る夜ぞたのもしき（吉田）」「京まではまだ半空《なかぞら》や雪の雲（鳴海）」「歩行《かち》ならば杖突坂を落馬かな（杖衝坂）」などの句がある。

四八歳の元禄四年京から江戸への旅。この時は中山道から美濃路を経由して宮へ出、さらに御油から鳳来寺へ寄り道した。「宿かりて名を名乗らする時雨かな（島田）」「都出でて神も旅寝の日数かな（沼津）」などの句がある。

最後の旅は少年次郎兵衛との二人旅。川崎まで門人たちが見送り、箱根まで曽良が送った。名古屋から佐屋路経由で伊賀上野へ帰郷した。「麦の穂を便りにつかむ別れかな（川崎）」「駿河路や花橘も茶の匂ひ」「五月雨の空吹き落せ大井川（島田）」「水鶏《くいな》鳴くと人のいへばや佐屋泊り（佐屋）」などの句があり、名古屋で東海道往来の半生を回顧して「世を旅に代《しろ》かく小田の行き戻り」と詠んだ。

ある意味では芭蕉の人生の節目節目に東海道の旅があった。芭蕉の言葉として「東海道のひと筋を知らぬ人、風雅におぼつかなし」が伝えられている。当世風に言えば、東海道を一度も旅したことのない人は、風雅すなわち俳諧を語る資格がない、ということであろうか。

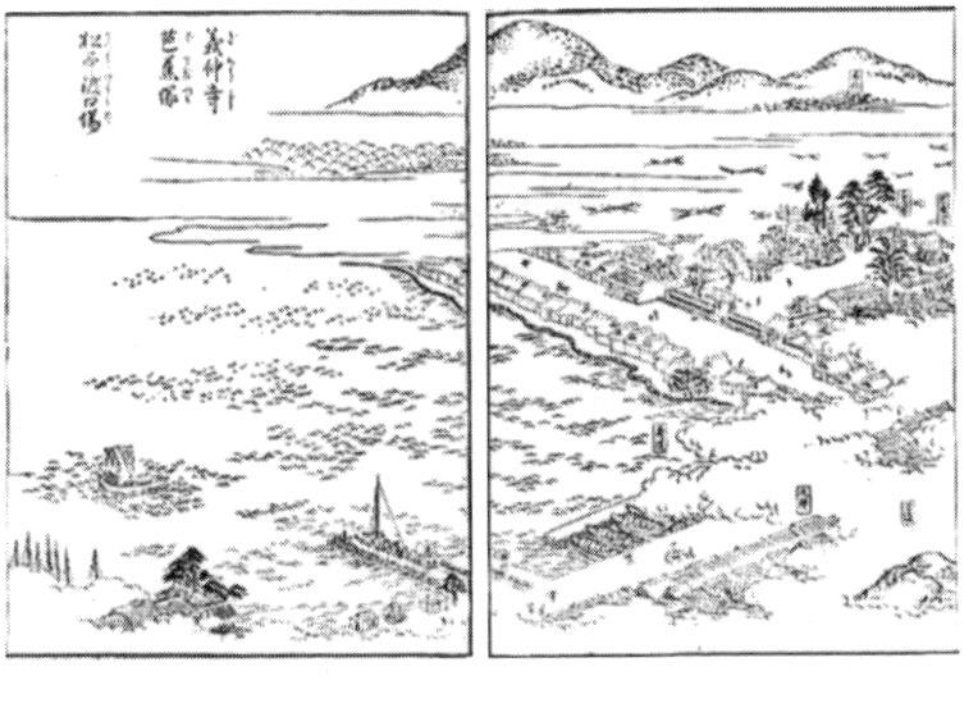


『東海道名所図会』義仲寺・芭蕉塚・松本渡口場。海道は湖に沿っていた。

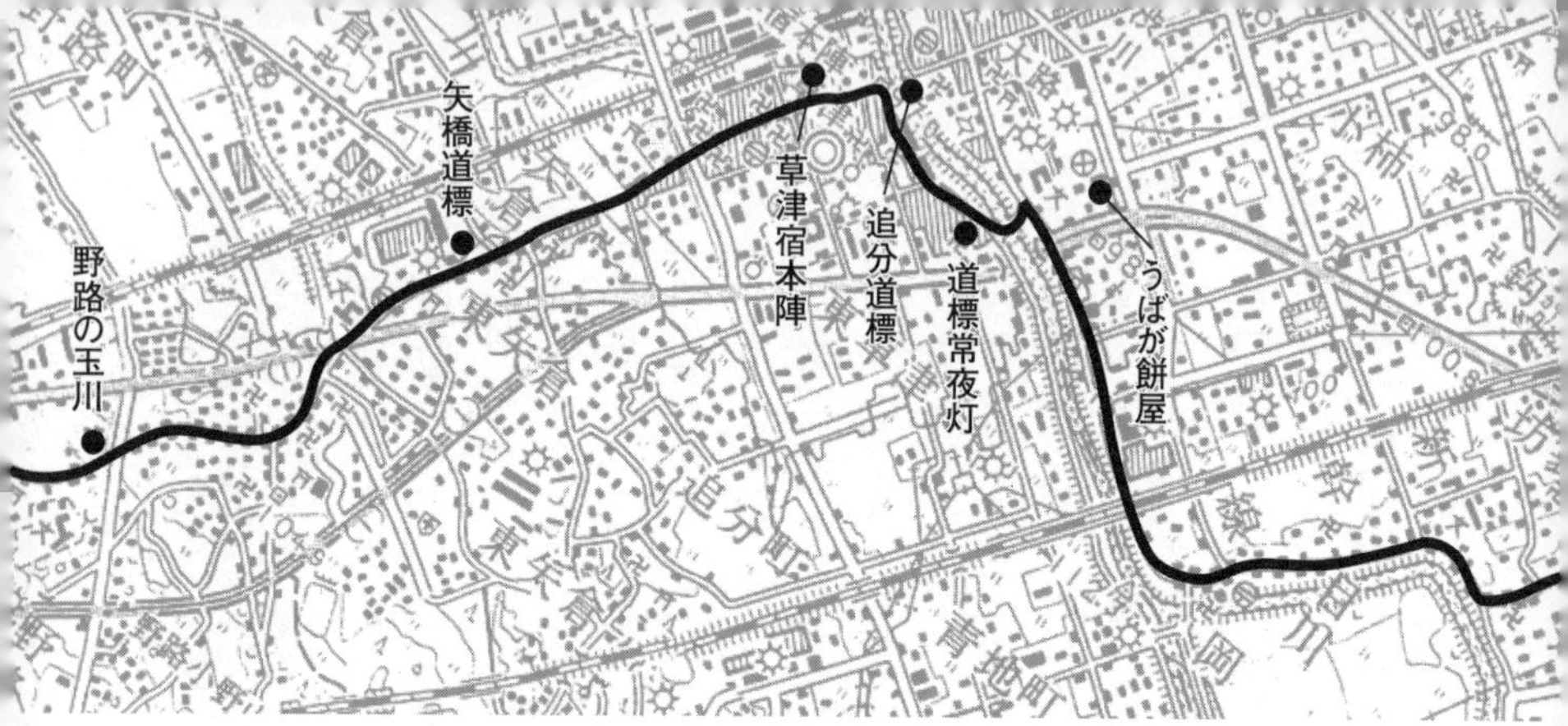


# 草津《くさつ》

▼近江国栗本《くりもと》郡、江戸から一一八里三二丁、京へ六里二四丁。▼宿入口左に屋根つきのみごとな常夜灯「左東海道いせ道／金勝寺しがらき道」、文化一三年（一八一六）建。右に高野地蔵。▼古い家並を通り突当り左へ行くのが東海道、右へ行くのが中山道《なかせんどう》。右角の常夜灯は宿入口のと同年建、同形式「右東海道いせみち、左中仙道美《み》のぢ」。今の中山道は草津川をトンネルでくぐる。常夜灯向いの草津公民館前に「近江路や秋の草つはなのみして花さく野辺に何処ともなき　覧富士記」。『覧富士記』は永享四年（一四三二）堯孝《ぎょうこう》の作。▼国指定史蹟草津宿本陣は遺構よくのこる。平成八年に解体修理が完成、公開された。建坪四六八坪、部屋数三九室二六八畳半、各種資料も展示されている。▼立木《たちき》神社を過ぎ矢倉右側に矢橋《やばせ》（矢走）分岐点。瓢仙堂前に広重保永堂版にもる。

**草津・名物立場。**草津の西矢倉の立場の名物姥が餅屋。今は国道一号沿いへ移転しているが、かまどや釜、「うばもちや」の看板も保存されている。店の右角に矢走への道標が見える。

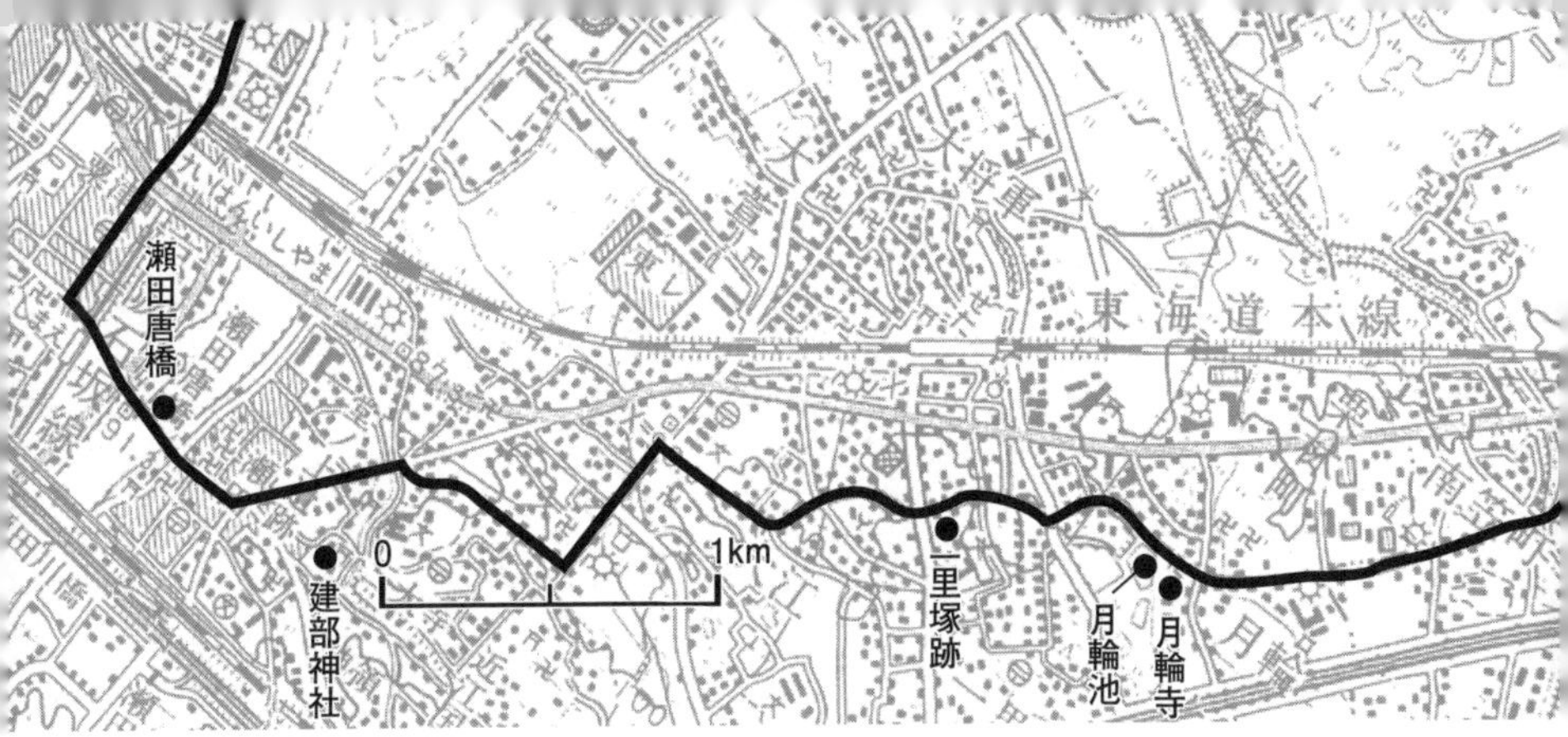


描かれた道標「右やばせ道是より廿五丁大津へ船わたし」。享保一五年（一七三〇）建。ここに名高い姥《うば》が餅屋《もちや》があった。今は国道一号沿いに移転、趣きのある建物、宿場そばが大半を占め餅は片すみだが、かわいいあん餅で伝説の乳母の乳房を思わせる白あんをポツンと乗せる。広重の絵にある古いかまどや「うばもちや」の看板がのこる。電話〇七七五-六六-二五八〇。▼矢橋分岐点から三キロ入ると矢橋船着場。途中古い道標や鞭崎《むちざき》神社。船着場は埋立てられて公園になり百メートルほど内陸だが、石の桟橋や松に囲まれたみごとな常夜灯、弘化三年（一八四六）建。公園内に蕪村句碑「菜の花やみな出はらひし矢走舟」。ここから大津の石場まで湖上一里の近道だが危険も伴うので教訓歌に「もののふの矢ばせの船は早くとも急がばまはれ瀬田の長橋」。▼本道に戻り歌枕の野路《のじ》の玉川は三メートルほどの小川。源俊頼の歌に「明日も来む野路の玉川萩越えて色なる波に月宿りけり」があり碑を建て萩を植えてある。▼カモメ舞う弁天池には日本

『東海道名所図会』草津追分

左衛門潜伏の伝説もある。月の輪寺に道標「東海道、浜道」。その先左に昔月が落ちたという月輪池。医大通り左角に「一里塚趾」碑。昭和五一年建。

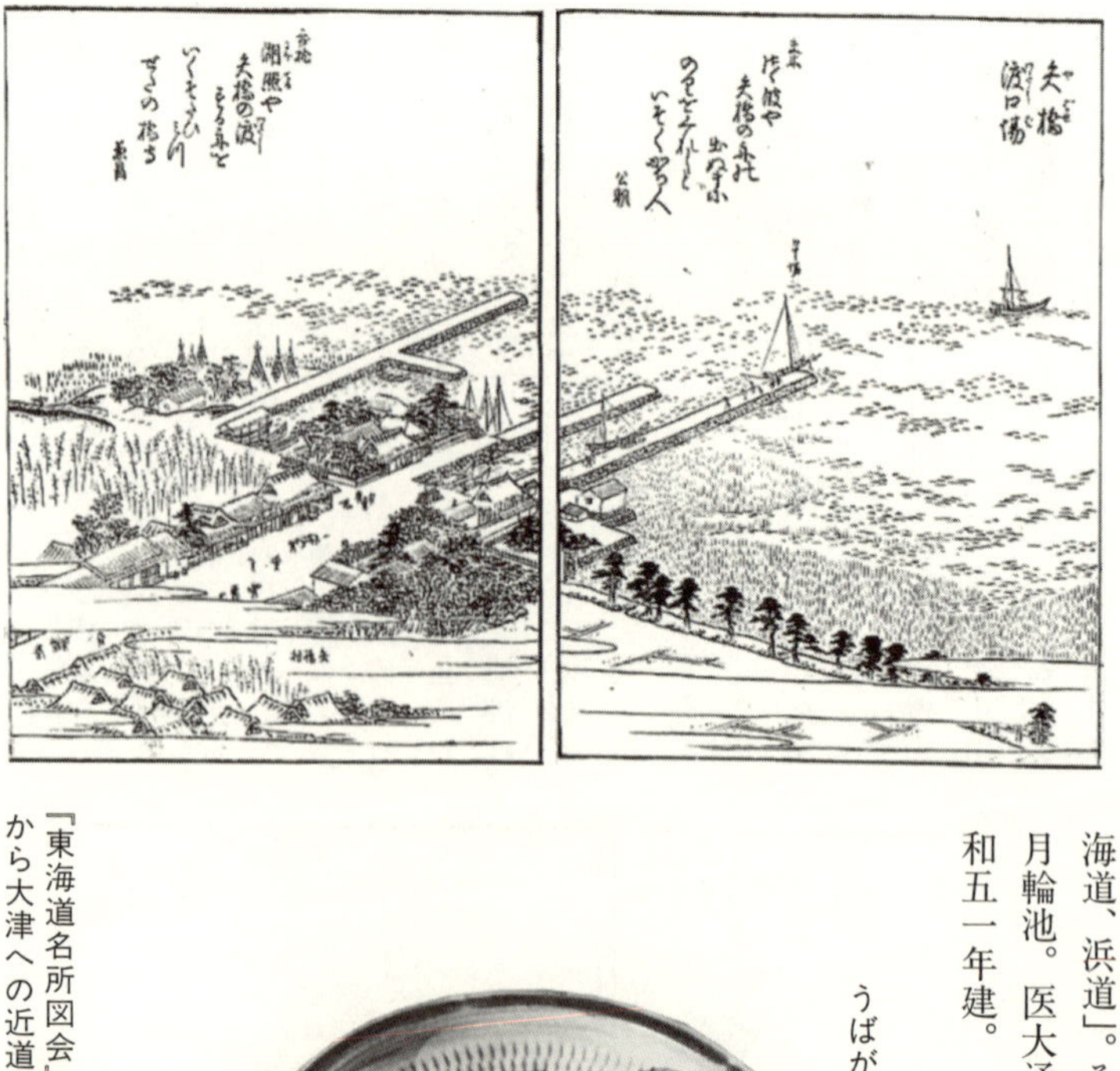

『東海道名所図会』矢橋渡口場。草津から大津への近道の船路の乗船場。

うばがもち

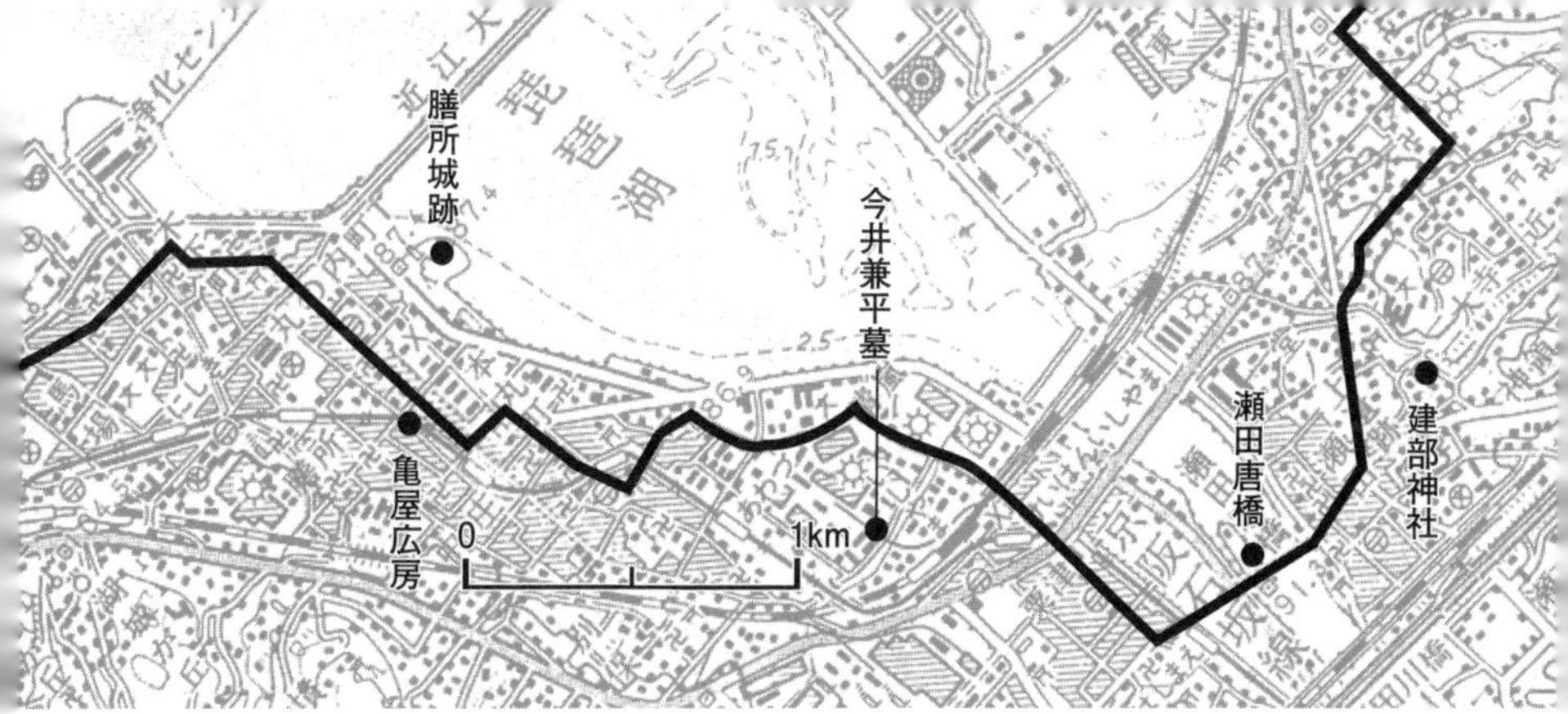


# 大津《おおつ》

▼近江国志賀郡、江戸から一二二里二〇丁、京へ三里。▼左に近江一之宮建部《たけべ》神社の大鳥居を見て右へ曲ると瀬田の唐橋《からはし》。中島によって橋を二分、東側大橋は九七間、西の小橋は二七間。橋上から左に石山、右に湖水を望む。橋の東詰め下流に百足《むかで》退治で有名な俵 藤太《たわらのとうた》秀郷《ひでさと》ゆかりの勢田橋竜宮がある。中島には秀郷像、十七星句碑「瀬田 蜆《しじみ》 藤咲きしかばうまからむ」。▼JRをくぐり二百メートル進み小川沿いに入ると今井兼平の墓。「今井四郎兼平」ほか多くの碑の一つに「染出し粟津のくろのむら紅葉ちりての後ぞいろいでにけり　勝海舟」。▼義仲・兼平主従が討死した粟津の松原は工場となりわずかに松数本のみ。右に「膳《ぜ》所《ぜ》城勢多口総門跡」碑。中庄の老舗亀屋広房に兼平餅、源氏窓。▼膳所城は今は公園。土地の歌人伊藤雪雄「少年の日の還りくる石鹿

**大津・走井茶屋。**大津の西、逢坂山の下りにある名物走井餅屋。店先の石井戸からこんこんと清水が湧く。京都・大津間の物資の輸送には牛車が利用されていた。

# 明治六年の旅

私の手もとに一冊の旅日記がある。米沢の西四里の玉庭《たまにわ》（現山形県東置賜《おきたま》郡川西町）の人（氏名不詳）が、一行一二人で、福島、日光、江戸、横浜、鎌倉、東海道を経て掛川、秋葉山、鳳来寺、御油、名古屋、津島、桑名、伊勢神宮、奈良、吉野、高野山、和歌山、海を渡り、四国の撫養《むや》、金比羅《こんぴら》、丸亀、海を渡り、赤穂、神戸、蒸気船で大坂へ、京都、中山道を経て善光寺、新潟、新発田《しばた》、小国《おぐに》を経て玉庭に帰着する百四日間の旅の日記である。

冒頭に「申《さる》十二月十九日」とあるのは明治五年のことだが、この年一二月三日が新暦の明治六年一月一日になったから、冒頭の日付は新暦の明治六年一月一七日であった。

第一日の日記は、

御城下東町、四里（玉庭から）。宿福島屋喜六泊り。旅籠《はたご》一貫二百五十文。ただし中食取り。御賄《おんまかない》（メニュー）の義は、

皿　かれい　　汁
平　｛もやし　油上げ｝　　皿　飯
朝　皿　塩引　　汁
平　｛とうふ　あんかけ｝　　皿梅漬　　めし

旅籠料金は幕末維新期に急騰し、およそ五、六倍になっている。この日記の最大の特色は毎日欠かさず旅籠の献立を記録していることである。下の写真と見くらべてみると、正方形のお膳に乗っているのと同じ位置に書いている。第四日の郡山では、

皿　まぐろ　　汁とうふ
平　｛玉子　とうふ　連こん　青菜｝　　小皿からし菜　　めし
朝　皿　塩引　　汁大根
平　｛あんかけ　とうふ｝　　小皿青菜　　飯

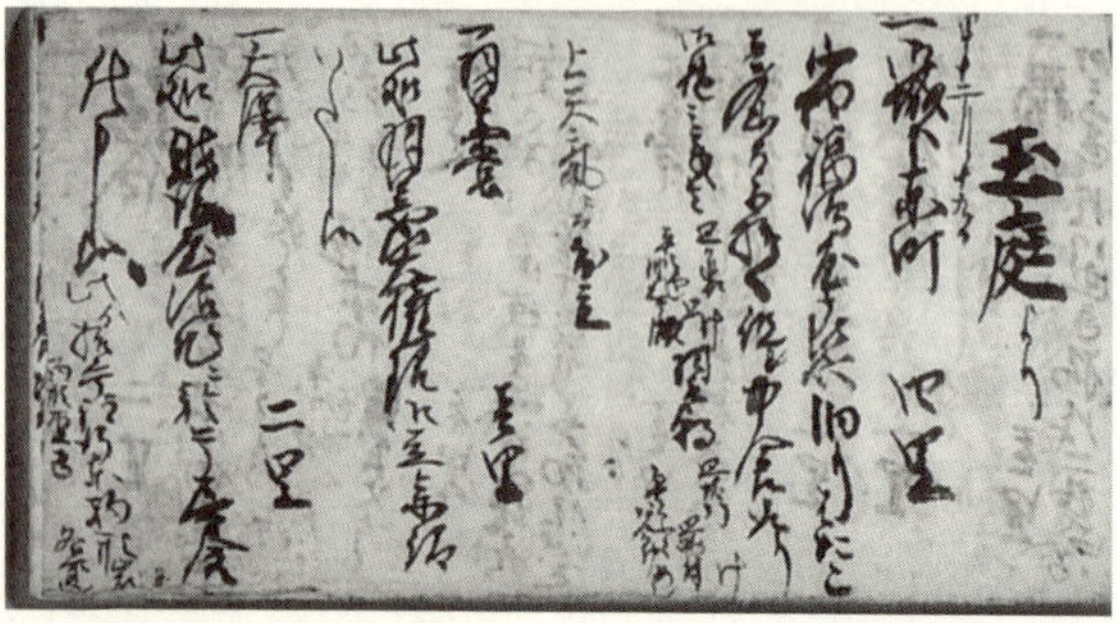

「旅日記」冒頭部分

典型的な一汁二菜《いちじゅうにさい》である。江戸っ子の食事は一汁一菜であったというから、旅籠の食事は上等であったといえよう。例外で豪華なのは伊勢神宮で、御師《おんし》の三日市太夫次郎方で、大雪に難渋しつつ到着した一月一九日の晩の献立は、

皿［うどん、大根、人参、鯨の膾《なます》］、壷［芋、人参、豆腐］、汁［葱《ねぎ》、かつ］、飯。

二の膳として、皿［かつ魚、うど、刺身］、ちゃく［青菜からし和《あ》え］、吸物［はんぺん、丸麩《まるふ》、海苔］。

大皿［黒鯛塩焼］。

肴一［黒鯛］、二［はんぺん、砂糖寒天］、三［蜜柑、鯨、うど］。外に御酒沢山あり。

こんなのが二泊三日朝晩つづき、土産《みやげ》に御守と唐風呂敷一枚。料金は一人一両と二朱。

この日記には、ほんの四年まえの戊辰《ぼしん》戦争の痕跡《きずあと》が見られる。白河の条に、

町はづれに戦死の供養塔あり。薩州、長州、大垣戦死なり。

同様の記事は二本柳、白河入口にも見える。戦死者を路傍に埋葬しては進軍したのである。官軍の大垣藩主の直系に当たられる戸田香代子さんは、今も大垣藩士の墓を巡り供養しておられる。江戸見物の条に「上野東叡山宮様御殿焼跡」とあるのは彰義隊の戦跡である。

逆に新時代の風物も見られる。日本最初の外国人向けホテル「築地ほてる館」を見物し、品川からは前年九月に全線開通したばかりの汽車に乗っている。

八山《やつやま》と申す所より蒸気車に乗り、賃銭一人につき一分一朱づつ出し、横浜まで七里の場所半時（一時間）に参り、誠に面白き事なり。

当時品川―横浜は上等九三銭、下等三一銭だった。一行は下等に乗ったことになる。横浜では、

案内人一人取り、三百文づつ出し町中見物。異人館よりふらんすの王様の宮（領事館）参詣。これは美しき結構、筆に尽しがたく候間《あいだ》、見物いたすべき名所なり。

一行は神戸―大坂でも、蒸気船に乗っている。

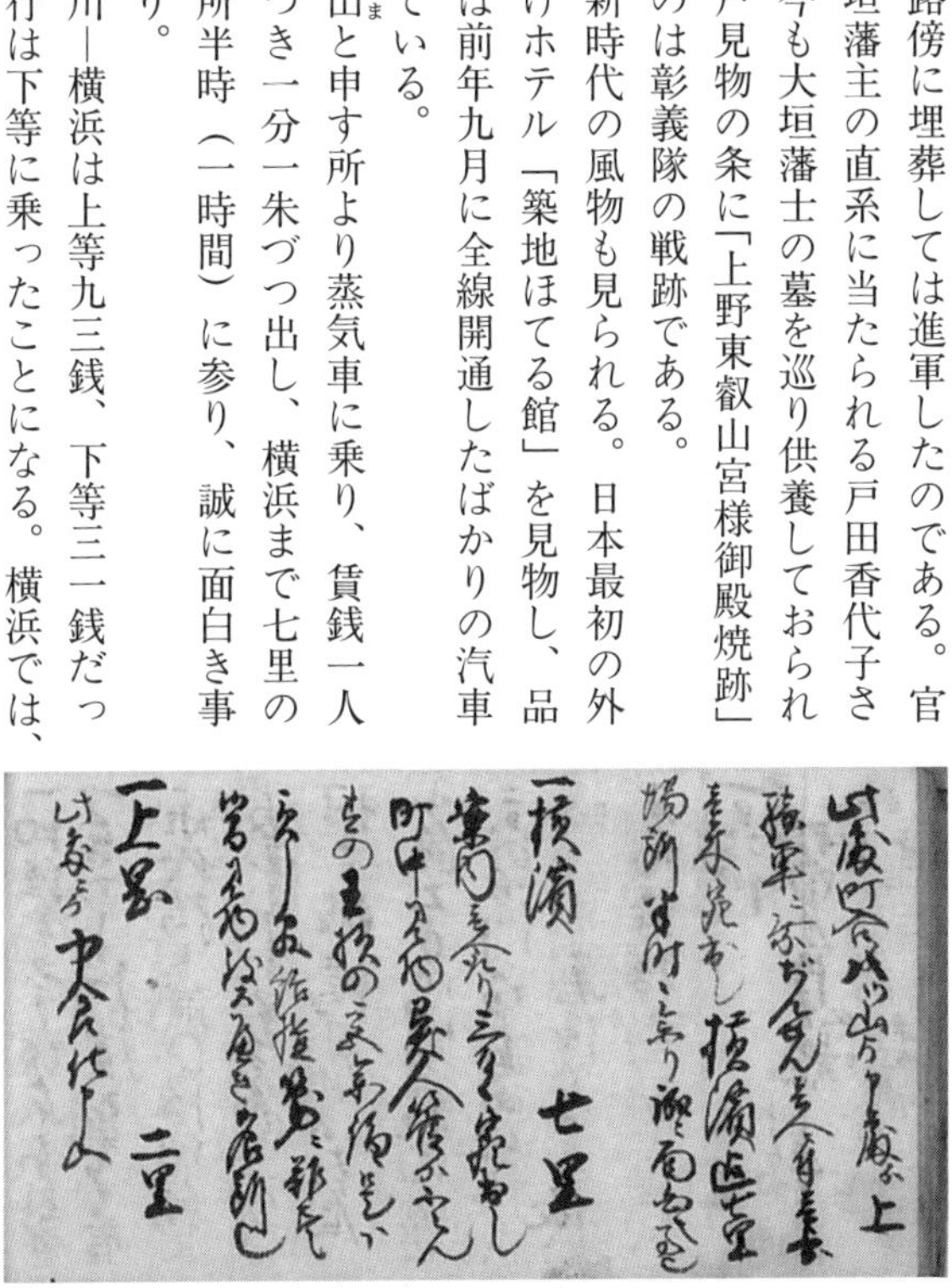

『旅日記』蒸気車・横浜

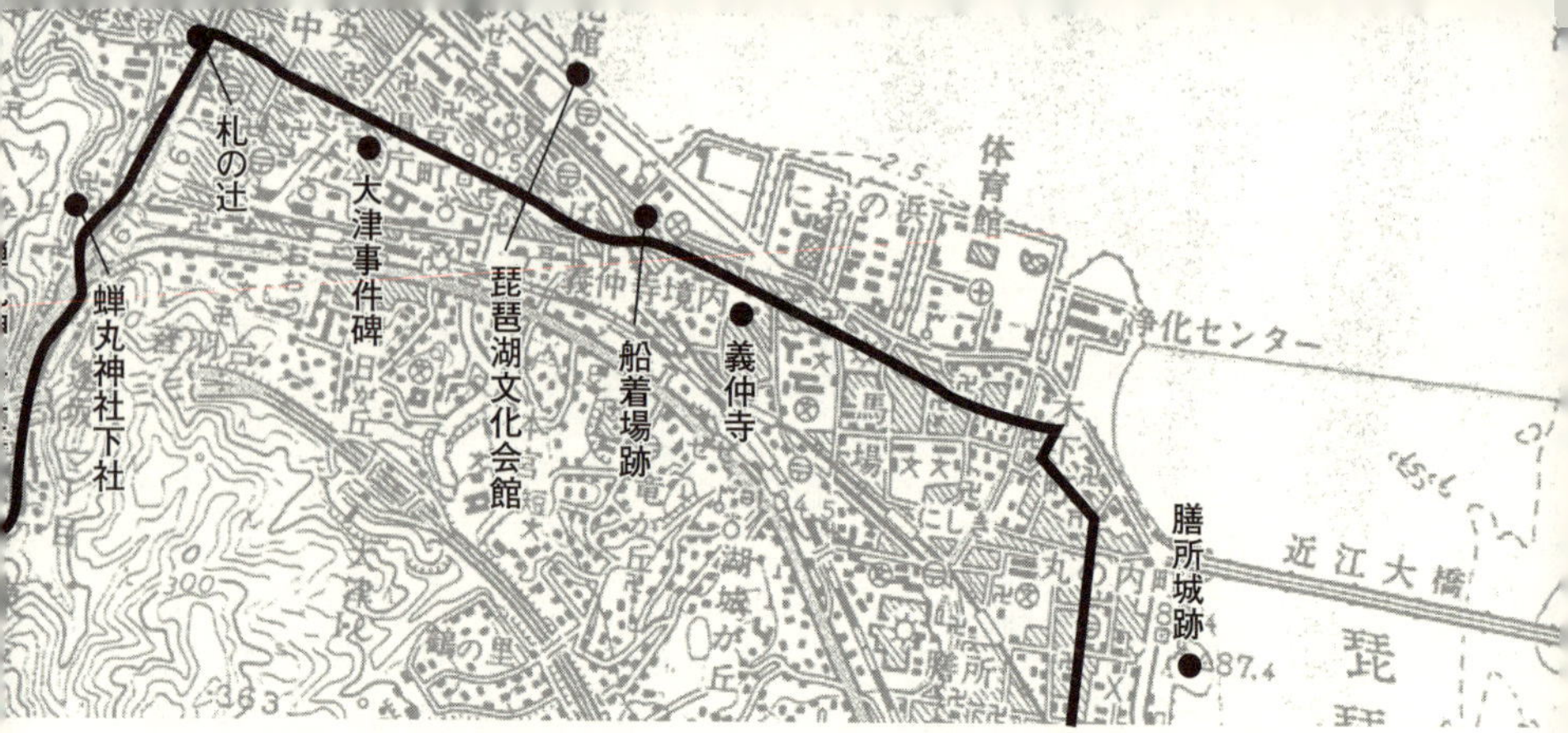


の渚辺ぬくし鮎も寄りくる」碑。飯田棹水《とうすい》歌碑「琵琶の水みづうみながら流れをり膳所の浜辺をゆるく洗ひつ」。▼義仲寺《ぎちゅうじ》に木曽義仲墓、松尾芭蕉墓、巴御前供養塚、朝日堂、無名庵、句碑多数。中に「木曽殿と背中合せの寒さかな　又玄《ゆうげん》」が心にしみる。▼大津警察署前に矢橋からの船着場跡。琵琶湖文化会館庭に、打出浜常夜灯、大津追分の道標、逢坂山の車石《くるまいし》(牛車のための敷石)、逢坂山の常夜灯、「明智左馬之助湖水渡どころ」碑。▼大津はすっかり京風のたたずまい。京町二町目左側に明治二四年の大津事件碑「此附近露国皇太子遭難之地」。▼札の辻から左へ行くのが本道。曲らず真っ直ぐ行けば間道《かんどう》の小関《こぜき》越えで山科《やましな》に出る。▼なお、大津駅前に句碑「木曽殿をしたひ山吹ちりにけり　誠吉」。山吹御前は木曽義仲の愛妾。▼札の辻から登り坂になる。京津線の線路の向うに蟬丸神社下社。蟬《せみ》丸《まる》は琵琶の名人で音曲芸道の神だから奉納の絵馬も「祈願、楽道精進」「プロのギタリスト

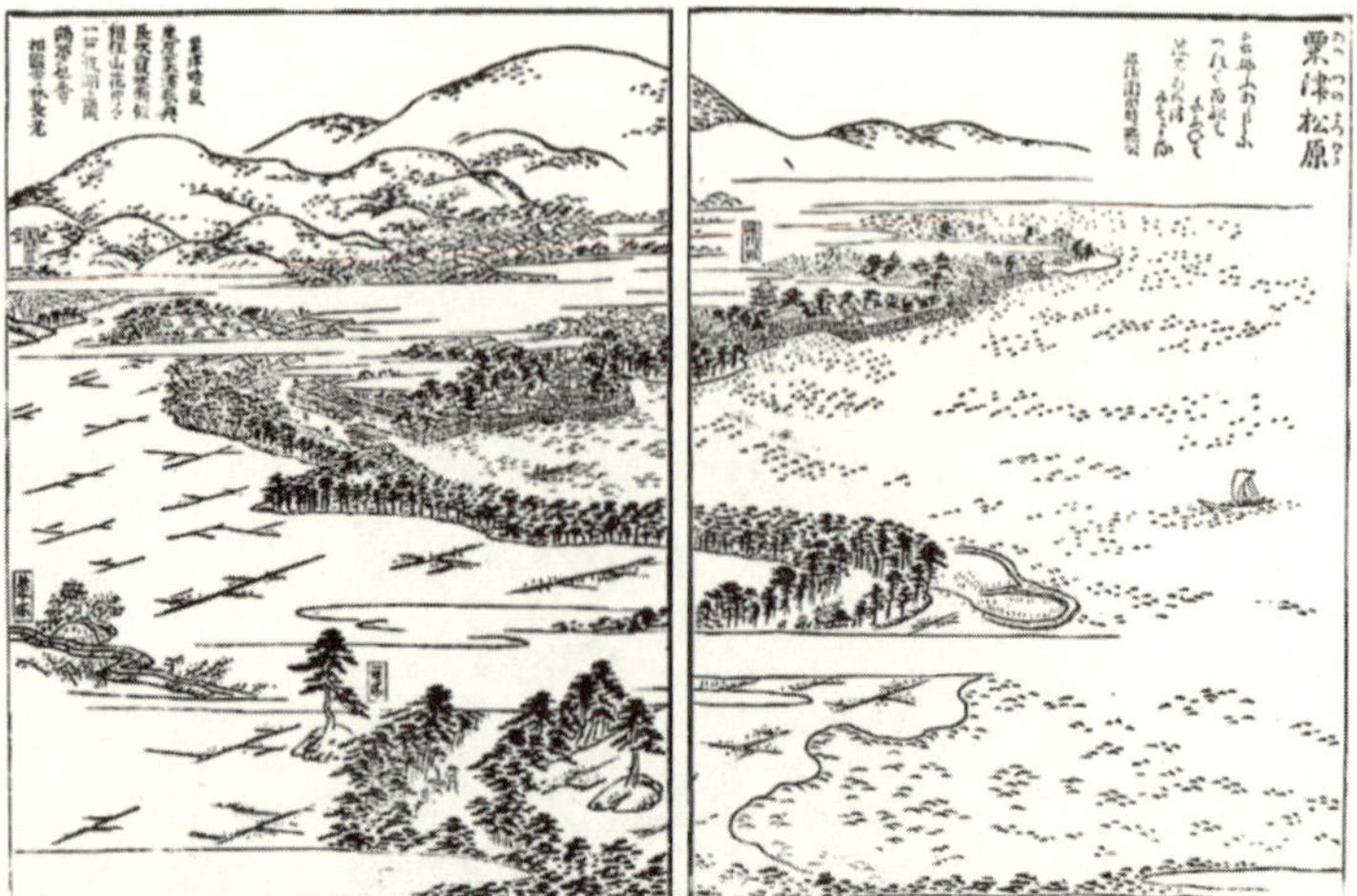


「東海道名所図会」粟津松原。左端に兼平塚が見える。

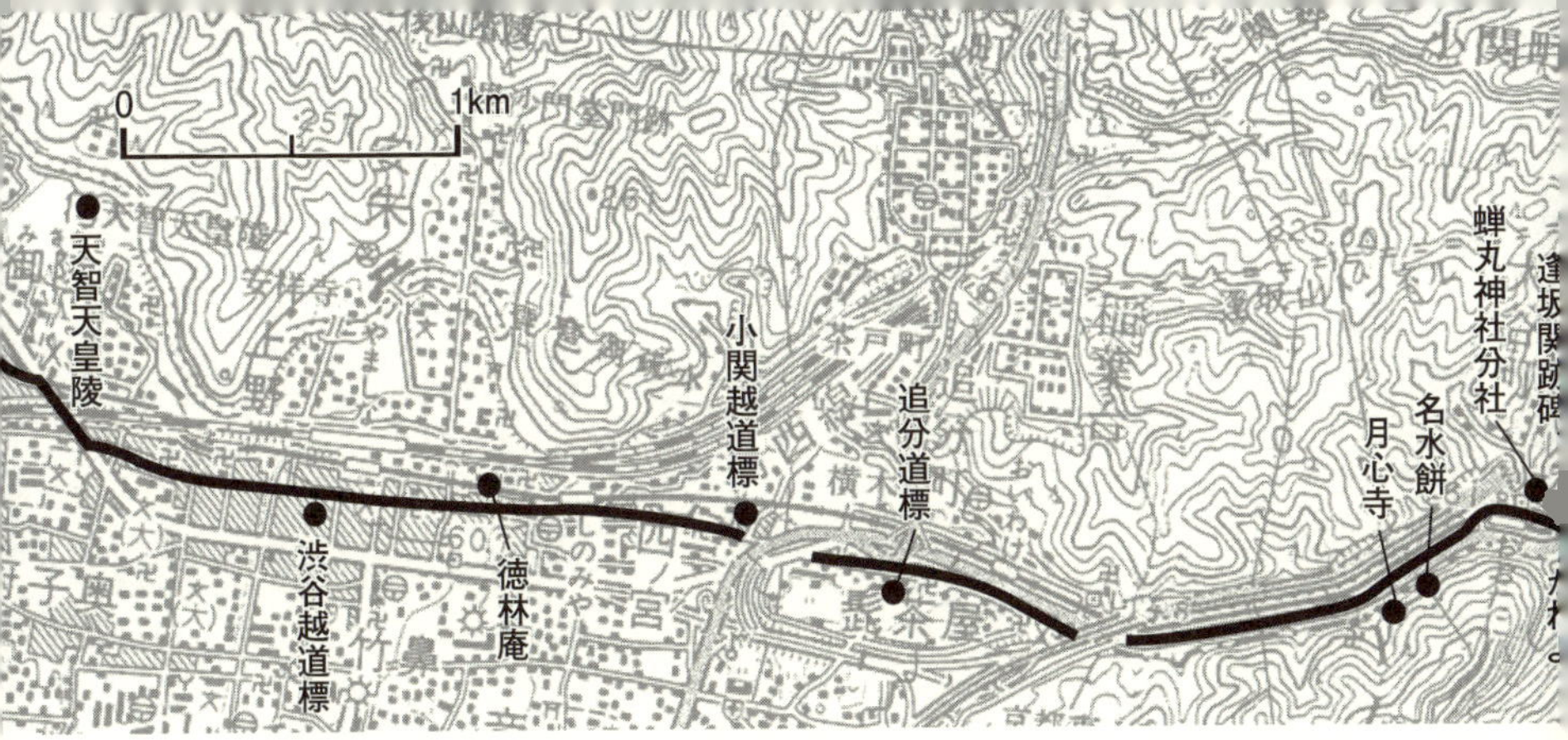


として一人前になれますように」など異色。境内に古歌に多く詠まれた関の清水。眼病に効験があったが、国鉄（ＪＲ）のトンネル工事で涸《か》れた。本殿右手奥に小町塚がある。▼その先右側高い石段の上に蝉丸神社上社。つづいて弘法大師堂。▼峠頂上右に「逢坂山《おおさかやま》関趾」碑。芝居の『積恋雪関扉《つもるこいゆきのせきのと》』の幕開きは雪の山々をバックに桜が満開。そんな幻想にひたっていると車にはねとばされる。▼その先右に旧道のこる。うなぎのかねよはうな丼の上にぶ厚く熱い卵焼きをかぶせたきんし丼が名物。その先左に「元祖走井《はしりい》餅《もち》本家」碑。▼国道一号と合流し左側「逢坂山名水餅」（走井餅）は閉店。広重保永堂版はこの店頭に涌《わ》き溢れる名水走井を描くが、今はこの先の月心寺玄関前にある。月心寺は今は精進料理で有名。庭内に芭蕉句碑「大津絵の筆のはじめや何《なに》仏《ほとけ》」。▼追分町交番裏の旧道に入りほっとひと息。追分道標「みぎは京みち、ひだりはふしみみち、柳緑花紅 法名 赤徹」。

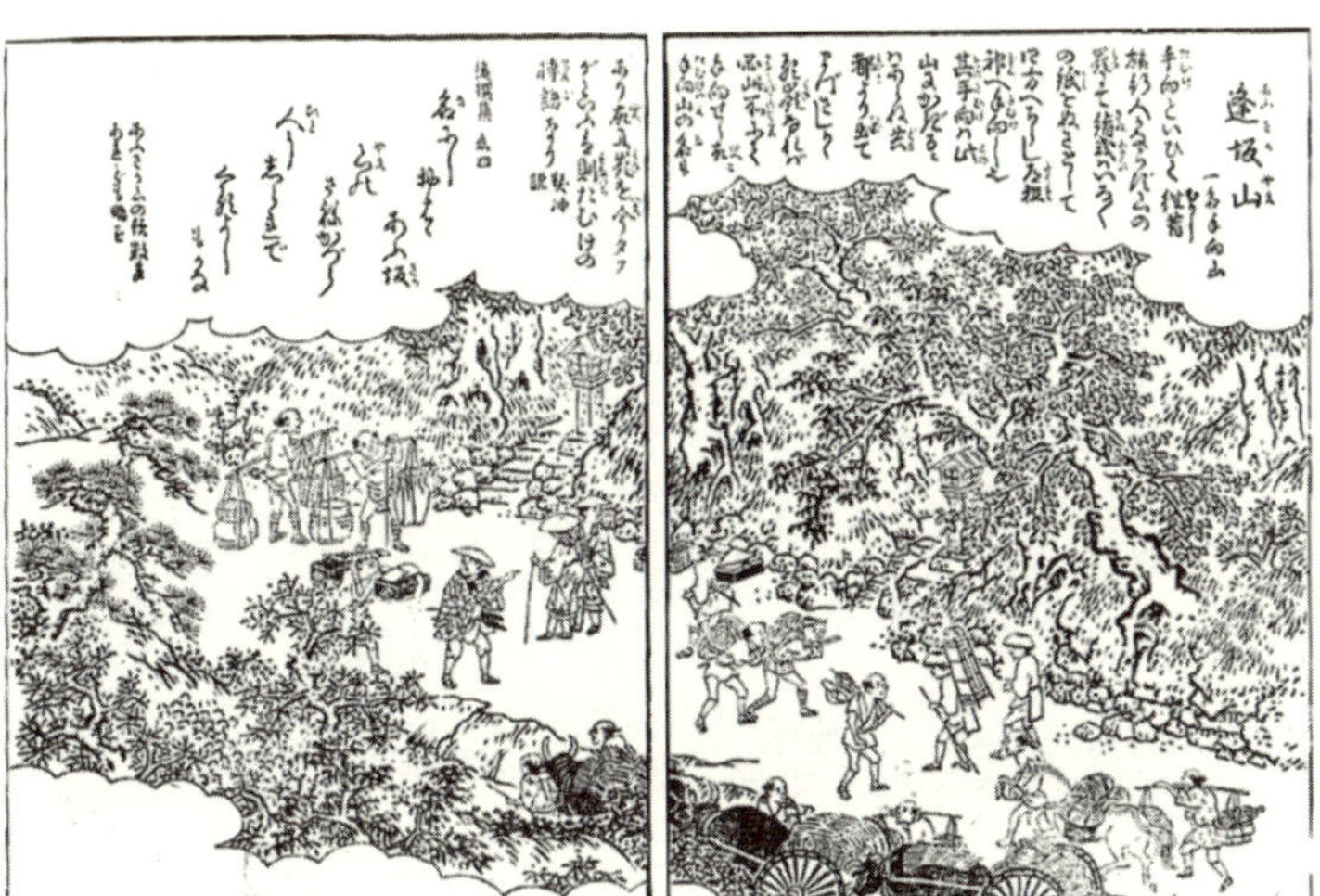


『伊勢参宮名所図会』逢坂山。手前に牛車が見える。

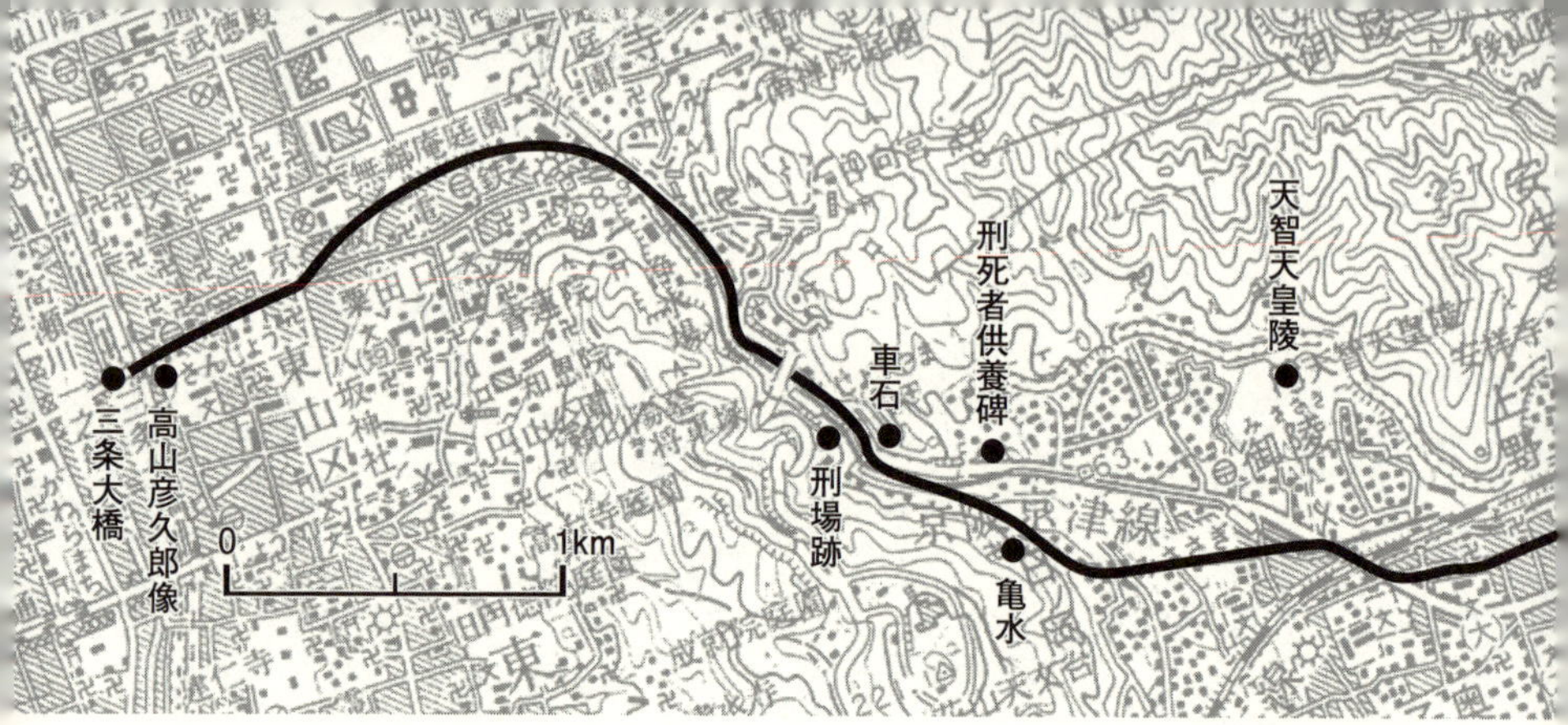


# 三条大橋《さんじょうおおはし》

▼東海道五十三次の上《あが》り。▼国道一号を渡り五〇メートル右側に小関越《こぜきごえ》道標「三井寺観音道、小関越」、文政五年（一八二二）建。▼山科右側に六角堂の徳林庵。後ろに人康《さねやす》親王供養塔。▼山科は『仮名手本忠臣蔵』九段目大星由良之助《おおぼしゆらのすけ》（大石内蔵助《くらのすけ》）閑居の地で、かつては内蔵助饅頭、良雄最中《よしおもなか》、義士餅など関係の名物もあった。右側にあった料理屋奴茶屋《やっこぢゃや》は『伊勢参宮名所図会』にも見える古い店。左側に渋谷《しるたに》越え道標「右は三条道、左は五条橋、ひがしにし六条大仏今ぐまのきよ水道」。宝永四年（一七〇七）建。京都の五条橋に至る道。▼東海道線をくぐり右に天智天皇陵を見て左側の小道を入る。▼日の岡の登り急坂の左に亀水《かめみず》。木《もく》食《じき》養阿が元文三年（一七三八）に完成。▼踏切を渡り国道一号と合流。右側石垣に車石《くるまいし》（牛車用の敷石、車輪の通る部分が凹《へこ》んでいる）の

**京師・三条大橋。**背後の山を東山とすれば、西岸上流から眺めた景になる。橋上往来の人々の中には被衣をかぶった女性や茶筅売りなど、京都ならではの人の姿も見える。

『伊勢参宮名所図会』三条橋。左が江戸側。牛車は川中を渡っている。

実物がたくさんはめこんである。左側山のくぼみに「南無阿弥陀仏」「万霊供養」とあるのは粟田口《あわたぐち》刑場跡。刑死者は江戸時代中頃の享保頃までにすでに一万五千人に達したという。ここにあった巨大な供養碑の一部は国道一号を五百《メートル》東のバス停「日の岡」の傍らにある。▼九条山駅を過ぎると初めて京の町が見える。正面に大きな屋根と三重塔は金戒光明《こんかいこうみょう》寺《じ》、通称黒谷さん。▼左側浄水場は蹴上《けあげ》の清水跡。坂を下り陸橋を渡り五〇《メートル》で右斜めに入るのが旧道。それから先しばらく道筋をたどれるが、あとは時代とともに変化してわからない。▼三条大橋。東海道五十三次の上《あが》り。▼三条大橋手前左に高山彦九郎像。長さ六一間、幅三間、本邦初の石の橋杭。勾欄《こうらん》の擬《ぎ》宝珠《ぼし》一四個は天正一八年（一五九〇）造。

# 道中記

江戸時代に実用的な旅の案内書として作られたのが道中記である。現存最古のものは明暦元年（一六五五）江戸の小島弥兵衛の刊行で、縦一三糎横一〇糎、現在の文庫本より一まわり小さく携帯に便利になっている。内容は宿場から宿場までの距離、馬の料金、途中主要な地名、時には名所・名物についても記す。稚拙ながら挿絵二図を入れて興を添える。以後道中記は記事を増補したり絵図を加えたりするが、基本的性格は明暦版道中記で定まったといえる。

貞享元年（一六八四）江戸の松会《まつえ》が刊行した道中記は、縦八糎横一八糎ほどの横長本になって居り、以後はこの形態が主流となる。内容も旅人の荷物の世話をする問屋の名や、馬の料金とともに人足の料金を記してある。二九年前の明暦版と比べてみると、例えば日本橋から品川まで、乗掛馬が五三文→八三文、軽尻《からしり》が三四文→五三文と約五割ほど値上りしている。名所・名物の記事もはるかに詳細になっている。

このような実用的な道中記に小説的要素を加えたものに浅井了意の『東海道名所記』や十返舎一九の『金草鞋《かねのわらじ》』がある。

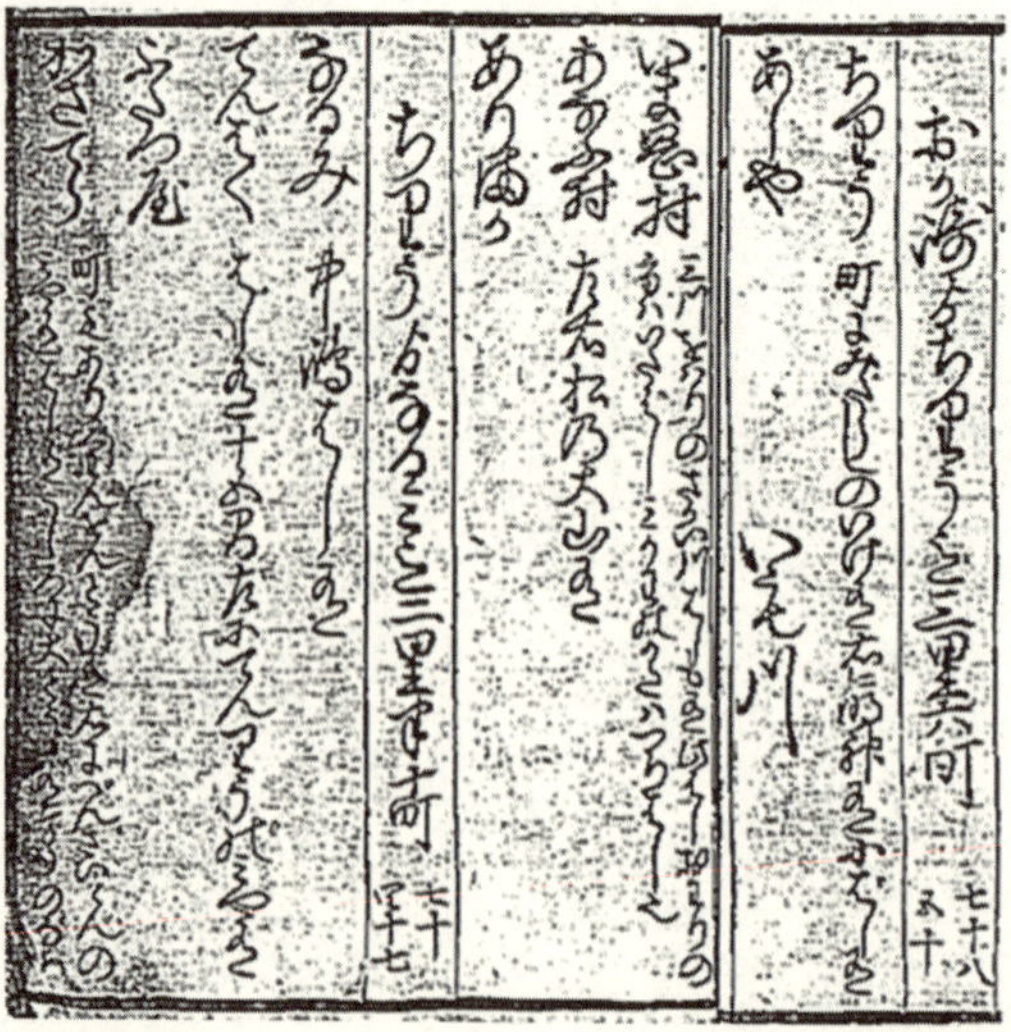

現存最古の明暦元年刊道中記。

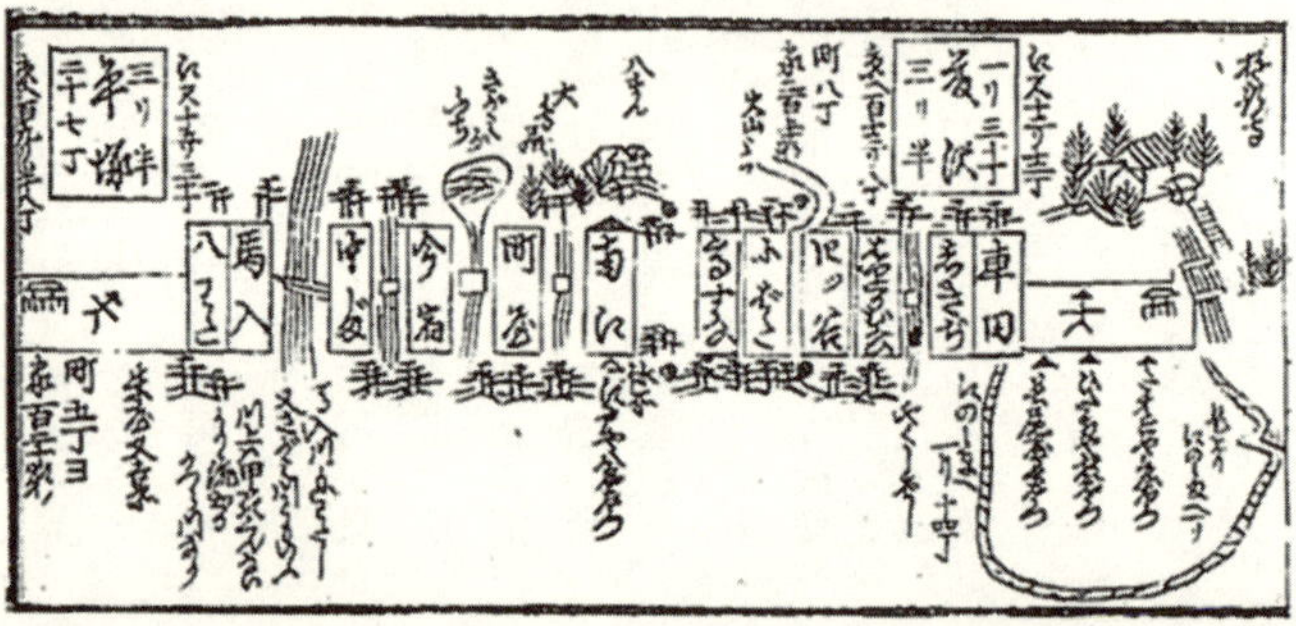

安政五年刊の道中記。

# 主な歴史資料保存機関一覧

**泉岳寺赤穂義士記念館**　東京都港区高輪二-一一-一　☎〇三(三四四一)五五六〇　無休　九時～四時半　有料　四十七士の墓・木像・遺品などを展示。

**品川歴史館**　東京都品川区大井六-一一-一　☎〇三(三七七七)四〇六〇　月曜、祝日（月曜と重なった場合はその翌日も）休　九時～四時半　有料　錦絵・瓦版や品川宿の模型などを展示。

**小田原城天守閣**　神奈川県小田原市城内六-一　☎〇四六五(二三)一三七三　一二月第二水曜、一二月三一日～一月一日休　九時～四時半　有料　関所手形、検地帳、武具などを展示。

**箱根町立郷土資料館**　神奈川県足柄下郡箱根町湯本二六六　☎〇四六〇(八五)七六〇一　水曜、最終月曜、年末年始休　九時～四時半　有料　箱根の三つの道（旧東海道・湯治の道・生活の道）にそって、江戸時代の箱根を紹介。

**箱根旧街道休憩所**　神奈川県足柄下郡箱根町畑宿三九五　☎〇四六〇(八五)七四一〇　無休　九時～四時半　無料　民具、道中の道具などを展示。甘酒茶屋の隣。

**箱根神社宝物殿**　神奈川県足柄下郡箱根町元箱根八〇　☎〇四六〇(八三)七一二三　無休　九時～四時　有料　曾我兄弟の像、箱根権現縁起絵巻、源義経の奉納太刀、大石内蔵之助金銀請払帳などを展示。

**箱根関所**　神奈川県足柄下郡箱根町箱根一　☎〇四六〇(八三)六六三五　無休　九時～四時半（一二～二月は四時まで）　有料　関所

は、大番所、足軽番所、遠見番所、江戸口・京口の千人溜《だまり》・御門まで完全に復元。

**三島市郷土資料館**　静岡県三島市一番町一九-三　楽寿園内　☎〇五五(九七一)八二二八　月曜(祝日の場合は翌日)、年末年始休　九時~五時(一一月~三月は四時半)　入園は有料　三島宿の民家を復元。

**東海道広重美術館**　静岡県清水区由比二九七-一　☎〇五四(三七五)四四五四　月曜、年末年始休　九時~四時半　有料　広重の作品や当時の町並のミニチュアなどを展示。

**東海道由比宿おもしろ宿場館**　静岡県清水区由比五三　☎〇五四(三七七)〇〇二三　無休　九時半~五時半　有料　由比宿の町並みを再現。

**島田市博物館**　静岡県島田市河原一-五-五〇　☎〇五四(七三七)一〇〇〇　月曜(祝日の場合は翌日)休　九時~四時半　有料　広重の作品、芭蕉の真跡、義助の太刀などを集蔵。周辺に民俗資料室や川越関係の諸施設がある。

**掛川城**　静岡県掛川市掛川一一三八-二四　☎〇五三(七二二)一一四六　無休　九時~四時半(一一月~一月は四時)　有料　平成六年に復元された本格的な木造の城。もと今川氏の居城。

**旧見付学校附磐田文庫**　静岡県磐田市見付二四五二　☎〇五三(八三二)四五一一　月曜・祝日の翌日休　九時~四時半　無料　現存する日本最古の小学校校舎(元見付学校)に、明治時代の学校教育資料や見付宿の図面を展示。

**明善記念館**　静岡県浜松市東区安間町三五　☎〇五三(四二一)〇五五〇　月曜、祝日休　九時~四時　無料　天竜川の治水と植林に尽力した金原明善の資料などを展示。真向かいが明善生家で、古い庄屋屋敷。案内を請えば見学可。

**舞坂宿脇本陣**　静岡県浜松市西区舞阪町舞阪二〇九一　☎〇五三(五九六)三七一五　月

曜（祝日の場合は翌日）休　九時～四時　無料　東海道では唯一、脇本陣を復元。

**新居関所資料館**　静岡県湖西市新居町新居一二二七‐五　☎〇五三(五九四)三六一五　月曜、年末年始休（八月は無休）　九時～四時半　有料　現存する唯一の関所建物の横に建つ資料館には手形、旅道具などを展示。

**豊橋市二川宿本陣資料館**　愛知県豊橋市二川町中町六五　☎〇五三(二四一)八五八〇　月曜（祝日の場合は翌日）、年末年始休　有料　馬場家本陣を改修復元し、それに資料館を新築、展示も多彩豊富である。

**御油《ごゆ》の松並木資料館**　愛知県豊川市御油町美世賜《みよし》一八　☎〇五三(三八八)五一二〇　月曜（祝日の場合は翌日）、年末年始休　一〇時～一二時半、一時半～四時　無料　御油の松並木と御油宿に関する資料を展示。

**藤川宿資料館**　愛知県岡崎市藤川町字中町北六‐一　☎〇五六四(二三)六一七七（岡崎市教育委員会生涯学習課）　月曜、年末年始休　九時～五時　無料　藤川宿脇本陣跡にあり、宿場町の模型や高札、古文書などを展示。

**岡崎城**　愛知県岡崎市康生町五六一　☎〇五六四(二二)二二二二　年末休　九時～四時半　有料　復元天守閣に徳川・本多家関係の資料を展示。

**熱田神宮宝物館**　愛知県名古屋市熱田区神宮一‐一‐一　☎〇五二(六七一)〇八五二　最終水曜とその翌日、年末休　有料　古神宝・刀剣・鏡などを展示。

**佐佐木信綱記念館**　三重県鈴鹿市石薬師町一七〇七‐三　☎〇五九(三七四)三一四〇　月曜、第三火曜、年末年始休　無料　当地出身の国文学者、歌人佐佐木信綱の生家が移築公開されていたが、昭和六一年新館が完成、信綱関係資料を中心に収蔵展示。

**庄野宿資料館**　三重県鈴鹿市庄野町二一‐八　☎〇五九(三七〇)二五五五　月曜、火曜、第三水曜、年末年始休　一〇時～四時　無料　油問屋旧小林家を復元、宿場関連資料を展示。

**関まちなみ資料館**　三重県亀山市関町中町四八二　☎〇五九五(九六)二四〇四　月曜(祝日の場合は翌日)、年末年始休　九時～四時半　有料　宿場の暮らしを再現した町屋を公開。
**関宿旅籠玉屋歴史資料館**　三重県亀山市関町中町四四四-一　☎〇五九五(九六)〇四六八　月曜、年末年始休　九時～四時半　有料　関宿の旅籠玉屋を修復し公開。
**草津宿本陣**　滋賀県草津市草津一-二-八　☎〇七七(五六一)六六三六　月曜、祝日の翌日、年末年始休　九時～四時半　有料　旧田中七左衛門本陣を完全に改修復元したもので、古文書や器物なども展示。
**大津市歴史博物館**　滋賀県大津市御陵町二-二　☎〇七七(五二一)二一〇〇　月曜、祝日の翌日(土・日曜の場合は開館)、年末年始休　九時～四時半　有料　大津宿の町並みを模型で復元。

# 東海道日帰りコース12例

名所・名物・景色を勘案してつくった一二例。朝の出発は思いきって早く、靴は底の厚い軽いものを。好天と道中の御無事を祈る。

●品川

〈コース〉 品川駅→問答河岸→法禅寺→妙蓮寺→海蔵寺→妙国寺(有名人の墓が多い)→品川寺→海雲寺(奉納額をゆっくり見る)→泪《なみだ》橋(村松友視『泪橋』を読んでおく)→鈴ケ森刑場跡(芝居の白井権八やケンペル『江戸参府日記』を下調べしておく)→磐《いわ》井《い》神社→京浜急行大森海岸駅

〈メモ〉 東京で最もよく旧道が残っている場所。逆コースをとって、泉岳寺まで足をのばし、門前のそば屋に寄るのもよい。約三時間。ただし利田《かがた》神社・東海寺・海晏《かいあん》寺など寄り道する所は多い(→六ページ以下)。

●大磯

〈コース〉 大磯駅→バスかタクシーで化粧坂《けわいざか》の東入口→化粧坂を歩く(虎御前化粧井戸・八景歌碑を見落とさぬこと)→延台寺(法虎庵曽我堂必見)→地福寺→新杵で西行饅頭・虎子饅頭を買う→新島襄終焉の地→「井上」でサツマアゲを買う→鴫立沢→松並木→滄浪閣→大磯駅

〈メモ〉 名所・名物・松並木ともにそろう。井上蒲鉾店は売切れのこともあるので、電話予約しておくのが無難。(→三九ページ以下)。

●箱根

〈コース〉 小田原駅または箱根湯本駅からバスで箱根関所へ→関所・資料館→杉並木→元箱根(この辺で昼食か)→石畳の旧道→変更石

↓甘酒茶屋・旧街道資料館・笈平《おいだいら》↓畑宿↓バスで箱根湯本駅

健脚の人は畑宿からさらに鎖雲寺↓正眼寺（見るもの多し）↓箱根湯本駅と歩く

〈メモ〉 下りの方が楽なので、本書とは逆コースにした。できるだけ早起きして、遅くとも一一時（できれば一〇時）には関所に着きたい。別案として箱根か元箱根に一泊すれば、第一日に賽《さい》の河原↓杉並木↓関所↓芦川の石仏群↓石畳道↓箱根峠。第二日は前記のコースで湯本まで歩くのもよい。寺院は夏は蚊に悩まされるので注意が必要（↓四八ページ以下）。

●薩埵峠《さった》

〈コース〉 興津駅↓清見寺↓身延道道標↓薩埵峠中道↓望嶽亭↓くらさわやで昼食↓由比駅↓由比の町並↓由比正雪生家・東海道広重美術館↓蒲原駅

〈メモ〉 東京方面からは新幹線新富士駅からタクシー（約二五〇〇円）でいきなり清見寺まで行くのも便利。歴史・文学の舞台も多く、名所・名物もあり、富士・三保を望む美景も楽しめる。峠道を歩くので足ごしらえはしっかり。峠の途中で弁当を広げるのも楽しい。興津駅を一〇時に出れば、くらさわや（電話予約が無難）にはゆっくりでも二時には着けるだろう（↓七四ページ以下）。

●丸子・宇津谷峠

〈コース〉 静岡駅↓バスで丸子橋入口↓柴屋寺↓丁子屋《ちょうじ》で昼食↓バスで宇津谷入口↓江戸の旧道を歩く↓鼻取地蔵↓バス停坂下↓バスで安倍川橋↓石部屋《せきべ》で安倍川餅↓静岡駅

〈メモ〉 名所・名物とも多彩なコース。天気と余裕があれば鼻取地蔵から折返し、蔦の細道を歩き、バス停宇津谷入口へ出るのもよい。岡本かの子「東海道五十三次」（新潮文庫『老妓抄』所収）を読んでおく。芝居の「文弥殺し」を下調べしておくとよい。時間は全部で最低五時間。春秋がよいが、八月二四日慶竜寺延命地蔵の地蔵盆の日もにぎわう（↓八八ページ以下)。

●島田(金谷・佐夜中山)

〈コース〉 島田駅→駅前宗長庵跡碑→如舟邸跡→芭蕉「するがぢや」碑→島田市博物館・川越関係諸施設・朝顔の松

〈メモ〉 名にし負う大井川、芭蕉の句や『生写朝顔日記』の下調べをしておく。できれば夏季の輦台越にあわせて訪ねたい。これだけでは一時間ですんでしまうから、大井川橋を渡り、蕪村句碑や日本左衛門墓を訪ね(芝居「白浪五人男」を下調べしておく)、金谷駅前で食事。タクシーで佐夜中山久延寺まで行き、扇屋→菊川→諏訪原城跡→金谷坂のコースで金谷駅に戻る。約四時間(→九八ページ以下)。

●舞坂・新居

〈コース〉 舞阪駅→松並木→舞阪の町並→脇本陣(必見)→舞阪港→新居関所→旅籠紀伊国屋→新居駅

〈メモ〉 松並木や漁港の風情と、海道唯一の遺構である舞坂の脇本陣、左右に浜名湖を見はるかす一里の道と、それに昔ながらの関所・旅籠《はたご》紀伊国屋と、変化に富むコース。約六キロ。関所資料館の見学をふくめて三時間もあれば十分。

　天候に恵まれ、体力に余裕があれば、新居の町並→風炉《ふろ》の井跡→紅葉寺跡→汐見観音→汐見坂上まで歩くのもよい。約六キロ。食事は、舞阪の魚あら(電話〇五三―五九二―〇〇四一)か弁天島付近(→一二八ページ以下)。

●御油・赤坂

〈コース〉 名鉄国府《こう》駅→大悲閣観音→姫街道(本坂越)分岐点→寄り道して鷲坂・西明寺→姫街道分岐点に戻る→御油の町並→東林寺遊女墓→松並木(十返舎一九『東海道中膝栗毛』四編上を読んでおく)→関川神社→長福寺→大橋屋→名鉄赤坂駅

〈メモ〉 古い町並と松並木、旅籠屋と旧道らしい雰囲気が楽しめる。伝説や歴史・文学の故地も多い。大型車の通行が規制されていて、のんびり歩けるのもよい。とくに名物の食べ物はないから、天気がよければ、長福寺裏山に登り、ユーモラスな石仏群や力寿御前の墓を訪ね、弁当を広げるのも楽しい。大橋屋に一泊して江戸時代の旅籠屋の気分を味わうのもおもしろい。ただし予約が必要。約三時間（→一四二ページ以下）。

**●知立**

〈コース〉　名鉄知立駅→タクシーで業平塚→鎌倉街道を歩き→在原寺《ざいげんじ》→無量寿寺→江戸の旧道へ出る→元禄の道標→一里塚→吉田忠左衛門夫妻墓→一茶句碑・馬市之跡碑・引馬野《ひくまの》歌碑→知立神社→名鉄知立駅

〈メモ〉　鎌倉と江戸の二ルートを歩くことができ、文学上の故地も多い。在原業平の杜若《かきつばた》の名歌で知られた名所なので、杜若の開花期五月中旬がよい。五月五日の知立神社祭礼には有名な山車文楽《だしぶんらく》や糸からくりが出てにぎわう。甘党なら名物大あんまきに挑戦してもよいが、駅前に食事どころは多い。約三時間（→一五六ページ以下）。

**●桑名**

〈コース〉　桑名駅（ＪＲ・近鉄）→海蔵寺→本統寺→船着場跡→船津屋→住吉神社→歌行燈で食事、元気で天気がよければさらに→浜地蔵まで往復

〈メモ〉　歴史・文学の名所も多く、景色もよい。泉鏡花『歌行燈』や芭蕉『野ざらし紀行』を読んでおきたい。食事は、歌行燈（旧志満や）が雰囲気もあってよいが、ぜひ焼蛤をという人は、駅近くの八間《はちけん》通り沿いの「はまぐり食道」が手軽。約二時間なので、海蔵寺の薩摩義士に縁の深い千本松原まで足をのばすのもよい（→一六八ページ以下）。

**●関（亀山・鈴鹿峠）**

〈コース〉　関駅→国道一号線を関の小万のもたれ松まで歩く→旧道に入り、東追分→深川屋で銘菓関の戸を買う→関の地蔵→西追分→関駅

〈メモ〉　名所が多く、名物もあり、町並もよい。説明板も完備。関の地蔵は中に上って拝

観したい。地蔵院から先の町並も意外によい。家並の二重廂の上の方が出張った形式や霧除《きりよけ》（一八〇ページ参照）にも注意。このコースはせいぜい二時間。

　そこで別案として、亀山駅→石井兄弟仇討之碑→亀山の町並→野村一里塚（この先野尻の別れ道注意）→大岡寺《だいこじ》縄手（天気のよい日はのんびり歩くのによい）→関の小万のもたれ松（以下同）。約二時間。

　さらに別案として、関から鈴鹿峠をこえる。西追分→市瀬→筆捨山→弁天→沓掛→坂下→岩屋観音→片山神社→鈴鹿峠→常夜灯→国道一号→田村神社→あいの土山道の駅→土山宿。約三時間。一時バス路線が廃止され、関〜水口は歩くしかなかったが、現在は「あいくるバス」が一時間に一本ほど運行されている。（一八四ページ以下）。

●**大津**

**〈コース〉**　ＪＲ膳所《ぜぜ》駅（または京阪膳所駅）→義仲寺→琵琶湖文化会館→大津事件碑→札の辻→蟬丸神社→逢坂山→「かねよ」で昼食→月心寺→山科追分→徳林庵→日岡→九条山→三条大橋

**〈メモ〉**　全部歩くと一五キロほどになるが、天候・時間・疲労度を見合せ、随時切り上げて、ＪＲまたは京阪電車を利用することができる。右は海道沿いの一日コースだが、範囲を拡大すれば、膳所・大津だけで一日十分に楽しめる（→二〇三ページ以下）。

# 【索　引】

（宿場名は目次参照）

1997年6月10日　初版第1刷発行

東海道五十三次ハンドブック改訂版

2007年 7 月15日　　第1刷発行
2014年11月20日　　第2刷発行

著　者—森川 昭（もりかわ・あきら）
発行者—株式会社 三省堂　代表者—北口克彦
発行所—株式会社 三省堂
〒101 東京都千代田区三崎町2-22-14
電話 編集 (03) 3230-9411　営業 (03) 3230-9412
振替口座 00160-5-54300
http://www.sanseido.co.jp/
印刷所—中央印刷株式会社
装　幀—菊地信義

落丁本・乱丁本はお取り替えいたします

Printed in Japan
〈改訂東海道五十三次ハンド・232 pp.〉
ISBN 978-4-385-41057-9

上野
信濃
武蔵
甲斐
相模
駿河
遠江
伊豆
江戸湾
相模湾
駿河湾
富士山
大山
箱根山
富士川
酒匂川
馬入川
六郷川
隅田川
大井川
安倍川
菊川
宇津谷峠
薩埵峠
小夜中山
日本橋
品川
川崎
神奈川
保土ヶ谷
戸塚
藤沢
平塚
大磯
小田原
箱根
三島
沼津
原
吉原
蒲原
由比
興津
江尻
府中（静岡）
丸子
岡部
藤枝
島田
金谷
日坂
掛川
袋井
見付（磐田）